공동서신 주해

– 야고보서, 베드로전 · 후서, 요한 1 · 2 · 3서, 유다서

철학 박사 김수홍 지음

도서
출판 언약

Exposition

of

the General Epistles

- James, 1·2Peter, 1·2·3John, Jude

by
Rev. Soo Heung Kim, S.T.M., Ph.D.

Published by
Eonyak Publishing Company
Suwon, Korea
2024

"성경의 원어를 읽든지 혹은 우리 번역문을 읽든지,
성경을 읽는 것은 성부 하나님, 성자 예수님, 성령 하나님을 읽는 것이고,
본문을 아는 것이 하나님을 아는 것이며,
성경 본문을 붙잡는 것이 하나님을 붙잡는 것이고,
성경본문을 연구하는 것이 하나님을 연구하는 것(신학)이다".

■ 머리말

성경주해에 관심을 기울이고 연구하기 시작한지 41년, 성경을 어떻게 주해할까 연구하며 수많은 세월을 고민했다. 문법적 주해에 치중할까, 역사적 주해에 치중할까, 아니면 정경적 주해에 치중해야 할까를 놓고 고민했고 또 주해의 길이에 대해서도 많은 생각을 했다. 짧게 주해할까 혹은 길게 주해할까를 놓고서도 많은 생각을 기울였다.

그러다가 어느 날 이 문제를 놓고 기도하던 중 하나님은 필자에게 누가복음 24:32의 말씀을 선명히 보여주셨다. 예수님께서 부활하시던 날 엠마오를 향해 가던 두 제자는 예수님께서 성경을 풀어주실 때에 그들의 마음이 뜨거웠다고 증언했다. 필자는 이 말씀을 받은 날부터 기쁨을 감추지 못하고 예수님께서 필자에게 친히 성경을 풀어주시기를 간절히 기도하기 시작했다. 그리고 예수님께서 깨닫게 해주시는 성경해석을 책에 기록하여 많은 사람들에게 공급하기로 작정하고 하루하루 써나가기 시작했다. 문법적 해석을 시도하고 역사적인 배경을 살피며 혹은 정경적인 해석을 시도하면서도 예수님께서 깨닫게 해주시는 것을 받아 내 놓는 것이 최상의 주해가 되리라고 확신한다(마 22:29-33).

그리고 필자는 다른 학자들의 건전한 깨달음을 높이 평가하여 인용했다. 다른 학자들의 건전한 깨달음도 그리스도께서 풀어주신 것이니 말이다.

특별히 필자는 과거 1970년대에 한국에서의 5년간의 목회와 그리고 미국 이민교회 30년의 목회사역을 끝내고 한국에 돌아와 합동신학대학원에서 성경신학을 강의하는 중에 이제는 한국 교회의 정화와 부흥을 염원하며 또 멀리

해외에 흩어져 있는 동포들을 생각하고 또 저 북녘 땅에 있는 내 동포들이 공산정권으로부터 해방되어 자유롭게 주님을 믿을 날을 생각하면서 간결하게 그리고 쉽게 집필하는 일에 최선을 다했다. 내 나이 70이 다 되어 이제는 더 늦출 수 없다는 생각에서 붓을 든 것이다. 앞으로 세월이 얼마나 남았는지 알 수 없다. 최선을 다해 성경주해를 출판하여 후배들과 교우들에게 봉사하고자 한다. 필자는 얼마 전 옥중서신 주해를 출판했고 이제 두 번째로 공동서신 주해를 내 놓는다. 아무튼 이 책들을 읽으시는 분마다 은혜의 샘을 만나시기를 바라는 마음 간절하다.

2006년 9월
수원 원천동 우거에서
저자 김수흥

1. 성경을 성경으로 해석해야 한다는 원리를 따랐다. 따라서 외경이나 위경에서는 인용하지 않았다.

2. 본 주해를 집필함에 있어 문법적 해석, 역사적 해석, 정경적 해석의 원리를 따랐다. 성경을 많이 읽는 중에 문단의 양식과 구조와 배경을 파악해냈다.

3. 문맥을 살펴 주해하는 일에 심혈을 기울였다.

4. 매절마다 빼놓지 않고 주해하였다. 난해 구절도 모두 해결하느라 노력했다.

5. 매절을 주해하면서도 군더더기 글이 되지 않도록 노력했다. 군더더기 글은 오히려 성경을 더 복잡하게 만들어 놓기 때문이다.

6. 절이 바뀔 때마다 독자의 편의를 위하여 한 줄씩 떼어놓아 눈의 피로를 덜도록 했다.

7. 본 주해를 집필하는 데 취한 순서는 먼저 개요를 쓰고, 다음 한절 한절을 주해했다. 그리고 실생활을 위하여 적용을 시도했다.

8. 매절(every verse)을 주해할 때 히브리어 원어의 어순을 따르지 않고 한글 개역개정판 성경의 어순(語順)을 따랐다. 이유는 우리의 독자들을 위해야 했기 때문이다.

9. 구약 원어 히브리어는 주해에 필요한 때에만 인용했다.

10. 소위 자유주의자의 주석이나 주해 또는 강해는 개혁주의 입장에 맞는 것만 참고했다.

11. 주해의 흐름을 거스르는 말은 각주(footnote)로 처리했다.

12. 본 주해는 성경학자들과 목회자를 위하여 집필했지만 일반 성도들도 얼마든지 이해할 수 있도록 평이하게 집필했다. 특히 남북통일이 되는 날 북한 주민들도 읽고 이해할 수 있도록 가능한 쉽게 집필했다.

13. 영어 번역이 필요할 경우는 English Standard Version(ESV)을 인용했다. 그러나 때로는 RSV(1946-52년의 개정표준역)나 NIV(new international version)나 다른 번역판들(NASB 등)을 인용하기도 했다.

14. 틀린 듯이 보이는 다른 학자의 주석을 반박할 때는 "혹자는"이라고 말했고 그 학자의 이름은 기재하지 않았다. 그러나 단지 필자와 다른 견해를 제시하는 학자의 이름은 기재했다.

15. 성경 본문에서 벗어난 해석들이나 주장들을 반박할 때는 간단히 했다. 너무 많은 지면을 쓰는 것은 바람직하지 않고 독자들을 피곤하게 만들기 때문이다.

16. 성경 장절(Bible references)을 빨리 알아볼 수 있도록 매절마다 장절을 표기했다(예: 창 1:1; 출 1:1; 레 1:1; 민 1:1 등).

17. 가능한 한 성경 장절을 많이 넣어 주해 사용자들의 편의를 도모했다.

18. 필자가 주해하고 있는 성경 책명 약자는 기재하지 않았다(예: 1:1; 출 1:1; 막 1:1; 눅 1:1; 요 1:1; 롬 1:1 등). 제일 앞의 1:1은 욥기 1장 1절이란 뜻이다.

19. 신구약 성경을 지칭할 때는 '성서'라는 낱말을 사용하지 않고 줄곧 '성경'이라는 용어를 사용했다. '성서'라는 용어는 다른 경건 서적에도 붙일 수 있는 용어이므로 반드시 '성경'이라는 용어를 사용했다.

20. 목회자들의 성경공부 준비와 설교 작성을 염두에 두고 집필했다.

21. QT에도 적절하게 사용할 수 있도록 주해했다.

22. 가정 예배의 교재로 사용할 수 있도록 쉽게 집필했다.

23. 오늘날 믿음을 잃은 수많은 젊은이들이 주님 앞으로 돌아오기를 바라면서 주해를 집필하고 있다.

공동서신 주해 목차

야고보서 주해

James

총론

저작자 본 서신의 저자는 야고보이다(1:1). 그러면 신약성경에 나오는 네 명의 야고보(세베대의 아들 야고보[마 4:21], 알패오의 아들 야고보[마 10:3; 27:56], 12사도 중 유다의 아버지 야고보[눅 6:16], 예수님의 동생 야고보[막 6:3]) 중에서 어느 야고보가 본 서신의 저자인가?

이 중에 세베대의 아들 야고보는 일찍 순교했기 때문에(행 12:2) 본 서신의 저자일 가능성이 없다. 야고보서의 저자는 분명히 바울 사도의 이신칭의 교리에 대한 당시 사람들의 오해를 시정하려는 의도에서 본 서신을 저술했는데(약 2:14-26), 그러려면 바울 사도의 로마서가 저술되어 나온 이후에 야고보서를 썼어야 한다. 바울 사도의 로마서가 대략 주후 55-58년에 기록되었으므로, 야고보서는 그 이후에 기록된 것으로 보아야 한다. 세베대의 아들 야고보는 일찍이 순교했기 때문에(A.D. 44년) 본 서신의 저자가 될 수 없다. 또한 알패오의 아들 야고보도 제외되어야 할 것이다. 이유는 알패오의 아들 야고보는 사도였는데(마 10:3; 27:56), 본 서신에는 '사도'라는 직명이 나오지 않기 때문이다. 그리고 유다 사도의 아버지 야고보도 본 서신의 저자가 될 수 없다.

누가복음의 저자인 누가는 단지 유다 사도를 언급하기 위해서 성경에 유다 사도의 아버지를 기록했을 뿐이기 때문이다(눅 6:16).

이제 남은 것은 예수님의 동생 야고보이다. 여러 가지 정황으로 미루어볼 때 예수님의 동생 야고보가 본 서신을 저술했다고 보아야 할 것이다. 첫째, 성경은 예수님의 동생 야고보에 대해서 언급한다(마 13:55; 행 1:13; 고전 15:7; 갈 1:19; 2:9). 둘째, 예수님의 동생 야고보는 예루살렘 총회의 의장으로 수고했기 때문에 그가 본 서신을 저술했을 가능성이 높다(행 15:13-29). 셋째, 사도행전 15:13-29에 기록된 예수님의 동생 야고보의 연설과 본 서신의 권위 있는 어조가 매우 흡사하다(Mayor). 넷째, 사도행전 21:17-25에서 주님의 동생 야고보가 실천적인 사람으로 묘사된 것과 야고보서의 실천적인 교훈이 아주 흡사하다. 다섯째, 초대교회의 교부들인 오리겐(Origen, A.D. 185-254년경), 유세비우스(Eusebius, A.D. 265-340년경), 제롬 (Jerome, 345년경-420년경) 등이 주님의 동생 야고보가 본 서신을 저술했다고 증언하고 있다.

기록한 때 혹자는 본 서신의 저작연대를 주후 46-49년경으로 추정하고 있다. 그러나 본 서신은 분명히 바울 사도의 로마서가 주장했던 이신칭의 교리에 대한 사람들의 오해를 시정하기 위해서 기록된 것으로 보인다. 이유는 야고보가 "사람이 행함으로 의롭다 하심을 받고 믿음으로만 아니니라"(약 2:24)고 말하는 것을 보면, 이 서신은 바울 사도의 '오직 믿음만으로의' 구원이라는 교리에 대한 당시 사람들의 오해를 시정하기 위해서 쓰인 것으로 보인다. 그러므로 본 서신은 그 기록 연대를 로마서가 기록된 주후 55-57년 이후로 잡아야 할 것이다. 그리고 A.D. 1세기의 교회 역사가였던 요세푸스(Josephus)는 야고보서의 기록 연대를 A.D. 62년으로 추정했다. 따라서 본 서신은 주님의 동생 야고보가 순교하기 전 A.D. 62년경에 기록했을 것으로 보인다.

편지를 쓴 이유 첫째, 주님의 동생 야고보는 환난과 핍박 가운데 있는 성도들을 격려하며 더욱 인내하도록 하기 위해 본 서신을 기록했다(1:2-12; 5:7-11). 둘째, 야고보는 바울 사도의 이신칭의 교리에 대한 오해를 불식시키기 위해서 본 서신을 기록했다(2:14-26). 셋째, 야고보는 성도 상호 간에 사랑하고 참된 성도의 삶을 살 수 있도록 하기 위해서 본 서신을 기록했다(1:26-27; 2:8-10; 4:11-12).

내용 분해 본 서신의 내용을 분해하면 다음과 같다.

 I. 인사말 1:1

 II. 시험을 만날 때의 처신 1:2-12

   1. 시험을 만날 때 기쁘게 여겨라 1:2-4

   2. 지혜를 구하라 1:5-8

   3. 세상 표준하지 말고 내세 표준해서 살라 1:9-11

   4. 시험을 참는 자가 복이 있다 1:12

 III. 유혹을 이기는 비결 1:13-18

   1. 모든 유혹은 마음에서 온다는 사실을 알라 1:13-15

   2. 하나님은 좋은 것만 주시는 분인 줄 알라 1:16-18

 IV. 도를 듣고 행하는 자가 되라 1:19-27

   1. 도를 듣는데 민첩하라 1:19-21

   2. 도를 행하는 자가 되라 1:22-27

참고도서

1. 박윤선. 『히브리서, 공동서신』. 성경주석. 서울: 영음사, 1986.

2. 이상근. 『공동서신』. 신약성서주해. 서울: 대한예수교장로회총회교육부, 1970.

3. 『히브리서-베드로후서』. 호크마종합주석 9. 강병도 편. 서울: 기독지혜사, 1992.

4. Adamson, J. B. *The Epistle of James*. New International Commentary. Grand Rapids: Eerdmans, 1979.

5. Barclay, William. *The Letters of James and Peter*. Philadelphia, Pa.: The Westminster Press, 1976.

6. Barnes, Albert. *James, Peter, John, and Jude*. Notes on the New Testament. Grand Rapids: Baker Book House, 1978.

7. Bengel, J. A. 『히브리서, 야고보서』. 신약주석. 서문강 역. 서울: 도서출판로고스, 1991.

8. Blue, J. Ronald. "James," In *The Bible Knowledge Commentary*. ed. John F. Walvoord, & Roy B. Zuck. Wheaton, Ill: Victor Books, 1986.

9. Burdick, D. W. 『야고보서』. *Expositors' Bible Commentary*. ed. F. E. Gaebelein. 기독지혜사 편집부역. 서울: 기독지혜사, 1982.

10. Calvin, John. *James and Jude*. Calvin's Commentaries. trans. William Pringle. Grand Rapids: Eerdmans, 1948.

11. Davids, Peter H. *Commentary on James*. New International Greek Testament

Commentary. Wm. B. Eerdmans, 1982.

12. Hiebert, D. E. *The Epistle of James: Test of a Living Faith.* Chicago: Moody, 1979.

13. Johnstone, Robert. *A Commentary on James.* Carlisle, Pa.: The Banner of Truth Trust, 1976.

14. Kistemaker, Simon J. *James & I-III.* New Testament Commentary. Grand Rapids: Baker Book House, 1986.

15. Lange, J. P. *James-Revelation.* Commentary on the Holy Scriptures. Grand Rapids: Zondervan Publishing House, 1968.

16. Lenski, R. C. H. *The Interpretation of the Epistle to the Hebrews and of the Epistle of James.* Columbus, Oh: Wartburg, 1946.

17. Martin, R. P. *James.* Word Biblical Commentary. Waco, Texas: Word Books, 1988.

18. Mayor, J. B. *The Epistle of St. James.* Grand Rapids: Zondervan, 1978.

19. McGee, J. V. *James.* Thru the Bible Commentary Series. Nashville: Thomas Nesson Publishers, 1991.

20. Plummer, A. *The General Epistle of St. James and St. Jude.* The Expositor's Bible. London: Hodder & Stoughton, 1896.

21. Ropes, J. H. *A Critical and Exegetical Commentary on the Epistle of St. James.* New York: Charles Scribner's Sons, 1916.

22. Sidebottom, E. M. *James, Jude, 2 Peter.* New Century Bible Commentary, Grand Rapids: Eerdmans, 1982.

23. Tasker, R. V. G. *The General Epistle of James.* Grand Rapids: Eerdmans,

1980.

24. Wessel, Waltet W. "James," In *The Wycliffe Bible Commentary*. Chicago: Moody Press, 1981.

제1장

시험과 유혹을 이기는 비결,
도를 듣고 행하는 자가 되라

I. 인사 1:1

약 1:1. 하나님과 주 예수 그리스도의 종 야고보는 흩어져 있는 열두 지파에게 문안하노라.

야고보(행 12:17; 15:13; 갈 1:19; 2:9; 유 1:1)가 쓴 편지의 수신자들은 예수님이 그리스도이심을 모두 믿고 있었다. 그래서 그는 예수님이 그리스도라는 사실을 증명하지 않고 그저 "주 예수 그리스도"라고 연결해서 말했다. 이런 지식이 보편화되기 전에는 예수님이 주님이라고 증명하는 데 힘을 기울였다(행 5:42, 18:5). 다시 말해, 예수님이 그리스도라고 전도하던 전도의 초기에는 예수님의 칭호를 "주 예수 그리스도"라고 붙여서 말하지 않고 예수님이 구세주라고 증명하는 일에 온 힘을 기울였다. 그래서 사도행전에 보면 예수님이 그리스도라고 힘주어 말하는 구절들이 많다. 그러나 야고보가 야고보서를 써서 보낼 때쯤에는 이미 기독교가 상당히 퍼져 있었던 때였으므로 예수님이 주님이라고 증명하기보다는 그저 "주 예수 그리스도"라고 붙여서 썼다.

야고보는 자신을 하나님의 "종"으로 또한 주 예수 그리스도의 "종"으로 소개한다(딛 1:1). 야고보는 자기를 단순히 "종"이라고만 소개할 뿐, 거기에 다른 수식어를 붙이지 않는다. 그는 경건한 사람이었다. 그는 하나님의 종이요 그리스도의 종이라는 것만으로도 황송하고 만족해서 편지를 쓴 것이다. 초대교회의 종, 곧 노예들은 주인들에게 속한 하나의 재산목록에 지나지 않았다. 따라서 종들은 절대 순종하는 것밖에 자기들의 마음대로 할 권리가 없었다. 야고보는 본래 예수님의 동생이었지만, 이제 그는 예수님의 종으로서 예수님의 명령에 절대 순종하는 마음으로 사람들에게 편지를 쓰게 된 것이다.

야고보는 이스라엘 나라 밖으로 "흩어져 있는 열두 지파," 다시 말해, '유대인 신자들'에게 편지를 쓰고 있다(행 26:7). 사실 야고보 당시는 열두 지파의 명맥을 다 알 수가 없었다. 바벨론에서 돌아온 이후로는 북쪽 이스라엘의 열 지파가 어떻게 되었는지 다 알 수가 없었으므로 당시 사람들은 열두 지파의 명맥을 찾기가 어려웠다. 그래도 야고보는 '유대인 신자들'이라는 말 대신에 "열두 지파"라는 명칭을 사용한 것이다. 야고보는 이스라엘 나라 밖으로 흩어진 유대인 신자들에게 섬기는 자의 입장에서 성령님이 주시는 말씀을 써서 보냈다 (행 32:26; 요 7:35; 행 2:5; 8:1; 벧전 1:1).

야고보는 로마 제국 여기저기에 흩어져 있는 유대인 기독교 신자들에게 "문안," 곧 '인사'를 한다. 수많은 교훈을 주기 전에 그는 당시의 인사법에 따라 안부를 물었다. 신자들도 세상에서 사는 동안 사람들에게 사람의 도리를 다해야 한다.

II. 시험(환난)을 만날 때의 처신 1:2-12

야고보는 신자들이 여러 가지 시험을 만날 때 어떻게 처신해야 할지를 말하고 있다. 즉 신자들은 이런 저런 시험을 만날 때 먼저 기쁘게 여겨야 하고(2-4절), 시험을 이기기 위하여 지혜를 구해야 하며(5-8절), 세상의 물질이 아니라 내세에 대해 관심을 가져야 하고(9-11절), 또한 시험의 출처들을 밝힘으로 시험을 잘 대처한다는 것이다(12-18절).

1. 시험을 만날 때 기쁘게 여겨라 1:2-4

약 1:2. 내 형제들아 너희가 여러 가지 시험을 만나거든 온전히 기쁘게 여기라.

야고보는 먼저 자신의 편지의 수신자들을 향해 "형제들아"라고 부른다. 야고보는 그들을 책망해야 하는 입장이었지만(1:19-27, 2:1-26, 3:1-12, 4:1-17, 5:1-12), 또한 자신이나 그들이나 모두 하나님을 믿는 신자의 입장이었기 때문에, 여러 곳에서 환난을 당하는 신자들(1:2-18)을 향하여 '형제들'이라고 부르고 있는 것이다. 그들을 형제같이 사랑하지 않고야 어떻게 그들에게 편지를 써서 권고할 수 있겠는가?

"너희가 여러 가지 시험(πειρασμοῖς)을 만나거든 온전히 기쁘게 여기라." 당시에 흩어져 있는 유대인 신자들은 여러 가지 시험, 즉 환난과 핍박을 만나고 있었다(벧전 1:6). 신자는 세상에 살아가면서 여러 가지 종류의 환난과 핍박을 당하게 마련이다(요 16:33). 신자들이라면 누구든지 환난과 핍박을 만나게 되며 그것들에 둘러싸이게 된다(행 14:22; 딤후 3:12).

그런데 그런 환난과 핍박을 만날 때 "온전히 기쁘게" 여기라는 것이다(마

5:12; 행 5:41; 히 10:34; 벧전 4:13, 16). '순전히 기쁘게' 여기라는 말이다. '전적으로 기쁘게' 여기라는 것이다. 신자들은 환난과 핍박을 만날 때 처음부터 기쁨으로 대해야 한다. 시험을 당할 때 아예 처음부터 그 시험을 기뻐해야 한다. 기뻐해야 해야 할 이유는 다음에 나온다.

약 1:3. 이는 너희 믿음의 시련이 인내를 만들어 내는 줄 너희가 앎이라. 시험이 찾아 올 때 전적으로 기뻐해야 할 이유는 다음과 같다. 첫째, 여러 가지 시험은 우리의 "믿음의 시련"을 위한 것이기 때문이다. 우리가 당하는 시험은 우리의 믿음의 시련을 위하여 하나님께서 주시는 것이다. 만약에 우리에게 여러 가지 시련이 없다면, 우리는 믿음의 훈련을 받을 수가 없다. 그러므로 시험은 훈련 교관과 비슷하다고 할 수 있다. 훈련 교관들은, 어떤 면에서는 싫은 존재들이지만, 우리의 믿음의 훈련을 위한 사람들이므로 전적으로 기뻐하고 존경해야 한다. 신자들은 누구든지 시험을 만나서 순전히 기쁘게 여기면서 믿음의 연단을 잘 받아야 한다. 결코 피해서는 안 된다.

둘째, 시험을 만나서 믿음을 연단하는 과정에서 인내심이 길러지기 때문이다(롬 5:3). 시험은 우리를 인내의 사람이 되게 하기 때문에 시험을 당할 때 전적으로 기뻐하라는 것이다. 인내는 아주 중요한 덕목이어서 유대인 사회에서도 가장 높이 평가되고 있다. 그래서 어떤 이들은, 인내는 모든 덕의 여왕이라고까지 말했다(Philo, Chrysostom 등). 야고보는 이곳뿐만 아니라 다른 곳에서도 인내를 권장하고 있다(5:7-11). 인내가 이처럼 중요한 덕이기 때문에 야고보는 다음절에서 끝까지 참으라고 권한다.

약 1:4. 인내를 온전히 이루라. 이는 너희로 온전하고 구비하여 조금도 부족함이 없게 하려 함이라.

야고보는 성도들을 향하여 끝까지 인내하라고 말씀한다. "인내를 온전히 이루라"는 말은 '끝까지 참고 견디라'는 말이다. 욥과 같이 끝까지 인내하라는 말이다. 끝까지 참을 때 부족함이 없는 인격을 이룬다.

"이는 너희로 온전하고 구비하여 조금도 부족함이 없게 하려 함이라." 여러 가지 시험을 만나서 끝까지 인내해야 할 이유는, 그렇게 해야 온전하고 구비한 인격이 되고 또 조금도 부족함이 없는 인격이 되기 때문이다. 야고보는 흩어져 있는 유대인 신자들로 하여금 시험을 만나서 단련을 받는 중에 끝까지 인내하여 완전한 인격을 이루고 조금도 부족함이 없는 인격을 이룰 것을 권한다. 예수님은 신자들로 하여금 하늘에 계신 아버지께서 온전하신 것처럼 온전하게 되라고 가르치셨다(마 5:48). 또한 베드로 사도는 신자들에게 점도 없고 흠도 없는 인격이 되라고 권한다(벧후 3:14). 세상에서 완전히 성화된 인격은 없으나, 우리는 완전을 향하여 전진해야 한다.

2. 지혜를 구하라 1:5-8

야고보는 여기저기 흩어져 살고 있는 신자들에게 삶의 지혜를 구하라고 말한다. 야고보는 각처에 흩어져 환난과 핍박을 받고 있는 신자들에게 지혜가 필요함을 알았다. 그러므로 야고보는 그들에게 지혜를 구하라고 권한다.

약 1:5. 너희 중에 누구든지 지혜가 부족하거든 모든 사람에게 후히 주시고 꾸짖지 아니하시는 하나님께 구하라 그리하면 주시리라.

야고보는 여기저기 흩어져 환난과 핍박을 받으며 고생하는 사람들과 범사에 하나님의 뜻을 실현하기 원하는 사람들에게 지혜가 절대적으로 필요한 줄 알았다. 그러나 야고보는 누구나 다 지혜를 구하라고 권하는 대신, 그저 "누구든지 지혜가 부족"한 줄 아는 사람들에게 지혜를 구하라고 권한다(왕상 3:9, 11-12; 잠 2:3). 야고보는 지혜로운 지도자였다.

야고보는 지혜가 무엇인지에 대해 말하지 않고 그저 "지혜"를 구하라고 한다(마 7:7; 21:22; 막 11:24; 눅 11:9; 요 15:7; 16:23). 또한 그리하면 하나님께서 "주시리라"고 말한다(렘 29:12; 요일 5:14-15). 야고보는 하나님께서는 구하는 자에게 반드시 주신다는 것을 다른 곳에서도 말씀하고 있다 (5:13-18).

'지혜'는 유대인들이 구약 시대부터 잘 알고 있었던 말이었다. 지혜는 당시 헬라 세계에서 널리 높임을 받았고, 헬라 세계에 흩어져 살고 있었던 유대인들에게 특별히 숭상되었다. 구약 시대부터 지혜란 올바른 계획을 세우는 방법이나 혹은 성공하는 방법을 지칭했다. 지혜의 출처는 항상 하나님이었다(잠 1:7). 하나님께서는 특별히 지도자들에 지혜를 부여하셨다(신 34:9의 여호수아의 경우; 삼하 14:20의 다윗의 경우; 왕상 3:9의 솔로몬의 경우). 신약에 와서 예수님은 그의 제자들에게 시련에 대처하기 위하여 지혜를 주시겠다고 약속하셨다(눅 21:15). 지혜라는 것이 지도자들에게만(행 6:3) 필요한 것이 아니라, 모든 성도들을 위해서 필요하다고 성경은 말씀하고 있다(골 1:9; 약 1:5).

"모든 사람에게 후히 주시고 꾸짖지 아니하시는 하나님께 구하라." 야고보는 지혜를 주시는 하나님이 어떤 분이신지를 말하면서 지혜를 구하도록 격려하고 있다. 첫째, 하나님은 "모든 사람"을 차별하시지 않고 구하는 자에게 주시는 분이다. 둘째, 하나님은 "후히 주시"는 분이다. 아낌없이 주시는 분이라는 말이다. "후히"라는 말은 '단순히' 또는 '무료로'라는 뜻이다. 하나님은 어떤 보답을 기다리시지 않고 그저 하나님의 영광을 위하여 구하는 자에게 단순한 마음으로 주신다는 것이다. 셋째, 하나님은 "꾸짖지 아니"하신다. 아마도 야고보의 주변에 무엇을 주고서 꾸짖는 사람들이 있었기 때문에 이런 표현을 썼는지도 모른다. 사실은 무엇을 주고서 꾸짖는 사람은 어느 시대에나 있을 수 있다. 우리는 누군가가 자기에게 여러 번 무엇을 구하면, 구하는 바를 주기는 주면서도 불쾌한 태도를 보이거나 혹은 귀찮아하는 태도를 보인다. 심한 경우 책망까지 하는 수가 있다. 그러나 하나님은 구하는 자에게 지혜를 주시고서 전혀 꾸짖지 않으신다. 그러므로 지혜가 필요한 사람은 사람에게 상담하기 전에 아낌없이 주시는 하나님께 지혜를 구해야 한다.

약 1:6. 오직 믿음으로 구하고 조금도 의심하지 말라.
야고보는 신자들이 하나님께 구하는 데 있어서 꼭 필요한 주의 사항을 말하고 있다. 이것은 지혜만 아니라 "무엇이든지"(7절) 구하는 자에게 꼭 필요한 주의 사항이다. 첫째, "오직 믿음으로 구해"야 한다는 것이다(막 11:24; 딤전 2:8). 하나님께서 주시리라고 믿는 믿음을 갖고 구해야 한다는 말이다. 하나님은 하나님께 구하라고 명령하시는 동시에 주신다고 약속하신다(마 7:7; 요 14:14). 그러므로 하나님께 구하는 자는 구하면서 구한대로 받을 줄을 믿어야 한다. 둘째, "조금도 의심하지 말라"는 것이다. 하나님께 무엇을 구하는 자가 기도하면서 하나님께서 주실는지 혹은 안 주실는지 의심해서는 안 된다. "의심"이라는 것은 '갈라진 마음' 혹은 '다투는 마음'을 가리킨다. 하나님께 구하는 자는 마음이 갈라지거나 두 마음이 되어서는 안 된다.

　　의심하는 자는 마치 바람에 밀려 요동하는 바다 물결 같으니.
　　여기 6절 하반 절부터는 의심하는 자의 불이익에 대해서 말하고 있다.

"의심하는 자는 마치 바람에 밀려 요동하는 바다 물결"과 같다. 바다 물결은 바람에 밀려 계속해서 요동한다. 한마디로 안정이 없는 것이 특징이다(8절). 오늘도 기도해 놓고 의심하는 사람이 많이 있다.

약 1:7. 이런 사람은 무엇이든지 주께 얻기를 생각하지 말라.

의심하는 자의 불이익은, 다름 아니라, 기도의 응답을 기대할 수 없다는 것이다. 그런 사람은 참으로 일생동안 불행하다. 마음에 안정이 없으니 불행하고 또 기도 응답을 받지 못하고 사니 불행하다.

약 1:8. 두 마음을 품어 모든 일에 정함이 없는 자로다.

의심하는 사람은 지혜를 구하는 일에만 "두 마음"이 된 것이 아니라 "모든 일에" 두 마음이 된다(4:8). 그런 사람은 무엇을 하든지 두 마음이 되어서 하나님과 세상, 진리와 비진리, 영과 육신 간에 왔다 갔다 하여 마음에 "정함이 없다." 갈피를 잡지 못하고 방황하게 된다.

3. 세상 표준하지 말고 내세 표준해서 살아라 1:9-11

여러 가지 시험에 잘 대처하면서 살도록 말씀해 온 야고보는, 이제 흩어져 사는 신자들에게 세상의 물질을 표준하지 말고 내세 표준해서 살 것을 권한다. 우리가 내세를 표준해서 살 때에 현세의 모든 시험도 잘 견디게 된다는 것이다. 만일 신자들이 현세의 재물을 표준해서 살게 되면, 시험이 닥칠 때에 흔들리지 않을 수 없다. 신자들에게 물질이 있든 없든 내세를 표준해서 살면, 어떤 환난과 핍박이 오고 시험이 와도 감사하며 살게 된다.

약 1:9. 낮은 형제는 자기의 높음을 자랑하고.

"낮은 형제"란 다음절(10절)에 있는 "부한 형제"와 반대되는 '가난한 신자,'사회적으로 낮은 신자들'을 지칭한다. 야고보는 경제적으로 가난하고 사회적인 지위가 낮은 형제들에게 "자기의 높음을 자랑하라"고 말한다. 경제적으로 가난하고 지위가 낮은 신자들은 영적으로 높아질 것이니 영적으로 높아진 것을 감사하고 자랑하라는 말이다. 우리가 천지의 주재이신 하나님의 자녀가 된 것을 자랑하는 것은 결코 교만이 아니라 오히려 잘하는 일이다. 신자들은 자기를 자랑하지 말고, 자기가 하나님의 자녀가 된 사실을 인하여 하나님을 자랑해야 한다(고전 1:31; 고후 10:17; 갈 6:14; 빌 3:3).

약 1:10. 부한 형제는 자기의 낮아짐을 자랑할지니.

경제적으로 부요한 크리스천 형제는 "자기의 낮아짐을 자랑하라"는 것이다. 경제적으로 부요한 크리스천 형제는, 비록 자신이 경제적으로 부요하더라도 세상 부요는 사실상 아무것도 아니라는 것을 알고 마음을 낮추게 된 것을 다행으로 여기라는 것이다. 참으로 믿는 사람은 재물에 소망을 두지 않고 오직 예수님께만 소망을 두고 살기 때문에 마음이 낮아지게 된다. 우리는 세상 형편이 어떻든 낮은 마음을 품고 살아야 한다. 하나님께서 인정하실 만큼 낮은 마음을 품고 살아야 한다.

이는 풀의 꽃과 같이 지나감이라.

부자의 부(富)는 풀의 꽃과 같이 지나간다(욥 14:2; 시 37:2; 90:5-6; 102:11; 103:15; 사 40:6; 고전 7:31; 약 4:14; 벧전 1:24; 요일 2:17). 풀도 지나가고 꽃도 없어지고 만다. 역시 부요도 없어지고 만다. 그리고 부자였던 사람 자체도 사라지고 만다. 그러므로 우리에게는 자랑할 것이 아무것도 없다.

만약 우리가 무언가를 자랑한다면, 그것은 모든 것이 지나간다는 것을 알지 못하여 자랑하는 것이다. 무지하기 때문에 자랑하는 것이다.

약 1:11. 해가 돋고 뜨거운 바람이 불어 풀을 말리우면 꽃이 떨어져 그 모양의 아름다움이 없어지나니 부한 자도 그 행하는 일에 이와 같이 쇠잔하리라.

본 절은 앞 절(10절) 하반절의 말씀을 다시 한 번 설명한다. "해가 돋고 뜨거운 바람이 불면" 풀도 마르고 꽃이 떨어져서 아름답던 꽃의 모양이 볼품없이 되는 것처럼, 부자도 "그 행하는 일," 곧 '부요를 더 쌓기를 위해 수고한 일들'이 다 사라져버릴 것이다. 해가 돋으면 사하라 사막의 뜨거운 바람이 팔레스타인에 불어와 풀을 말리고 꽃을 시들게 하는 것처럼(겔 17:10; 렘 18:17; 호 13:15; 욘 4:8), 부자들이 돈 모으기 위해 동분서주하는 것이나 그들이 누리는 영화(榮華)는 속절없이 사라지고 만다.

4. 시험을 참는 자가 받는 복 1:12

약 1:12. 시험을 참는 자는 복이 있도다 … 약속하신 생명의 면류관을 얻을 것임이니라.

야고보는 "시험(πειρασμόν)," 곧 '핍박과 환난'을 끝까지 참아내는 사람은 복이 있다고 말한다(욥 5:17; 잠 3:11-12; 히 12:5; 계 3:19). 다시 말해, 예수님을 믿는 일 때문에 핍박을 받고 환난을 당하고 생활상 각종 고난을 당하는 사람, 또한 예수님을 믿는 믿음의 연단을 위하여 당하는 고난을 끝까지 견디어내는 사람, 그래서 하나님으로부터 인내의 사람이라고 "인정"을 받는 사람은 복이 있다는 것이다. 그 복은, 다름 아니라, "생명의 면류관"을 얻는 것이다(고전 9:25; 딤후 4:8; 벧전 5:4; 계 2:10). "생명의 면류관"은 하나님 나라에서 누릴 '영화로운 삶'을 말한다.

그러면 우리가 예수님의 십자가 공로를 믿음으로 받는 구원과, 끝까지 참은 후에 받는 생명의 면류관은 서로 다른 것인가. 이 둘은 똑같은 내용을 말하는 것이다. 즉 예수님의 십자가 공로를 의지하여 구원에 이른 사람은 끝까지 참아야 하는 것이다. 바꾸어 말해, 고난을 끝까지 견디지 못하는 사람은 믿는 사람이 아니다. 신자는 인내의 사람이어야 한다.

III. 유혹을 이기는 비결 1:13-18

앞에서 야고보는 성도가 믿음을 위한 시련을 만났을 때 인내하라고 권했다 (2-12절). 이제 그는 유혹을 이기는 비결에 대해 말한다(13-18절). 먼저 그는 모든 유혹은 마음에서 온다는 것을 말하고(13-15절), 이어서 하나님은 좋은 것만 주시는 분인 줄 알아야 한다고 말한다(16-18절).

1. 모든 유혹은 마음에서 온다는 사실을 알아라 1:13-15

약 1:13. 사람이 시험을 받을 때에 내가 하나님께 시험을 받는다 하지 말지니 하나님은 악에게 시험을 받지도 아니하시고 친히 아무도 시험하지 아니하시느니라.

야고보는 "사람이 시험을 받을 때에 내가 하나님께 시험을 받는다 하지 말라"고 주의를 시킨다. 본 절에서 "시험"에 해당하는 헬라어는 2절과 12절에서 말하는

'시험'과는 그 의미가 다르다. 2절과 12절에서 말하는 "시험"(πειρασμόν)은 '믿음의 연단을 위하여 하나님께서 허락하시는 시험'이고, 본 절이 말하는 "시험"(πειράζω)은 '유혹'을 뜻한다. 그러므로 누구든지 "시험"을 받을 때에 하나님께서 나를 유혹하신다고 하지 말라는 것이다. 좀 더 구체적으로 말해서, 사탄의 유혹이나 죄의 유혹을 받을 때 그 유혹을 하나님의 유혹으로 생각하지 말라는 것이다. 이유는 "하나님은 악에게 시험을 받지도 아니하시고 친히 아무도 시험하지 아니하시기" 때문이다. 하나님은 "악"(惡), 곧 '사탄'이나 '죄' 같은 것에 끌리지도 아니하시고 아무도 시험하시지도 않는다는 것이다. 예수님은 세상에 계실 때 사탄의 유혹을 받거나 죄의 유혹을 받지 않으셨다. 또한 친히 사람을 유혹하신 일도 없었다. 사람은 다른 사람에게 혹은 다른 실존에게 책임을 전가하는 경향이 있다. 그래서 시험을 받을 때에도 하나님께 그 책임을 돌리는 수가 있다. 그러나 하나님은 절대로 사람을 잘못된 데로 유혹하지 않으신다.

약 1:14. 오직 각 사람이 시험을 받는 것은 자기 욕심에 끌려 미혹됨이니. 앞에서 야고보는 "사람이 시험을 받을 때에 … 하나님께 시험을 받는다" 하지 말라고 했다(13절). 이제 그는 "각 사람이 시험을 받는 것은 자기 욕심에 끌려 미혹되는" 것이라고 말한다. "욕심"이란 '악에 대한 열망,' 혹은 '분수 외에 더 갖고자 하는 열망'을 말한다.

야고보는 신자나 불신자나 누구든지 시험을 받는 것은 자기에게 책임이 있다고 말한다. 시험(유혹)을 받는 과정(過程)을 보면 다음과 같다. 첫째, "자기 욕심에 끌린다." "자기 욕심에 끌린다"는 것은 '자기 욕심에 끌려 다니는 것'을 말한다. "끌려(ἐξελκόμενος)"라는 말은 현재 분사 수동형으로서, 마치 물고기가 낚시 밥에 끌리는 것처럼, 사람이 죄에 끌리는 것을 의미한다. 둘째, 자기 욕심에 의해 "미혹된다." 여기 "미혹됨($\delta\epsilon\lambda\epsilon\alpha\zeta\acute{o}\mu\epsilon\nu o\varsigma$)"이라는 말은 역시 현재분사 수동형으로서 낚시 밥에 속은 고기가 낚시에 끌려 다니는 것처럼 죄에 완전히 사로잡히는 것을 말한다.[1] 사람의 마음속에는 욕심이 있다. 욕심은 처음 단계에서 없애버려야 하는데, 그 욕심을 그냥 두면, 사탄의 충동을 받아서 결국 그것에 말려들고 완전히 사로잡히게 된다.

우리는 나 자신만을 위하려는 욕심, 곧 이기심을 뿌리 뽑아야 하고 이성에 대한 음란한 생각을 제거해야 한다. 그리고 물질에 대한 탐심을 없애야 하고 사실을 왜곡하려는 부정직한 마음을 교정해야 한다. 우리는 그런 마음의 뿌리를 뽑기 위해 신경을 써야 하고 최선을 다해야 한다. 초기 단계에서 해결해야 한다. 우리는 모든 은혜를 후하게 주시는 하나님을 바라보면서 모든 욕심을 처음부터 차단해야 하고, 그런 욕심을 그리스도에게 고백해서 피로 씻음 받아야 한다(요일 1:9).

약 1:15. 욕심이 잉태한즉 죄를 낳고 죄가 장성한즉 사망을 낳느니라.

이 구절은 "욕심"을 그냥 두면 그것이 어떻게 발전해 나가는지를 보여 준다. 욕심이 잉태하면 죄를 생산하고(욥 15:35; 시 7:14), 죄가 커 가면 사망을 낳는다는 것이다(사 59:4b-5; 롬 6:21, 23). 사람의 마음속에 "욕심"이 잉태되었을 때(눅 1:24) 그것을 없애지 않고 그냥 두면, 언젠가는 죄를 낳게 된다는 것이다.

사람마다 그 죄를 출산하는 시기가 다르다. 어떤 사람은 빨리 출산하고

---

1) "'끌려'라는 말은 사람이 그 악한 욕심으로 인하여 옳은 길에서 이탈됨이고, '미혹됨'은 한 걸음 더 나아간 단계인데, 범죄 행위 그것을 말한다." 박윤선, 『성경주석, 히브리서-공동서신』 (서울: 영음사, 1987), p. 266.

또 어떤 사람은 늦게 출산하지만 언젠가는 출산하게 마련이다. 그리고 출산한 죄를 얼른 해결하지 못하고 그냥 두면, 결국 그 죄가 커져서 영적인 죽음을 낳게 되는 것이다(창 3:19; 롬 5:12; 엡 2:1). 다시 말해, 하나님으로부터 멀리멀리 떠나가게 된다는 것이다.

탕자는 향락에 대한 욕심이 마음속에 잉태했는데 그것을 초반에 박멸하지 않고 있다가 결국은 아버지에게 자기의 소원을 말씀해서 재산을 분배받았다(눅 15장). 그리고 그 재산을 갖고 아버지를 떠나 먼 나라로 가서 허랑방탕 살았다. 이것이 곧 영적인 사망이다. 탕자는 세 단계를 거친 것이다. 즉 향락을 생각하는 욕심의 단계, 재산을 분배받은 단계(죄를 낳은 단계), 아버지를 떠나 타향으로 가는 단계(사망의 단계)를 거쳤던 것이다. 그는 타향에서 향락을 누린 후 아버지 없이 빈곤 속에서 숱한 고생을 한 후 다시 옛날을 생각하고 아버지를 그리면서 돌아왔다. 회개한 것이다. 우리는 멀리멀리 갔다가 돌아오기 보다는 욕심의 단계에서 아예 욕심을 박멸해버리기 위한 노력을 통해 아버지 앞에서 계속해서 복되게 살아야 할 것이다.

2. 하나님은 좋은 것만 주시는 분이신 줄 알아라 1:16-18

약 1:16-17. 내 사랑하는 형제들아 속지 말라. 각양 좋은 은사와 온전한 선물이 다 위로부터 빛들의 아버지께로서 내려오나니 그는 변함도 없으시고 회전하는 그림자도 없으시니라.

야고보는 이제 약간 다른 말씀을 하려고 "내 사랑하는 형제들아"라고 부른다. 우리는 시험을 받을 때 그 유혹이 하나님으로부터 왔다고 하는 우리의 착각과 사탄의 가르침에 속지 말아야 한다(고전 15:33; 갈 6:7; 요일 3:7). 하나님은 좋은 것만을 주시는 분이시다. "각양 좋은 은사와 온전한 선물이 다 위로부터 빛들의 아버지께로서 내려온다"는 것이다(요 3:27; 고전 4:7). "각양 좋은 은사"(πᾶσα δόσις ἀγαθη)란 '좋은 선물마다'라는 뜻이다. 나쁜 것은 사탄이 주는 것이고, 모든 좋은 선물은 하나님께서 주신다는 것이다. 그리고 "온전한 선물"은 하나님께서 주시는 '완전한 선물'을 지칭한다. 여기 "은사"는 하나님께서 주시는 행동에 치중한 언어이고, "선물"이란 선물 자체를 지칭한다(Ropes). 즉 하나님의 주시는 행동도 선하시고, 주시는 선물 자체도 온전하시다. 하나님은 우리에게 하늘과 땅을 만들어 주셨고, 독생자를 보내 주셨고, 성령을 부어 주셨다. 하나님께서 주시는 은사는 모두 선하고 완전하다. 하나님은 신령한 선물을 우리에게 주셨고 물질적인 선물도 주셨다.

야고보는 훌륭하고 완전한 선물 모두가 "위로부터 빛들의 아버지께로서 내려온다"고 말한다. 좋은 것은 모두 위에 계신, 빛들을 지으신 우리들의 아버지로부터 내려온다는 말이다. "빛들의 아버지"라는 말은 '하늘의 일월성신을 지으신 아버지'라는 뜻이다. 하나님은 하늘의 일월성신을 지으셨기 때문에 더욱 밝으신 분이라는 것이다. 더욱 선하시다는 것이다. 선하신 하나님께서 주시는 모든 것은 좋은 것이다. 우리의 욕심은 우리로 하여금 죄와 사망에 이르게 하는 반면, 하나님은 선하신 것만 제공해 주신다. 그러므로 우리는 죄와 사탄의 유혹을 받을 때 그 유혹이 하나님께로부터 왔다고 착각해서는 안 된다.

야고보는 우리에게 좋은 것을 주시는 아버지는 빛들을 지으신 아버지로서 절대로 "변함도 없으시고 회전하는 그림자도 없으시다"고 말한다(민 23:19; 삼상 15:29; 말 3:6; 롬 11:29). 행성들의 경우 공전과 자전 때문에 밝기가 변화되는데, 우리 아버지는 그런 "변화"조차도 없으시고, 항상 우리들에게 좋은 것을 꾸준히 주시는 분이시다. 그리고 일월성신은 회전할 때 그림자가 생기는 법인데, 하나님에게는 그런 그림자도 없으시다는 것이다. 다시 말해, 지구의 회전과 해와 달의 위치에 따라서 사물의 그림자가 크게 혹은 작게 보이기도 하는데, 하나님의 선하심은 절대로 변동 없이 우리에게 임한다는 것이다. 우주의 모든 것은 변함이 있는데, 하나님은 변함없이 우리들에게 좋은 것을 주신다. 우리는 하나님께서 앞으로도 변함없이 좋은 은사와 선물을 주실 것을 의심 없이 믿어야 한다. 우리에게 아들을 주신 이가 어찌 아들과 함께 모든 것을 은사로 주시지 않겠는가(롬 8:32). 앞으로 우리는 신령한 것과 육신에 필요한 모든 것을 구하여 부요 중에 남에게도 부요를 전해 주면서 살아야 할 것이다.

약 1:18. 그가 그 조물 중에 우리로 한 첫 열매가 되게 하시려고 자기의 뜻을 좇아 진리의 말씀으로 우리를 낳으셨느니라.

야고보는 본 절에서도 역시 하나님의 선하심에 대해 말한다. 하나님은 "그 조물," 곧 '그 피조물' 중에 우리로 "첫 열매,"[2] 곧 '하나님께 바쳐진 백성들'이 되게 하시려고(렘 2:3; 계 14:4) 하나님의 원하시는 뜻을 따라 "진리의 말씀," 곧 '그리스도의 복음'으로 우리를 거듭나게 하셨다는 것이다(요 1:13; 3:3; 고전 4:15; 벧전 1:23). 여기 "자기의 뜻"은 '하나님의 선하신 의지(意志)'를 가리키는 것으로 우리에게 은혜를 베풀고자 하시는 하나님의 선한 의지를 지칭한다(엡 1:11; 벧전 1:3). 야고보는, 하나님은 선하신 뜻을 좇아 진리의 말씀으로 우리를 중생시키셨는데, 그런 하나님께서 우리를 시험하시겠느냐고

---

2) "첫 열매"라는 구약 시대에 하나님께 바친 사람의 첫 아들, 짐승의 초태생, 곡식의 첫 소산을 말한다(출 22:29; 23:19). 신약에 와서는 그 의미가 죽은 자 가운데서 부활하신 예수님께 적용되었고(고전 15:20), 하나님의 백성, 곧 성도들에게 적용되었다(롬 16:5; 고전 16:15).

말하고 있는 것이다. 우리를 하나님의 백성 되게 하시려고 그리스도의 복음으로 중생시키신 하나님께서는 끊임없이 우리에게 모든 좋은 것을 주신다. 우리는 하나님을 우리에게 좋은 것만을 주시는 하나님으로 믿어야 한다. 혹시 어떤 어려움이 닥쳐온다고 해도, 하나님은 그 어려움 중에서 우리를 복되게 하시려는 의도로 우리에게 그런 어려움을 주신다(롬 8:28).

IV. 도를 듣고 행하는 자가 되라 1:19-27

앞에서 야고보는 하나님은 사람을 절대로 유혹하지 않으시는 분이라는 것과 오히려 하나님은 사람에게 좋은 것만을 주시는 분이라고 말했다(13-18절). 이제 그는 자기의 편지의 수신자들에게 도를 듣고 행하는 자가 되라고 부탁한다. 먼저 그는 도를 들어야 할 것을 말하고(19-21절), 이어서 도를 행해야 할 것을 권하고 있다(22-27절).

1. 도를 듣는데 민첩하라 1:19-21

약 1:19. 내 사랑하는 형제들아 너희가 알거니와 사람마다 듣기는 속히 하고 말하기는 더디 하며 성내기도 더디 하라.

야고보는 이제 조금 다른 말씀을 하려고 "내 사랑하는 형제들아"라고 부른다. 이어서 야고보는 "너희가 알거니와"라고 말하면서 수신자들을 존중하고 있다. 야고보는, 흩어진 열두 지파도 이미 다 아는 사실이겠지만, 다음 세 가지 부탁을 하면서 자신의 말을 들으라고 말한다. 첫째, "사람마다 듣기는 속히 하라"는 것이다(전 5:1). "듣기는 속히 하라"는 말은 "도"(21b, 22a, 23a) 혹은 "자유하게 하는 온전한 율법"(25절)을 듣기를 속히 하라는 말이다. 이것은 결코 쓸데없는 지저분한 말을 민첩하게 들으라는 뜻이 아니다. 그런 이야기들을 민첩하게 들어 간직하고 남에게 전달해 주면 자신의 영혼에 큰 해가 된다. 여기 "속히 하라"는 말씀은 "더디 하는 것"(19b)과 반대 개념이다. 곧 '민첩하라'는 말이다. 둘째, "말하기는 더디 하라"는 것이다(잠 10:19; 17:27; 전 5:2). "더디 하라"는 말은 '느리게 하라'는 말이다. 말을 느리게 하라는 말은 말을 경박스럽게 하지 말라는 뜻이다. 다시 말해, 입을 함부로 놀리지 말라는 것이다. 어디서 말을 듣고 금방 그것을 옮겨서는 안 된다는 것이다. 특별히 여자들은 누구에게서 무슨 말을 들으면 참지를 못해 빨리 이웃에게 옮기는 약점이 있다. 예수님의 복음에 대해서는 느리게 전하거나 아니면 전혀 전하지도 않으면서 사람들에게서 무슨 말을 들으면 금방 남들에게 쏟아낸다. 남자든지 여자든지 입이 무거워야 한다. 셋째, "성내기도 더디 하라"는 것이다(잠 14:17; 16:32; 전 7:9). 성내기를 더디 하라는 말은 성급하게 분노를 표출하지 말라는 말이다. 사람이 성내지 말아야 할 이유는 바로 다음 절에 나온다.

약 1:20. 사람의 성내는 것이 하나님의 의를 이루지 못함이니라.
분노를 표출하지 않아야 할 이유는 "성"을 내면 하나님의 의(義)를 이루지 못하기 때문이라는 것이다. 곧 성을 내면 그리스도인이 해야 할 올바른 일을 하지 못하기 때문이라는 것이다. 사람이 성을 내면 의(義), 곧 그리스도인이 가져야 하는 올바른 행위를 이룰 수 없게 된다. 성을 내면, 예수님의 말씀을 이룰 수가 없고(25절), 고아와 과부를 돌아보고 세속에 물들지 아니하는 경건한 삶을 살 수가 없게 된다(27절).

성을 내면 하나님의 의를 이룰 수 없는 이유는 다음과 같다. 첫째, 성을 내는 경우 하나님의 말씀을 떠나게 되니 의를 이룰 수 없게 된다. 둘째, 하나님의 말씀을 이룰 수 있는 힘을 잃게 되니 의를 이룰 수 없게 된다. 셋째, 성령님을 근심시키게 되니(엡 4:30) 하나님의 의를 이룰 수 없게 된다. 우리는 성령님의 주장과 인도를 떠나서는 아무런 의도 이룰 수 없다. 우리는 의분을 낸다는 명분으로 성을 내는 수가 있으나, 모든 것을 항상 성령님의 주장과 인도 아래에서 실행해야 한다.

약 1:21. 그러므로 모든 더러운 것과 넘치는 악을 내어 버리고 능히 너희 영혼을 구원할 바 마음에 심긴 도를 온유함으로 받으라.

야고보는 앞에서(19절 하반 절) "성내기도 더디 하라"고 부탁했고, 또한 바로 앞 절(20절)에서는 성을 내면 "하나님의 의를 이룰" 수 없다고 말했다. 이제 그는 "그러므로 모든 더러운 것과 넘치는 악을 내어 버리라"고 권한다(골 3:8; 벧전 2:1). 성내기를 더디 하여 하나님의 의를 이루려면 "모든 더러운 것과 넘치는 악을 내어 버리라"는 것이다. 모든 더러운 것과 악이 성내는 것과 연관되어 있다는 것이다. 성도는 "모든 더러운 것," 곧 '모든 도덕적인 악을 내어버려야 한다. 그리고 "넘치는 악," 곧 '더러운 욕망'을 버려야 한다. 이 두 가지는 동격(同格)으로 야고보는 모든 도덕적인 악을 강조해서 표현하기 위해 동격을 써서 강조했다.

　야고보는 하나님의 의를 이루기 위해서 소극적으로는 모든 도덕적인 악을 버리라고 권하고, 적극적으로는 "능히 너희 영혼을 구원할 바 마음에 심긴 도를 온유함으로 받으라"고 명령한다(행 13:26; 롬 1:16; 고전 15:2; 엡 1:13; 딛 2:11; 히 2:3; 벧전 1:9). 야고보는 우리의 영혼을 구원하는 말씀, 곧 마음에 심겨진 말씀을 온유하게 받으라고 권한다. 그리스도의 복음을 들을 때 이미 그들의 마음에 심겨진 말씀이 있었는데, 이제는 그 말씀을 온유하게 받아 응답해서 의를 이루어야 한다고 말하고 있는 것이다.

우리는 그 두 가지를 잘 감당해야 한다. 곧 소극적으로는 마음속에 있는 악을 버려야 하고, 적극적으로 마음에 심겨진 하나님의 말씀을 받아 기도함으로 실천해야 한다.

2. 도를 행하는 자가 되라 1:22-27

약 1:22. 너희는 도를 행하는 자가 되고 듣기만 하여 자신을 속이는 자가 되지 말라.

앞 절에서 야고보는 마음에 심겨진 도를 온유함으로 받으라고 했다(21절). 이제 그는 말씀을 행하는 자가 되라고 부탁한다(마 7:21; 눅 6:46; 11:28; 롬 2:13; 요일 3:7). 그리고 이어서 한 가지 주의사항을 전한다. 그것은 바로 도를 듣기만 하지 말라는 것이다(눅 6:49; 약 2:14). 행함이 없이 듣기만 하면 결국 자신을 속이는 결과가 온다. 듣고 실행하지 않는 자는 자신을 속이는 사람이 된다는 것이다. 듣고 실행하지 않는 사람은 열매가 없게 되어 결국 어처구니없는 결말을 맞이하게 된다. 속은 사람이 되는 것이다. 실행이 없는 사람은 열매를 맺지 못하고 복도 받지 못하기 때문에 스스로 속은 사람이 되는 것이다. 우리는 남이 나를 속이는 것보다 내가 나를 속이는 때가 얼마나 많은지 모른다.

약 1:23-24. 누구든지 도를 듣고 행하지 아니하면 그는 거울로 자기의 생긴

얼굴을 보는 사람과 같으니 제 자신을 보고 가서 그 모양이 어떠한 것을 곧 잊어버리거니와.

야고보는 "도를 듣고 행하지 아니하는" 사람의 불행에 대해서 언급한다. 하나님의 말씀, 곧 자유하게 하는 온전한 율법을 듣고 행하지 않으면, 곧 그 말씀과 효용과 맛을 "잊어버린다"는 것이다. 실행하지 않은 말씀은 우리의 마음속에 꼭 박히지 않아서 기억이 희미해진다. 복음의 말씀을 듣고도 그대로 실행하지 않은 사람들, 예를 들어 예수님께 헌신한 경험이 없는 사람들, 예수님께 십일조를 해보지 않은 사람들, 형제를 용서하지 않는 사람들, 형제를 사랑하지 않는 사람들은 그 말씀의 권능을 체험하지 못하고 말씀의 맛을 알지 못하여 그 말씀에 대한 기억이 희미해진다. 이것은 마치 거울을 아무리 자세히 들여다본다고 해도 돌아서면 자신의 평상시의 얼굴을 잊어버리는 것과 같다는 것이다. 여기서 거울로 자기의 "얼굴을 본다"는 말씀은 거울로 자기의 '얼굴을 자세히 살핀다'는 뜻이다. 아무리 자기의 얼굴을 자세히 살핀다고 해도 거울을 떠나면 자신의 평상시의 얼굴이 희미해지는 것이다. 우리는 거울을 통해서 자기의 얼굴이나 살피는 사람처럼 복음의 말씀을 듣는 사람만 되어서는 안 되고, 말씀을 실행에 옮기는 사람들이 되어야 한다. 우리는 야고보가 행함을 강조하는 것을 여기서도 볼 수가 있다. 그러나 야고보가 아무리 말씀 실행을 강조한다고 해도, 그것은 믿음에다가 말씀 실행을 더해야 구원을 받는다고 주장하는 것은 아니다. 그가 강조하는 것은 다름이 아니라 사람이 믿는다고 하면 반드시 행함을 동반해야 한다는 것이다.

약 1:25. 자유하게 하는 온전한 율법을 들여다보고 있는 자는 듣고 잊어버리는 자가 아니요 실행하는 자니 이 사람이 그 행하는 일에 복을 받으리라.

본 절에서 야고보는 복음의 말씀을 듣고 실행하는 자가 복을 받는다고 말한다. 야고보는 앞에서는 "도"라는 낱말을 사용했는데(21-23절), 이제는 "자유하게 하는 온전한 율법"이라는 단어로 바꾸어 사용한다(2:12). "자유하게 하는 온전한 율법"은 구약 율법과는 다른 율법이라는 뜻이다. 구약의 율법은 사람을 얽매었고 정죄했다. 그러나 예수님께서 그 모든 율법을 십자가에서 다 이루시고(요 19:30) 우리에게 새 법을 주셨다. 예수님께서 새로 주신 사랑의 법은 우리를 "자유하게 하는 율법"이고 "온전한 율법"이다. "자유하게 하는 율법"은 우리를 사탄과 죄로부터 자유하게 하는 법이며 우리에게 생명을 주는 법이다(21절; 요 8:32; 갈 5:1). 그리고 "온전한 율법"은 예수님께서 성취하신 '완전한 율법'을 뜻한다. 구약의 율법은 예언적이고 외부적이어서 완전치 못했었는데, 예수님께서 구약의 율법을 완전하게 성취하심으로써(마 5:17) '완전한 율법'을 주셨다.

야고보는 그리스도의 법을 "들여다보고 있는 자는 듣고 잊어버리는 자가 아니요 실행하는 자"라고 말한다. 여기서 "들여다보고 있는 자"(ὁ παρακύψας … καὶ παραμείνας)라는 말은 '몸을 구푸려 들여다보고 머무는 자'라는 뜻이다(고후 3:18). 즉 '자세히 들여다보고 그 말씀 안에 머무는 자'를 말한다. 이것은 그리스도의 복음을 들여다볼 뿐 아니라 말씀 안에서 사는 사람을 지칭한다. 이는 마치 포도나무 가지가 포도나무에 붙어 있는 것과 같다(요 15:1-7). 그리스도의 말씀과 떨어져 있지 않고 그 말씀에 머무는 사람은 결코 말씀을 망각하지 않는다. 그런 사람은 "듣고 잊어버리는 자(a forgetful hearer)가 아니요 실행하는 자"가 된다. 실행하는 사람은 결국은 "복," 곧 '각양 좋은 은사와 온전한 선물'을 위로부터 받게 된다(요 13:17; 약 1:17).

우리는 말씀을 보고 그 말씀 안에 머물러야 한다. 예수님은 말씀하시기를,

"너희가 내 안에 거하고 내 말이 너희 안에 거하면 무엇이든지 원하는 대로 구하라 그리하면 이루리라"(요 15:7)고 하신다. 그리스도의 말씀에서 눈을 떼고 그 말씀에 집착하지 않으면, 별 수 없이 그 말씀은 우리의 기억 속에 희미해지고 만다.

우리 한국 교회의 많은 성도는 주일날 교회당에 모여 한번 말씀을 듣고 헤어질 뿐 그 말씀 안에 머무는 노력을 하지 않는다. 그래서 결국은 말씀을 실행하지 못해서 실속이 없는 신자들이 된다. 그래도 묵상의 시간(QT)을 가지는 성도는 조금 나아서 실행에 옮기지만, 그것도 하지 않는 신자는 거의 불신자나 다름없는 수준으로 떨어지고 만다. 우리는 말씀을 실행하는 성도가 되어야 한다. 다시 말해, 믿음을 실천하는 성도가 되어야 한다는 것이다. '믿음 따로 행동 따로'가 되어서는 안 된다.

약 1:26. 누구든지 스스로 경건하다 생각하며 자기 혀를 재갈 먹이지 아니하고 자기 마음을 속이면 이 사람의 경건은 헛것이라.

누구든지 예수님의 복음을 실천하지는 않으면서(19-24절) "스스로 경건하다"고 생각한다면 "이 사람의 경건은 헛것이라"고 야고보는 말한다. 여기 "경건하다"(θρησκὸς)라는 단어는 '종교적'(religious)이라는 뜻이다. 즉 스스로 자기는 종교적인 사람이라고 생각하면서 혀를 절제하지 못하는 사람들의 경건은 헛것이라는 것이다. 오늘 스스로 믿음이 있다고 생각하면서 혀를 재갈 먹이지 못하는 사람들이(19절) 교회 안에 의외로 많다. "혀를 재갈 먹인다"(bridleth his tongue)는 말은 '혀를 억제하다' 혹은 '감정을 억제한다'는 뜻이다(시 34:13; 39:1; 벧전 3:10). 혀를 억제하지 못하고 남을 마구 비난하며 험담하는 사람들이 우리 한국 교회 안에 그리고 해외에 퍼져 있는 한인 이민교회 안에 의외로 많이 있다. 그런 사람의 종교심은 헛것이다.

　　그런 사람들, 곧 혀를 통제하지 못해서 남을 험담하고 비난하는 사람들은 "자기 마음을 속이는" 사람들이다. 다시 말해, 그런 사람들은 자기가 교회에 출석하여 예배도 드리고 헌금도 하고 기도도 하고 때로는 구제도 하기 때문에 종교적인 사람인 줄로 생각하는데, 사실은 자기 마음을 속이고 있는 것이다. 그런 사람들은 마음이 변하지 않은 사람들이다. 그런 사람들은 교회에 출석해서 예배하고 헌금도 하고 기도회에도 참석하지만, 마음이 변하지 않아 이웃을 사랑하거나 배려하기는커녕 오히려 이웃에 대해 온갖 나쁜 감정을 품고 험담하고 비난한다. 따라서 그런 사람들의 종교심은 자기의 마음이나 안심시키는 것에 불과해 결국 자기가 자기에게 속고 있는 것이다. 오늘 우리는 자신에게 속는 사람들이 많다는 것을 염두에 두고 무엇보다도 먼저 자기가 변화되었는지를 살펴야 할 것이다. 내 마음이 변화되고 내 입이 변했는지 살펴야 한다. 내가 참으로 이웃을 사랑하고, 이웃을 위로하고, 내 혀가 이웃을 위해 잘 사용되고 있는지 살펴야 할 것이다.

약 1:27. 하나님 아버지 앞에서 정결하고 더러움이 없는 경건은 곧 고아와 과부를 그 환난 중에 돌아보고 또 자기를 지켜 세속에 물들지 아니하는 이것이니라.

이제 야고보는 참 경건이 어떤 것인지에 대해 언급한다. 그는 참 경건 여부는 "하나님 아버지 앞에서" 살펴보아야 한다고 말한다. 하나님 아버지의 불꽃같은 눈앞에서의 경건, 곧 신본주의적 경건이어야 한다는 것이다. 다시 말해, "정결하고 더러움이 없는 경건"이어야 한다는 것이다. "정결하고 더러움이 없다"는 두 말은 서로 동의어로서 '깨끗하다,' 혹은 '정결하다'는 뜻이다.

야고보가 말하는 정결하고 더러움이 없는 경건은 다음과 같다. 첫째, 이웃관계를 잘 하는 것이다. 이웃관계 중에서도 고아와 과부 같은 불쌍한 사람들을 환난 중에 잘 돌아보는 것이다(사 1:16-17; 58:6-7; 마 25:36). 마태복음 25:31-46에 보면, 예수님께서는 굶주리는 사람에게 먹을 것을 주는 것, 목마른 사람들에게 마실 것을 주는 것, 나그네 된 사람들을 영접하는 것, 옷이 없는 가난한 사람들에게 옷을 주는 것, 옥에 갇힌 사람들을 돌아보는 것을 특히 강조하셨다. 이 모든 것은 결국 '자기희생'이라는 말로 귀결될 수 있다. 둘째, "자기를 지켜 세속에 물들지 아니하는 것"이다(롬 12:2; 약 4:4; 요일 5:18). "세속에 물들지 아니하는 것"은 '세상의 정욕'이나(요일 2:16) '세상의 악한 풍습'같은 것에 물들지 않는 것을 말한다(롬 12:2). 야고보는 우리가 세속에 물들면 하나님의 원수가 된다고 말한다(4:4). "자기를 지켜 세속에 물들지 아니하는 것"과 "고아와 과부를 그 환난 중에 돌아보는 것," 두 가지는 밀접한 관계가 있다. 그것은 세속에 물들지 않아야 불쌍한 처지에 있는 사람들을 잘 돌아볼 수가 있기 때문이다. 세속에 물들면 영적인 힘이 없어서 참 봉사활동을 할 수가 없게 된다.

오늘 우리의 교회들은 돈을 너무 사랑하고, 세속화되어 있고, 음란에 깊이 빠져 있다. 경건에 큰 문제가 생긴 것이다. 다시 말해, 성결에 비상이 걸린 것이다. 우리는 경건을 회복하기 위해서는 여러 날 동안 하나님 앞에서 죄를 자백해야 할 것이다(욘 3:1-10; 요일 1:9).

제2장

네 이웃을 사랑하라

V. 겉을 보고 판단하지 말라 2:1-13

앞에서 야고보는 시련(1:2-12)과 유혹에 대처하는 방법(1:13-18)을 말하고 주님의 복음을 듣고 실천하는 자가 될 것을 권고했다(1:19-27). 이제 그는 흩어져 있는 열두 지파의 신자들을 향하여 교회당에 찾아오는 사람들을 외모로 판단하지 말라고 권한다. 야고보는 먼저 믿음을 가진 신자들은 사람을 외모로 판단하지 말아야 한다고 말하고(1절), 다음에는 외모로 판단하는 잘못된 예를 든다(2-4). 그리고는 사람들을 외모로 판단치 말아야 할 이유 네 가지를 든다(5-11). 첫째, 하나님께서는 가난한 사람을 특별히 돌보시기 때문이다(5-6a). 둘째, 부자들은 신자들에게 행패를 부리기 때문이다(6b-7). 셋째, 가난한 자들을 멸시하는 것은 율법을 어기는 것이기 때문이다(8-11). 넷째, 심판을 받지 않기 위해서다(12-13).

1. 외모로 판단하지 말라 2:1

약 2:1. 내 형제들아 영광의 주 곧 우리 주 예수 그리스도를 믿는 믿음을 너희가
받았으니 사람을 외모로 취하지 말라.

야고보는 새로운 말씀을 하려고 "내 형제들아"라고 애칭(愛稱)으로 말씀을
시작한다(1:2; 1:16; 1:19; 2:14; 3:1; 5:7). 야고보는 "영광의 주 곧 우리
주 예수 그리스도를 믿는 믿음을 너희가 받았으니 사람을 외모로 취하지 말라"
고 권고한다. 영광스러우신 주님(고전 2:8)을 믿는 신자들은 세상적 부유함을
아무것도 아닌 것으로 여겨야 하기 때문에 사람의 겉모양을 보고 판단해서는
안 된다는 것이다(레 19:15; 신1:17; 16:19; 잠 24:23; 28:21; 마 22:16;
약 2:9; 유 1:16). 예수 그리스도를 믿는 신자들은 세상의 빈부귀천 혹은 지식의
많고 적음 혹은 명예의 유무(有無) 같은 것으로 사람을 판단하지 말라는 것이다.
흩어져 있는 성도들은 벌써 주 예수 그리스도를 믿는 믿음을 가졌으므로 그런
어리석은 일을 하지 말라는 것이다. 하나님은 사람을 외모로 보시지 않고,
그 중심을 보신다고 성경은 말씀하고 있다(삼상 16:7; 행 10:34-35; 롬 2:11;
엡 6:9; 골 3:25).

오늘 우리는 스스로 주님을 믿는다고 하면서도 사람을 외모로 판단하는
경우가 있지 않은지 자신을 살펴야 할 것이다. 만일 우리가 사람을 외모로
판단한다면, 영광의 주 예수 그리스도, 곧 하나님 우편에서 우주만물을 다스리시
는 영광의 주님, 재림하실 영광의 주님을 믿는 믿음이 우리 속에 없는 것이다.
우리는 믿음을 돈독히 하여 사람의 외모를 보고 차별하지 말고 모든 사람을
전도의 대상 혹은 사랑의 대상으로 알고 사랑으로 대해야 한다.

2. 사람을 외모로 잘못 판단하는 실례들 2:2-4

약 2:2-4. 만일 너희 회당에 금가락지를 끼고 … 또 더러운 옷을 입은 가난한 사람이 들어올 때에 너희가 아름다운 옷을 입은 자를 돌아보아 가로되 여기에서 좋은 자리에 앉으소서 하고 또 가난한 자에게 이르되 … 너희끼리 서로 구별하며 악한 생각으로 판단하는 자가 되는 것이 아니냐.

야고보는 이 부분에서(2-4절) 사람들이 부자 교인과 가난한 교인을 차별하는 것에 대해 언급한다. 회당에 어느 부자가 "금가락지를 끼고 아름다운 옷을 입고" 들어오고 또 한편으로 "더러운 옷을 입은 가난한 사람이 들어 올 때", 사람들은 부자를 향해서는 의자에 앉으라고 정중하게 권하고 가난한 교인에 대해서는 그냥 서 있든지 말든지 아무렇게나 하고 아니면 자기들의 발등상 아래, 곧 마룻바닥에 앉으라고 말한다는 것이다.

이렇게 사람들이 부자와 가난한 사람을 구별하는 것은 교인들끼리 "서로 구별하는" 것이다. "너희끼리 서로 구별한다"(partial in yourselves)는 말은 '사람끼리 구분별다'는 뜻이다. 하나님께서 사람들을 구분하셔야 하는데, 사람이 감히 다른 사람들을 두 부류로 구분하는 것은 있을 수 없는 일이라는 것이다. 하나님께서는 사람의 중심(믿음)을 보시고 옳은 자와 그른 자를, 지혜로운 자와 미련한 자를, 그리고 충성된 자와 게으른 자를 구분하시는데, 정작 사람이 다른 사람들의 외모를 보고 구별하는 일은 참으로 어처구니없는 일이다.

여기 "악한 생각으로 판단하는 자"라는 말씀은 '악한 생각들을 가진 판단자'(judges of evil thoughts)라는 뜻이다. 다시 말해, '악한 생각으로부터 나온 판단을 가지는 자'라는 뜻이다. 교인들을 똑같이 대하지 않고 상대방의 경제 형편을 고려하여 대하는 것은 악한 마음에서 나온 판단이다. 사람은 하나님의 형상대로 지음을 받았으니 귀한 존재들인데, 사람을 함부로 판단하는 것은 악하고 더러운 일이다. 예수님의 피로 사신 교인들을 하찮게 보는 것은 인간의 부패로부터 나오는 것이다. 오늘날에도 상대방의 경제형편을 고려하여 사람을 구별하는 일이 많다. 혹시 오늘 우리는 교회에서도 부자들을 특별하게 대우하고 있지는 않는지, 그리고 그들에게만 중직을 주고 있지는 않은지 살펴야 할 것이다.

3. 외모로 판단치 말아야 할 이유 2:5-13

앞에서 야고보는 사람을 외모로 판단치 말라고 부탁했다(1-4절). 이제 그는 사람을 외모로 판단치 말아야 할 네 가지 이유를 말씀한다(5-13절). 첫째, 하나님께서 가난한 사람을 특별히 돌보시기 때문이다(5-6a). 둘째, 부자들이 성도들에게 행하는 행패 때문이다(6b-7). 셋째, 가난한 자들을 멸시하는 것은 율법을 어기는 일이기 때문이다(8-11절). 넷째, 우리 자신들이 심판을 받지 않기 위해서다(12-13절).

1) 하나님께서 가난한 사람을 특별히 돌보신다는 것 때문임 2:5-6a

약 2:5-6a. 내 사랑하는 형제들아 들을지어다. 하나님이 세상에 대하여는 가난한 자를 택하사 믿음에 부요하게 하시고 또 자기를 사랑하는 자들에게 약속하신 나라를 유업으로 받게 아니하셨느냐. 너희는 도리어 가난한 자를 괄시하였도다. 야고보는 앞에서 말씀한 내용과 약간 다른 것을 말씀하려고 다시 "내 사랑하는 자들아"라고 애칭으로 부른다. 야고보는 하나님께서 가난한 사람들을 특별히 돌보시기 때문에 그들을 괄시해서는 안 된다고 말한다. 야고보는 하나님께서 가난한 자들을 특별히 두 가지로 돌보신다고 말한다. 하나는 "하나님이 세상에 대하여는 가난한 자를 택하사 믿음에 부요하게 하신다"는 것이다(요 7:48; 고전 1:26, 28). '하나님께서 세상의 표준으로 보기에 가난한 자(the poor of this world)를 택하셔서 믿음에 부요하게 하신다'는 것이다.[3] 하나님은 물질적으로만 아니라 모든 점에서 모자라는 사람들을 택하셔서 믿음에 부요하게 하시고 또 영광을 받으신다(고전 1:26-31).

다른 하나는 하나님께서 하나님을 "사랑하는" 성도들, 곧 믿음이 부요하여 하나님을 사랑하는 성도들에게 약속하신 천국을 유업으로 받게 하신다는 것이다(출 20:6; 삼상 2:30; 잠 8:17; 마 5:3; 눅 6:20; 12:32; 고전 2:9; 딤후 4:8; 약 1:12).

한 가지 유념할 것은, 성도들이 하나님을 사랑하기 때문에 하나님께서 천국을 기업으로 주시는 것이 아니라, 성도들이 하나님의 택함을 받았기에 하나님을 사랑하게 된다는 것이다. 야고보의 말의 요지는, 하나님께서는 물질적으로 가난하여도 하나님을 참으로 사랑하는 사람들에게 천국을 허락하시기 때문에 교회에서 그들을 괄시해서는 안 된다는 것이다(고전 11:22).

2) 부자들이 신자들에게 행하는 행패 때문임 2:6b-7

약 2:6b-7. 부자는 너희를 압제하며 법정으로 끌고 가지 아니하느냐. 저희는 너희에게 대하여 일컫는바 그 아름다운 이름을 훼방하지 아니하느냐.

3) 여기에서 2:5의 "택하사(ἐξελέξατο)라는 말은 에베소서 1:4의 창세전에 우리를 "택했다"는 말과 똑같은 단어이다. 창세전에 우리를 택하신 하나님은 우리가 이 땅에 태어날 때 넉넉하지 못한 상태, 곧 세상 표준으로 보아 가난한 상태에서 태어나게 하셔서 하나님을 찾게 하신 것이다.

야고보가 언급한 "부자"는 금가락지를 끼고 아름다운 옷을 입고 가끔 교회당에 출석하는 부자들을 말한다(2절). 야고보는 이런 사람들을 가난한 자보다 특별히 높일 필요는 없다고 말한다. 그 이유는 부자들은 성도들을 "압제하며 법정으로 끌고 가기" 때문이다(행 13:50; 17:6; 18:12; 약 5:6). 부자들은 성도들을 우습게 여기고 "압제"하며, 작은 일만 있어도 "법정으로 끌고 가서" 억울하게 누명을 뒤집어씌우기 때문이다.

야고보는 또 부자들은 "너희에게 대하여 일컫는바 그 아름다운 이름을 훼방하기" 때문에 특별히 가난한 자들보다 더 높일 필요가 없다고 말한다. 야고보는 여기저기 흩어져 있는 성도들에게 붙여진 '그리스도'라는 이름이 부자들에게 훼방 받는 사실을 목격하고 그 부자들을 특별 대우할 필요가 없고 가난한 신자들과 똑같이 대우하라고 강변한다. "너희에게 대하여 일컫는 바 그 아름다운 이름(that worthy name by the which ye are called)"은, 곧 열두 지파가 불림을 받았던 그리스도라는 이름을 말한다. 여기저기 흩어진 성도들은 그리스도라는 이름으로 불림을 받았다(대하 7:14; 렘 14:9; 암 9:12; 행 11:26). 부자들은 그리스도인들에게 붙여진 그리스도라는 이름을 모독했다.

부자들은 모든 것을 세상의 표준으로 생각하여 기독교를 가볍게 여기고 참 성도들을 우습게 여긴다. 그리고 무슨 일이 발생하면 기독교인들을 압제하려고 한다. 그러므로 부자들을 특별히 높일 필요가 없다. 그들이 기독교의 진리에 관해서 어두운 것을 생각해서 불쌍히 여기는 선에서 멈추어야 한다.

3) 가난한 자들을 멸시하는 것은 율법을 어기는 것이기 때문임 2:8-11

약 2:8-9. 너희가 만일 경에 기록한 대로 네 이웃 사랑하기를 네 몸과 같이

하라 하신 최고한 법을 지키면 잘하는 것이거니와 … 율법이 너희를 범죄자로
정하리라.

야고보는 성도들이 사랑의 율법, 곧 "네 이웃 사랑하기를 네 몸과 같이 하라"(레
19:18; 마 22:39; 롬 13:8-9; 갈 5:14; 6:2)는 최고의 법을 지켜서 사람을
외모로 취하지 않으면 잘하는 일이지만, "만일 너희가 외모로 사람을 취하면
죄를 짓는 것이니" 사랑의 율법 자체가 성도들을 정죄한다고 말한다(1절).

우리는 어떤 이유에서든지 최고의 법, 곧 사랑을 강조하는 탁월한 율법을
어겨서는 안 된다.[4] 우리는 사람을 사랑하고 귀하게 여길지언정 그 사람의
외모를 보고 무시하고 정죄하는 일을 해서는 안 된다. 오늘 교회에서 가난한
사람, 교육을 받지 못한 사람, 조용하게 지내면서 말 없는 사람을 가볍게 여기고
옆으로 밀쳐놓아서는 안 될 것이다.

**약 2:10-11. 누구든지 온 율법을 지키다가 그 하나에 거치면 모두 범한 자가
되나니 간음하지 말라 하신 이가 또한 살인하지 말라 하셨은즉 네가 비록 간음하
지 아니하여도 살인하면 율법을 범한 자가 되느니라.**

야고보는 사랑의 계명 하나만 어겨도 율법 전체를 범한 것이 된다고 말한다(신
27:26; 마 5:19; 갈 3:10). 설령 다른 것을 다 잘 지켰다고 해도, 부자와
가난한 자를 차별하면, 사랑의 계명을 어긴 것이 된다. 즉 율법을 범한 자가

---

4) 혹자는 여기에서 "네 이웃 사랑하기를 네 몸과 같이 하라"는 계명을 "최고의 법," 곧 영어로
"왕법(the royal law)"이라고 야고보가 이름붙인 이유는, 왕이신 하나님이나 그리스도께서 주셨기
때문에 붙여진 이름일 것이라고 주장한다. 그러나 이런 주장은 사랑의 법 말고도 다른 법들도 하나님께서
내신 것을 고려한다면 설득력이 약하다. 그리고 혹자는 사랑의 법을 최고의 법, 곧 왕법이라고 이름
붙인 이유는 왕국의 율법이기 때문이라고 주장한다. 그러나 다른 법도 역시 왕국의 율법이다. 그러므로
이것 역시 설득력이 약해 보인다. 그러므로 사랑의 법을 최고의 법, 곧 왕법(the royal law)이라고
이름붙인 이유는 사랑의 법이 모든 법 중에서 '왕적인 법,' 곧 '최고의 법'이라는 뜻에서 붙여진
것으로 보는 것이 옳다.

된다는 것이다. 하나의 율법을 범하든 여러 율법을 범하든, 그것은 모두 법을 내신 하나님의 의지를 거스르는 것이고, 따라서 모든 율법을 범한 것과 똑같은 셈이 된다. 그러므로 우리는 사람을 차별하는 어리석음을 범해서는 안 된다. 하나를 잘못해서 전체를 범하는 사람들이 되어서는 안 될 것이다.

4) 넷째로는 심판을 받지 않기 위해서임 2:12-13

약 2:12. 너희는 자유의 율법대로 심판 받을 자처럼 말도 하고 행하기도 하라.
야고보는 성도들에게 "자유의 율법대로 심판 받을 자처럼 말도 하고 행하기도 하라"고 부탁한다(1:25). "자유의 율법"은 '자유하게 하는 온전한 율법(1:25),' 곧 '사람을 사탄으로부터 그리고 죄로부터 자유하게 하는 그리스도의 복음'을 말한다. 성도들은 그리스도의 복음대로 그리스도의 심판대 앞에서(고후 5:10) 심판을 받을 자로서 말도 하고 행하기도 해야 한다. 여기 "말도 하고 행하기도 하라"는 말은 현재형으로서 계속해서 재림의 심판 날을 생각하고 말도 하고 행하기도 하라는 것이다.

약 2:13. 긍휼을 행하지 아니하는 자에게는 긍휼 없는 심판이 있으리라. 긍휼은 심판을 이기고 자랑하느니라.
야고보는 가난한 교인들을 불쌍히 여기고 자비를 베풀라고 말한다. 야고보는 성도들에게 "긍휼을 행하지 아니하는 자에게는 긍휼 없는 심판이 있으리라"고 경고한다(욥 22:6-11; 잠 21:13; 마 6:15; 마 18:23-35; 25:41-42). 가난한 교인들을 불쌍히 여기지 않고 자비를 베풀지 않으면 심판 날에 그리스도로부터 불쌍히 여김을 받지 못하게 될 것이라는 뜻이다. 그와 반대로, 긍휼을 베풀면 심판을 두려워하지 않게 되며(요일 4:17), 심판의 때에 긍휼히 여김을 받을 것이고, 정죄의 심판을 받지 않게 될 것이다(요일 4:17-18).

우리는 지금 참으로 각박한 시대를 만났다. 사람들은 피차 각박하게 행하고 있고 살벌하게 살아가고 있다. 이웃을 향하여 긍휼을 베풀 생각은 아예 생각지도 않고 살기등등한 채 살아가고 있다. 이런 때를 맞이하여 우리 성도들은 가난한 사람들을 불쌍히 여기고, 모든 사람들을 용서할 준비를 하고 살아가야 한다. 예수 그리스도께서 우리를 불쌍히 여기신 것을 항상 기억하고, 다른 사람들을 비판하거나 정죄하지 말고, 불쌍히 여기는 마음으로 살아가야 한다.

VI. 믿음과 행위의 관계 2:14-26

앞에서 야고보는 사람을 외모로 판단하지 말라고 권고했다(1-13). 이제 그는 믿음이 행위를 통하여 나타나게 하라고 부탁한다. 야고보는 행함이 없는 믿음은 자신에게나 다른 사람에게나 아무 유익이 없고(14-17절), 행함이 없는 믿음은 멸시받아 마땅하며(18-19절), 믿음에는 반드시 행위가 동반해야 한다는 것을 아브라함과 라합의 예를 들어 강조한다(20-25절). 그리고 결론적으로 믿음은 반드시 행위를 통하여 표출되어야 한다고 강조한다(26절).

1. 행함이 없는 믿음은 유익이 없다 2:14-17

약 2:14. 내 형제들아 만일 사람이 믿음이 있노라 하고 행함이 없으면 무슨 이익이 있으리요 그 믿음이 능히 자기를 구원하겠느냐.

야고보는 믿는다고 하면서도 말뿐이고 실제로 행함이 없는 사람의 형식적인 믿음은 자기에게도 유익을 주지 못한다고 말한다(마 7:26; 약 1:23). 다시 말해, 그런 믿음은 자기를 구원치 못한다는 것이다.

사람이 행함이 없는 믿음으로는 구원을 받을 수 없다. 복음서에 기록된 여러 사람들은 그들의 믿음이 아직 행함을 동반하지 않았던 때에라도 분명히 행할 수 있는 영적인 생명력을 갖고 있었기에 구원을 받았다. 백부장은 예수님께서 말씀 한마디만 하시면 자기의 사랑하는 하인이 중풍병에서 놓일 줄 믿었다. 그는 행위를 동반하는 믿음을 갖고 있었다. 예수님은 백부장을 향하여 "네 믿은 대로 될지어다"라고 선언하셨다(마 8:13). 가나안 여인은 자기의 귀신 들린 딸의 치유를 위하여 예수님을 찾아와서 절대로 물러가지 않고 끈질기게 기도했다. 예수님은 가나안 여인을 향하여 "여자야, 네 믿음이 크도다. 네 소원대로 되리라"고 선언하셨다. 예수님께서 이렇게 선언하신 즉시 여인의 딸은 나았다(마 15:28). 가나안 여인은 참 믿음을 갖고 있었다. 그녀는 예수님으로부터 믿음이 크다고 선언을 받기 전에 이미 행위를 산출할 수 있는 믿음을 갖고 있었다. 가버나움의 죄인 여자는 예수님을 믿는 믿음을 갖고 예수님께서 식사하시는 자리에 나아와서 사죄 받은 자의 신분에 걸맞게 많은 눈물을 흘려 예수님의 발을 적셨다. 그리고 머리털로 예수님의 발을 씻고 그 발에 입을 맞추고 향유를 부었다. 예수님은 이 여인에게 "네 믿음이 너를 구원했으니 평안히 가라"고 하셨다. 이 여인은 구원받을 만한 믿음을 갖고 있었다(눅 7:36-50. 막 9:24; 요 2:22 참조).

약 2:15-16. 만일 형제나 자매가 헐벗고 일용할 양식이 없는데 너희 중에

누구든지 … 무슨 이익이 있으리요.

앞에서 야고보는 행함이 없는 믿음은 자기에게도 이익을 주지 못한다고 말했다 (14절). 이제 그는 행함이 없는 믿음은 남에게도 유익을 주지 못한다고 말한다 (욥 31:19-20; 눅 3:11). 사람들의 비참한 실정을 보고도 사랑을 행치 않고 말로만 돕는 척한다면 상대방에게 아무런 유익을 주지 못한다는 것이다(요일3:18).

야고보는 당시 사람들이 말로만 사랑하던 세 경우를 들어 말한다. 첫째, "평안히 가라"고 말만 하는 것은 유익을 주지 못한다. 이 말은 유대인들이 헤어질 때 사용하던 인사였다(삿 18:6; 삼상 1:17; 20:42; 삼하 15:9; 막 5:34; 눅 7:50; 8:48). 헐벗고 일용할 양식이 없는 가난한 사람에게 아무런 사랑도 베풀지 않으면서 인사만 하는 것은 유익을 주지 못한다. 둘째, "더웁게 하라"고 말만 하는 것은 남들에게 유익을 주지 못한다. 여기 "더웁게 하라"(θερ-μαίνεσθε)는 말은 현재 중간태 명령형으로서 '스스로 덥게 하라, 스스로 따뜻하게 하라'는 뜻이다. 따뜻하게 입을 옷은 주지 않으면서 따뜻하게 지내라고 말만 하는 것은 가난한 사람들에게 이익을 주지 못한다. 셋째, "배부르게 하라"고 말만 하는 것도 남들에게 유익을 주지 못한다. 여기 "배부르게 하라"(χορτά-ζεσθε)는 낱말은 현재 중간태 명령형으로서 '스스로를 먹여라', '스스로를 배부르게 하라는 뜻이다. 일용할 양식이 없는 사람들에게 약식은 주지 않으면서 말로만 배부르게 하라는 말은 아무 도움이 되지 못한다. 즉 말로만의 믿음은 자기를 구원할 수 없을 뿐 아니라, 또한 다른 사람들에게도 유익을 주지 못한다.

약 2:17 이와 같이 행함이 없는 믿음은 그 자체가 죽은 것이라.

행함이 없는 믿음은 형식만 갖춘 허울 좋은 믿음이라는 말이다. 죽은 믿음은 전혀 효과가 없기 때문에 자신을 구원치도 못하고 남들에게도 아무 유익을 주지 못한다.

오늘 우리도 교회 안에서 입으로만 봉사하지는 않는지 살펴야 할 것이다. 상대방의 안녕에는 상관없이 그저 "안녕하시냐'고 인사만 하지는 않는지, 안녕하지 않으면 기도하고 돌보아 주어야 하는데 그저 형식적으로 인사만 하는 일은 없는지 살펴야 할 것이다. 우리는 헐벗고 일용할 양식이 없는 사람들을 향하여 그리고 건강이 좋지 않은 성도들을 향하여 그냥 입으로만 위하는 척하지 말고 실제로 도움을 주는 사람들이 되어야 할 것이다. 우리는 남들에게 유익을 줄만한 성도가 되기 위하여 그리스도에게 믿음을 구해야 할 것이다.

2. 행함이 없는 믿음은 멸시를 불러온다 2:18-19

약 2:18. 혹이 가로되 너는 믿음이 있고 나는 행함이 있으니 행함이 없는 네 믿음을 내게 보이라 나는 행함으로 내 믿음을 네게 보이리라.

야고보는 어떤 사람이 말한 것을 여기에 인용한다. 야고보가 알고 있는 그 사람도 역시 행함이 없는 믿음을 멸시한다는 것이다. 야고보가 알고 있는 그 사람은 행실이 없는 다른 사람을 향하여 "너는 믿음이 있고 나는 행함이 있으니 행함이 없는 네 믿음을 내게 보이라. 나는 행함으로 내 믿음을 네게 보이리라"고 말하면서 멸시한다는 것이다(3:13). 행함이 없는 믿음의 소유자는 구원도 받지 못하고 다른 사람들에게도 유익을 주지 못하니 멸시를 받을만하다. 야고보의 말의 요점은, 행함이 곧 구원의 공로가 된다는 것이 아니라, 믿음은 반드시 행실로 표현되어야 한다는 것이다.

우리는 믿는다고 하면서도 행함이 없으면 다른 사람들로부터 조롱을 받는다는 사실을 기억해야 할 것이다. 그 조롱하는 소리를 우리가 직접 듣지 못할 수도 있다. 그러나 반드시 비웃음을 당하고 경하게 여김을 당할 것은 자명한 일이다.

약 2:19. 네가 하나님은 한 분이신 줄을 믿느냐 잘하는도다. 귀신들도 믿고 떠느니라.

야고보는 행실이 없는 사람들의 믿음을 귀신들의 믿음에 비유하고 있다. 귀신들도 하나님이 한분이신 줄 믿고 있으며(막 1:24), 하나님 앞에 떨고 있다는 것이다(마 8:29; 막 1:24; 5:7; 눅 4:34; 행 16:17; 행 19:15). 즉 믿는다고 하면서도 행함이 없는 신자들은 귀신 수준에 머물고 있다는 것이다.

우리 중에 믿는다고 하면서도 행실이 없는 신자들은, 하나님 앞에서 떨지 않는다는 점에서는 귀신들만도 못한 사람들일 수 있다. 귀신들도 하나님이 한 분이신 줄 믿고 떨기도 한다. 우리는, 만약 우리의 믿음이 행위로 표출되지 않는다면, 그것은 귀신들이 갖고 있는 믿음과 다를 바 없다는 것을 알고, 참으로 생명 있는 믿음을 얻기 위해 노력해야 할 것이다(마 8:5-13; 15:21-28).

3. 믿음의 조상 아브라함과 기생 라합의 실례 2:20-25

약 2:20. 아아 허탄한 사람아 행함이 없는 믿음이 헛것인 줄 알고자 하느냐.

야고보는 속이 빈 믿음의 소유자를 향하여, 행함이 없는 믿음이 자신을 구원치도 못하고 다른 사람에게도 유익을 주지 못하는 것을 모르느냐고 꾸짖으면서, 아래와 같이 아브라함과 라합이 갖고 있었던 믿음의 실례를 제시한다. 야고보는 지금도 성경을 통하여 우리에게 "행함이 없는 믿음이 헛것인 줄 알고자 하느냐"

고 도전한다. 주일에 교회당에서 예배하고 난 후에는 세상 사람들과 똑같이 생활하는 사람들에게, 행함이 없는 믿음이 헛것인 줄 알고자 하느냐고 도전한다. 구원에 참여하지 못하고 남들에게 도움도 주지 못하는 우리 자신의 정체를 알고자 하느냐고 도전하고 있는 것이다.

약 2:21. 우리 조상 아브라함이 그 아들 이삭을 제단에 드릴 때에 행함으로 의롭다 하심을 받은 것이 아니냐.

야고보는 믿음의 조상(요 8:53; 행 7:2; 롬 4:1) 아브라함이 그 아들 이삭을 제단에 드림으로 의롭다 하심을 받았다고 주장한다.5) 사실 아브라함이 의롭다 하심을 받은 것은, 하나님께서 아브라함에게 아들이 태어날 것을 약속하신 것을 아브라함이 믿었기 때문이었다(창 15:6; 롬 4:9). 그런데도 본문에서 야고보는 "아브라함이 그 아들 이삭을 제단에 드릴 때에 행함으로 의롭다하심을 받은 것"이라고 기술하고 있다. 아브라함이 그 아들 이삭을 제단에 드린 것은 이삭이 장성한 때였다(창 22:1-19). 따라서 그것은 아브라함이 아들 이삭이 태어날 것을 믿어 의롭다 하심을 믿은 때부터 계산하면 대략 30년 후의 일이다. 즉 아브라함이 하나님으로부터 의롭다 하심을 받은 것은 이삭이 태어날 것을 믿은 것 때문이었다(창 15:6; 롬 4:9). 그러나 야고보가 아브라함이 의롭다 하심을 받은 시기를 그 아들 이삭을 드린 때라고 말하는 이유는, 바로 아브라함의 믿음이 행위로 입증되어야 하기 때문이었다. 아브라함이 독자를 드린 것을 보면 확실히 믿음이 있었다는 것을 알 수 있다는 것이다. 이처럼 믿음은 행위로 표출되어야 하는 것이다.

---

5) 야고보가 아브라함을 "우리 조상"이라고 말한 것은 야고보서의 수신자가 유대인이라는 것을 시사해주고 있다.

여기 아브라함이 그 아들 이삭을 "드릴 때에"(ἀνενέγκας)라는 동사는 단순과거로서 이미 드린 것을 뜻한다. 이것은 아브라함이 이삭을 드리려고 할 때 하나님께서 중단시키셨지만 아브라함은 벌써 이삭을 드리기로 결심하고 실천에 옮겼기 때문에 이미 드린 것이나 다름 없음을 보여 주는 것이다. 하나님은 아브라함이 이미 이삭을 온전히 드린 것으로 보신 것이다. 하나님은 아브라함이 이삭을 드린 것을 보시고 아브라함의 믿음을 확인하셨다.

우리는 개인적으로 가장 소중하게 여기는 것을 아낌없이 하나님에게 드릴 수 있어야 하고, 가정적으로 소중하게 여기는 것을 하나님에게 드릴 수 있어야 한다. 우리의 행위는 우리의 믿음을 확실히 보여주는 것이다. 모든 사람이 인정하는 바와 같이, 인색한 사람은 믿음이 없는 사람이다.

약 2:22. 네가 보거니와 믿음이 그의 행함과 함께 일하고 행함으로 믿음이 온전케 되었느니라.

"네가 보거니와"라는 말은 '누구나 다 알다시피'라는 뜻이다. 야고보는, 누구나 다 알다시피, 아브라함의 "믿음이 그의 행함과 함께 일하고 행함으로 믿음이 완성되었다"고 말한다.[6] 야고보는 아브라함의 "믿음이 그의 행함과 함께 일을 했다"(faith wrought with his works)고 말한다. 아브라함의 믿음이 아브라함의 행함에 영향을 미쳤다는 것이다. 다시 말해, 아브라함은 믿음을 갖고 있었기에 행할 수 있었다는 것이다. 야고보는 아브라함이 행함만으로 의롭다 함을 받은 것이 아니라는 것을 말한다. 행함으로 표출된 믿음으로 의롭다 하심을 받았다는

---

6) "온전케 되었느니라." 아브라함이 이삭을 제단위에서 잡으려고 했을 때, 하나님의 사자(使者)가 나타나 "그 아이에게 네 손을 대지 말라. 아무 일도 그에게 하지 말라. 네가 네 아들 네 독자라도 내게 아끼지 아니했으니 내가 이제야 네가 하나님을 경외하는 줄을 아노라"고 말했다(창 22:12). 하나님은 아브라함의 경외하는 행위를 보시고 '그만하면 충분하다'고 선언하시고 아브라함의 행위를 중지시키셨던 것이다.

것이다. 아브라함의 진정한 믿음은 그의 아들을 제단에 드리기까지 역사했다(히 11:17). 아브라함은 행함으로 그의 믿음을 보여 주었다.

야고보는 또 아브라함의 "행함으로 믿음이 온전케 되었다"고 말씀한다. 아브라함의 행위로 인해 그의 믿음이 온전케 나타났고 온전케 보였다는 뜻이다. 행함이 없었다면 그가 믿음이 있었는지 없었는지 모를 수도 있었다. 그런데 아브라함의 행위를 보니 그가 참으로 믿음을 갖고 있는 사람임이 드러났다는 것이다. 야고보는 사람이 행함만으로 의롭다함을 받는다고 말하지 않는다. 그는 다만 사람은 행함이 따르는 믿음으로 의롭다함을 받는다고 말하고 있는 것이다. 즉 믿음과 행함은 분리될 수 없고, 믿음에는 반드시 행함이 따라야 한다는 것이다. 믿음 더하기 행함이라는 공식은 잘못된 교리다.

누구든지 예수 그리스도를 믿는다면 행위가 따라야 한다. 그는 예수 그리스도께 헌신해야 하고(눅 7:36-50), 성도들을 사랑해야 한다(마 25:31-46). 어떤 이가 행위는 보이지 않은 채 자신이 믿음을 갖고 있다고 아무리 주장하더라도, 그는 구원에 이를 수 없다. 그런 사람들을 향하여 예수님은 이렇게 말씀하신다. "나더러 주여 주여 하는 자마다 천국에 다 들어갈 것이 아니요 다만 하늘에 계신 내 아버지의 뜻대로 행하는 자라야 들어가리라"(마 7:21). 예수 그리스도를 믿는 사람은, 예수님을 믿는 소자 한 사람이 주릴 때에 먹을 것을 주어야 하고, 목마를 때 마실 것을 주어야 하고, 나그네 되었을 때에 영접해야 하고, 옷이 없을 때에 옷을 주어야 하고, 병들었을 때에 돌아보아야 하고, 옥에 갇혔을 때에 찾아보아야 한다(마 25:31-46). 그렇게 할 때 비로소 그의 믿음이 온전하다는 것이 드러나게 될 것이다. 바울 사도 역시 믿음에는 역사(役事)가 따른다고 말한다(살전 1:3).

약 2:23. 이에 경에 이른 바 아브라함이 하나님을 믿으니 이것을 의로 여기셨다는 말씀이 응했고.

또한("이에"라는 말은 "또한"이라고 번역되어야 한다), 구약 성경에 말씀한바와 같이, 아브라함이 하나님을 믿었으므로 의(義)로 여김을 받았다는 것은(창 15:6) 훗날 아브라함이 그의 독자를 드림으로(창 22:12) 구체적으로 "응했다"는 것이다. 여기 "응했다"(ἐπληρώθη)라는 말은 "플레로오"(πληρow)라는 말의 단순과거 수동태로 '수행하다' '실행하다'의 뜻이다. 곧 "아브라함이 하나님을 믿으니 이것을 의로 여기셨다는 말씀"이 '실행되었다'는 것이다. 아브라함이 의로 여김을 받은 것은 분명히 하나님의 약속을 믿은 때였지만(롬 4:3; 갈 3:6), 그것이 구체적으로 수행된 것은 훗날 독자를 드린 때였다. 곧 아브라함이 의로 여김을 받은 때로부터(창 15:6) 대략 30년의 세월이 흐른 후였다. 다시 말해, 아브라함이 일찍이 하나님으로부터 의롭다함을 받았는데(창 15:6), 그러나 실제로 의롭다함을 받은 말씀이 수행된 것은 먼 훗날 이삭을 드린 때였다는 것이다(창 22:12).

그는 하나님의 벗이라 칭함을 받았나니.

아브라함은, 하나님으로부터 의롭다고 하는 선언을 받고 구체적으로 행실을 보여 준 후에, 하나님의 벗이라고 칭함을 받았다는 것이다(대하 20:7; 사 41:8). 믿음을 실천하는 사람들은 하나님의 눈에 귀중한 존재들이다.

약 2:24. 이로 보건대 사람이 행함으로 의롭다 하심을 받고 믿음으로만 아니니라.

여기 "믿음으로만 아니니라"는 말씀은 분명히 야고보서의 독자들이 바울 사도의 이신칭의(以信稱義) 교리를 듣고 방자하게 행했음을 보여 준다. 사람들은 바울 사도의 '믿음으로만 의롭다함을 얻는다'는 교리를 듣고 선(善)을 행하는 일에는 별로 주의하지 않았던 것이다. 그래서 야고보는 사람들의 오해를 교정하기 위해서 "이로 보건대," 곧 '이런 아브라함의 실례를 보면' "사람이 행함으로 의롭다 하심을 받고 믿음으로만 아니니라"고 못박아 말하게 되었다. 이런 아브라함의 실례를 고찰할 때, 야고보는 사람이 의롭다함을 받는 것은 믿음으로만 되는 것이 아니라, 행위를 표출하는 믿음으로 된다고 주장하기에 이른 것이다.

여기 야고보는 좀 지나치다 싶을 정도로 말하고 있다. "사람이 행함으로 의롭다 하심을 받는다"(by works a man is justified)는 말씀만을 떼어서 들으면 지나치다 할 정도이다. 그러나 야고보는 행위를 강조하는 것이지 믿음을 제외시키는 것이 아니다. 실제로 그는 "믿음으로만 아니니라"고 말하고 있다. 즉 "믿음"만 주장하지 말라는 것이다. 반드시 행위를 동반하는 믿음이어야 한다는 것이다.

오늘 우리 교역자들과 교우들의 형편은 어떤가? 물량주의에 빠지고 세속화되고 음란에 빠져 있는 오늘 우리의 교회는 행실을 수반하고 있는가? 그리스도의 복음의 말씀대로 행하고 있는가? 야고보는 오늘 우리 교회를 향하여 무엇이라고 할 것인가? 아마도 그는 여전히 "사람이 의롭다 하심을 받는 것은 믿음으로만 아니니라"고 외칠 것이다.

약 2:25. 또 이와 같이 기생 라합이 사자를 접대하여 다른 길로 나가게 할 때에 행함으로 의롭다 하심을 받은 것이 아니냐.

'아브라함의 경우에서처럼'(21-24절), 기생 라합이 하나님으로부터 의롭다함을 받은 것 역시 그녀의 믿음 때문만이 아니라 그 믿음에 행함이 따랐기 때문이었다.[7] 야고보는 아브라함의 예만 들지 않고 기생 라합의 실례를 들고 있다.

누구든지 행위를 동반하는 믿음으로만 의롭다하심을 받는 데는 구별이 없다는 것이다.

라합은 구체적으로 두 가지 행위를 보여 주었다. 하나는 여호와의 군대의 사자들을 접대한 것이고, 다른 하나는 그들을 숨겨서 다른 길로 피신하게 한 것이었다(수 2:1-24; 히 11:31).

라합은, 그녀의 행함을 동반한 믿음으로 인해 여리고 성이 무너지는 날, 그 자신과 부모 형제 그리고 온 친족을 다 구원했다(수 6:23). 또한 그녀는 다윗 왕의 조상의 반열에 들게 되었고 결국에는 예수 그리스도의 조상의 반열에 오르게 되었다. 아무리 죄 많은 사람이라도, 또한 아무리 사회적으로 보잘것없는 사람이라도, 예수님을 구주로 믿고 그 믿음을 실행하기만 한다면, 그는 자신과 가정과 이웃을 구원할 수 있는 것이다.

행함이 없는 믿음은 가증한 믿음이다. 속이 빈 믿음이다. 헛것에 불과하다. 지푸라기에 불과하다. 믿음은 생명력을 갖고 있다. 예수님은 이렇게 말씀하신다. "너희가 만일 믿음이 한 겨자씨만큼만 있으면 산을 명하여 여기서 저기로 옮기라 하여도 옮길 것이요 또 너희가 못할 것이 없으리라"고 하신다(마 17:20). 믿음이 겨자씨만큼만 있으면 기도하게 되고 일이 이루어지게 된다는 말씀이다. 사람에게 믿음이 겨자씨만큼만 있으면 기도하게 되어 사업을 이루고, 가정을 변화시키고, 사회를 변화시킨다. 그러나 믿음이 없으면 아무것도 해내지 못한다.

---

7) 위대한 믿음의 조상 아브라함만 아니라 천한 존재였던 기생 라합도 역시 믿음을 행동으로 표명했을 때 구원에 이르렀다는 것을 강조함으로써 누구든지 참으로 믿으면 구원에 이른다는 것을 보여 주는 것이다.

4. 행함이 없는 믿음은 죽은 것이다 2:26

2:26. 영혼 없는 몸이 죽은 것같이 행함이 없는 믿음은 죽은 것이니라.

야고보는 이제까지의 말씀에 대한 결론을 내린다. 영혼이 빠져나간 몸이 죽은 몸인 것같이 행함이 없는 믿음은 죽은 믿음이라는 것이다. 행함이 없는 믿음은 형식적인 믿음이요, 허울 좋은 말로만의 믿음이다. 아무 유익을 주지 못하는 맥없는 믿음이다.

본문의 "영혼"(πνεύμα)이라는 헬라어 단어는 '바람,' '공기,' '호흡,' '영혼,' '성령' 등의 뜻을 갖고 있다. 따라서 이 본문의 "영혼 없는 몸이 죽은 것같이"라는 말씀을 "호흡 없는 몸이 죽은 것같이"라고 번역해도 뜻에는 차이가 없다. 영혼 없는 몸이나 숨을 쉬지 못하는 몸은 똑같이 죽은 몸이다.

오늘 우리는 행함이 없는 수많은 신자들을 어떻게 취급할 것인가. 행함은 없이 그저 주일 날 교회에 출석하여 잠시 예배를 드리고 집으로 돌아가 TV나 인터넷 음란 사이트나 도박 사이트 앞에서 시간 가는 줄 모르고 지내다가 월요일이 되면 직장에 출근하여 불신자의 삶을 살아가고 있는 신자들을 어떻게 인도할 것인가? 아니 전도자 자신이 물량주의에 빠지고 세속화되고 음행을 행하는 것에 대해서는 어찌할 것인가? 한숨 쉬며 예수님의 재림만 기다릴 것인가? 우리는 행함을 동반하는 산 믿음을 보여 주어야 할 것이다.

제3장

심령에서 독을 빼내고 지혜로 채우라

VII. 혀에서 독을 빼라 3:1-12

앞에서 야고보는 행함을 동반한 믿음을 가질 것을 강조했다(2:14-26). 이제 그는 선행을 하기 위해서는 먼저 혀에서 독을 빼야 한다고 말한다(3:1-12). 야고보는 먼저 독을 빼지 않고서는 교회의 지도자가 될 수 없음을 말하고(1-2 절), 다음으로 독을 빼지 않은 혀의 엄청난 파괴력에 대해 말한다(3-6절). 이어서 그는 혀에서 독을 빼는 일은 사람의 힘으로는 불가능하다는 것과(7-8절), 한 입으로 찬송과 저주를 발할 수 없다는 것을 자연 법칙을 인용해 설명하고 있다(9-12절).

1. 독을 빼지 않고서는 교회의 지도자가 될 수 없다 3:1-2

약 3:1-2. 내 형제들아 너희는 선생 된 우리가 더 큰 심판 받을 줄을 알고 많이 선생이 되지 말라.

야고보는 이제 앞의 내용(2:14-26)과는 다른 새로운 주제, 곧 혀를 통제하라는 부탁을 하기 위해 "내 형제들아"라고 부른다. 야고보는 흩어진 유대인 신자들을 향하여 "너희는 선생 된 우리가 더 큰 심판 받을 줄을 알고 많이 선생이 되지 말라"고 권고한다. 야고보는 자기를 선생의 범주에 집어넣고 유대인 기독교 신자들을 향하여 선생 된 사람들이 더 큰 심판을 받을 것이므로 많이 선생이 되지 말라고 부탁한다(마 23:8, 14(KJV); 롬 2:20-21; 벧전 5:3). 말을 많이 하는 교회의 지도자들은, 하나님으로부터 피지도자들보다 더 중한 은사와 책임을 맡았고, 말에 실수하는 경우 그에 상응하는 심판이 따르게 마련이다. 그러므로 선생 되기를 조심하라는 것이다(눅 12:48). 선생 된 사람이 선생으로서의 책임을 잘 감당하면 상급이 클 것이지만, 잘못할 때는 벌도 중하다는 것이 성경의 증언이다(막 12:40; 눅 20:47).

우리가 다 실수가 많으니 만일 말에 실수가 없는 자면 곧 온전한 사람이라. 능히 온 몸도 굴레 씌우리라.

야고보는 "우리," 곧 '교회의 선생 된 사람들이' "다 실수가 많다"고 말한다. 여기서 "다 실수가 많다"(In many things we offend all)는 말은 '우리 모두는 많은 점에서 실수하고 있다'는 뜻이다. 바로 그것이 위의 1절에 나온 말씀처럼 "더 큰 심판받을 줄을 알고 많이 선생이 되지 말아야" 할 이유인 것이다. 참으로 우리는 많은 실수를 하고 있다. 그러므로 우리는 교역자가 되기 전에 참으로 진지하게 고민하고 생각해야 한다.

앞에서 사람은 말에 실수가 많기 때문에 선생이 되지 말라고 했던 야고보는 이제 "말에 실수가 없는 자면 곧 온전한 사람이라"고 덧붙인다. 이 말씀은 '말로 범죄 하지 않는 사람이라면 온전한 사람이라'는 말이다. "온전한 사람"은 전혀 죄가 없는 완전한 사람을 뜻하는 것이 아니라, '기독교 신자로서 성숙한 사람'이라는 뜻이다(1:4). 혀에서 독을 제거하여 말에 실수가 없는 사람은 기독교 신자로서 성숙한 사람이다. 사람의 실수는 다른 방면에서도 많이 나타나지만(왕상 8:46; 대하 6:36; 잠 20:9; 전 7:20; 요일 1:8), 대부분 그것은 말로 인해 나타난다. 따라서 말에 실수가 없는 사람이라면 선생이 될 수 있고 온전한 사람의 반열에 들 수가 있다(시 34:13; 약 1:26; 벧전 3:10).

야고보는 말에 별 실수가 없는 사람들은 "능히 온 몸도 굴레 씌우리라"고 말한다. 혹자는 여기에 나오는 "몸"을 교회라고 해석한다. 그러나 다음 3-4절을 고려할 때, 그것을 우리의 '몸' 혹은 '인격'으로 보는 것이 옳을 것이다. 즉 우리의 혀에서 독을 제거하여 말에 실수가 없는 사람은 자기의 마음과 몸을 잘 통제할 수가 있다는 것이다(잠 8:13, 15:1-4,7,28; 마 12:37).

오늘날 많은 사람들이 신학교에 입학하여 전도자가 된다. 개중에는 큰 실수를 저지르는 전도자들이 있다. 음란에 빠지기도 하고 남의 물건에 손을 대는 사람도 있다. 그러나 무엇보다도 말에 실수를 저지르는 전도자들이 의외로 많다. 우리는 간절히 기도하여 우리의 마음속에서 독을 빼냄으로써 말에 실수를 하지 않아야 할 것이다.

2. 독을 빼지 않은 혀의 파괴력 3:3-6

약 3:3. 우리가 말을 순종케 하려고 그 입에 재갈 먹여 온 몸을 어거하며.
야고보는 말들(horses)을 순종케 하려고 말들의 입에 조그마한 재갈(bits-말을 어거하기 위하여 입에 가로 물리는 쇠 조각)을 먹여서 큰 몸을 통제하는 것을 보고 사람들의 작은 혀의 엄청난 파괴력을 증거한다(시 32:9). 혀가 비록 작지만 엄청난 파괴력을 갖고 자기를 파괴하고 또 남을 저주한다는 것이다.

우리는 이 한마디 말씀만 듣고서도 혀를 통제할 강한 의지를 가져야 마땅하다. 그러나 우리의 강한 의지는 곧바로 하나님을 의지하는 마음으로 옮아가야 한다. 하나님이 아니고는 우리의 혀를 통제할 수가 없기 때문이다.

약 3:4. 또 배를 보라 그렇게 크고 광풍에 밀려가는 것들을 지극히 작은 키로 사공의 뜻대로 운전하나니.

야고보는 사람의 혀의 위력을 강이나 바다에 떠 있는 배들의 자그마한 "키"(배의 방향을 조절하는 기구)에 비유한다. 배의 키는 아주 작지만 몸체가 클 뿐 아니라 광풍에 밀려가는 배조차도 자기가 원하는 방향으로 움직여 간다. 마찬가지로 혀도 역시 작은 지체이지만 자기보다 큰 사람을 자기가 원하는 대로 움직여 간다.

배에 비하면 키는 작다. 우리의 몸에 비하면 혀 또한 작다. 작은 것들이 큰 것을 움직인다. 그러나 우리는 작은 혀가 우리의 인격 전체를 함부로 움직이지 못하도록 조심해야 한다. 혀가 우리의 인격을 망치지 못하도록 혀에서 독을 빼야 한다(잠 27:16 참조).

약 3:5. 이와 같이 혀도 작은 지체로되 큰 것을 자랑하도다.

"이와 같이," 즉 '재갈과 키와 같이' 사람의 혀는 작은 지체이지만 "큰 것을 자랑한다." 곧 '엄청난 파괴력을 갖고 있다'(잠 12:18; 15:2). 다시 말해, 혀는 작은 지체이지만, 사람들에게 엄청난 해(害)를 끼친다(시 12:3; 73:8-9).

보라 어떻게 작은 불이 어떻게 많은 나무를 태우는가.

야고보는 또 자그마한 불이 많은 나무를 태우는 것을 예로 혀의 위력을 말한다. 종종 작은 불이 화재를 일으켜서 많은 재산 피해를 내는 것을 볼 때 혀의 놀라운 영향력을 알 수 있다는 것이다.

약 3:6. 혀는 곧 불이요 불의의 세계라. 혀는 우리 지체 중에서 온 몸을 더럽히고 생의 바퀴를 불사르나니 그 사르는 것이 지옥 불에서 나느니라.

야고보는 혀가 많은 나무를 태우는 "불"과 같이(잠 16:27; 약 3:5) 엄청난 파괴력을 갖고서 우리의 한 생애를 불살라 파괴한다고 말한다.[8] 우리의 한 생애를 불사름(마 15:11, 18-20; 막 7:15, 20, 23)은 마치 "지옥 불에서 나온" 불이 불태우는 것과 같다는 것이다. 그리고 혀는 불의(不義)한 세계로서 우리의 온 몸을 더럽한다고 말한다.[9] 다시 말해, 혀는 그 자체가 사악한 세상 조직으로서 우리의 인격을 더럽한다는 것이다. 혀는 우리의 마음속을 대변하는 하나의 사악한 지체로서 마음속에 있는 것이 혀를 통하여 나와서 우리의 인격을 더럽히고 있다. 예수님은 말씀하시기를, "속에서 곧 사람의 마음에서 나오는 것은 악한 생각 곧 음란과 도적질과 살인과 간음과 탐욕과 악독과 속임과 음탕과 흘기는 눈과 훼방과 교만과 광패니 이 모든 악한 것이 다 속에서 나와서 사람을 더럽게 하느니라"고 하신다. 이 모든 죄악의 대부분이 우리의 입을 통하여 밖으로 나와서 우리의 인격을 더럽히고 있으니 가히 혀의 파괴력을 알 수 있다.

---

8) "생의 바퀴"는 인간의 한 생애를 가리킨다.

9) 6절의 문장은 교차대구법(chiasmus)으로 되어 있다. 혀는 불(fire)이며 또한 불의한 세계인데, "불"이 하는 일과 "불의"한 혀가 하는 일을 설명해 주는 문장, 곧 뒤따르는 문장의 순서가 바뀌어서, 불의한 혀가 하는 일이 먼저 나오고 불이 하는 일이 뒤에 나오고 있다. 이것은 마치 빌레몬서 1:5의 문장이 교차대구법으로 되어 있는 것과 같다(몬 1:5).

3. 혀에서 독을 빼는 일은 사람의 힘으로는 불가능하다 3:7-8

약 3:7-8. 여러 종류의 짐승과 새며 벌레와 해물은 다 길들므로 사람에게 길들었거니와.

사람이 여러 가지 짐승들(원숭이, 호랑이, 사자 등)과 새들 그리고 벌레들과 물고기들을 길들인 사례는 있지만, 사람의 혀를 길들인 사례는 없다는 것이다. 이 구절은 야고보가 앞 절(6절)에서 말했던 바 우리가 혀의 엄청난 파괴력을 막을 수 없는 이유를 설명한다.

혀는 능히 길들일 사람이 없나니 쉬지 아니하는 악이요 죽이는 독이 가득한 것이라.

여기서 야고보는, 사람이 어떤 것이라도 길들일 수 있으나, 자신의 입 속에 있는 세 치의 혀는 길들일 수 없는 두 가지 이유를 말한다. 첫째, 혀가 "쉬지 아니하는 악"을 행하기 때문이다. 혀는 끊임없이 악을 행한다. 이스라엘 민족은 광야에서 끊임없이 혀로써 하나님을 원망하고 하나님께서 세우신 모세를 원망했다. 그들은 출애굽이라는 큰 은혜를 체험하고 나서 불과 3일 만에 물이 없다는 이유로 모세를 원망했다. 그들은 광야생활 중에 시종일관 원망하면서 살았다. 혀는 악한 말을 하는 데 있어서 한가하게 쉬는 시간이 없다. 둘째, 혀는 "죽이는 독"으로 충만하기 때문이다. 독사의 독이 사람을 죽이는 것처럼 혀는 독으로 충만해서 사람을 죽이기에 충분하다(시 140:3; 잠 11:9). "중상, 참소, 조소, 아첨 등은 모두 남의 인격을 죽이는 독인 것이다."(이상근)

바울 사도는 유대인과 헬라인들, 다시 말해, 온 인류의 혀에 대해서 말하기를, "저희 목구멍은 열린 무덤이요 그 혀로는 속임을 베풀며 그 입술에는 독사의 독이 있고 그 입에는 저주와 악독이 가득하다"고 했다(롬 3:13-14).

혀를 길들일 사람은 세상에 없다. 성경은 혀의 악을 해결하는 분은 오직 하나님 한분뿐이라고 말씀한다. 이사야가 자기의 입술이 부정한 것을 알고 망할 수밖에 없음을 고백했을 때, 스랍들 중 하나가 화저로 단에서 취한 바 핀 숯을 손에 갖고 이사야에게로 날아와서 그것을 이사야의 입에 대며 말하기를, "보라 이것이 네 입에 닿았으니 네 악이 제하여졌고 네 죄가 사하여졌느니라"고 했다(사 6:7). 스랍이 단에서 취한 바 핀 숯은 예수 그리스도의 피를 예표한다. 오늘 우리가 우리의 죄를 고백할 때 예수님의 피로 씻음을 받고 고침을 받는다 (요일 1:9).

오늘 우리는 악한 혀를 가진 사람들 속에서 살고 있다. 그러나 우리는 자신의 혀도 함께 악해지게 할 것이 아니라, 우리의 마음을 예수님의 피로 씻어서 마음도 성화되고 입술도 깨끗해져서 예수님으로부터 쓰임을 받아야 할 것이다. 우리는 하나님께 "내 입술의 문을 지키소서"라고 기도하며 살아야 한다(시 141:3).

4. 한 입으로 찬송과 저주를 토해서는 안 된다 3:9-12

약 3:9-12. 이것으로 우리가 주 아버지를 찬송하고 또 이것으로 하나님의 형상대로 지음을 받은 사람을 저주하나니.

동일한 혀로 한편으로는 하나님을 찬송하고, 다른 한편으로는 하나님의 형상대로 지음을 받은 사람을 저주하는 것은 있을 수 없는 일이다. 왜냐하면 사람을 저주하는 것은 결국 사람을 지으신 하나님을 저주하는 것이기 때문이다(창 1:26; 5:1; 9:6).

한 입으로 찬송과 저주가 나는도다. 내 형제들아 이것이 마땅치 아니하니라.

한 입으로 찬송을 하고 또한 저주를 퍼붓는 것은(창 9:25; 49:7; 잠 11:26; 24:24; 26:2) 있을 수 없는 일이며 있어서도 안 되는 일이다.

샘이 한 구멍으로 어찌 단 물과 쓴 물을 내겠느뇨.

샘(泉)은 두 가지 물, 곧 "단물"과 "쓴물"을 동시에 내지 않는다. 다시 말해, '신선한 물'(fresh water)과 '짠 물'(salt water)을 동시에 내지 않는다.

내 형제들아 어찌 무화과나무가 감람 열매를, 포도나무가 무화과를 맺겠느뇨. 이와 같이 짠 물이 단 물을 내지 못하느니라.

하나의 나무는 한 가지 열매만 낸다. 지구상에 있는 모든 나무는 한결같이 한 가지 실과만 내고 있다. 그런데 오늘날 우리들은 한 입으로 두 가지를 하고 있다. 교회당에서 주일날 예배 중에는 하나님을 찬송하고, 교회당을 나와서는 하나님의 형상대로 지음을 받은 사람을 비판하고 욕하고 저주한다. 이렇게 하는 것은 자연법칙에도 걸맞지 않는 행위이다. 그러므로 우리는 하나님께서 우리를 지으신 목적을 따라 우리의 입을 갖고 하나님을 찬양하고 사람을 격려하기로 결심해야 한다. 우리는 하나님께 성령을 구하여 성령으로 다스림을 받을 뿐 아니라 지혜로 다스림을 받는 중에 우리의 혀로 하나님을 찬송하고 또 우리의 이웃을 격려해야 할 것이다.

VIII. 마음을 참 지혜로 메워라 3:13-18

앞에서 야고보는 혀에서 독을 뽑아야 할 것을 권장했다(1-12절). 이제 그는 마음을 참 지혜로 메우라고 권한다. 선한 행위를 가지려면 혀(마음)에서 독을 제할 뿐 아니라, 더 나아가서 마음을 참 지혜로 메워야 한다는 것이다. 우리의 마음이 마귀의 지혜로 채워지면, 그 마음은 오직 죄를 생산하게 될 뿐이다. 야고보는 지혜 있다고 큰 소리를 치는 사람들을 향하여 그들의 지혜를 행동으로 나타내 보이라고 도전한다(13절). 우리가 혹시 형제자매를 시기하거나 그들과 다투는 삶을 산다면, 우리는 자신이 지혜로부터 멀리 떨어져 있음을 알아야 한다(14-16절). 그러나 우리가 위로부터 내려온 지혜를 갖는다면, 우리는 다음의 여덟 가지 덕을 산출할 수 있을 것이라고 야고보는 역설한다(17-18절).

1. 지혜가 있다면 행동으로 보여라 3:13

약 3:13. 너희 중에 지혜와 총명이 있는 자가 누구뇨.
야고보는 자신의 편지를 받는 선생들이나 일반 신도들 중에서 지혜와 총명이 있다고 큰소리칠 사람이 있다면, 그 지혜와 총명을 행실을 통해 보여야 할 것이라고 도전한다(갈 6:4). 여기서 야고보가 말하는 "지혜"라는 것은 위로부터 내려온 지혜를 의미한다(17절). 그리고 "총명"(ἐπιστήμων)이라는 헬라어는 신약에서는 이곳에만 나타나는 것으로서 구약성경 신명기 1:13, 4:6 등에서는 '지혜'라는 말과 함께 나타난다. 여기서도 두 낱말의 뜻은 거의 동의어로 사용되었다.

　　그는 선행으로 말미암아 지혜의 온유함으로 그 행함을 보일지니라.
　　자신이 지혜와 총명이 있다고 말하는 사람들은 선(善)을 행하는 가운데서 "지혜의 온유함으로 그 행함을 보이라"는 것이다. 여기서 "지혜의 온유함"(πραΰτητι σοφίας)은 '지혜로부터 나오는 온유함'을 뜻한다. 온유함은 성품의 나약함이 아니라 포괄적인 포용성으로서 성령의 열매이다(갈 5:22-23). 온유함은 그리스도의 성품이며, 예수님을 따르는 성도들이 지녀야 할 성품이다 (마 5:5). 야고보의 주장은, 지혜와 총명이 있다고 큰 소리를 치는 사람들은 선을 행하는 가운데서 지혜로부터 나오는 온유한 행실을 보이라는 것이다 (2:18). 다시 말해, 지혜의 열매인 부드러움을 보여야 한다는 것이다(1:21).

지혜의 열매인 온유함이 없으면 지혜 있는 사람이 되지 못한다. 지혜 있는 사람들은 틀림없이 온유하게 행동한다. 반대로 위로부터 내려오는 지혜를 받지 못한 사람은 교만하게 행동한다.

우리가 많이 배워서 세상 지식으로 넘친다고 해도, 지혜의 온유함을 보여 주지 못한다면, 우리의 지식은 의미가 없다. 우리는 지금 성령의 지혜로 온유하게 행동하고 있는가, 아니면 살기등등하게 행하고 있는가?

2. 시기하고 다투는 삶은 지혜로부터 먼 행위이다 3:14-16

약 3:14. 그러나 너희 마음속에 독한 시기와 다툼이 있으면 자랑하지 말라. 야고보는, 수신자들의 마음속에 독한 시기심과 다툼이 있으면(롬 13:13), 지혜 있는 사람이라고 자랑할 수가 없다고 말한다(롬 2:17, 23). 여기에서 "시기"라는 말은 '이기적인 열정'을 뜻한다(Mayor). 바울은 고린도 교회 교인들의 시기와 다툼을 보고 육신에 속한 사람들이라고 꾸짖었다(고전 3:1-7). "다툼"(ἐριθεί-αν)은 '당파심'을 뜻하는 것으로 교회 안에서 당을 지어 서로 다투는 것을 말한다. 시기심, 즉 이기적인 열정이 강하면 자연적으로 다툼이 따라오는 법인데, 이 두 가지가 있으면 지혜 있는 사람이라고 말할 수 없다는 것이다. 시기와 다툼이 있다면, 우리는 자랑은커녕 꾸짖음을 받을 수밖에 없다. 우리나라의 많은 교회가 지금도 다투고 있으니 부흥됐다고 자랑할 수가 없다. 그저 사람만 모이고 있다고 해야 할 것이다.

진리를 거슬려 거짓하지 말라.

야고보는 시기하고 다투는 행위는 복음을 정면으로 거스르는 행위라고 말한다. 시기하고 싸움하는 것은 진리를 정면으로 거스르는 거짓된 행위이다. 오늘의 교회들은 서로 싸우면서도 진리를 위하여 싸운다고 말한다. 이것이야말로 복음의 진리를 거스르는 것이 아닌가? 복음은 우리에게 서로 사랑하라고 권고하고 있다. 진리를 위해서 싸움이 허용된 경우는 이단과의 싸움밖에 없다(유 1:3-4). 우리 모두는 이단과는 힘써 싸우되 우리의 교인들과는 열심을 품고 사랑해야 한다(벧전 4:8).

약 3:15. 이러한 지혜는 위로부터 내려온 것이 아니요 세상적이요 정욕적이요 마귀적이니.

야고보는 "이러한 지혜," 곧 '앞 절에서(14절) 말씀한 독한 시기와 다툼을 산출하는 지혜'는 "위로부터," 곧 '하나님으로부터' 내려온 지혜가 아니라고 말한다. 다시 말해, 시기하고 다투는 행위는 위로부터, 곧 하나님으로부터 내려온 지혜의 산물이 아니라는 것이다. 독한 시기와 다툼을 산출하는 지혜는 다음 세 가지 특징을 갖는다. 첫째, "세상적이다." 독한 시기와 다툼을 산출하는 지혜는 하나님의 영광을 생각하지 않고 세상의 영광만 달성하려고 한다. 이런 지혜는 하늘의 일에 대해서는 전혀 알지 못한다. 그저 세상의 명예나 이권만을 생각한다. 둘째, "정욕적이다." 이 지혜는 육신만을 위한다(고전 2:14; 15:44, 46). 그저 세상의 안위와 쾌락만을 추구하고 정욕만 따라간다. 셋째, "마귀적이다." 그러한 지혜는 마귀의 충동에 의해서 일어난 행동으로 하나님을 대적하는 행동이다(1:17; 빌 3:19; 살후 2:9). 우리는 지금 성령으로부터 온 지혜를 받아서 살고 있는가, 아니면 세상 영광이나 생각하는 지혜, 정욕을 따라가는 지혜, 마귀의 충동에 의해 움직이는 행동 양식을 갖고 있는가? 깊이 살펴서 자복하고 성령 충만을 구해야 할 것이다. 성령 충만은 곧 지혜 충만이다(행 6:3).

약 3:16. 시기와 다툼이 있는 곳에는 요란과 모든 악한 일이 있음이니라.
본 절은 윗 절들(14-15절)의 이유를 말한다. 곧 "시기와 다툼"은 하나님께로부터 온 지혜가 아니라는 것(14-15절)을 말한다. 시기와 다툼은 "요란(무질서함)과 모든 악한 일, 곧 악한 행위"를 산출하기 때문에 하나님께로부터 온 지혜라고 할 수 없다는 것이다(고전 3:3; 갈 5:20). 시기와 다툼이 좋은 일을 가져온다면 그것은 하나님께로부터 온 지혜라고 할 수 있다. 그러나 실제로 그것들은 나쁜 열매를 맺기 때문에 세상에 속한 지혜요, 정욕을 위한 지혜요, 마귀에게서 온 지혜라는 것이다.

세상적이요 정욕적이요 마귀적인 지혜는 첫째, "요란"을 산출한다. "요란"(ἀκαταστασία)은 무질서를 뜻하는데, 교회가 무질서하면 교회가 성장하지 못한다(고후 12:20). 둘째, "모든 악한 일," 곧 '하나님께서 미워하시는 악한 행동'을 산출한다. 하나님께서 미워하시는 악한 행동 중에는 헛된 말, 그릇된 열심, 파당 등 많은 것들이 있다.

오늘날의 수많은 신자들은 피차 시기하고 다투고 있다. 그들이 시기하고 다투고 있음으로 인해 교회가 매우 어지럽다. 많은 신자들은 성령으로부터 오는 지혜를 구하지 않아서 마귀가 주는 지혜를 품고 살아간다. 사실 우리는 마귀에게 지혜를 구하지 않아도, 세상적이고 정욕적이며 마귀적인 지혜를 받을 수가 있다. 우리는 마귀가 주는 지혜를 물리치고 하나님께서 주시는 지혜를 구해야 한다. 그래서 성결하게 살고, 이웃과 화평하게 살고, 관용하고, 양순하고, 긍휼을 베풀면서 살아야 한다.

3. 지혜는 여덟 가지 덕을 산출한다 3:17-18

야고보는 여기 14-16절에 나타난 거짓 지혜와 대조되는 참된 지혜의 출처를 말하고 있다. 또한 그는 참된 지혜는 위로부터 오며, 하늘로부터 오는 지혜는 철저하게 실천적이라고 말한다.

약 3:17-18. 오직 위로부터 난 지혜는 첫째 성결하고 다음에 화평하고 관용하고 양순하며 긍휼과 선한 열매가 가득하고 편벽과 거짓이 없나니.

하나님에게서 온 지혜는 성결, 화평, 관용, 양순, 긍휼, 선한 열매, 편벽이 없는 행위, 거짓이 없는 행위를 산출한다(고전 2:6-7). "성결"은 순결을 의미한다. 다시 말해, 이기적이거나 악한 동기 또는 태도가 없음을 뜻한다. 성도는 무슨 일을 하든지 이기적인 동기나 악한 태도가 없어야 한다. 그래야 복을 받는다. 사람들은 어떤 일을 악한 생각으로 경영하면 자기에게 유익할 것으로 생각하나, 그 결과는 항상 비참하다. "화평"은 이웃과의 관계에 있어서 평화함을 말한다. 하나님으로부터 온 지혜는 교회 공동체에 항상 평화를 가져온다. 화평의 소유자는 교회 공동체에서 생활할 때 이웃과 다투지 않고 잘 지낸다. "관용"은 이해심을 갖고 다른 사람의 주장을 용납함을 말한다. 즉 죄인에 대해 단호하게 징벌할 수 있음에도 불구하고 용서하고 인내하며 자비를 베푸는 것을 말한다. "양순"은 14절의 "다툼"과 대조되는 것으로 '유순'을 의미한다. 성도는 하나님께 순종하는 마음을 구해야 한다. "긍휼"은 남을 불쌍히 여기는 것을 뜻하는데, 긍휼을 베풀지 아니하는 사람은 긍휼 없는 심판을 만나게 되고(2:13), 반대로 긍휼을 행하는 사람은 긍휼히 여김을 받게 된다(마 7:12). "선한 열매"는 긍휼을 가진 자가 다른 사람을 향하여 나타내는 여러 가지 좋은 열매를 말한다. "편벽"은 사람을 외모로 취하여 구별하는 것을 말한다(2:1-4). 성도는 사람을 외모로 취하는 일이 없어야 한다. 이유는 하나님은 사람의 중심을 보시기 때문이다(삼상 16:7). "거짓이 없는" 행위는 외식이 없는 행위, 순수한 행위를 말한다(롬 12:9; 벧전 1:22; 2:1; 요일 3:18).

화평케 하는 자들은 화평으로 심어 의의 열매를 거두느니라.

화평을 힘쓰는 사람들이 평화로운 태도로 "의(義)"를 심으면, 결국 그들은 "의"의 상급을 받게 된다(잠 11:18; 호 10:12; 마 5:9; 빌 1:11; 히 12:11). 다시 말해, 성도가 시기와 싸움을 피하고 화평한 중에 의를 행하면 장차 상급을 받게 된다는 것이다. 야고보가 여기서 다시 화평의 덕을 강조하는 이유는 당시의 교회 공동체에 시기와 다툼이 있었기 때문이었을 것이다(4:2).

우리는 세상적인 지혜를 거절하고 하나님께 참 지혜를 구하여 마음을 지혜로 무장해야 한다. 우리가 지혜를 구할 때 하나님은 우리로 하여금 성령 충만과 지혜 충만에 이르게 하신다(행 6:3, 10). 다시 말해, 하나님께 지혜를 구할 때 우리의 마음은 성령과 지혜로 다스림을 받게 되어 의의 열매인 선한 행위를 가지게 된다.

제4장

세상을 멀리하고 하나님을 가까이 하라

IX. 큰 은혜를 받는 방법 4:1-10

앞에서 야고보는 우리의 마음을 성령님이 주시는 지혜로 채워서 온유하게 행동하라고 권면했다(3:13-18). 이제 그는 교회 안에서 신앙생활을 하는 가운데 욕심을 추구하지 말고 겸손해야 한다고 가르친다(1-10절). 교회생활에서 욕심을 추구하면, 교회 공동체에 싸움만 일으키고(1-2a), 자신을 위해 얻는 것도 없다(2b-3). 그리고 욕심을 추구하면 하나님의 원수가 될 뿐이므로(4-5절) 신자는 신앙의 공동체 안에서 겸손하기 위해 힘써야 은혜를 받는다(6-10절).

1. 욕심을 추구하면 교회 공동체에 싸움만 일으킨다 4:1-2a

야고보는 교회 안에서 자신을 기쁘게 하려고 욕심을 따르면 다툼이 일어나게 되고 실제로 얻는 것도 없게 된다고 말한다.

약 4:1. 너희 중에 싸움이 어디로, 다툼이 어디로 좇아 나느뇨. 너희 지체 중에서 싸우는 정욕으로 좇아 난 것이 아니냐.

야고보의 서신을 받는 "너희 중"에 흔히 있는 장기적인 큰 "싸움"(πόλεμοι)이나 단기적인 "다툼"(μάχαι)의 원인은 다른 데서 오는 것이 아니라 인간의 지체 안에서 갈등을 일으키는 "정욕"으로부터 오는 것이라고 야고보는 말한다 (롬 7:23; 갈 5:17; 벧전 2:11).

여기서 "정욕"이라는 말은 헬라어로 헤도네(ἡδονη)라고 하는데, '향락'이라고 번역되기도 하고(눅 8:14) 악한 의미로 '욕심'을 지칭하기도 한다(벧후 2:13). 교회 안에서 여러 가지 다툼은 사람들이 자기 좋아하는 대로 행동함으로 생긴다. 자기가 권세를 쥐어 보려고 하거나 명예를 얻어 보려고 할 때 싸움과 다툼이 생긴다.

2. 기도해도 얻지 못함 4:2b-3

우리가 기도의 응답을 받지 못하는 이유는 기도를 하지 않기 때문이고, 또한 기도를 할 수 없는 심령이 되어 기도도 할 수 없게 되기 때문이다.

약 4:2a. 너희가 욕심을 내어도 얻지 못하고 살인하며 시기하여도 능히 취하지 못하나니 너희가 다투고 싸우는도다.

신자가 쾌락 중심으로 살면, 욕심을 품어도 아무것도 얻지 못하고, 사람을 미워하게 될 뿐이다. 또한 시기하여도 얻지 못하고, 싸움만 가중시킬 뿐이다.

여기 "살인한다"는 말은 실제로 사람을 죽인다는 말로 이해할 수도 있으나, 성도 상호간에 미워한다는 말로 이해하는 것이 더 바람직스럽다(마 5:21-26).

정욕대로 행동하는 경우, 결국 얻지도 못하고 사람만 미워하고 더 나아가 싸움만 하게 된다. 오늘 교회에서 신앙생활을 하는 신자들 중에는 자기를 위하여 움직이는 사람들이 있다. 즉 자기의 이름을 내기 위해서, 혹은 자기의 사업을 유리하게 이끌기 위해서, 혹은 사람들에게 좋은 대접을 받기 위해 애쓰는 사람들이 있다. 우리는 예수님께서 우리를 대신하여 희생하신 것을 생각하고 이타적으로 행동해야 할 것이다. 그럴 때 우리는 참 희락을 얻게 된다.

약 4:2b-3. 너희가 얻지 못함은 구하지 아니함이요. 구하여도 받지 못함은 정욕으로 쓰려고 잘못 구함이니라.

정욕대로 행동하는 교인들은 결국 얻지 못하게 된다. 그들이 원하는 것을 얻지 못하는 이유는 첫째, "구하지 아니하기" 때문이다(욥 27:9; 35:12; 시 18:41; 잠 1:28; 사 1:15; 렘 11:11; 미 3:4; 슥 7:13). 그들이 기도하지 않는 것은 대체로 기도를 할 수 없는 심령이 되기 때문이다. 욕심이 많은 사람은 결국 기도하지 못하게 된다. 둘째, 정욕을 만족시키려고 악한 뜻으로 구하기 때문이다(시 66:18; 요일 3:22; 5:14). 하나님은 의로운 자의 기도를 들으시고(시 34:15), 진실하게 간구하는 사람의 기도를 들으시며(시 145:18), 하나님을 믿고 의심치 않는 사람의 기도를 들으시고(막 11:20-25), 겸손한 사람의 기도를 들으신다(눅 18:13-14).

사실 욕심의 노예가 되어 있는 사람들은 기도하지 못한다. 자기의 이권이나 명예를 생각하고 행동하는 사람들은 기도할 수 없는 심령을 갖게 마련이다. 그러므로 성도들은 자기의 무엇을 위해서가 아니라 주님의 영광을 위해서 기도해야 한다(마 6:33).

3. 욕심을 추구하면 하나님의 원수가 됨 4:4-5

약 4:4. 간음하는 여자들이여 세상과 벗된 것이 하나님의 원수임을 알지 못하느뇨. 그런즉 누구든지 세상과 벗이 되고자 하는 자는 스스로 하나님과 원수 되게 하는 것이니라.

야고보는 "세상과 벗된" 사람들(남자든지 혹은 여자든지), 곧 '세상과 짝하는' 사람들을 "간음하는 여자들"이라고 부른다(시 73:27).10) 여기 "세상"이라는 말은 사람이 거주하는 땅 덩어리가 아니라 하나님을 대적하는 부패한 세상을 지칭한다(요 8:23; 18:36; 고전 3:19; 갈 6:14; 요일 5:19). 세상과 짝해서 사는 사람들은 마치 자기 남편을 두고 다른 남자를 추구하는 간음하는 여자와 같다. 그들은 복과 기쁨을 한량없이 주실 수 있는 하나님을 버리고 잠간의 세상 쾌락을 추구하는 사람들이기 때문에 "하나님의 원수"라는 것이다(요 일 2:15).11) 그러므로 누구든지 세상과 "벗이 되고자 하는 자," 곧 '세상과 짝하고자 작정한 자'는 자신을 하나님의 원수로 만드는 자다(요 15:19; 17:14; 갈 1:10).

세상 쾌락이 좋아 세상으로 빠지는 무수한 사람들은 하나님과 멀리 떨어진 원수들이다. 오늘 인터넷 음란 사이트와 도박 사이트를 찾아 헤매는 사람들, 돈을 최고로 알아 투기를 일삼는 사람들, 각종 향락에 정신을 빼앗긴 사람들은 모두 하나님의 원수들이다. 우리는 내 자신이 하나님의 자녀인지 혹은 원수인지를 살펴야 할 것이다.

---

10) 구약에서는 영적으로 성실치 못한 자들을 간음하는 자들이라고 했다(렘 31:32; 겔 23:45; 호 2:2-5; 말 3:5).

11) 성경은 그리스도와 교회의 관계를 남편과 아내의 관계로 비유하고 있다(고후 11:1-2; 엡 5:24-28; 계 19:7).

약 4:5. 너희가 하나님이 우리 속에 거하게 하신 성령이 시기하기까지 사모한다 하신 말씀을 헛된 줄로 생각하느뇨.

하나님은 우리 안에 성령님을 주셨는데 그 성령님은 우리 안에서 우리를 시기하는 정도로 사모하신다(민 11:29). 우리가 세상과 짝하는 경우, 하나님은 우리를 다시 찾으시기 위하여 시기하시는 나머지 징계까지도 하신다.

"하나님이 우리 속에 거하게 하신 성령이 시기하기까지 사모한다"는 말씀을 신·구약 성경 어디에서 인용했는가 하는 문제는 해결되지 않는 난제이다. 이 문제와 관련해 여러 가지 추측이 이루어지고 있다. 1) 창세기 6:3-7; 8:21; 출애굽기 20:3-5; 34:14의 말씀에서 종합적으로 인용했다는 설, 2) 칠십인역에서 인용했다는 설, 3) 외경(apocryphal book)으로부터 인용했다는 설, 4) 이 말씀은 6절에 있는 말씀이라는 설 등이 있다. 그리고 그 외에도 더 많은 학설이 있을 수 있다. 그런데 야고보가 성경 이외의 서적에서 발췌했을 리는 만무하다. 아무튼 성도들 중에는 세상과 짝하여 향락을 따라가고 하나님의 원수 노릇을 하는 사람들이 있음에도 불구하고, 성령님은 그들을 극진히 사모하시고 은혜를 주신다는 사실만큼은 알아야 할 것이다.

4. 겸손을 힘써야 은혜를 받는다 4:6-10

약 4:6. 그러나 더욱 큰 은혜를 주시나니 그러므로 일렀으되 하나님이 교만한 자를 물리치시고 겸손한 자에게 은혜를 주신다 했느니라.

문맥에 의하면, "더욱 큰 은혜를 주시나니"라는 구절의 주어는 "하나님"이시다. 즉 상반절은 "그러나 하나님은 더욱 큰 은혜를 주신다"는 문장이 된다. 문장 처음의 "그러나"라는 접속사는 앞 절(5절)과 관계를 짓는 접속사이다. 곧 "하나

님이 우리 속에 거하게 하신 성령이 시기하기까지 (우리를) 사모"하시지만(5절),
그러나 하나님은 그 성령님의 요구를 충족시키기에 충분한 큰 은혜를 주신다는
것이다. 성령님은 우리에게 엄격한 윤리를 요구하신다. 세상과 짝하며 세상과
벗되기를 좋아하는 우리의 욕심을 제어하기 원하신다. 성령님은 우리를 시기하
기까지 사모하신다. 때로는 징계하시면서까지 우리를 사모하신다. 성령님은
우리가 하나님 앞에 일편단심 충성하기를 원하신다. 그런데 야고보는 하나님은
성령님께서 요구하시는 엄격한 윤리를 충족시킬만한 "더욱 큰 은혜"를 주신다
고 말한다. 만약 성령님이 높은 수준의 윤리만 요구하시고, 하나님께서 우리에게
성령님의 요구를 충족시킬만한 은혜를 주시지 않는다면, 성도는 좌절할 것이다.

그러나 "하나님은 교만한 자를 물리치시고 겸손한 자에게 은혜를 주신다."
야고보는 잠언3:34에 나오는 "진실로 그는 거만한 자를 비웃으시며 겸손한
자에게 은혜를 베푸시나니"라는 말씀을 인용하여 하나님께서 큰 은혜를 주시는
것을 강조한다. 교회 공동체 안에서 우리는 자기 좋을 대로 교만하게 행동하지
말고 겸손을 힘써야 한다. 그리고 그렇게 할 때 하나님께서 은혜를 주신다.

야고보는 4절과 5절에서는 세상 쾌락을 추구하는 사람들에 대해서 말씀하
다가, 본 절에 와서는 "하나님이 교만한 자를 물리치신다"는 말씀으로 전환한다
(욥 22:29; 시 138:6; 잠 3:34; 29:23; 마 23:12; 눅 1:52; 14:11; 18:14;
벧전 5:5-6). 그 이유는 세상 쾌락을 추구하는 것과 교만한 것은 일맥상통하기
때문이다. 세상 쾌락을 추구하는 사람은 모두 교만한 사람들이다. 세상과 짝한
사람들은 모두 겸손을 떠난 사람들로서 마음이 높은 사람들이다.

우리는 하나님께서 큰 은혜를 주신다는 사실만 강조하고 우리 측에서 겸손
을 힘쓰지 않으면 안 된다. 하나님은 우리가 겸손하기를 기다리시며, 우리가
겸손할 때 큰 은혜를 주신다. 세례 요한은 겸손한 사람으로서 큰 칭찬을 받았고,

가나안 여인은 겸손한 여인으로서 예수님으로부터 믿음이 크다는 칭찬을 들었
다(마 15:21-28).

약 4:7. 그런즉 너희는 하나님께 순복할지어다. 마귀를 대적하라. 그리하면
너희를 피하리라.

하나님은 겸손한 성도에게 은혜를 주시기 때문에 성도들은 하나님께 온전히
"순복해야" 한다. "순복하라"(ὑποτάγητε)는 말은 단순과거 명령형으로 '즉각
적으로 순복하라'는 뜻이다. 성도들은 겸비한 심령으로 즉각적으로 순종해야
한다. 그리고 온전히 하나님께 순종하는 삶을 사는 성도들은 필히 "마귀를
대적해야" 한다(엡 4:27; 6:11; 벧전 5:9). 이유는 마귀를 대적하지 않고 마귀와
짝하는 것은 교만한 것이어서 은혜를 받지 못하기 때문이다.[12] 야고보는 성도들
이 항상 하나님께 순종하여 마귀를 대적하면 마귀가 성도들을 피한다고 말한다.

성도들이 하나님께 전적으로 순종할 때 마귀를 대적할 수가 있다. 순종하지
않을 때는 마귀를 대적할 힘이 없게 된다. 순종할 때 힘을 얻어 마귀를 대적할
수가 있게 되고, 또 마귀를 대적하면 마귀가 성도들을 피한다.

약 4:8-9. 하나님을 가까이 하라. 그리하면 너희를 가까이 하시리라.

겸손은 하나님을 가까이 하는 것과 상통한다.[13] 또 하나님을 가까이 하는
사람은 겸손하게 되기 마련이다. 성도들이 하나님을 가까이 하면, 하나님께서도
성도를 가까이 해주신다(대하 15:2).

---

12) 마귀는 교만한 실존이다. 하나님과 같이 되려고 했을 뿐 아니라 성도들로 하여금 교만하게
행동하도록 부추긴다(창 3:1-5).

13) 겸손과 하나님을 가까이 하는 것과는 상통하는 개념이다. 백부장은 예수님 앞에서 겸손했다.
그는 예수님을 누구보다 더 가까이 한 사람이 되었다(마 8:5-13). 가나안 여인은 예수님 앞에서 겸손했다.
그녀는 예수님을 가까이 한 사람이 되었다(마 15:21-28).

죄인들아 손을 깨끗이 하라. 두 마음을 품은 자들아 마음을 성결케 하라. 슬퍼하며 애통하며 울지어다. 너희 웃음을 애통으로, 너희 즐거움을 근심으로 바꿀지어다.

손에 죄가 묻은 사람들은 손에 묻은 죄를 씻어야 하고(사 1:16), 두 마음(1:8), 곧 하나님을 사랑하려는 마음과 쾌락을 즐겨보려는 마음을 동시에 품은 사람들은 쾌락을 향하는 마음을 청소해야 한다(벧전 1:22; 요일 3:3). 깨끗하게 하는 방법으로는 슬퍼하고 애통하고 우는 것이다(마 5:4). "슬퍼한다"는 말은 쾌락을 추구했던 자신의 과거의 죄악을 생각하고 '근심하는 것'을 뜻하고, "애통한다"는 말은 억누를 수 없이 되어 '슬퍼하는 것'을 뜻하며(마 5:4), "울지어다"라는 말 역시 억누를 수없이 되어 '소리내어 우는 것'을 뜻한다. 야고보는 비슷한 세 낱말을 사용하여 깊이 통회할 것을 권고하고 있다. 현세에서 애통하고 죄 때문에 근심하면 현세에서도 웃게 되고 즐겁게 되며 또 내세에서 웃게 되고 즐겁게 된다(마 5:4).

오늘 이 시대는 참으로 더러운 시대이다. 너무 더러워 하나님으로부터 당장이라도 벌을 받을만한 시대이다. 이제 하나님을 가까이 하기 위해서는 더러움을 씻어야 한다. 손에 묻은 죄를 깨끗하게 하고 마음을 청결케 해야 한다. 죄를 생각하며 애통해야 한다. 그럴 때 하나님은 우리를 가까이 해주신다.

약 4:10. 주 앞에서 낮추라. 그리하면 주께서 너희를 높이시리라.
야고보는 주 앞에서 낮추라고 권한다(욥 22:29; 마 23:12; 눅 14:11; 18:14; 벧전 5:5-6). 그리하면 모든 복과 은혜를 주신다고 말한다(눅 14:11; 고후 11:7). 향락을 구하는 생활은 헛된 것이지만 겸손하게 처신하는 것은 복과 은혜를 많이 받는 비결이고 기도한 바를 응답받는 비결이다.

예수님은 하늘에 계실 생각을 포기하시고 사람의 몸을 입고 이 땅에 오셔서 십자가를 지셨다. 그러므로 하나님께서 그를 지극히 높여 모든 이름 위에 뛰어난 이름을 주셨다(빌 2:5-11). 우리 역시 그리스도와 함께 낮아지면 하나님께서 높여 주실 것이다(벧전 5:6).

X. 피차에 비방하지 말라 4:11-12

욕심을 버리고 겸손해야 할 것을 권고한 야고보는 성도 상호간에 비방하지 말라고 부탁한다. 비방하는 것은 하나님의 자리에 올라서는 참람한 일이라고 말한다.

약 4:11. 형제들아 피차에 비방하지 말라.
야고보는 성도들이 서로 비방하지 말라고 말한다(엡 4:31; 벧전 2:1). 야고보는 "피차에 비방하지 말라"는 말을 하기 위해 "형제들아"라고 부르고 있다. 야고보는 앞에서는 "간음하는 여자들이여,"(4절) 혹은 "죄인들아"(8절)라고 불렀는데, 이제는 다시 간절한 사랑을 표현하기 위해 이 칭호를 사용하고 있다. 야고보는 "형제들아"라고 부르면서 "피차에 비방하지 말라"고 부탁한다. "비방한다"는 말은 헬라어로 '카타랄레오'(καταλαλέω)라고 하는데 '거슬러 말하다,' 혹은 '대적하여 말하다'라는 뜻이다. 즉 비방한다는 말은 형제를 거슬러서 말하는 것을 뜻한다. 형제자매를 거슬러서 상처가 되도록 말하는 것이 곧 비방이다.
야고보는 수신자들에게 "피차에 비방하지 말라"고 부탁할 때 강한 어조로 말씀한다. "피차에 비방하지 말라"(μὴ καταλαλεῖτε ἀλλήλων)는 말은 강한 부정문이다. "말라"(μὴ)는 강한 부정어와 또 현재명령형인 "비방하라"(κατα-λαλεῖτε)는 말이 합쳐져서 현재 비방하는 일을 영원히 중단하라고 권고한다.

성도들은 신앙의 공동체 안에서 서로를 향하여 거슬러서 말할 것이 아니라 서로 위로하고 격려해야 한다. 놀랍게도 믿음이 있다고 하거나 말씀을 애독한다고 하는 성도 중에도 아직 마음을 청결케 하지 못하여 다른 형제를 향하여 거슬러 말하는 신자들이 있다. 그런 신자들은 형제를 비방하지 않게 될 정도로 많이 기도하여 마음에서부터 죄악을 밖으로 끌어내야 한다.

형제를 비방하는 자나 형제를 판단하는 자는 곧 율법을 비방하고 율법을 판단하는 것이라.

앞에서 야고보는 "형제를 비방하지 말라"고 권고했는데, 이제 그는 비방하지 말아야 할 이유를 제시하고 있다. "형제를 비방하는 자나 형제를 판단하는 자는 곧 율법을 비방하는 것이" 된다는 것이다. 야고보는 주 안에서 맺어진 형제를 거슬러서 말하는 것은 곧 율법을 거슬러 말하는 꼴이 된다고 말한다(마 7:1; 눅 6:37; 롬 2:1; 고전 4:5). 율법은 성도들로 하여금 서로 사랑하라고 많이 강조하는데(레 19:18; 마 19:19; 22:39), 성도들이 형제자매를 거슬러 말한다면 그것은 곧 율법을 거슬러 말하는 셈이 되는 것이다. 즉 율법에게 심한 상처를 주는 꼴이 되는 것이다. 이는 마치 한 집안에 많은 자녀들이 함께 살면서 서로 헐뜯는 것이 부모의 말씀, 곧 서로 사랑하면서 우애(友愛) 있게 잘 자내라는 명령을 거스르는 셈이 되는 것과 같다. 교회 공동체의 형제들이 서로 헐뜯으면 헐뜯음을 당하는 형제자매가 상처를 받을 뿐 아니라, 하나님의 사랑의 법도 상처를 받게 되고, 하나님 자신도 상처를 받으시게 된다. 그리고 형제를 비방하고 형제를 판단하는 것은 "율법을 판단하는 것"이 된다는 것이다.

네가 만일 율법을 판단하면 율법의 준행자가 아니요 재판자로다.

만일 우리가 "율법," 곧 최고한 법(2:8)을 거스른다면, 그것은 우리가 율법을 준행하는 사람이 아니라 율법에 대한 "재판자"의 입장에 서게 되는 것이다. 즉 율법까지도 잘못된 것으로 여기는 재판자가 되는 것이다.

오늘 교회 안에서 형제자매를 비방함으로써 최고의 법까지도 잘못된 것으로 여기는 재판자들이 많이 있다. 말로는 율법의 준행자가 된다고 하면서도 실제로는 형제를 마구 비방하고 판단함으로 결과적으로는 최고한 법 자체를 잘 못된 것으로 여기는 재판자들이 많이 있다. 그런 사람들은 미구에 율법의 재판을 받는, 불쌍한 사람들이 되고 만다.

약 4:12. 입법자와 재판자는 오직 하나이시니 능히 구원하기도 하시며 멸하기도 하시느니라. 너는 누구관대 이웃을 판단하느냐.

야고보는 법을 세우시는 분이나 그 법을 갖고 사람을 재판하시는 분은 오직 한 분, 곧 "구원하기도 하시며 멸망시키기도" 하시는 하나님이시라고 말하면서 형제를 비방하고 판단하는 죄악이 얼마나 큰 것인가를 드러내고 있다(마 10:28). 야고보는 "입법자와 재판자는 오직 한 분"이라고 힘주어 말씀한다. 그리고 그 한분이 사람을 구원하기도 하시며 멸하기도 하신다고 말씀한다. 그 한분 이외에 아무도 이웃을 판단할 수는 없다고 말한다. 야고보는 단호히 말하기를, 사람은 율법을 입법할 수도 없고 재판할 수도 없다고 못을 박는다. 만일 성도들이 형제자매를 비방한다면, 그것은 곧 성도 자신이 하나님의 자리에 올라서는 꼴이 된다는 것이다. 우리가 누구이기에, 다시 말해, 하나님도 아니면서 이웃을 판단할 수 있느냐고 반문한다(롬 14:4, 13).

형제자매를 비방하는 것은 첫째, 율법을 거슬러 말하는 것이고, 둘째, 하나님의 자리에 올라앉는 것이다. 오늘 우리 주위에 이런 일이 너무 많이 벌어지고 있어서 비방하는 당사자들은 하나님으로부터 심한 징계를 받고 심한 경우 일찍이 생명을 빼앗기기도 한다(시 55:23).

XI. 주님의 뜻을 따르라 4:13-17

앞에서 야고보는 성도들이 신앙 공동체 안에서 두 가지 주의 사항, 즉 자기 욕심대로 행동하지 말고 겸손히 행동할 것과 서로 비방하지 말 것을 권고했다(1-12절). 이제 그는 철저히 주님의 뜻을 따를 것을 권한다(13-17절). 야고보는 먼저 주님의 뜻을 따르지 않는 성도들을 책망하고(13-14절), 철저히 주님의 뜻을 따르라고 권한다(15절). 그리고 주님의 뜻을 따르지 않는 것은 죄악이라고 말한다(16-17절).

1. 주님의 뜻을 따르지 않는 사람들을 책망함 4:13-14

약 4:13-14. 들으라. 너희 중에 말하기를 오늘이나 내일이나 우리가 아무 도시에 가서 거기서 일 년을 유하며 장사하여 이를 보리라 하는 자들아 내일 일을 너희가 알지 못하는도다. 너희 생명이 무엇이뇨 너희는 잠깐 보이다가 없어지는 안개니라.

야고보는 수신자들을 향하여 "들으라"라고 말하며 중대한 말씀을 시작한다. 오늘 야고보가 말하는 내용이야말로 수신자들이 반드시 들어야 한다는 것이다. 야고보는 당시에 하나님의 뜻을 전혀 안중에 두지 않고 사업을 시도하려는 많은 사람들에 대한 이야기를 듣고 있었다. 그래서 야고보는 "너희 중에 말하기를"이라고 탄식하며 말을 이어간다. 여기 "말하기를"(λέγοντες)이라는 말씀은 현재분사형이다. 사람들이 허탄한 말들을 끊임없이 해댄다는 것이다. 그래서 야고보는 사방에 흩어져서 신앙생활을 하는 유대인 신자들이 "주님의 뜻"(15절)을 묻지 않고 자기 생각대로 계획하여 일을 추진해 나가려 하는 것을 책망한다. 야고보에 따르면, 첫째, 그들은 "오늘이나 내일이나" 자기 마음대로 때를 정해서 일을 계획한다(잠 27:1; 눅 12:18). 내일 일은 전적으로 하나님께 맡겨야 하는데 자기가 주장할 듯이 덤비고 있는 것이 교만이요 악이라는 것이다(마 6:34). 둘째, 그들은 주님의 뜻을 묻지도 않고 "아무 도시에 가서 거기서" 무엇을 해보려고 한다. 셋째, 그들은 일(사업)을 하는 기간에 대해서도 주님의 뜻을 알아보지도 않고 "일 년을 유하며" 일을 시도해보려고 한다. 넷째, 그들은 무슨 종류의 일을 해야 하는지를 주님께 묻지 않고 그저 자기가 정하며 "장사하여 이를 보라"고 말한다(16절). 우리 인생은 "내일 일을 알지 못하는" 무지(無知)한 인생이다. 우리는 자신이 내일 자신에게 무슨 일이 일어날지 알지 못하는 "잠간 보이다가 없어지는 안개"와 같은 허무한 인생임을 알고(욥 7:7; 시102:3; 약 1:10; 벧전 1:24; 요일 2:17) 그리스도께 의탁해야 한다. "안개"(ἀτμὶς)라는 말은 '증기'라는 뜻이다. 인생은 안개이고(벧후 2:17), 풀이며(시 102:11), 그림자에 불과하고(욥 8:9), 풀의 꽃에 지나지 않는다(약 1:10-11).

2. 주님의 뜻을 따르라 4:15

약 4:15. 너희가 도리어 말하기를 주의 뜻이면 우리가 살기도 하고 이것저것을 하리라 할 것이거늘.
야고보는 우리가 우리의 마음대로 행할 것이 아니라 "주님의 뜻"을 기도 중에 알아서 "주의 뜻이면 우리가 살기도 하고 이것저것을 하리라"고 말해야 마땅하다고 말한다(행 18:21; 롬 1:10; 고전 4:19; 16:7; 히 6:3). 즉 주님의 뜻이면 살기도 할 것이고 주님의 뜻이 아니면 살지 못할 것이라고 해야 하고, 또 주님의 뜻이면 이것저것을 할 수 있을 것이고 주님의 뜻이 아니라면 모든 것을 할 수 없을 것이라고 말해야 한다는 것이다. 야고보의 권고는 다름 아니라 모든 일을 주님의 뜻에 따라서 해야 한다는 것이다.

우리는 주님의 뜻이면 "오늘이나 내일이나 우리가 아무 도시에 가서 거기서 일 년을 유하며 장사하여 이를 보리라"고 해야 하고, 혹 주님의 뜻이 아니면 "오늘이나 내일이나 우리가 아무 도시에 가서 거기서 일 년을 유하며 장사하여 이를 보리라"는 말도 하지 말고 행동에 옮기지도 말아야 할 것이다. 우리는 무언가를 하기 전에 성경에 쓰여 있는 하나님의 계시도 알아야 하고, 우리 개인에게 향하신 하나님의 섭리도 알아야 한다. 결코 우리는 내 마음대로 움직여서는 안 된다.

3. 주님의 뜻을 따르지 않는 것은 죄악임 4:16-17

약 4:16. 이제 너희가 허탄한 자랑을 자랑하니 이러한 자랑은 다 악한 것이라.
우리는 마땅히 주님의 뜻을 살펴서 주님의 뜻을 따라 움직여야 하는데, 그리스도의 뜻을 알아보지도 않고 자기 뜻대로, 자신의 세상적인 확신대로 밀고 나가는 "허탄한 자랑" 곧 '헛된 자랑'은 다 악하다는 것이다(고전 5:6). 그러한 자랑, 곧 그러한 자만심은 악 자체일 뿐이다.

우리가 "오늘이나 내일이나 아무 도시에 가서 거기서 일 년을 유하며 장사하여 유익을 보리라"고 하는 것은 주님의 뜻에서 나온 것이 아니고 내 마음에서 나온 것이기 때문에 악에서 나온 것일 뿐 아니라 그 자체가 곧 악이다. 우리는 주님의 뜻을 제외한 모든 계획은 모두 악이라는 사실을 알아야 한다.

약 4:17. 이러므로 사람이 선을 행할 줄 알고도 행치 아니하면 죄니라.

야고보는 지금까지(13-16절) 주님의 뜻을 따라 실행해야 할 것을 권고해 왔는데 이제는 결론을 말한다. "이러므로 사람이 선을 행할 줄 알고도 행치 아니하면 죄"라는 것이다. 다시 말해, 사람이 주님의 뜻을 분변하여 주님의 뜻대로 실행하면 그것이 선(善)인데, 주님의 뜻대로 행치 아니하면 죄라는 것이다(눅 12:47; 요 15:22; 롬 1:20-21, 32; 2:17-18, 23; 14:23). 주님의 뜻대로 행하지 아니하는 모든 것이 죄이다.

우리는 범사에 주님께서 원하시는 뜻을 알아야 한다. 우리는 우리 자신들이 무지한 인생들임을 주님께 고백하면서 주님의 선하신 뜻을 알게 해주시기를 구해야 한다. 솔로몬은 하나님께 지혜를 구해서 놀라운 지혜의 사람이 되었다. 우리가 주님께 구하면 주님은 주님의 뜻을 우리에게 알려주신다. 우리가 주님의 선하신 뜻을 구하면, 주님은 그 뜻을 성경 말씀을 통하여 알려주시든가, 우리의 마음속에 깨달음을 주시든가, 아니면 환경적으로 섭리하심으로써 알려 주신다. 요즈음 교회의 중진들 중에도 무당을 찾거나 토정비결을 보고 일을 결정하고 추진해 나가는 이들이 있다고 한다. 우리는 귀신의 뜻을 알 것이 아니라 주님의 뜻을 알아서 마음을 결정하고 일을 추진해 나가야 한다.

제5장

성도는 이렇게 처신하라

XI. 부자들은 울고 통곡하라 5:1-6

앞에서 야고보는 신앙생활에 필요한 주의 사항으로 쾌락을 추구하지 말고 겸손을 추구할 것(4:1-10), 남을 비판하는 것은 하나님 자리를 차지하는 오만한 행위라는 것(4:11-12), 그리고 주님의 뜻을 따라야 한다는 것(4:13-17)을 권했다. 이제 그는 본 장에서 부자들을 날카롭게 질타한다. 야고보는 부자들을 향해 울고 통곡하라(1-6절)고 말한다. 그는 먼저 울고 통곡할 것을 말하고는(1절), 이어서 실제로 울고 통곡해야 할 이유를 여러 가지로 말한다(2-6절).

1. 부자들은 울고 통곡하라 5:1

약 5:1. 들으라. 부한 자들아 너희에게 임할 고생을 인하여 울고 통곡하라. 야고보는 부자들에게 닥칠 고생이 너무 무거워서 "들으라"고 주의를 환기시킨다(4:13). 그리고 직접적으로 부자들을 향하여 "부한 자들아"라고 부르면서

"너희에게 임할 고생을 인하여 울고 통곡하라"고 말한다(잠 11:28; 눅 6:24; 딤전 6:9). 여기에서 "임할"(ἐπερχομέναις)이라는 말은 현재 중간태 분사로서 현재 금방이라도 임할 것이라는 뜻을 내포하고 있다. 이것은 미래에 임할 일이라 할지라도 마치 금방이라도 임할 듯한 급박한 상황을 잘 보여주는 말이다. 부자들에게는 불원 고생이 임하게 되어 있다는 것이다. 부자들이 "울고 통곡"하지 않으면 고생이 임한다고 경고한다. "운다"(κλαύσατε)는 말은 '크게 우는 것'을 뜻하고, "통곡한다"(ὀλολύζοντες)는 말은 '슬프게 울부짖는 것'을 뜻한다. 교회에 어쩌다가 출석하는 부자들은 그들이 가난한 신자들을 학대하고 압제하고 걸핏하면 법정으로 끌어감으로써(2:6) 자신들에게 붙어있는 '그리스도'라는 이름을 훼방했을 뿐 아니라 여러 가지로 못된 짓을 했기에 크게 울고 슬프게 울부짖지 않으면 안 된다고 경고하고 있는 것이다.

오늘 우리나라는 하나님께서 베푸신 복으로 인하여 부자들이 많이 생겼다. 비록 세계적인 부자들의 반열에는 미치지 못한다고 해도, 옛날 1950년대 이전에 비하면 많이 달라졌다. 그런데 오늘날의 부자들이 부자가 된 후에는 가난한 사람들을 배려하지 않고 자기들의 배만 채우는 것이 문제다. 심지어는 부동산 투기에 열을 올리고 있는 부자들도 많이 생겼다. 그들은 앞날에 당할 비참한 고생을 생각지 못하고 있다. 그들은 울고 통곡해야 한다. 지금 죄를 고백하는 뜻에서 울어야 한다. 예수님은 "이제 우는 자는 복이 있나니 너희가 웃을 것임이요"라고 말씀하신다(눅 6:21).

2. 부자들이 울고 통곡해야 할 이유 5:2-6

부자들이 울고 통곡해야 할 이유는 세 가지다. 첫째, 그들은 가난한 자들을 배려하지 않았다(2-4절). 둘째, 흥청망청 지냈다(5절). 셋째, 옳은 자들을 정죄하고 죽였다(6절).

약 5:2-3. 너희 재물은 썩었고 너희 옷은 좀먹었으며 너희 금과 은은 녹이 슬었으니.

야고보는 부자들이 잘 못한 사례들을 여러 가지로 말씀한다. 첫째, 부자들은 "재물," 곧 '곡식이나 혹은 세상의 부요'를 쌓아놓고 가난한 사람들을 배려하지 못해서 "썩혔다"는 것이다. "썩다"(σέσηπεν)는 단어는 완료형으로서 벌써 마치 썩은 듯이 현재에도 '무가치하게 되어 버렸다'는 것이다. 둘째, "옷"도 가난한 자들에게 나누어주지 않아서 "좀이 먹었다"는 것이다. "좀먹다"(σητό-βρωτα γέγονεν)는 말도 역시 완료형으로서 가난한 자들에게 나누어주지 않아서 좀 먹은 듯이 현재 벌써 '무가치하게 되었다'는 것이다(욥 13:28; 마 6:20). 셋째, "금과 은," 곧 '세속적인 여러 가지 좋은 물건들'을 쌓아놓고 가난한 사람들을 위하여 쓰지 않아서 "녹이 슬어버리고" 말았다는 것이다. 금과 은이 "녹이 슬었다"는 말은 실제로 녹이 슬었다는 의미는 아니다. 실제로 금과 은은 녹이 슬지 않는 금속들이다. 금과 은이 녹이 슬었다는 말은 곧 무가치하게 되었다는 의미다. 금과 은 같은 귀중한 금속들은 요긴한 곳에 써야 하는데 쓰지 않고 두었으니 하나님 보시기에 무가치하게 되고 말았다는 것이다. 오늘도 무수한 좋은 것들이 부자들의 창고에서 그리고 부자들이 거래하는 은행에서 잠을 자고 있다. 그래서 그것들은 모두 무가치한 것들이 되어 버리고 말았다.

이 녹이 너희에게 증거가 되며 불같이 너희 살을 먹으리라.

금과 은에 "녹슨 것," 곧 부자들이 가난한 사람들에게 나누어주지 않고 오래도록 저축해 둔 것 자체가 부자들이 잘못한 증거가 되고 벌 받을 증거가 된다는 것이다. 부자들이 그렇게 쌓아놓고 가난한 자들을 돌보지 않은 것이 부자들을 살라버리는 불의 역할을 하리라는 것이다(롬 2:5). 예수님은 "보물을 땅에 쌓아두지 말라. 거기는 좀과 동록이 해한다"고 말씀하신다(마 6:19).

너희가 말세에 재물을 쌓았도다.

부자들은 말세를 맞이하여 그 어느 때보다도 하나님을 더욱 찾아야했는데 오히려 재물을 쌓는 일에 열심을 다했으니 하나님의 심판을 받을 수밖에 없게 되었다는 것이다(사 2:2; 호 3:5; 욜 3:1; 암 8:11; 딤후 3:1). 오늘날 부자들의 회개의 통곡소리는 들리지 않는다. 부자들은 그저 돈을 더 많이 쌓으려고 인간 힘을 쓰고 있을 뿐이다. 그들은 가난한 사람들은 살든지 죽든지 상관하지 않는다. 참으로 안타까운 일이다. 가난한 사람들을 구제하면서 그 동안 잘못했던 일을 생각하고 울어야 하며 통곡해야 한다. 그 외에 다른 대책은 없다.

약 5:4. 보라 너희 밭에 추수한 품꾼에게 주지 아니한 삯이 소리 지르며 추수한 자의 우는 소리가 만군의 주의 귀에 들렸느니라.

야고보는 본 절에서 부자들이 잘못한 것을 지적하고 있다. 하나는 부자들이 자기들의 밭에서 땀 흘려 수고한 가난한 품꾼들에게 합당하게 "주지 아니한 삯이 소리를 지른다"는 것이다. "주지 아니했다"(ἀπεστερημένος)는 말은 완료형 수동태 분사로서 '여러 가지 핑계에 끌려 주지 아니한 것'을 뜻한다. 부자들은 품꾼들의 품삯을 당일에 주었어야 했다(레 19:13; 신 24:15; 말 3:5). 부자들이 제 때에 주지 아니한 삯이 "소리를 지른다"는 말은 삯을 받아야 할 가난한 사람들의 원망의 소리가 하나님 앞에 상달한다는 의미다. 부자들은 옛날이나 지금이나 가난한 사람들의 눈에서 눈물을 뽑으며 살고 있다.

부자들이 잘못한 다른 한 가지는, 추수하느라 수고한 사람들의 우는 소리, 즉 합당하게 품값을 받지 못한 추수꾼들의 울음소리를 하나님께 들리게 했다는 것이다(욥 24:10-11; 렘 22:13). 다시 말해, 품값을 받지 못한 자들의 우는 소리가 하늘에 상달했다는 것이다. 부자들은 하나님께서 억울함을 당한 사람들의 부르짖음을 들으신다는 사실을 알고 대처해야 할 것이다(창 4:10; 18:20; 19:13; 출 2:23; 신 24:15). 오늘도 부자들은 자기들만을 생각하고 하나님의 음성에는 아랑곳 하지 않는다.

약 5:5. 너희가 땅에서 사치하고 연락하여 도살의 날에 너희 마음을 살지게 했도다.

앞에서 야고보는 부자들이 가난한 사람들을 배려하지 않고 억울하게 취급한 것에 대해 말했다(2-4절). 이제 그는 부자들이 그 쌓아놓은 돈을 갖고 자기들만을 위하여 "사치하고 연락한" 사실 때문에 그들을 질타한다. "사치하다"(ἐτρυφήσατε)는 말은 '분에 넘치게 호화롭게 사는 것, 혹은 방탕하게 생활하는 것'을 뜻하고, "연락하다"(ἐσπαταλήσατε)는 말은 '도덕적으로 방탕하게 사는 것'을 뜻한다. 결국 두 낱말은 똑같은 것을 지칭하고 있다. 누가복음 16장의 "부자"는 세상에서 "자색 옷과 고운 베옷을 입고 날마다 호화로이 연락하다가" 지옥으로 들어가고 말았다(눅 16:19-24).

야고보는 부자들이 땅에서 사치하고 연락하여 "도살의 날에," 곧 '자기들의 도살당할 날을 위하여' 살지게 했다는 것이다(사 34:6; 겔 21:15). 다시 말해, 사람들이 짐승을 잡아먹기 위하여 살지게 하는 것처럼 부자들은 자기들의 심판 날을 위하여 현세에서 무감각해지고 우둔해지고 교만해졌다는 것이다.

오늘 가축을 기르는 사람들은 소나 돼지 혹은 닭 같은 것들을 정상적으로

키우지 않고 빨리 살지게 하기 위해서 가두어 기르며 특별한 사료를 만들어 먹인다. 그처럼 부자들은 도살의 날, 곧 심판의 날에 심판을 받기 위해 사치하고 연락하여 자기의 마음을 교만하게 만들고 있다(욥 21:13; 암 6:1-4; 눅 16:19, 25; 딤전 5:6). 가축들이 자기들이 언제 죽을 줄도 모르고 열심히 먹고 크듯이, 부자들도 언제 심판의 날을 맞을 줄도 모르고 세상에서 흥청망청 쾌락을 즐기면서 마음을 살지게 하고 있다.

약 5:6. 너희가 옳은 자를 정죄했도다. 또 죽였도다. 그는 너희에게 대항하지 아니했느니라.

이제 야고보는 부자들이 행하는 악을 하나 더 묘사한다. 부자들은 가난한 사람들을 배려하지 않을 뿐 아니라, 더 나아가서 "정죄하고" 심지어는 "죽이기까지" 한다는 것이다(2:6). 가난한 사람들이 대항하지도 않는데 법정으로 끌고 가서 정죄하고 심지어는 죽게 만들었다는 것이다.

야고보는 가난한 사람들을 "옳은 자"라고 표현하고 있다. "옳은 자"(τòν δίκαιον)라는 단어는 단수이지만 '옳은 사람들'이라고 복수로 해석해야 한다. 이유는 여기에 쓰인 단수는 대표 단수이기 때문이다. 성경에는 복수를 단수로 표현하는 경우가 많다(시 37:12; 사 3:10). 가난한 사람이 항상 옳은 것은 아니지만, 부자에게 당하고도 대항하지 않는 점에서는 잘못이 없다는 뜻에서, 야고보는 그들을 "옳은 자"라고 표현한 것이다. 그리고 당시의 가난한 사람들은 대체적으로 기독교인들이었다(2:5-7).

부자들은 어두운 사람들이다. 그들은 돈 때문에 어두워졌고 방탕한 생활 때문에 어두워졌다. 그래서 그들의 눈에는 가난한 기독교인들이 잘 보이지 않는다. 그래서 그들은 가난한 기독교인들을 함부로 대한다. 그들은 자기들의 도살의 날을 알지 못하고 더욱 범죄하며 산다.

XII. 고난 중에 오래 참아라 5:7-11

야고보는 부자들이 가난한 사람들에 대해서 잘 못한 일을 질타한(1-6절) 후 고난당하는 사람들을 향하여 오래 참을 것을 권하고 있다(7-11절). 야고보는 먼저 예수님의 재림 때까지 참아야 할 것을 말하고(7-8절), 다음으로 서로 원망하지 말 것을 말씀하며(9절), 마지막으로 믿음의 선진들로부터 인내를 본받으라고 권한다(10-11절).

1. 재림 때까지 참아라 5:7-8

약 5:7-8. 그러므로 형제들아 주의 강림하시기까지 길이 참으라 … 너희도 길이 참고 마음을 굳게 하라 주의 강림이 가까우니라.

야고보는 부자들로부터 억울함을 당하고 고난당하는 성도들을 향하여 예수 그리스도의 재림의 날까지 오래 참으라고 권한다. "길이 참으라"(μακρο-θυμήσατε)는 말은 '분노를 조절하라'는 뜻이다. 다시 말해, '원수 갚는 것을 삼가고 자제하라'는 것이다(롬 2:4; 벧전 3:20). 이는 마치 "농부가 땅에서 나는 귀한 열매를 바라고 길이 참아" 이른 비, 곧 파종 후에 내리는 비와 또 늦은 비, 곧 추수 전에 내리는 단비를 기다려 귀한 열매를 거두는 것처럼, 억울함을 당하는 성도들도 예수님의 재림의 날까지 오래 기다려야 한다는 것이다(신 11:14; 렘 5:24; 호 6:3; 욜 2:23; 슥 10:1).

　야고보는 또 성도들에게 분노를 조절하고 자제하면서 "마음을 굳게 하라"고 권한다. 여기 마음을 "굳게 하라"(στηρίξατε)는 말은 마음을 '받쳐주라, 지지하라'는 뜻이다. 다시 말해, 그리스도에 대한 신앙 위에 온전히 서서 '마음을 곧게 세우라'는 것이다(시 112:8; 살후 3:13). 성도들은 "주님의 강림이 가깝다"는 것을 생각하고 주님의 강림을 바라보고 오래 참으면서 마음을 든든히 해야 한다(빌 4:5; 히 10:25, 37; 벧전 4:7). 여기 주님의 강림이 "가까우니라"(ἤγγικεν)는 말은 현재 완료형으로 벌써 예수님이 아주 가까이 오셨기 때문에 긴장감을 갖고 살아야 할 것을 강조하는 것이다. 주님의 재림의 때는 성도들의 구원이 완성되는 때며, 핍박자들이 심판을 받는 때다.

　우리가 참아야 하는 기한은 주님의 재림 때까지다. 우리는 주님의 재림 때까지 길이 참을 수 있는 힘을 구해서 길이 참아야 한다. 우리 모두는 기쁨 중에 참을 수 있는 힘을 구해야 한다. 그래서 재림 때까지 참아야 한다.

2. 원망하지 말고 참아라 5:9

약 5:9. 형제들아 서로 원망하지 말라. 그리하여야 심판을 면하리라. 보라 심판자가 문밖에 서 계시니라.

　야고보는 성도들에게 부자들의 압제와 핍박을 받고 예수님의 재림 때까지 길이 참을 뿐 아니라(8절), 또한 서로 "원망하지 말라"고 부탁한다(4:11). 여기 "원망하지 말라"는 말은 "원망하라"(στενάζετε)는 현재 능동태 명령형과 또 금지를 나타내는 말(μὴ)이 합쳐 강한 부정을 나타내고 있다. 곧 성도들끼리 서로 '원망을 아주 금지하라'는 것이다. 부자들한테 억울함을 당한 성도들끼리 서로 원망할 수 있기 때문에 야고보는 성도들을 향하여 서로 원망을 아주 금지하라고 부탁한다.

야고보는 성도가 서로 원망하지 말아야 할 이유로서 원망하지 않아야 "심판을 면"하기 때문이라고 말한다. 성경은 원망하면 심판을 받는다고 말씀한다(마 7:1). 우리는 심판을 받지 않기 위하여 원망하는 일을 금지해야 한다. 원망하지 않기 위해서는 내 입 앞에 파숫군을 세워주시기를 하나님께 기도해야 한다(시 141:3).

야고보는 성도들에게 "심판자가 문밖에 서 계시니라"고 말하면서 원망을 중단하라고 말한다(마 24:33; 고전 4:5). 심판자 되시는 예수님의 재림이 얼마 남지 않았으니 원망하지 말아야 한다는 것이다. 사도들이나 성경 기자들은 예수님의 재림이 곧 닥쳐올 것으로 생각하고 긴장하며 살았다. 우리 역시 주님의 재림이 곧 있을 것으로 알고 긴장하면서 살아야 한다.

3. 믿음의 선진들로부터 참음의 본을 받아라 5:10-11.

약 5:10. 형제들아 주의 이름으로 말한 선지자들로 고난과 오래 참음의 본을 삼으라.

야고보는 앞에서 말한 것과 약간 다른 것을 말하기 위해 "형제들아"라고 부른다. 야고보는 앞에서 성도들이 예수님의 재림 때까지 길이 참고 서로 원망도 하지 말라고 말했다(7-9절). 이제 그는 주님의 이름으로 예언한 구약 선지자들의 "고난"을 본받고 또 그들의 "참음"을 본받으라고 부탁한다. 야고보는 당대의 그리스도인만 고생하는 것이 아니라 구약 시대의 선지자들도 고생했으니 그들의 고난을 본받으라고 말한다. 또한 그 선지자들이 참았던 사실을 본받으라고 권한다(마 5:12; 히 11:35).

"주의 이름으로 말한 선지자들"이라는 말은 '주님을 대리하여 말한 선지자들'이라는 뜻이다. 주님을 대리하여 예언한 선지자들도 고생했으니 우리 그리스도인들도 고생을 각오하며 오래 참아야 한다는 것이다. 바울도 "그리스도를 대신하여 사신이 되어" 사역한 사도였는데(고후 5:20) 엄청난 고생을 하면서(고후 11:23-29) 참았다(고후 12:12).

약 5:11. 보라 인내하는 자를 우리가 복되다 하나니 너희가 욥의 인내를 들었고 주께서 주신 결말을 보았거니와 주는 가장 자비하시고 긍휼히 여기는 자시니라. 야고보는 흩어져 신앙생활을 하는 성도들에게 특별한 주의를 기울이게 하기 위해서 "보라"라고 말하면서 말씀을 진행시킨다. 야고보는 당대의 그리스도인들에게 인내해야 할 이유를 또 한 가지 말하고 있다. 성도들이 인내해야 할 이유는 "인내하는 자"가 복되기 때문이라는 것이다(시 94:12; 마 5:10-11; 10:22; 약 1:12). 여기에서 "인내"(ὑπομονὴν)라는 말은 '어떤 환경 가운데서도 굴하지 않는 참음'을 뜻한다.

그리고 야고보는 인내하여 복을 받은 사람들 중 욥의 경우를 실례로 든다(욥 1:21-22; 2:10). 야고보는 당대의 기독교인들이 욥의 인내에 대해서는 웬만하면 다 들었고, 또한 하나님께서 욥의 모년(暮年)에 주신 복에 대해 알고 있다고 말한다(욥 42:10). 또한 그렇게 욥의 만년에 복을 주신 하나님께서 욥처럼 인내하는 크리스천들에게 복을 주실 것이라고 말한다. 야고보에 의하면, 인내하는 사람들이 복을 받는 이유는 "주는 가장 자비하시고 긍휼히 여기는" 분이시기 때문이다. 여기 "가장 자비하시고 긍휼히 여기신다"는 말씀은 동의어로 사용되었다. 하나님은 참으로 자비하신 분이시고 또 불쌍히 여기시는 분이시다(민 14:18; 시 103:8).

우리는 우리의 당한 어려움 속에서 선지자들이 참은 것을 생각하면서 또한 욥이 참은 것을 기억하면서 참아야 한다. 또한 욥에게 내리셨던 하나님의 복을 생각하고 참아야 한다(욥 42:10-17). 하나님은 우리에게도 놀라운 복을 주실 것이다. 이유는 하나님은 자비하시고 불쌍히 여기시는 분이시기 때문이다.

교역자 중에는 참지 못하는 분들이 있다. 어떤 분들은 많은 장점이 있어서 목회를 잘 할 것 같은데 참지 못하여 수시로 목회지를 옮겨 다니는 분들이 있다. 자그마한 어려움이 닥쳐오면 보따리를 싸갖고 다른 곳으로 옮긴다. 우리는 구약시대의 야곱이 어떻게 자리를 옮겼는지 알아야 한다. 야곱은 외삼촌 라반의 집에서 20년을 지냈다. 하루는 그가 외삼촌 라반의 안색이 달라진 것을 목격하고 고민하자 하나님께서 그에게 거처를 옮기라고 말씀하신다. 하나님의 음성을 들은 야곱은 그의 네 명의 부인들에게 알려 동의를 얻어 밧단 아람을 떠나 이스라엘 땅으로 옮긴다(창 31:1-16). 우리는 하나님의 결재를 기다려 행동해야 하고 가족의 동의를 얻어내야 한다. 우리는 참음의 사람들이 되어야 한다.

XIII. 맹세하지 말고 고난 중에 기도에 힘써라 5:12-18

앞에서 야고보는 성도들이 고난 중에 인내해야 할 것을 말했다(7-11절). 이제 그는 고난을 피하기 위해 함부로 맹세하지 말라고 부탁한다(12절). 또한 고난 중에 기도에 힘쓸 것을 권장한다(13-18절).

1. 고난을 피하려고 함부로 맹세하지 말라 5:12

야고보는 고난을 피하기 위해서 맹세를 함부로 해서는 안 된다고 말한다(12절).

약 5:12. 내 형제들아 무엇보다도 맹세하지 말지니 하늘로나 땅으로나 아무 다른 것으로도 맹세하지 말고 … 죄 정함을 면하라.

야고보는 앞에서 말한 것(7-11절)과 약간 다른 것을 권고하기 위해서 "내 형제들아"라고 부르면서 "무엇보다도 맹세하지 말라"고 말한다(마 5:34). 사람은 자기의 불신실함을 감추기 위해서 쉽게 맹세할 수가 있다. 자신의 불신실함을 감추기 위해서 신실하신 하나님을 빙자하거나 땅에 있는 권위자를 빙자한다. 또는 다른 어떤 것을 빙자하여 자기의 고난을 피하고자 한다. 즉 사람은 자기의 추하고 약한 점을 감추기 위해서 자기보다 더 권위 있고 더 신실한 무언가를 빙자함으로써 자신의 부끄러운 점을 감추고 자기를 한층 높은 데로 올려놓으려고 한다.

이어서 야고보는 사람들의 본성을 잘 알고 있었기 때문에 이런저런 맹세를 하지 말고 그저 "그렇다" 혹은 "아니라"고만 사실대로 말하라고 권한다. 만약에 사실대로 "그렇다" 혹은 "아니라"고 말하는 대신 "그렇다"고 말해야 할 때 하나님의 이름을 빌려서 "아니라"고 한다든지 혹은 땅위에 있는 권위자의 이름을 빌려서 "아니라"고 해도 안 되고 또 "아니라"고 말해야 할 때 하나님의 이름을 빌려서 "그렇다"고 한다든지 혹은 땅위에 있는 권위자의 이름을 빌려서 "그렇다"고 해도 안 된다는 것이다. 헛소리를 하면 죄가 되는 것이며, "그렇다"거나 "아니"라거나 사실대로만 말하면 "죄 정함을 면하게" 된다는 것이다.

우리는 함부로 맹세해서 죄를 지어서는 안 될 것이다.

목사나 장로나 안수집사가 장립식을 맞이하여 서약하는 것은 맹세가 아니다. 상대방을 속이려고 하는 것이 맹세인데 장립식 때 서약하는 것은 속이려고 하는 것이 아니므로 맹세라고 할 수 없다. 서약하는 내용대로 하려는 마음만 있다면 하나님께서 그런 서약을 기쁨으로 받으신다. 또 결혼예식 때 하는 서약도 마찬가지다. 사실 결혼하는 사람들은 그런 서약을 피차 해야 한다. 그러나 요즘에 많이 유행하는 대로 위장 결혼을 하는 사람들이 서약하는 것은 맹세에 속한다. 위장 결혼하는 사람들은 속셈은 딴 곳에 있으면서 자기를 감추기 위해서 서약하는 것이니 그런 서약은 맹세라고 할 수 있다.

거짓이 난무하는 현대를 살아가는 우리 신자들은 언어에 있어서도 긍정과 부정을 정확히 할 필요가 있다. 그런 것은 "그렇다"고 해야 할 것이고, 아닌 것은 "아니라"고 해야 할 것이다. 긍정과 부정을 정확히 하지 않으면 죄를 짓게 되는 것이다. 그러나 긍정을 긍정하지 못할 경우가 있다. 그럴 때는 침묵을 지켜야 할 것이다. 노아의 아들 함은 장막에서 자기의 아버지 노아의 벗은 몸을 보고 나와서 사실대로 말은 했으나 그렇게 말한 것은 예의를 벗어난 행동이었다. 그래서 그는 저주를 받았다. 오늘 교회에서도 사실대로 말한다고 해서 모든 일이 다 사람들에게 유익을 주는 것은 아님을 알아야 할 것이다(고전 10:23).

2. 고난 중에 기도하고 즐거울 때 찬송하라 5:13

야고보는, 인간이 만나는 두 가지 측면인 고난과 즐거움에 대해 말하면서, 고난을 당했을 때는 기도할 것이고, 즐거울 때는 찬송해야 할 것이라고 말한다

(13절).

약 5:13. 너희 중에 고난당하는 자가 있느냐 저는 기도할 것이요. 즐거워하는
자가 있느냐 저는 찬송할지니라.

야고보는 성도들이 당하는 고난이나 즐거움에 어떻게 대처해야 하는지를 알려
준다. 야고보는 성도들에게 고난을 당해서는 "기도하라"고 말한다. "기도할
것이요"(προσευχέσθω)라는 말은 현재 능동태로서 '계속해서 기도하라'는
뜻이다(눅 18:1; 살전 5:17). 그리고 즐거움을 맞이해서는 "찬송하라"고 부탁한
다(엡 5:19; 골 3:16). 즉 성도들은 언젠가는 이 두 경우 중 하나를 당하게
마련인데, 그럴 때 그들은 기도하거나 찬송을 해야 한다는 것이다.

그러나 이것은 성도가 그 두 경우 중 어느 하나를 당할 때 한 가지를
더 열심히 하라는 것이지, 결코 고난을 당할 때 찬송은 하지 말라는 권고도
아니고, 즐거움을 맞이했을 때 기도는 아예 하지 말라는 권면이 아니다. 바울과
실라는 빌립보 감옥에서 고난을 당할 때 찬송을 드렸다(행 16:25).

3. 고난 중에 기도할 때는 교회의 장로들을 청하라 5:14-18

야고보는 성도들이 고난을 당했을 때 교회의 장로들을 청하여 기도할 것을
권한다(14-18절).

약 5:14. 너희 중에 병든 자가 있느냐 저는 교회의 장로들을 청할 것이요 그들은
주의 이름으로 기름을 바르며 위하여 기도할지니라.

많은 고난 중에 하나인 병에 걸린 경우, 교인들은 교회의 장로, 곧 오늘로

말하면 교회의 목사들이나 장로들을 청해서 합심 기도를 해야 한다는 것이다. 초대 교회 때는 목사와 장로를 모두 장로라고 불렀다(딤전 5:17; 벧전 5:1). 초청받은 목사들이나 장로들은 우선 병자에게 기름을 바르고, 그 다음에 그 병자를 위하여 기도해야 한다고 야고보는 말한다. 여기서 주의할 것은, 개역판의 문장은 "기름을 바르며 위하여 기도할지니라"고 되어 있어서 기름을 바르는 것이 기도하는 것보다 먼저 나와서 더욱 중요한 것으로 보이지만, 헬라어에서는 "기도할지니라"(προσευξάσθωσαν)라는 말이 주동사(主動詞)로 사용되어 있어서 기도하는 것이 "기름을 바르는 것" 보다 더 우선적인 행사임을 보여주고 있다.

여기에서 "주의 이름으로 기름을 바른 것"은 '주님의 이름을 믿고 기름, 곧 약용으로 쓰이는 기름을 바르는 것'을 지칭하고 있다(막 6:13; 눅 10:34). 다시 말해, 예수님께서 고쳐주실 것을 믿고 기름을 바른 것을 말한다. 기도하는 사람들은 예수님의 권능을 믿어야 하고 또 필요한 약도 써야 한다.

약 5:15. 믿음의 기도는 병든 자를 구원하리니 주께서 저를 일으키시리라. 혹시 죄를 범했을지라도 사하심을 얻으리라.

주님을 믿는 믿음을 갖고 기도하면 병든 사람을 구원한다는 것이다. 다시 말해, 주님께서 기뻐하시면 얼마든지 그 병자를 일으키실 수 있으시다는 믿음을 갖고 기도하면 그 병자를 구원한다는 것이다(마 9:21; 막 9:29). 야고보는 그런 확신을 갖고 기도하면 첫째, "주께서 저를 일으키실 것이며", 둘째, "혹시 죄를 범했을지라도 사하심을 얻을" 것이라고 말한다(사 33:24; 마 9:2). '혹시 그 어떤 특별한 죄를 범하여 병을 얻었다면 죄 사함을 얻을 것이라는 말이다. 성경은 죄가 모든 병의 원인은 아니지만(요 9:2-3), 혹시 어떤 병은 죄의 결과라고 말씀하고 있다(신 28:22, 27; 마 9:2; 요 5:14; 고전 11:30). 환자가 죄를 범하여 병을 얻었다면, 그 환자는 장로들이 기도하는 동안 성령이 역사하심으로 자신의 죄를 깨닫고 고백하게 될 것이다. 그러면 주님은 그 환자의 죄를 용서하실 것이고, 그는 죄로부터 해방을 받을 것이다.

약 5:16. 이러므로 너희 죄를 서로 고하며 병 낫기를 위하여 서로 기도하라 의인의 간구는 역사하는 힘이 많으니라.

"이러므로"(οὖν)라는 헬라어 단어는 United Bible Societies에서 펴낸 Aland 판에만 있고, Trinitarian Bible Society에서 펴낸 The Greek Text Underlying the English Authorised Version of 1611판에는 없다. 그러나 사실은 이 단어가 있든지 없든지 뜻에는 큰 차이가 없다. "이러므로"가 있는 것을 채택한다면, 본 절이 앞 절(14-15절)의 결론이 되는 셈이다.

앞에서 야고보는 장로들이 믿음으로 기도하면 두 가지 복이 임할 것이라고 말했다(14-15절). 즉 환자의 병도 낫고 환자의 죄도 사함 받을 것이라고 말했다. 그리고 야고보는 본 절에서 장로들 말고 다른 교우들도 두 가지를 하라고 권고한다. 하나는 "너희 죄를 서로 고하라"는 것이고, 또 하나는 "병 낫기를 위하여 서로 기도하라"는 것이다.

그러면 여기 "너희 죄를 서로 고하라"는 말은 구체적으로 어떻게 하라는 것인가? 이것은 천주교에서 말하는 대로 고해성사를 권장하는 말인가? 천주교 신도(信徒)가 신부(神父)에게 죄를 고(告)하는 것처럼 자신의 죄를 그 어떤 한 사람에게 고하라는 말인가? 야고보가 말하는 것은 그런 것이 아니다. 이 말이 신도가 신부에게 죄를 고하라는 것이 아니라고 말할 수 있는 이유는, 본문에 "서로"(ἀλλήλοις-서로에게)라는 말이 있기 때문이다. 천주교에서는 신도가 신부에게 일방적으로 죄를 고하는데 야고보는 "서로에게" 죄를 고하라고 권장하고 있다. 우리가 반드시 공중 앞에서 서로 죄를 자복해야 하는 것은 아니다. 그러나 여러 사람들 앞에서 한 사람씩 자기의 죄를 자복하면 하나님의 은혜를 받고 병을 치유하는 데 크게 유익하다. 우리는 사람 앞에서도 건덕을 위하여 죄를 자백하는 것을 부끄러워하지 말아야 한다. 바울 사도는 자신의 죄를 제자 디모데에게 부끄러움 없이 말했고(딤전 1:15), 어거스틴은 말년에 참회록을 펴냈다.

야고보는 "너희 죄를 서로 고하라"는 말씀을 한 후 "병 낫기를 위하여 서로 기도하라"고 권한다. 공중 앞에서 한 사람씩 죄를 자복한 후에는 '병 낫기를 위하여 서로를 위하여(ὑπὲρ ἀλλήλων) 기도하라'는 것이다. 여기 "기도하라"(εὔχεσθε)는 말은 현재 명령형으로서 계속해서 기도하라는 뜻이다. 즉 병이 나을 때까지 계속해서 기도하라는 것이다.

야고보는 위의 두 말씀을 한 후 "의인의 기도는 역사하는 힘이 많다"고 말한다(창 20:17; 민 11:2; 신 9:18-20; 수 10:12; 삼상 12:18; 왕상 13:6; 왕하 4:33; 20:2; 시 10:17; 34:15; 145:18; 잠 15:29; 요 9:31; 요일 3:22). 의인은 다른 사람이 아니라 죄를 자복한 사람이다. 죄를 자복한 후에 기도하면 기도 응답을 받으며 병이 낫는다. 야고보는 다음 절에서 의인의 실례 중 하나로서 구약의 엘리야의 경우를 들고 있다.

약 5:17-18. 엘리야는 우리와 성정이 같은 사람이로되 저가 비 오지 않기를 간절히 기도한즉 삼 년 육 개월 동안 땅에 비가 아니 오고 다시 기도한즉 하늘이 비를 주고 땅이 열매를 내었느니라.

야고보는 의인들 중 한 사람인 엘리야를 예로 들며 기도를 권장한다. 야고보는

"엘리야는 우리와 성정이 같은 사람이라"(Elijah was a man subject to like passions as we are)고 못 박아 말한다(행 14:15). 야고보가 우리와 다른 사람이 아니라 '우리와 똑같은 괴로움을 갖고 있는 사람이라'는 말이다(왕상 19:3-4; 행 10:26). 다시 말해, 엘리야도 우리와 똑같이 괴로움을 느끼고, 욕정도 갖고 있고, 범죄도 할 수 있는 사람이라는 것이다. 이렇게 그가 우리와 인간적인 본성이 똑 같은데도 그의 기도가 힘이 있었다는 것이다.

야고보는 "저가 비오지 않기를 간절히 기도한 즉(왕상 17:1) 삼년 육 개월 동안 땅에 비가 아니 왔다"고 말한다(눅 4:25). 여기 "간절히 기도했다"(προ-σευχη' προσηύξατο)는 말은 히브리식 표현법으로 '기도로 기도했다'는 말이다. 다시 말해, '기도하고 또 기도했다,' '간절히 기도했다'는 뜻이다. 그리고 "다시 기도한즉 하늘이 비를 주었다"고 말한다(왕상 18:42, 45). 야고보는 기도로써 하늘을 닫고 하늘을 연 사람이었다.

오늘 우리도 우리의 죄를 자복하여 의인의 반열에 들며 의인의 기도를 드려야 할 것이다. 이 시대는 죄로 충만한 시대이다. 더 이상 죄가 충만하면, 숨이 막혀 죽을 것 같은 느낌마저 든다. 우리는 죄를 자복하는 일에 우리의 시간과 힘을 써서 하나님께서 인정하시는 의인으로 살아가고 의인의 기도를 항상 드려야 할 것이다.

XIV. 진리에서 떠나는 자를 구하라 5:19-20

앞에서 야고보는 성도들이 합심하여 기도해야 할 것을 권면했다(13-18절). 이제 그는 마지막으로 성도들이 수고할 일들을 지정해 주면서 모든 권면을 끝낸다. 야고보는, 만약 누군가가 기독교의 진리에서 떠났던 사람을 돌아서게 하면, 그것은 곧 미혹을 받아 진리에서 떠난 사람의 영혼을 사망에서부터 구원하는 것이라고 말한다. 또한 야고보는, 그렇게 한 영혼을 구원한 후에는, 그 사람이 과거에 범했던 죄에 대해서 이러쿵저러쿵 말하지 말고 그 모든 죄를 덮어주라고 권고한다.

약 5:19-20. 내 형제들아 너희 중에 미혹하여 진리를 떠난 자를 누가 돌아서게 하면 … 죄인을 미혹한 길에서 돌아서게 하는 자가 그 영혼을 사망에서 구원하며 허다한 죄를 덮을 것이니라.

야고보는 다시 "내 형제들아"라는 애칭으로 부르면서 마지막 권면을 한다. 야고보는 성도들에게 "너희 중에 미혹하여 진리를 떠난 자"를 돌아서게 하라고 권고한다. 다시 말해, "너희 중에," 곧 '예수님을 영접했던 성도들 중에' "미혹하여 진리를 떠난 자"를 돌아서게 하라는 것이다. "미혹하여"(πλανηθῇ)라는 말은 부정과거 수동태형으로 '헤매다,' '길을 벗어나서 헤매다,' '방황하다'라는 뜻이다. 야고보는 성도들이 "죄인," 곧 '기독교의 진리에서 떠난 사람들'을 돌아서게 한 후에 꼭 해야 할 두 가지 일이 있다고 말씀한다. 하나는 "그 영혼을 사망에서 구원하라"는 것이다(롬 11:14; 고전 9:22). 다시 말해, '그 진리를 떠났던 죄인들의 영혼을 어두움에서부터 구원하라'는 것이다. 물론 구원은 전적으로 하나님의 몫이다. 하지만 성도들은 하나님의 손에 붙들려 마귀의 유혹에 이끌려 다른 데로 넘어가서 많은 죄를 지었던 죄인들을 돌아서게 해야 한다. 성도가 해야 할 또 다른 의무는 그 죄인들의 "허다한 죄를 덮"는 것이다(잠 10:12; 벧전 4:8). 죄인들의 영혼을 구원한 성도들은 과거에 다른 데로 빗나갔던 죄인들을 구원해 놓은 후 이러쿵저러쿵 과거 이야기를 해서는 안 된다. 오히려 그 영혼을 사랑하여 많은 죄를 덮어야 한다.

초대 교회 당시나 지금이나 기독교 진리에서 떠나 이단으로 빠지는 사람들과 무신론자가 되는 사람들이 있다. 그럴 경우 성도들은 합심하여 그 사람을 권고하여 다시 기독교로 돌아오도록 해서 사망에서 구원해야 한다. 그리고 난 후에는 그 사람에 대해서 이런 말 저런 말을 하지 말고 많은 죄를 덮어주어야 한다. 우리는 수많은 사람을 구원해야 한다. 그리고 그들의 과거에 대해 더 이상 말하지 말아야 할 것이다.

- 야고보서 주해 끝

베드로전서 주해

1 Peter

총론

저작자 본 서신의 저작자는 1:1에 나와 있는 대로 베드로 사도이다. 본 서신의 문투가 사도행전에 나오는 베드로의 설교문투와 같다는 것이 본 서신이 베드로 사도의 저술임을 증거해 준다. 예를 들어, 베드로는 사도행전 10:34과 베드로전서 1:17에서 하나님께서는 사람을 외모로 취하시지 않는다고 말하고, 사도행전 4:11과 베드로전서 2:7-8에서는 그리스도를 건축가가 버린 모퉁이 돌로 지칭하며, 사도행전 3:6, 16, 4:10과 베드로전서 4:14, 16에서는 그리스도의 이름을 높이고 있고, 사도행전 3:18, 24과 베드로전서 1:10-12에서는 그리스도 사건을 예언의 성취라고 묘사한다.

혹자는 베드로가 본서와 같은 유창한 헬라어로 본 서신을 썼다고 보기는 어려울 것이라고 하면서 본 서신의 베드로 저작을 부인하기도 한다. 그러나 실루아노(실라)가 본 서신을 대필했다는 것을 감안할 때, 그것은 크게 문제될 것이 없다(5:12). 더욱이 성령을 받은 후 베드로의 그 문학적 실력은 어부의 수준을 훨씬 뛰어 넘었을 것이 당연하다(행 4:13). 우리 한국의 문맹들도 예수님을 영접하고 나서 한글을 배워 성경을 유창하게 봉독하고 유식한 사람이 되었던 사례가 허다하지 않은가?

본 서신이 베드로 사도의 저술이라는 분명한 외증(外證)도 존재한다. 이레니우스(Irenaeus, A.D. 130-220)는 본 서신을 베드로의 저작이라고 말하고, 직접 1:8와 2:16을 인용했다(AdV. Haer., III, 3. 3; IV, 28-Harvey's edition). 알렉산드리아의 클레멘트(Clement of Alexandria, A. D. 155년경-220년)도 본 서신의 저작자를 베드로라고 말하고 1:6-9; 2:1-3, 11; 4:1-14 등을 인용했다 (Expositor's Greek Testament, V, p. 35). 터툴리안(Tertullian, A. D. 150-220 혹은 240)은 본서 2:8, 20, 22; 3:3; 4:12 등을 인용했다.

기록한 장소 베드로 사도는 본 서신을 바벨론에서 썼다(5:13). 그런데 그 바벨론이 어디인지를 두고 여러 가지 설이 존재한다. 첫째, 본 서신에서 언급된 바벨론은 앗수르의 바벨론이라는 설이다. 문자적으로 말하면, 본 서신에 나오는 바벨론은 당연히 앗수르의 바벨론일 것이다. 그러나 이 학설은 다음과 같은 약점이 있다. (1) A. D. 40년경에 카라큘라 황제에 의한 바벨론 지방의 유대인 대학살로 인해 그 지역의 유대인의 수가 현저히 줄었다. (2) 베드로 사도가 이 지방에 갔다는 기록이 없다. (3) 바벨론 교회는 훗날 역사상에 나타나지 않는다.

둘째, 본 서신의 바벨론은 로마를 지칭한다는 설이다. 다시 말해, 바벨론이라는 말은 로마의 별칭이라는 것이다. 이 학설은 교회 개혁시대까지 유력했지만, 교회개혁 시대에 에라스무스나 칼빈과 같은 학자들은 문자적 바벨론 설을 주장했다. 그러나 근대에 와서 다시 권위 있는 학자들은 다음과 같은 이유로 로마 설을 주장하고 나섰다. (1) 베드로 사도가 그의 만년을 로마에서 보냈다는 여러 전설이 있다. (2) 본서가 기록될 때 베드로와 함께 있었던 실루아노와 마가(5:12-13)로 인해 로마설이 설득력을 갖는다. 실루아노는 바울의 전도여행에 동참한 바 있고(행 15:22, 40; 16:19; 17:4), 마가는 바울의 만년에 로마에서 함께 있었기 때문이다(골 4:10, 몬 1:24). (3) 성경은 상징적인 이름을 많이 갖고 있으므로 로마 설을 부인하기 어렵다. 가령, 성경에서 예루살렘은 "소돔" 또는 "애굽"이라 불리기도 했고(계 11:18) "시내산"이라고도 불렀다(갈 4:25). 또한 요한계시록에서는 바벨론을 로마라고 칭하기도 했다(17장, 18장).

기록한 때 베드로전서는 A. D. 64년 네로의 대박해가 막 시작된 무렵에 기록된 것으로 보인다. 그리고 베드로후서는 A. D. 67년경에 기록된 것으로 보인다. 아무튼 베드로 사도가 로마에 가서 오랫동안 체류했던 A. D. 62-64년경부터 A. D. 68년 순교하기 직전까지의 기간 중에 베드로전 · 후서가 기록된 것으로 보면 무리가 없을 것이다.

편지를 쓴 이유 베드로 사도는 여러 곳에 흩어져 신앙생활을 하는 성도들을 격려하고 위로하기 위해 본 서신을 기록했다. 성도들은 여러 곳에서 주위의 불신 세계로부터 고난을 받았다. 베드로전서의 수신자들도 역시 여러 가지로 박해를 받고 있었기 때문에, 베드로는 그들을 위로하기 위해 본 서신을 기록했다 (2:12; 3:9, 16; 4:2-4, 14-16). 베드로는 또 외국 땅에 흩어져 살고 있는 성도들에게 바로 그 곳의 제도에 순응하도록 하기 위해서(2:13-20), 또한 흩어져 사는 성도들이 앞으로 닥쳐올 네로 황제의 대박해를 앞두고 잘 대비하도록 격려하기 위해 '격려의 서신'(the Epistle of Courage)인 본 서신을 집필했다.

내용 분해 본 서신의 내용을 분해하면 다음과 같다.

참고도서

1. 박윤선. 『히브리서, 공동서신』. 성경주석. 서울: 영음사, 1986.

2. 이상근. 『공동서신』. 신약성서주해. 서울: 대한예수교장로회총회교육부, 1970.

3. 『히브리서·베드로후서』 호크마종합주석 9. 강병도 편. 서울: 기독지혜사, 1992.

4. Barnes, Albert. *James, Peter, John, and Jude.* Notes on the New Testament. Grand Rapids: Baker Book House, 1978.

5. Barclay, William. *The Letters of James and Peter.* Philadelphia, Pa.: The Westminster Press, 1976.

6. Bengel, J. A. 『베드로전서·유다서. 벵겔신약주석』. 나용화, 김철해 공역. 서울:도서출판 로고스, 1992.

7. Bigg, C. *Epistles of St. Peter and Jude*(ICC). Edinburgh: T. & T. Clark, 1901.

8. Blum, Edwin A. *Hebrews, James 1, 2 Peter 1, 2, 3 John Jude Revelation.* The Expositor's Bible Commentary, Grand Rapids: Zondervan Publishing House, 1982.

9. Calvin, J. *The Epistle of Paul the Apostle to the Hebrews and the First and Second Epistles of St. Peter.* Calvin's Commentaries, vol. 22. trans. by W. B. Johnston. ed. by D. W. and T. F. Torrance. Grand Rapids: Eerdmans, 1963.

10. Henry, Matthew. *Commentary on the Whole Bible.* New York: Fleming H. Revell, n.d.

11. Kelly, J.N.D. *A Commentary on the Epistles of Peter and of Jude.* New York: Harper and Row, 1969.

12. Kistemaker, *Simon J. Peter and Jude*(NTC). Grand Rapids: Baker Book House, 1986.

13. Lange, J. P. *James-Revelation.* Commentary on the Holy Scriptures. Grand Rapids: Zondervan Publishing House, 1968.

14. McGee, J. V. *First Peter.* Thru the Bible Commentary Series. Nashville: Thomas Nesson Publishers, 1991.

15. Michaels, J. Ramsay. *I Peter.* The Word Biblical Commentary, Dallas, TX: Word Books.

16. Paine, S. W. *The Wycliffe Bible Commentary.* ed. by Charles F. Pfeiffer, Old Testament, Everett F. Harrison, New Testament, Chicago: Moody Press, 1981.

17. Raymer, Roger M. "1 Peter." In *The Bible Knowledge Commentary.* ed. John F. Walvoord, & Roy B. Zuck. Wheaton, Ill: Victor Books, 1986.

18. Stibbs, Alan M. *The First Epistle General of Peter.* Tyndale New Testament Commentaries, 1980.

19. *Wycliffe Bible Encyclopedia.* Chicago: Moody Press. (년대)

20. 『아가페 Bible Dictionary』. 서울: 아가페출판사 1991.

21. 『IVP 성경사전』. 윌리엄스 테릭. 서울: 한국기독교학생회출판부, 1992.

제1장

찬송의 삶과 성결의 삶을 영위하라

I. 인사 1:1-2

벧전 1:1. 예수 그리스도의 사도 베드로는 본도, 갈라디아, 갑바도기아, 아시아와 비두니아에 흩어진 나그네.

"베드로"는 자신을 "예수 그리스도의 사도"라고 소개하고 있다. 베드로 사도는 "베드로"라는 이름 이외에 "시몬"(마 16:18)과 "게바"(요 1:42-베드로라는 이름과 같은 뜻이다)라는 이름이 있었다. 그런 베드로가 본 서신에서 자신을 시몬이라는 이름이 아니라 베드로라는 이름으로 소개하는 데에는 그럴 만한 뜻이 있었을 것이다. 첫째, "베드로"라는 이름이 예수님께서 붙여 주신 것이기 때문이었을 것이다. 둘째, "베드로"라는 이름의 뜻이 '돌'(반석)이기 때문일 것이다. 베드로는 예수님이 "산 돌"(living stone)이시기 때문에 자신도 '돌'이라는 뜻을 가진 베드로라는 이름을 기쁨으로 썼을 것이다.

　베드로 사도는 그의 서신 베드로전서에서 예수님을 "산 돌"로 표현하고 있으며(2:4) 또 예수님께 나아오는 성도들을 "산 돌들"(2:5)로 묘사한다. 베드로 사도 당시의 수신자들만 아니라 오늘날의 누구라도 산돌이신 예수님 앞에 나아오면 '산 돌'이 되는 것이다.

베드로는 자신을 "예수 그리스도의 사도"라고 소개한다. "사도"(ἀπό-στολος)라는 말은 '보냄을 받은 자'라는 뜻인데, 베드로는 자신이 한 자연인으로서가 아니라 예수 그리스도의 보냄을 받은 자로서 편지를 쓰는 것이라고 말한다(마 16:18-19; 막 3:16; 요 1:42; 21:15-19). 오늘 우리는 예수님의 보내심을 받은 사도들의 말씀을 경청하고 순종해야 한다.

베드로 사도는 "본도, 갈라디아, 갑바도기아, 아시아와 비두니아에 흩어진 나그네"들에게 편지한다고 말한다(요 7:35; 행 2:5, 9-10; 약 1:1). 여기에 쓴 다섯 군데의 지명은 모두 소 아시아에 위치해 있는데 지금의 터키 타우르스 산맥(Taurus mountains) 북쪽에 해당하는 로마 영토들이었다. "갈라디아, 갑바도기아, 아시아"는 각각 로마의 한 주(州)이며, "본도"와 "비두니아"는 두 지역이 합하여 한 주를 이루고 있다.

그리스도인들이 이렇게 소아시아의 여기저기(행 16:6-8)에 "흩어진 나그네"가 된 이유는 사도 시대 당시의 박해와(행 8:1, 4; 11:19; 약 1:1) 로마의 네로 황제의 박해 때문이었다. 하나님은 그들이 복음을 전하도록 여기저기로 흩으셔서 나그네로 살게 하셨다. 그리고 여기서 주의할 것은, "나그네"라는 말은 유대인 신자들만 아니라 유대인 신자들에 의해서 전도를 받고 그리스도를 믿게 된 이방인 신자들도 포함하고 있는 점이다. 베드로는 그의 서신에서 여러 곳에 흩어져 복음을 전하는 나그네들과 성도들에게 경건의 삶을 살라고 부탁한다(17절; 2:11; 4:3-4). 성경은 믿음의 조상들이 세상에서 나그네로 살면서 땅위에 있는 고향을 사모하지 아니하고 더 나은 본향 하늘을 사모하며 살았다고 말씀한다(히 11:14-16). 우리도 역시 이 땅에서는 나그네로 살면서 더 나은 본향을 사모하며 살아야 할 것이다.

벧전 1:2. 곧 하나님 아버지의 미리 아심을 따라 … 택하심을 입은 자들에게 편지하노니.

본 구절에서 베드로는 1절의 "흩어진 나그네"(παρεπιδήμοις διασπορᾶς)라는 말을 받아서 말하고 있다. 곧 흩어진 나그네는 바로 "택하심을 입은 자들"(ἐκλεκτοῖς)이라는 것이다(헬라어 원문에 의하면 "택하심을 입은 자들"이라는 말이 1절에 나올 뿐 아니라, "흩어진 나그네"라는 말 앞에 자리하고 있다). 하나님의 택하심을 입은 성도는 세상에서는 나그네로 살아가게 된다.

베드로는 성도가 "택하심을 입은" 것은(엡 1:4; 벧전 2:9) "하나님 아버지의 미리 아심을 따라" 된 것이며(롬 8:29; 11:2), 또한 택하심을 입은 자는 "성령의 거룩하게 하심으로 순종하게" 되었고(살후 2:13), "예수 그리스도의 피 뿌림을 얻게" 되었다고 말한다(히 10:22; 12:24). 베드로는 택하심을 입은 자들이 하나님의 택함을 입은 것은 하나님 아버지의 미리 아심, 곧 하나님의 예지(豫知)를 따라 되었다고 말한다. 하나님의 예지라는 앞으로 일어날 일을 미리 아신다는 뜻 이상으로 하나님의 오묘하신 지혜를 지칭한다. 하나님은 사람들이 어떻게 행동할 것을 예지하셔서 선택하신 것이 아니라 그들의 행위 여하와 관계없이 선택하셨다. 하나님은 만세 전에 우리를 사랑하셔서 선택하신 것이다. 곧 하나님의 예지는 하나님의 사랑을 말하는 것이다.

그리고 베드로는 하나님의 택하심을 입은 사람들이 "성령의 거룩하게 하심으로 순종하게" 되었다고 말한다. "성령의 거룩하게 하심으로"(ἐν ἁγιασμῷ πνεύματος)라는 말은 '성령의 분리 사역 혹은 정결 사역으로'라는 뜻으로 성령께서 택한 자들, 곧 흩어진 나그네들을 중생시키시고 죄로부터 분리시켰다는 것이다.1) 성령님은 성도들을 중생시키시고 죄로부터 정결케 하셔서 하나님께 "순종케" 하셨다. 오늘 우리는 더욱 성령 충만을 구하여 죄로부터 정결해져서 하나님께 순종하고 복음에 순종하는 사람들이 되어야 한다.

베드로 사도는 또 흩어진 나그네, 곧 하나님의 선택을 받은 자들이 "예수 그리스도의 피 뿌림을 얻게" 되었다고 말한다(히 12:24). 다시 말해, 예수 그리스도의 대속의 죽음을 믿게 되어 구원을 받게 되었다고 말한다. 구약 시대에도 피 뿌리는 예식이 있었다(출 24:3-8). 이 예식은 예수님께서 십자가에서 피를 흘릴 것을 예표하는 예식이었다.

하나님의 택함을 입은 사람들의 구원은 전적으로 성삼위께서 행하신다. 하나님께서 만세 전에 사랑하셔서 택하시고, 성령께서 역사하셔서 중생시키시고 성화시켜서 순종하는 사람들이 되게 해주시고, 또한 예수님의 피를 믿게 하심으로 구원하신다. 성삼위의 구원사역에는 사람의 노력이 끼어들 틈이 없다.

베드로는 택하심을 입은 자들(2:9; 5:13), 곧 흩어진 나그네들에게 "은혜와 평강이 있기를" 기원하고 있다(롬 1:7; 벧후 1:2; 유 1:2). "은혜"란 하나님의 호의, 곧 긍휼, 자비, 사랑을 말한다. 그리고 평강은 은혜가 임한 결과로 얻어지는 마음의 평안과 안정을 말한다. 베드로가 수신자들에게 은혜와 평강이 있기를 기원했던 것처럼, 오늘 우리도 다른 사람들에게 이 은혜와 평안이 임하기를 기도해야 할 것이다.

---

1) 여기서 "성령의 거룩케 하심"은 성령의 두 가지 사역, 곧 중생 사역과 성화 사역으로 보아야 할 것이다. 이유는 베드로 사도는 2절에서 전적으로 성삼위의 구원 사역을 말씀하고 있기 때문에 성령의 중생 사역을 빼 놓을 수 없었을 것이기 때문이다.

II. 찬송하고 기뻐해야 할 이유들 1:3-12

이제 베드로는 하나님을 찬송해야 할 이유들(3-5절)과 기뻐해야 할 이유들에 대해 말한다(6-12절).

1. 하나님을 찬송해야 할 이유들 1:3-5

하나님을 찬송해야 할 이유는 다음과 같다. 첫째, 성도들을 거듭나게 하신 것 때문이다(3절). 둘째, 하나님께서 성도들의 기업을 하늘에 쌓아놓으셨기 때문이다(4절). 셋째, 하나님께서 성도들을 험난한 세상에서 보호하시기 때문이다(5절).

벧전 1:3. 찬송하리로다 우리 주 예수 그리스도의 아버지 하나님이 그 많으신 긍휼대로 예수 그리스도의 죽은 자 가운데서 부활하심으로 말미암아 우리를 거듭나게 하사 산 소망이 있게 하시며.

베드로는 성도들을 거듭나게 하신 성부 하나님을 "찬송"한다. 베드로는 하나님을 찬양할 때만 사용되는 "찬송하리로다"(εὐλογητὸς)라는 말로 찬양을 시작한다(고후 1:3; 엡 1:3). "찬송하리로다"라는 말은 '찬송을 받으시기에 합당하다'는 말이다.

베드로는 하나님을 찬송할 때 "우리 주 예수 그리스도의 아버지 하나님"을 찬송한다고 말한다. 하나님은 존재론적으로 오직 예수 그리스도의 아버지시다(요 1:14, 18; 3:16, 18; 요일 4:9). 우리 인생은 모두 예수 그리스도의 보혈 공로로 하나님의 양자가 되었기 때문에 하나님을 아버지라 부르게 된 것이다(롬

8:15; 갈 4:5-6).

베드로는 성도들을 거듭나게 하신 하나님을 찬송하면서 하나님께서 성도들을 거듭나게 하신 두 가지 근거를 말한다. 첫째, 하나님께서는 "그 많으신 긍휼대로" 우리를 거듭나게 하셨다(요 3:3, 5; 딛 3:5; 약 1:18). "그 많으신 긍휼"이야말로 하나님께서 성도들을 거듭나게 하신일, 곧 성도들에게 새 생명을 주신 근거이다(롬 10:12; 엡 1:7; 2:1-6). 우리는 우리의 선행으로 거듭난 것이 아니라 전적으로 하나님의 긍휼 때문에 새 생명을 얻게 된 것이다. 둘째, 하나님께서는 "예수 그리스도의 죽은 자 가운데서 부활하심으로 말미암아 우리를 거듭나게 하사 산 소망이 있게 하셨다"(고전 15:20; 살전 4:14). 여기 우리는 "예수 그리스도의 죽은 자 가운데서 부활하심으로 말미암아"(δι ἀναστάσεως Ἰησοῦ Χριστοῦ ἐκ νεκρῶν)를 '예수 그리스도께서 부활하심으로 말미암아'로 해석하기보다는, 오히려—이 구절들(3-5절)이 성부 하나님께서 하신 역사를 말하는 부분이기 때문에—'하나님께서 예수 그리스도를 부활케 하심으로 말미암아'라고 해석하는 것이 더 바람직하다. 하나님은 예수님을 부활·승천케 하시고 대신 성령님을 보내서서 성도들을 "거듭나게 하셨다." 여기 "거듭나게 하사"(ἀναγεννήσας)라는 말은 단순과거 능동태 분사로 수신자들이 거듭난 것은 이미 과거에 속한 일이지만 그 결과가 현재에도 미치고 있음을 말해 준다.

베드로전서의 수신자들은 이미 과거에 성령에 의하여 새 생명을 얻어서 지금까지 그 생명을 갖고 살아가고 있을 뿐 아니라 "산 소망"을 갖고 살게 되었다는 것이다. "산 소망"은 '살아 있는 소망'이라는 뜻이다. 세상 사람들이 갖고 있는 소망은 죽은 소망이고 허무한 소망들이다. 베드로는 그의 서신에서 "살아 있는"이라는 말을 많이 사용한다(23절; 2:4-5, 24; 4:5-6). 우리의 소망은 산 소망이다. 본 절의 "산 소망"은 4절에서는 "기업"이라는 말로 표현되어 있고, 5절에서는 "구원"이라는 말로 표현되고 있다.

우리는 우리를 거듭나게 하신 하나님께 감사와 찬양을 돌려야 할 것이다. 비록 가진 것이 없어도(합 3:17), 만약 우리가 새 생명을 얻고 천국에 기업을 갖고 있고 이 세상에서 하나님의 보호를 받으며 살고 있다면, 우리는 매일 매시 하나님을 찬양해야 할 것이다.

벧전 1:4. 썩지 않고 더럽지 않고 쇠하지 아니하는 기업을 잇게 하시나니 곧 너희를 위하여 하늘에 간직하신 것이라.

베드로는 하나님을 찬송할 두 번째 이유에 대해 말한다. 그것은 바로 하나님께서 성도들을 거듭나게 하신 다음 "기업을 잇게 하신 것" 때문인데, "기업"은 다음 절(5절)에서 말하는 것처럼 성도가 예수님 재림하신 다음에 누리게 될 온전한 "구원"을 지칭한다(히 1:14). 다시 말해, '영원한 생명'과(단 12:13; 마 19:29; 막 10:17; 눅 10:25; 딛 3:7) '하나님 나라'를 지칭한다(마 25:34; 엡 5:5). 이 하늘 기업은 세상 기업, 곧 세상 재산과는 달리 '썩지 않고 더러워지지 아니하고 쇠하지 않는다.' 세상의 가나안은 썩는 것이고 더러워지는 것이고 쇠하는 것이었으나, 우리의 구원, 곧 영생은 썩지 않고 더러워지지 아니하고 쇠하지 않는다(5:4). 하나님께서 성도들에게 주실 기업이 안전한 이유는 하나님께서 "하늘에 간직하셨기" 때문이다(골 1:5; 딤후 4:8). 우리는 지금 구원을 받았을 뿐 아니라 앞으로 하늘에 간직된 영원한 기업을 받을 것이기에 하나님을 찬송해야 한다. 우리는 하나님께서 이미 우리에게 구원을 주셨기에 찬송해야 하고, 또한 앞으로 영원한 기업을 주실 것이기 때문에 찬송해야 한다.

벧전 1:5. 너희가 말세에 나타내기로 예비하신 구원을 얻기 위하여 믿음으로
말미암아 하나님의 능력으로 보호하심을 입었나니.

다음으로 베드로는 성도들이 하나님의 "보호하심을 입은" 사실을 인하여 찬송
한다(요 10:28-29; 17:11-12, 15; 유 1:1). "보호하심을 입었나니"(φρουρ-
ουμένους)라는 말은 수동태 현재부사로서 하나님의 보호하심이 계속되고 있음
을 말한다. 하나님은 성도가 말세에 구원을 얻을 때까지 계속해서 "하나님의
능력으로" 그들을 눈동자같이 보호해 주신다(빌 3:20-21; 골 3:4). 실족하지
않도록 보호하신다. 그야말로 온전한 보호이다. 우리는 구원이 완성되는 날까지
계속해서 하나님을 "믿음으로 말미암아" 보호하심을 입어야 한다. 오늘의 세상
은 위기를 맞이했고 복잡하기 그지없다. 우리는 우리를 죄와 사탄과 환난으로부
터 보호하시는 하나님을 찬송해야 한다.

2. 기뻐해야 할 이유들 1:6-12

앞에서 베드로는 하나님을 찬송해야 할 이유들에 대해 말했다(3-5절). 이제
그는 성도가 기뻐해야 할 이유들에 대해 말한다. 성도들이 기뻐해야 할 이유는
다음과 같다. 첫째, 성도들은 예수님의 재림 시에 놀라운 칭찬과 영광과 존귀를
얻을 것이기 때문이다(6-7절). 둘째, 성도들은 결국 전인적(全人的)인 구원을
체험할 것이기 때문이다(8-9절). 셋째, 성도들이 받을 구원은 위대한 것이기
때문이다(10-12절).

벧전 1:6-7. 그러므로 너희가 이제 여러 가지 시험을 인하여 잠깐 근심하게
되지 않을 수 없었으나 오히려 크게 기뻐하도다.

베드로는 본 절과 다음 절에서 수신자들이 기뻐할 수 있는 첫 번째의 이유를 말씀한다. 곧 그들은 나그네의 땅에서 믿음을 연단 받아 예수님 재림 시에 칭찬과 영광과 존귀를 얻게 되기 때문에 기뻐해야 한다는 것이다. "그러므로"라는 말은 본 절이 앞 절(5절)과 관계가 있음을 보여 준다. 곧 성도들은 천국에 가기 전 현세에서 하나님의 능력으로 보호하심을 입고 있으므로(5절) 여러 가지 시험 중에도 기뻐해야 한다는 것이다(마 5:12; 롬 12:12; 고후 6:10; 벧전 4:13).

성도들은 "이제 여러 가지 시험을 인하여 잠깐 근심하게 되지 않을 수 없었으나 오히려 크게 기뻐해야 한다"(고후 4:17; 벧전 5:10). 성도들에게는 "여러 가지 시험"이 찾아온다. "시험"(πειρασμοῖς)은 외부로부터 오는 시련을 말한다. 베드로전서의 수신자들은 나그네의 땅에서 여러 가지 믿음을 위한 시련을 맞이했다(약 1:2, 12; 벧전 4:12). 오늘 우리들에게도 역시 여러 가지 시험이 찾아온다. 성도들은 그 시험 때문에 "잠깐 근심한다"(히 12:11). 하나님은 성도들에게 감당할만한 시련만 주시기 때문에 그 시련의 기간이 길지는 않다(롬 8:18; 고전 10:13). 그런 잠시간의 시련이 찾아올 때 성도들은 "기뻐해야" 한다. 이유는, 다음 절에 나오는 대로, 믿음의 연단으로 말미암아 예수님 재림 때에 큰 칭찬도 받고 영광도 받고 존귀하게 되기 때문이다. 오늘 우리에게 찾아오는 모든 시험은 모두 의미 있는 시련이다. 우리는 어려움을 당하면서도 기뻐해야 한다.

너희 믿음의 시련이 불로 연단하여도 없어질 금보다 더 귀하여 예수 그리스도의 나타나실 때에 칭찬과 영광과 존귀를 얻게 하려 함이라.

세상의 금은 불로 연단하면 땅과 함께 없어진다(Bengel). 그러나 성도들의 믿음은 여러 가지 시련 때문에 없어지는 것이 아니라 더욱 귀하게 연단되어

순수한 믿음, 온전한 믿음, 큰 믿음으로 변한다(욥 23:10; 시 66:10; 잠 17:3; 사 48:10; 슥 13:9; 고전 3:13). 그래서 결국 예수님께서 이 땅에 오실 때에 성도들은 "잘 했도다 착하고 충성된 종아"라는 "칭찬"을 듣게 되고(마 25:21) "영광과 존귀"(내세의 상급들)를 받게 된다(롬 2:7, 10; 고전 4:5; 히 2:9). 우리의 믿음이 지금 연단을 받아 순수하고 온전해졌는지 살펴야 할 것이다.

벧전 1:8. 예수를 너희가 보지 못했으나 사랑하는도다. 이제도 보지 못하나 믿고 말할 수 없는 영광스러운 즐거움으로 기뻐하니.

본 절과 다음 절은 성도들이 기뻐해야 하는 두 번째 이유를 말씀하고 있다. 그것은 믿음의 결국에 가서 영혼의 구원, 곧 전인격의 구원을 받을 것이기 때문이라는 것이다. 베드로는 수신자들이 예수님을 본 일이 없었지만 예수님을 "사랑하고" 있고(요일 4:20) 또 지금도 보지 못하지만 "믿고" 있으며(고후 5:7; 히 11:1, 27) "말할 수 없는 영광스러운 즐거움으로 기뻐하고" 있다고 칭찬한다. 요약해서 말하면, 수신자들은 비록 지금 예수님을 보지 못하나 그분을 사랑하고 믿고 기뻐하고 있다는 것이다. 여기 "보지 못하나"(μὴ ὁρῶντες)라는 말은 현재동사로서 계속해서 보지 못하고 있음을 뜻한다. 예수님은 제자 도마에게 보지 못하고 믿는 자들은 복이 있다고 말씀하셨다(요 20:29). 우리는 예수님을 보려고 해서는 안 된다. 보지 못한 채 믿어야 한다. "사랑하는도다"(ἀγα-πᾶτε)라는 말은 현재동사로서 계속해서 사랑하고 있음을 지칭하고 "믿고"(πιστεύοντες)라는 말도 역시 현재동사로서 계속해서 믿고 있음을 뜻한다. 우리는 현재 아무 것도 보이지 않아도 그리스도의 말씀을 통하여 그리스도를 사랑하며 믿으며 기뻐해야 한다. 그 이유는 다음 절이 밝히고 있다.

벧전 1:9. 믿음의 결국 곧 영혼의 구원을 받음이라.

"믿음의 결국"은 "영혼의 구원"이다(롬 6:22). 다시 말해, 예수님을 믿으면 결국 영혼의 구원에 이른다는 것이다. "영혼의 구원"은 영혼만 구원을 받는다는 뜻이 아니라 '인격 전체가 구원을 받는다'는 뜻이다. 예수님을 믿는 성도들은 현세에서도 구원을 체험하게 되고(5절) 예수님 재림시에는 인격 전체가 구원에 이르기 때문에 기뻐해야 한다.

벧전 1:10-12. 이 구원에 대하여는 너희에게 임할 은혜를 예언하던 선지자들이 연구하고 부지런히 살펴서.

베드로는 여기서 예수님을 믿는 성도들이 기뻐해야 할 세 번째의 이유를 말한다. 성도들이 기뻐해야 하는 이유는, 성도들이 받는 구원이 생각밖에 위대하기 때문이라는 것이다. 베드로는 성도들이 받는 "구원에 대하여는 너희(성도들)에게 임할 은혜(곧 구원)를 예언하던 선지자들이 연구하고 부지런히 살폈다"고 말한다(렘 32:16-44; 단 2:44; 7:15; 8:13; 학 2:7; 슥6:12; 마 13:17; 눅 10:24; 요 8:56; 벧후 1:19-21). 신약 시대의 성도들이 받는 구원은 구약의 선지자들이 깊이 연구했을 정도이기 때문에 구원에 동참하게 된 성도들은 마땅히 그 구원을 기뻐해야 한다는 것이다.

자기 속에 계신 그리스도의 영이 그 받으실 고난과 후에 얻으실 영광을 미리 증거하여 어느 시, 어떠한 때를 지시하시는지 상고하니라.

구약의 선지자들은 그들 속에 계신 "그리스도의 영," 곧 '성령님'께서(3:19; 벧후 1:21) 언제 그리스도가 대속의 "고난"을 받으실지 또한 언제 그리스도께서 "영광"을 받으실지에 대해 증거해 주신 것에 대해 상고했다는 것이다. 선지자들은 그리스도께서 초림하실 것과 그리스도께서 고난을 받으실 것(시 22:6; 사

53:3; 단 9:26; 눅 24:44; 요 12:41; 행 26:22-23)과 영광을 받으실 것에 대해서는 이미 계시를 받은 바 있지만, 그 시기에 대해서는 계시를 받은 바가 없어서, "그리스도의 영이 … 미리 증거하여 어느 시, 어떠한 때를 지시하시는지"를 상고해 보았다는 것이다. 곧 선지자들은 성령께서 그리스도의 고난의 때와 영광의 때에 대해서 어떻게 지시하셨는지를 깊이 연구했다는 것이다. 구약의 선지자들은 결국 그리스도의 고난의 날과 부활의 날은 알 수 없었다. 그런데도 예수님은 이 땅에 초림하셨다. 오늘 우리도 예수님의 재림의 날을 모른다. 그러나 예수님은 꼭 오신다. 우리는 예수님의 다시 오심을 바라보며 기다려야 한다.

이 섬긴 바가 자기를 위한 것이 아니요 너희를 위한 것임이 계시로 알게 되었으니 이것은 하늘로부터 보내신 성령을 힘입어 복음을 전하는 자들로 이제 너희에게 고한 것이요 천사들도 살펴보기를 원하는 것이니라.

베드로는 구약 선지자들의 "섬긴 바," 곧 '예언 사역'이 자기들을 위한 것이 아니고(히 11:13, 39, 40), 결국은 "너희," 곧 '신약 성도들'을 위한 것임이 계시 사역을 통해 알려지게 되었다고 말한다(단 9:24; 12:9, 13).

그리고 베드로는 "이것," 곧 '구약 선지자들의 예언 사역'이 "하늘로부터 보내신 성령을 힘입어 복음을 전하는 자들"에 의해서 전파되었다고 말한다(행 2:4). 다시 말해, 예수님의 구속 사역이 신약 시대의 사도들과 복음을 전하는 사람들에 의해 전파되었다는 것이다. 그리고 베드로는 하늘의 천사들도 그리스도의 구원 사역을 살펴보기를 원한다고 말하고 있다. 천사는 마리아에게 그리스도의 탄생을 예고했고 또 예수님의 부활 때에 무덤의 돌을 옮겨놓는 일을 했지만 그리스도의 고난과 부활 사건의 깊이에 대해서는 알지 못하기 때문에 살펴보기를 원한다는 것이다(출 25:20; 단 8:13; 12:5-6; 엡 3:10).

이처럼 신약 시대의 성도들이 받은 구원은, 구약의 선지자들이 살펴보기를 원했고 신약의 사도들이 선포했으며 천사들도 살펴보기를 원하는 정도로 위대한 사건인 만큼, 그 구원에 동참한 성도들은 마땅히 기뻐해야 한다는 것이다. 오늘 우리는 그 위대한 일을 위대한 것으로 알아야 한다. 구원을 등한시하면 그 보응을 피할 수가 없다(히 2:3).

III. 구별된 삶을 살라 1:13-25

앞에서 베드로는 구원을 이루시는 하나님을 찬송할 것과(3-5절) 구원받을 것을 생각하며 기뻐할 것을 권했다(6-12절). 이제 그는 나그네의 삶을 사는 수신자들에게 구별된 삶을 살라고 부탁한다. 베드로는 첫째, 예수님의 재림 시에 가져오실 모든 복들을 기대하라고 말한다(13절). 둘째, 거룩한 삶을 살라고 권한다(14-21절). 셋째, 형제를 뜨겁게 사랑하라고 부탁한다(22-25절).

1. 그리스도의 은혜를 기대하라 1:13

벧전 1:13. 그러므로 너희 마음의 허리를 동이고 근신하여 예수 그리스도의 나타나실 때에 너희에게 가져올 은혜를 온전히 바랄지어다.

베드로는 "그러므로," 곧 '예수님의 재림 시에 성도들이 칭찬을 받고 영광과 존귀를 받으며 전인적인 구원을 받을 것이므로'(6-12절), 지금은 "너희 마음의 허리를 동이고 근신하여 예수 그리스도의 나타나실 때에 너희에게 가져올 은혜를 온전히 바라보라"고 권한다(눅 17:30; 고전 1:7; 살후 1:7). "너희 마음의 허리를 동이라"는 말은 '방심하지 않고 긴장하라'는 뜻이다(눅 12:35; 엡 6:14). 유대 나라의 옷이나 우리나라의 전통적인 옷은 헐렁하며 축 늘어지는 특징을 갖고 있어서 일을 하거나 길을 가려면 허리를 동여야만 한다. 성도는 마음의 허리를 동이고, 곧 방심하지 말고 긴장하는 가운데 예수님이 재림하실 때 가져오실 "은혜," 곧 '구원을 비롯한 각종 복'을 기대해야 한다. 이어서 베드로는 마음의 허리를 동일 뿐 아니라 "근신하라"고 부탁한다(눅 21:34; 롬 13:13; 살전 5:6, 8; 벧전 4:7; 5:8). "근신하라"는 말은 '세상에 물들지 않고 정신을 차리라'는 말이다. 지금 우리는 긴장하고 정신을 차려서 예수님께서 가져오실 놀라운 복을 기대해야 한다. 우리는 긴장하고 정신을 차린 가운데 예수님께서 가져오실 모든 은혜를 온전히 기대하는 심정으로 살아야 할 것이다.

2. 거룩한 삶을 살라 1:14-21

앞에서 베드로는 성도들에게 예수님의 구원과 은혜를 기대하는 심리로 살라고 말했다(13절). 이제 그는 성도들에게 예수님의 재림을 기다리는 사람들로서 거룩한 삶을 살라고 권한다. 베드로는 성도들에게 과거와는 달리 하나님을 본받아 거룩한 삶을 살 것을 권하고(14-17절), 동시에 거룩한 삶을 살아야 할 근거를 제시한다(18-21절).

벧전 1:14. 너희가 순종하는 자식처럼 이전 알지 못할 때에 좇던 너희 사욕을 본 삼지 말고.

베드로는 먼저 소극적으로 수신자들을 향하여 "너희가 순종하는 자식처럼 이전 알지 못할 때에 좇던 너희 사욕을 본 삼지 말라"고 부탁한다(롬 12:2;

벧전 4:2). 베드로 사도는 성도들에게 순종하는 자식들로서 옛날 하나님을 알지 못하던 때에(행 17:30; 살전 4:5) 좇던 "사욕," 곧 '각종 정욕'을 본 삼지 말라고 부탁한다. "본 삼지 말라"는 말은 '옛 생활에 다시금 동화되지 말라'는 말이고 '옛날의 유행을 따르지 말라'는 말이다. 우리는 옛 죄를 다시 따르지 말고 예수 그리스도를 순종하는 사람들이 되어야 한다.

벧전 1:15. 오직 너희를 부르신 거룩한 자처럼 너희도 모든 행실에 거룩한 자가 되라.

베드로는 예수님의 재림을 기다리는 성도들에게 적극적으로 거룩한 자가 되라고 권고한다(눅 1:74-75; 고후 7:1; 살전 4:3-4, 7; 히 12:14; 벧후 3:11). 그들을 "부르신 거룩한 자처럼 … 모든 행실에 거룩한 자가 되라"는 것이다. 성도들은 자기들을 불러 교회에 나오게 하신 거룩하신 하나님처럼 모든 행실에 거룩한 자가 되어야 한다는 것이다(시 71:22; 78:41; 사 1:4; 5:16; 12:6; 17:7; 30:12, 15; 31:1; 41:20; 45:11; 55:5). 우리 성도들은 하나님이 거룩하신 것처럼 거룩한 자가 되어야 한다. 우리는 세상의 그 어떤 인물을 목표하거나 표준삼고 살 것이 아니다. 세상의 훌륭한 인물들을 참고는 할지언정 그들을 목표해서는 안 된다. 우리는 모든 행실에 구별된 사람들이 되어야 한다.

벧전 1:16. 기록했으되 내가 거룩하니 너희도 거룩할지어다 하셨느니라.

베드로는 구약 성경에 기록된 하나님의 말씀을 인용하여 수신자들을 향하여 거룩하라고 권한다. 구약 성경 레위기에는 "내가 거룩하니 너희도 거룩할지어다"라는 말씀이 다섯 번 나오는데(11:44; 19:2; 20:7, 26; 21:8), 여기에서 "거룩한"이라는 말은 '피조물과 구별된' 혹은 '세속적인 것과 분리된'이라는

뜻이다. 하나님은 피조물과 그리고 세속적인 것과 분리되어 계신다. 하나님은
하나님께 속한 예루살렘도 거룩하시다 하셨고(느 11:1; 사 52:1), 성읍들과
예루살렘 성전도 거룩하다 하셨으며(사 64:10-11), 하나님께 속한 이스라엘
백성도 거룩하다 하셨다(출 19:5-6; 민 15:40; 신 7:6; 14:2; 26:19; 렘 2:3).
이런 "거룩"의 개념은 신약 성경에서도 이어진다. 베드로는 성도들을 "택하신
족속이요 왕 같은 제사장들이요 거룩한 나라요 그의 소유된 백성"이라 불렀다
(벧전 2:9). 베드로는 구약 성경의 말씀을 인용하여 신약 시대의 성도들에게
적용하여 거룩한 삶을 살도록 권하고 있다. 바울 사도 역시 신약의 성도들에게
거룩할 것을 당부하고 있다(엡 5:27; 살전 4:3). 더럽고 부정하게 살며 거짓말을
해야만 생존경쟁에서 이길 수 있다고 생각하는 것은 사탄이 준 마음이다.
사탄이 준 생각대로 사는 삶이야말로 불행으로 가는 삶이다.

**벧전 1:17.   외모로 보시지 않고 각 사람의 행위대로 판단하시는 자를 너희가
아버지라 부른즉 너희의 나그네로 있을 때를 두려움으로 지내라.**
베드로는 성도들에게 이 세상에서 나그네의 삶을 살아가는 중에 죄를 짓지
않도록 행위를 조심하면서 지내라고 부탁한다. 베드로는 하나님을 "외모로
보시지 않고 각 사람의 행위대로 판단하시는 자"라고 부른다. 여기 "외모로
보시지 않는다"(ἀπροσωπολήμπτως)는 말씀은 '얼굴을 보시지 않는다,' 곧
'편견에 사로잡히시지 않는다'는 뜻이다(신 10:17; 행 10:34; 롬 2:11). 하나님
은 그 어떤 편견에 사로잡히시지 않으시고 각 사람의 행위대로 판단하시는
분이시다(행 10:34). 사람은 다른 사람의 낯이나 어떤 정황을 보아가며 사람을
판단한다. 그러나 하나님은 각 사람을 그들의 행위를 따라 판단하신다. 각
사람이 하나님의 뜻을 따르고 하나님의 법을 따랐는지를 따라 판단하신다.

다시 말해, 하나님 아버지는 사람의 열매를 보아서 판단하신다(마 7:15-20).

　　베드로 사도는 각 사람의 행위대로 판단하시는 하나님을 "아버지"라고 부르는 성도들에게 "나그네로 있을 때를 두려움으로 지내라"고 권한다(고후 7:1; 빌 2:12; 히 12:28). 여기서 "나그네로 있을 때"라는 말은 '하나님 나라를 본향 삼고 이 세상에서는 갈 가는 나그네로 살아가는 성도들의 한 생애의 기간'을 말한다. 성도들은 하나님의 행위 심판을 두려워하면서 이 세상에서 게으르지도 말고 죄와 타협하지도 말고 살아야 한다. 하나님이 우리의 아버지시라고 해서 우리가 심판에서 제외될 것이라고 착각하지 말아야 한다. 우리는 죄를 지을까봐 두려움 중에 살아가야 한다.

벧전 1:18-19. **너희가 알거니와 너희 조상의 유전한 망령된 행실에서 구속된 것은 … 흠 없고 점 없는 어린 양 같은 그리스도의 보배로운 피로 한 것이니라.** 베드로는 이제 본 절부터 21절까지에 걸쳐 거룩한 삶을 살아야 할 근거를 제시하고 있다. 그 근거들 중 첫째는, 본 절에서부터 20절까지에서 제시하는 것처럼, "조상의 유전한 망령된 행실에서 구속된 것은 … 그리스도의 보배로운 피"가 지불되었기 때문이다(눅 24:21; 고전 6:20; 7:23; 딛 2:14). 여기 "망령된"(ματαίας)이라는 말은 '허무한,' 혹은 '헛된'이라는 뜻이다. 베드로전서의 수신자들은 조상 때로부터 내려오는 허무한 행실에서 "구속"받기 위해 그리스도의 보배로운 피가 지불되었다는 것이다(행 20:28; 엡 1:7; 히 9:12, 14; 계 5:9). 여기 "구속된 것"(ἐλυτρώθητε)이라는 말은 노예나 전쟁포로를 값을 지불하고 빼내오는 것을 뜻한다. 세상의 어떤 노예나 전쟁포로는 금이나 은 같은 것을 지불하고 꺼내오지만, 그리스도께서는 우리를 죄 가운데서 빼 내오시기 위해서 자기의 피를 지불하셨다(출 12:5; 사 53:7; 요 1:29, 36; 고전

5:7). 우리를 위해 지불된 값은 너무 비쌌다. 그것은 상상하기조차 불가능한
값이다.

벧전 1:20. 그는 창세전부터 미리 알리신바 된 자나 이 말세에 너희를 위하여
나타내신바 되었으니.

베드로 사도는 성도의 구속을 위한 그리스도의 보혈이 갑작스럽게 준비된
것이 아니라, 하나님께서 창세전에 준비하셨다가 말세가 되어 성도들을 위하여
나타나게 하셨다고 말한다. 우리의 본문에 예수님께서 "미리 알리신바 되었
다"(προεγνωσμένου)는 말씀은 완료 수동태 분사로서 예수님께서 이미 알려지
셨다는 뜻이다. 또한 이 낱말이 분사인 것은 그분이 계속해서 존재하신다는
것을 의미한다(롬 3:25; 16:25-27; 엡 3:9, 11; 골 1:16; 딤후 1:9-10; 딛
1:2-3; 계 13:8). 그리고 이 말세에 예수님께서 성도들을 위하여 "나타내신바
되었다"(φανερωθέντος)는 말씀은 단순과거 수동태 분사로서 예수님의 구속
사역이 단번에 나타났고 또 계속해서 그 효과가 나타나고 있다는 뜻이다(행
2:23; 3:18; 4:28). 성도들은 창세전에 하나님과 함께 계시던 예수님께서 말세가
되어(행 2:17; 갈 4:4; 히 1:2; 9:26) 성도들의 구속을 위해 나타나신 엄청난
일을 생각하고 이 땅에서 거룩하게 살아야 한다.

벧전 1:21. 너희는 저를 죽은 자 가운데서 살리시고 영광을 주신 하나님을 그리스
도로 말미암아 믿는 자니 너희 믿음과 소망이 하나님께 있게 하셨느니라.

성도들이 거룩하게 살아야 할 두 번째 근거는 그들이 "믿음과 소망"을 하나님께
두었기 때문이라는 것이다. 성도들이 믿음과 소망을 하나님께 두게 된 동기는
하나님께서 "저(예수님)를 죽은 자 가운데서 살리시고 영광을 주셨기" 때문이

다. 다시 말해, 하나님께서 '예수님을 죽은 자 가운데서 살리셨고(행 2:24) 또 영광, 곧 부활시키시고 승천하게 하셨기' 때문이다(마 28:18; 행 2:33; 3:13; 엡 1:20; 빌 2:9; 히 2:9; 벧전 3:22). 그런 하나님은 엄청난 하나님이시다. 권능이 한량없는 분이시다. 성도들은 그런 하나님을 "그리스도로 말미암아 믿게" 된 것이다. 예수님께서 성도들을 대신하여 죽으셔서 하나님과 성도들을 화해시키셨으므로 성도들이 하나님을 믿을 수 있게 되었다. 즉 성도들은 예수님을 통해서야 하나님을 믿게 되는 것이다. 오늘 우리도 그리스도로 말미암아 능력의 하나님을 믿게 되고 또 영생의 소망을 가지게 되었다. 따라서 우리는 이 나그네 땅에서 구별되게 살아야 한다. 사실 우리가 능력의 하나님을 믿고 또 그 분을 소망한다면, 우리는 거룩한 삶을 살지 않을 수 없다.

3. 형제를 뜨겁게 사랑하라 1:22-25

앞에서 베드로는 성도들에게 거룩한 삶을 살라고 부탁했다(14-21절). 이제 그는 성도들을 향하여 형제들을 뜨겁게 사랑하라고 권고한다. 형제들을 뜨겁게 사랑하는 것이 바로 성화의 삶이요 구별된 삶이다. 성도들이 형제들을 뜨겁게 사랑할 수 있는 것은 그들이 거듭났기 때문이다.

벧전 1:22. 너희가 진리를 순종함으로 너희 영혼을 깨끗하게 하여 거짓이 없이 형제를 사랑하기에 이르렀으니 마음으로 뜨겁게 피차 사랑하라.

베드로는 편지의 수신자인 성도들에게, 그들은 이미 진리를 순종함으로 영혼을 깨끗하게 하여 거짓이 없이 형제를 사랑하기에 이르렀으므로, 이제는 마음으로 뜨겁게 피차 사랑하라고 부탁한다. 여기 "진리"라는 말은 23절이 보여 주는 것처럼 "하나님의 말씀"이며, 또한 25절이 말하는 것처럼 "복음"을 지칭한다. 베드로 사도는 성도들이 "진리," 곧 '하나님의 말씀,' '그리스도의 복음'을 순종함으로 영혼을 깨끗하게 했다고 말한다(행 15:9). 성경은 성도들이 그리스도의 말씀을 듣고 믿을 때에 거듭난다고 가르친다(요 15:3; 엡 5:26; 약 1:18). 성도들이 그리스도의 말씀을 들을 때 성령이 역사하셔서 거듭나게 된다. 다시 말해, 그리스도의 말씀을 들을 때 성령이 역사하셔서 깨끗하게 된다.

우리 본문에 "깨끗하게 하다"(ἡγνικότες)라는 말은 완료형 분사로서 과거에 이미 깨끗해졌고 그 깨끗한 상태가 계속되고 있음을 보여 준다. "깨끗하게 하다"는 말씀은 중생을 지칭한다(요 15:3; 엡 5:26). 중생한 크리스천, 중생한 영혼은 거짓이 없이 형제를 사랑하게 된다. 다시 말해, 다른 사람들을 사랑하지 않을 수 없는 마음이 된다.

베드로는 중생한 성도들을 향하여 "마음으로 뜨겁게 피차 사랑하라"고 부탁한다(롬 12:9-10; 살전 4:9; 딤전 1:5; 히 13:1; 벧전 2:17; 3:8; 4:8; 벧후 1:7; 요일 3:18; 4:7, 21). 중생한 영혼들도 잠시 교만할 수도 있고(눅 22:24) 외식할 수도 있다(갈 2:11-13). 그러므로 우리는 모든 죄를 물리치고 형제들을 뜨겁게 사랑해야 한다(요일 3:14-18).

벧전 1:23. 너희가 거듭난 것이 썩어질 씨로 된 것이 아니요 썩지 아니할 씨로 된 것이니 하나님의 살아 있고 항상 있는 말씀으로 되었느니라.

본 절은 윗 절 말씀, 곧 "진리를 순종함으로 너희 영혼을 깨끗하게 하여"라는 말씀을 뒤바꾸어 설명한다. 다시 말해, 성도들이 중생한 것은 "하나님의 말씀"으로 되었다는 것이다(사 55:10-11; 요 1:13; 3:5; 15:3; 엡 5:26). 성도들이 거듭난 것은 "썩어질 씨로 된 것이 아니요 썩지 아니할 씨," 곧 '하나님의 살아 있고 항상 있는 말씀으로 되었다(약 1:18; 요일 3:9). 우리는 하나님의 씨, 곧 하나님의 살아 있고 항상 있는 말씀을 들을 때, 성령의 역사에 의해 새 생명, 영적인 생명, 영원한 생명, 천국 생명을 받게 된다(요 3:5-8).

벧전 1:24-25. 그러므로 모든 육체는 풀과 같고 그 모든 영광이 풀의 꽃과 같으니 풀은 마르고 꽃은 떨어지되 오직 주의 말씀은 세세토록 있도다 했으니 너희에게 전한 복음이 곧 이 말씀이니라.

베드로는 이사야 40:6-8의 말씀을 인용하여 성도들을 거듭나게 한 하나님의 말씀의 위대함과 영원함을 강조하고 있다. 베드로는 세상의 육체적인 모든 것과 그 영광은 헛되고 헛되기 때문에 성도들에게 하나님의 말씀에 집중할 것을 권고한다(시 103:15; 사 40:6; 51:12; 약 1:10). 세상 사람들과 세상나라는 풀과 같이 속히 없어지고 이 세상 사람의 영광이나 국가의 영광도 꽃과 같이 금방 시들지만, 성도들을 거듭나게 한 하나님의 말씀은 세세토록 살아 있기 때문에, 우리는 하나님의 말씀에 귀를 기울이며 살아야 한다(시 102:12, 26; 33:9; 사 40:8; 눅 16:17; 빌 2:16; 히 4:12; 약 1:18).

제2장

죄를 버리고 경건하게 살라

IV. 거룩의 극치로 나아가라 2:1-10

앞 단락에서 베드로는 성도들에게 구별된 삶을 살 것을 권고했는데 (1:13-25), 이제는 그들에게 거룩의 극치로 나아갈 것을 부탁하고 있다(1-10절). 거룩함으로 나아가기 위해서는 먼저 모든 죄를 버리고 말씀의 젖을 사모해야 하며(1-3절), 예수님 앞으로 나아와야 하며(4-8절), 하나님의 아름다운 덕을 선전해야 한다고 말한다(9-10절).

1. 모든 죄를 버리고 말씀을 사모하라 2:1-3

베드로는 거룩함에 이르기 위해서는 거룩한 삶에 방해되는 모든 죄를 버리고 말씀의 젖을 사모해야 한다고 말한다.

벧전 2:1. 그러므로 모든 악독과 모든 궤휼과 외식과 시기와 모든 비방하는 말을 버리고.

구원에 이르도록 성장하기 위해서는 먼저 버릴 것을 버려야 한다(엡 4:22, 25, 31; 골 3:8; 히 12:1; 약 1:21). 베드로는 "그러므로"라는 말을 함으로써 본 절이 앞 단락과 연관이 있음을 보여준다. 베드로는 앞 단락(1:22-25절)에서 성도들이 진리의 말씀으로 거듭났음을 밝히면서 "그러므로" 모든 죄를 버리고 하나님의 말씀을 사모해야 한다고 권한다(엡 4:22-23; 골 3:8; 약 1:21). 베드로는 여기서 버려야 할 다섯 가지 죄를 나열한다. "모든 악독"은 남을 해치고 골탕 먹이고 싶은 '모든 악의'(惡意)를 말한다(행 8:22; 롬 1:18; 엡 4:31; 골 3:8). 사람은 이웃으로부터 받은 상처를 빨리 치료하지 않고 복수하고 싶은 악의를 품은 채 살아가고 있다. "모든 궤휼"은 '남을 속이려는 모든 종류의 거짓'을 지칭한다. "외식"은 '속과 다른, 겉만 번지르르한 언행'(言行)을 뜻하는데 이것은 특별히 믿는다는 사람들한테서 쉽게 발견할 수가 있다. "시기"는 '남이 나보다 잘 되는 것을 싫어하는 투기'를 말하는데 특별히 여자들에게서 쉽사리 찾아볼 수 있다. "모든 비방하는 말"은 '남을 해하려는 중상모략'을 뜻한다. 이 죄악은 특별히 진리에 무지한 사람들에게서 흔히 발견된다. 진리를 아는 사람들은 하나님으로부터 벌을 받을까 두려워 감히 이런 죄악까지는 범하지 않는다.

베드로는 이런 모든 죄악들을 "버리라"고 권한다. 성도는 마음속에 자리하고 있는 이런 죄악들을 발본색원하려는 심정을 갖고 많은 시간을 드려 이런 죄들을 하나하나 하나님께 고백해야 한다.

벧전 2:2. 갓난아이들 같이 순전하고 신령한 젖을 사모하라. 이는 이로 말미암아 너희로 구원에 이르도록 자라게 하려 함이라.

베드로는 성도들에게 죄악을 버린 후에는 말씀의 젖을 사모하여 "구원," 곧 '성화의 극치'에 이르라고 말한다. 갓 태어난 아이가 어머니의 젖만을 사모하듯, 이제 갓 중생한 성도들은 항상 갓난아이 심정으로 한 평생 "순전하고 신령한 젖을 사모해야" 한다(마 18:3; 막 10:15; 고전 14:20; 벧전 1:23). "순전하다"(ἄδολον)는 말은 '거짓이 없고 섞임이 없는 순수함'을 말한다(잠 30:5). "신령한"(λογικòν)이라는 말은 '말씀의,' '교리의'라는 뜻이다. 즉 "순전하고 신령한 젖"이라는 말은 '말씀의 젖'이라는 뜻이다(고전 3:2; 히 5:12-13). 다시 말해, '말씀이라고 하는 젖'을 말한다. 말씀은 성도들이 한 평생 사모해야 할 젖이다.

베드로는 성도가 말씀의 젖을 사모할 때 "구원에 이르도록 자라난다"고 말한다. "구원에 이르도록"이라는 말은 '종말의 구원,' 곧 '성화의 극치'에 이른다는 말이다. 구원은 예수님이 재림하신 후에 얻어지는 것으로서 곧 성화의 극치를 가리킨다. 우리는 세상에서 성화의 극치에 이를 수는 없으나, 그것을 얻으려고 부단히 노력해야 한다.

벧전 2:3. 너희가 주의 인자하심을 맛보았으면 그리하라.
베드로는 성도들에게 만약 그들이 "주의 인자하심," 곧 '말씀의 인자하심'을 맛보았으면 계속해서 말씀을 사모하라고 부탁한다(시 34:8; 히 6:5). 성도는 말씀의 맛으로부터 주의 인자하심의 맛을 보게 된다. 말씀의 맛은 꿀맛이다. 그래서 시편 기자는 말씀의 맛을 "송이꿀"이라고 지칭했다(시 19:10). 말씀의 맛이 송이꿀보다 더 단것을 알지 못한다면, 그는 아직 말씀의 맛을 알지 못하는 사람이다.

2. 예수님 앞으로 나아가라 2:4-8

성도들은 거룩의 극치로 나아가기 위해서 예수님 앞으로 나아가야 하고(4절), 신령한 집으로 세워져야 하며(5절), 신령한 제사를 드리는 거룩한 제사장이 되어야 한다(5절). 다시 말해, 예수님을 믿어야 한다(6-8절).

벧전 2:4. 사람에게는 버린 바가 되었으나 하나님께는 택하심을 입은 보배로운 산 돌이신 예수에게 나아와.

베드로는 성도들에게 "사람에게는 버린바가 되었으나 하나님께는 택하심을 입은 보배로운 산돌이신 예수님께 나아오라"고 말한다. 예수님은 사람에게는 버린바가 되셨다(시 118:22; 마 21:42; 행 4:11). 그는 유대의 종교지도자들에게 버림을 당하셔서 십자가에 못 박히셨다(막 8:31; 눅 9:22; 행 4:11). 그러나 그는 하나님께는 택하심을 입으셨다. 곧 하나님께는 인정을 받으셨고 귀하게 여김을 받아 다시 사시게 되었다(행 2:22-24).

이어서 베드로는 예수님이 보배로운 "산돌"이시라고 말한다. 예수님은 '살아 계신 돌'이시다. 예수님은 '살아 계시고 또 그에게 나아오는 자들에게 생명을 주는 분이실 뿐 아니라, 그 자신이 반석이시고, 한편으로는 자기에게 나아오는 자들을 흔들리지 않는 돌이 되게 해주시고 다른 한편으로는 자기를 거스르는 자들을 부스러뜨리시는 돌'이시다.

베드로는 성도들에게 "산 돌이신 예수에게 나아오라"고 부탁한다. 여기 "나아와"(προσερχόμενοι)라는 말씀은 현재분사로서 성도들은 한번만 아니라 한 평생 끊임없이 예수님께 나아가서 다음 절(5절)에서 말씀하는 대로 은총에 참여하라는 뜻이다. 우리는 오늘도 내일도 예수님께 나아가야 한다. 예수님께 나아가야 한다는 말씀은 6절에서는 "믿는다"는 말씀으로 대치되고 있다.

벧전 2:5. 너희도 산 돌 같이 신령한 집으로 세워지고 예수 그리스도로 말미암아 하나님이 기쁘게 받으실 신령한 제사를 드릴 거룩한 제사장이 될지니라.
성도들은 산돌이신 예수님께 나아갈 때 "산 돌"(λίθοι ζῶντες)이 된다는 것이다. 다시 말해, '살아 있는 돌들'이 된다는 것이다. 성도들이 살아있는 돌들이 될 뿐 아니라, "신령한 집으로 세워지게" 된다는 것이다(엡 2:21-22; 히 3:6). 곧 예수님께 나아가면 예수님과 연합되고 또 성도 상호간에 연합되어 '신령한 교회로 세워지게' 된다는 말이다(고전 3:10-17; 고후 6:16; 엡 2:20-22; 딤전 3:15; 히 3:2-6). 오늘날 신령치 못한 교회가 많이 있음을 생각할 때, 신령한 교회가 세워지는 것은 얼마나 다행스러운 일인지 모른다.

베드로 사도는 또한 성도들에게 "예수 그리스도로 말미암아 하나님이 기쁘게 받으실 신령한 제사를 드릴 거룩한 제사장이 되라"고 권한다(사 61:6; 66:21; 빌 4:18; 벧전 2:9; 4:11). 다시 말해, 성도들이 '영적인 제사를 드리는 거룩한 제사장이 되라'는 것이다(호 14:2; 말1:11; 롬 12:1; 히 13:15-16). 곧 '영적인 예배를 드리는 거룩한 제사장이 되라'는 말이다. 우리가 예수님 앞에 나아갈 때에 우리 각자는 모두 "신령한 제사," 곧 '영적인 제사,' '영적인 예배'를 드리는 제사장이 되어야 하는 것이다. 구약 시대에는 제사를 드리는 제사장이 따로 있었으나, 신약 시대에는 예수님을 믿는 성도는 누구나 성령으로 말미암아 예배를 드리는 제사장이 된다는 것이다(요 4:20-24; 롬 12:1).

성도 모두가 제사장이라는 학설은 교회 개혁자들이 높이 들었던 기치였다. 그들이 만인 제사장설을 높이 들었던 이유는 천주교의 사제주의에 대항하기 위함이었다. 만일 천주교에서 사제들만이 사제라고 주장하지 않고 모든 성도가

다 제사장이라고 가르쳤더라면, 교회개혁자들이 이 학설을 그렇게 높이 쳐들 필요가 없었을 것이다. 오늘 우리는 우리가 하나님 앞에서 신령한 제사를 드리는 제사장이라는 것을 알고 제사장의 책임을 다해야 할 것이다.

벧전 2:6. 경에 기록했으되 보라 내가 택한 보배롭고 요긴한 모퉁이 돌을 시온에 두노니 저를 믿는 자는 부끄러움을 당치 아니하리라 했으니.

본 절에서 베드로는 자기가 앞에서 말한 내용을 뒷받침하기 위해 구약성경 이사야 28:16, 곧 "보라 내가 택한 보배롭고 요긴한 모퉁이 돌을 시온에 두노니" 라는 말씀을 인용하고 있다(사 28:16; 롬 9:33). 베드로는 앞 절에서는 성도들이 예수님 앞에 나아가면 산돌이 되고 신령한 교회의 회원이 되며 영적인 예배를 드리는 제사장이 된다고 했는데, 본 절에 인용한 이사야서 말씀의 내용은 누구든지 예수님을 믿으면 "부끄러움을 당하지 않는다"는 것이다. 곧 예수님은 하나님께서 "택한 보배롭고 요긴한 모퉁이 돌"이기 때문에 예수님을 믿는 사람들은 부끄러움을 당하지 않는다는 것이다. 예수님은 하나님께서 택하신, 곧 인정하신 보배롭고 요긴한 "모퉁이 돌"이시다. 다시 말해, 모퉁이 돌이 벽과 벽 사이를 연결하여 건축물을 지탱하는 중심적인 역할을 하는 돌인 것처럼, 예수님은 유대인과 이방인을 하나로 묶는 역할을 하셔서 하나의 교회를 이루시는 분이다(엡 2:20). 이처럼 예수님은 모퉁이 돌이시기 때문에, 그를 믿는 성도들은 아무도 부끄러움을 당하지 않는다. 여기 "부끄러움을 당하지 아니하리라"는 말씀은 예수님을 믿는 사람들은 모두 자신들이 믿은 대로 목적을 이루게 된다는 뜻으로서, 이 문맥에서는 성도들이 예수님을 믿으면 산돌이 되고 신령한 교회의 회원들이 되며 또 자기 몸을 드리는 제사장들이 된다는 것이다.

벧전 2:7-8. 그러므로 믿는 너희에게는 보배이나 믿지 아니하는 자에게는 건축자들의 버린 그 돌이 모퉁이의 머릿돌이 되고 또한 부딪히는 돌과 거치는 반석이 되었다 하니라 저희가 말씀을 순종치 아니하므로 넘어지나니 이는 저희를 이렇게 정하신 것이라.

본 절에서 베드로는 예수님을 믿는 사람이 받는 복과 믿지 않는 사람들이 받는 불이익을 대조하고 있다. 믿는 사람들에게 예수님은 "보배"이다. 즉 예수님을 믿는 사람들은 산 돌이 되고, 신령한 교회의 회원이 되며, 영적인 예배를 드리는 제사장이 된다는 것이다.

　그러나 믿지 않는 사람들에게 예수님은 "건축자들의 버린 그 돌이 모퉁이의 머릿돌이 되고," "부딪히는 돌과 거치는 반석이 되셨다"(시 118:22; 마 21:42; 행 4:11). 예수님께서 "모퉁이의 머릿돌"이 되셨다는 것은 믿는 사람들에게는 큰 영광이지만 불신 유대인들에게는 치욕이 되었다는 말이다. 불신 유대인들은 예수님을 영원히 거부하고자 했지만, 예수님은 유대인 신자들과 이방인 교회를 연결하는 중요한 모퉁이 돌이 되셨다. 그리고 불신 종교가들에게 예수님은 그들을 넘어지게 하는 걸림돌이 되셨고 거치는 덫이나 심판의 돌이 되셨다(잠 4:19; 사 8:14; 렘 13:16; 마 21:42-44; 눅 2:34; 20:17-18; 롬 9:33). 베드로는 본 절 하반 절에서 "저희가 말씀을 순종치 아니하므로 넘어졌다"고 말함으로써 위의 말씀을 다시 설명하고 있다. 베드로는 "믿지 아니하는" 불신 종교가들에게 예수님이 걸림돌과 거치는 덫과 심판의 돌이 되셨다고 했는데, 하반 절에서는 '저희가 말씀을 순종치 않아서 넘어졌다'고 말한다(고전 1:23). 믿지 아니하는 것이나 불순종하는 것이나 똑같은 뜻이다. 베드로는 불신 종교가들이 믿지 않아서, 즉 하나님의 말씀에 순종하지 않아서 넘어지게 되었는데, 그것은 하나님께서 "저희를 이렇게 정하셨기" 때문이라고 말한다. 다시 말해, 하나님께서 저희를 '넘어지도록 예정하셨다'는 것이다(출 9:16; 롬 9:22; 살전 5:9; 유 1:4).

3. 하나님의 덕(탁월하심)을 선전하라 2:9-10

베드로는 성도들이 말씀을 사모하고(1-3절), 예수님 앞으로 나아갈 뿐만 아니라(4-8절), 하나님의 탁월하심을 선전해야 한다고 말한다(9-10절). 성도들은 하나님께서 은혜를 베푸신 것을 인하여 하나님을 찬송해야 한다.

벧전 2:9. 오직 너희는 택하신 족속이요 왕 같은 제사장들이요 거룩한 나라요 그의 소유된 백성이니 이는 너희를 어두운데서 불러내어 그의 기이한 빛에 들어가게 하신 자의 아름다운 덕을 선전하게 하려 하심이라.

본 절에서 베드로는 하나님께서 성도들의 신분을 변경시켜 주신 이유는 하나님의 덕(탁월하심)을 선전하도록 하기 위함이라고 말한다. 베드로는 하나님께서 성도들의 신분을 변경시켜 주신 사실을 네 가지로 표현한다. 첫째, 하나님께서는 성도들을 "택하신 족속"이 되게 해주셨다(신 10:15; 벧전 1:2). "족속"은 '한 계통에서 출생한 자들'을 뜻한다. 성도들은 그리스도의 피로 다시 태어난 한 족속이다. 비록 육신적으로 아브라함의 후손이라도 그리스도의 피로 씻음 받지 못했다면 택함 받은 족속이라고 말할 수 없다. 오직 그리스도의 피로 다시 태어난 자들만이 한 족속이다(신 7:6-7; 사 44:1-2; 엡 1:23). 성도들은 만세전에 택함을 받아 그리스도의 대속의 피로 씻음을 받은 한 혈통이다. 세상에는 택함을 받지 못한 사람들이 무수히 많다는 것을 생각할 때, 우리는 우리를 택하여 주시고 거듭나게 해주신 하나님의 덕을 선전해야 마땅하다.

둘째, 성도들은 "왕 같은 제사장들"(βασίλειον ἱεράτευμα)이 되었으니 하나님의 덕을 선전해야 한다(출 19:5-6; 계 1:6; 5:10). "왕 같은 제사장"이라는 말은 '왕적인 제사장'이라는 뜻이다. 다시 말해, '왕이요 제사장'이라는 뜻이다. 성도들은 그리스도와 연합하여 그리스도의 왕적인 영광에 참예한다는 뜻에서 왕이고(롬 5:17), 또한 하나님과 우리 사이에 그 어떤 인물을 개입시키지 않고 우리가 제사장으로서 직접 하나님을 섬기며 예배한다는 뜻에서 제사장이다. 우리는 우리의 특권을 능가할 그 어떤 피조물도 없다는 것을 생각하고 우리를 그런 신분으로 만들어 주신 하나님의 덕을 선전해야 한다.

셋째, 성도들은 "거룩한 나라"(ἔθνος ἅγιον)가 되었으니 하나님의 덕을 선전해야 한다(요 17:19; 고전 3:17; 딤후 1:9). 하나님은 구약 시대의 이스라엘 백성들을 '거룩한 백성'으로 구별해 주셨다(출 19:6). 하나님은 그리스도의 피로 씻음 받고 성화에 힘쓰는 성도들을 '거룩한 나라'라고 칭하신다. 우리는 성화에 힘을 써서 하나님께서 쓰시기에 부족함이 없는 거룩한 백성들이 되어야 한다.

넷째, 성도들은 하나님께서 그들을 "그의 소유된 백성"으로 만들어 주셨으니 마땅히 그의 덕을 선전해야 한다. 하나님은 구약 시대의 이스라엘 백성들을 향하여 "너희가 내 말을 잘 듣고 내 언약을 지키면 너희는 열국 중에서 내 소유가 될 것이라"고 하셨다(출 19:5; 신 4:20; 7:6; 14:2; 26:18-19). 그러나 이스라엘은 언약에 충실하지 못하여 하나님의 소유가 되지 못했다. 신약시대에 이르러 예수님은 피를 흘려 택한 자들을 속량하셔서 그의 백성을 삼으셨다(말 3:17; 행 20:28; 엡 1:14; 딛 2:14). 우리는 세상에 하나님의 소유된 백성이 아닌 사람들이 더 많은 것을 생각하고 하나님의 사랑과 덕을 선전해야 한다.

베드로에 의하면, 성도들은 자신들이 "어두움," 곧 '저주와 불행의 상태'에서 부름 받아 하나님의 빛(택함 받은 족속이 된 것, 왕이요 제사장들이 된 것, 거룩한 백성이 된 것, 그의 소유된 백성이 된 것)으로 들어가게 하신 하나님의 덕을 선전해야 마땅하다(행 26:18; 엡 5:8; 골 1:12-13; 살전 5:4-5). 성도들은 한 평생 하나님의 "덕," 곧 '탁월함'을 선전해야 한다. 말로 선전하고 글로 선전하며 행위로 선전해야 한다. 우리는 하나님의 탁월하심과 위대하심을 광포(廣布)하면서 살아야 한다.

벧전 2:10. 너희가 전에는 백성이 아니더니 이제는 하나님의 백성이요 전에는 긍휼을 얻지 못했더니 이제는 긍휼을 얻은 자니라.

앞에서 베드로는 성도들을 불행의 상태에서 행복의 상태로 불러주신 하나님의 덕을 선전해야 한다고 말했다(9절). 이제 그는 성도들의 과거와 현재를 비교함으로써 그들이 마땅히 하나님께 감사해야 한다고 말한다(호 1:9-10; 2:23; 롬 9:25-26). 성도들은 옛날에는 하나님의 백성이 아니었고 하나님의 긍휼도 얻지 못했는데, 이제는 하나님의 백성이 되었고 또 긍휼을 얻게 되었다. 특별히 우리 한민족이야말로 수천 년간 어두움 속에서 고생하다가 불과 120여 년 전에(지금은 2006년이다) 그리스도의 빛의 나라, 사랑의 나라로 들어가게 되었다. 얼마나 감사한지 표현할 길이 없다. 우리 민족은 영원히 하나님의 덕을 선전해야 한다.

V. 성도의 삶 2:11-25

베드로는 성도들에게 공동체의 일원으로서 성도답게 살 것을 요구한다.

베드로는 성도의 삶은 세상에서는 나그네의 삶이니 육체의 정욕을 제어할 뿐 아니라 선한 행실을 가지라고 권하며(11-12절), 국민으로서의 의무도 잘 감당하라고 말하고(13-17절), 마지막으로 고난 중에도 의(義)를 행하라고 부탁한다(18-25절).

1. 하나님의 영광을 위하여 경건하게 살라 2:11-12

벧전 2:11. 사랑하는 자들아 나그네와 행인 같은 너희를 권하노니 영혼을 거스려 싸우는 육체의 정욕을 제어하라.

베드로는 성도들을 "사랑하는 자들아"라고 부르면서 나그네의 삶에 용기를 북돋아 준다(4:12; 벧후 3:1, 8, 14, 17). 성도들의 지상(地上) 생활은 "나그네와 행인 같은" 삶이다(1:17; 대상 29:15; 시 39:12; 119:19; 히 11:13). "나그네"(παροίκους)라는 말은 '낯선 땅이나 외국에 일시적으로 거주하는 사람'을 말한다. "행인"(παρεπιδήμους)은 '이국땅에 잠시 체류하는 방문객, 어느 곳을 거쳐 가는 길손'을 의미한다. 성도들은 천국의 시민권을 갖고 있는 사람이므로(빌 3:20) 이 땅에서는 나그네이고 행인이라는 것이다. 믿음의 조상들도 친히 자기들은 "땅에서는 외국인과 나그네로라"고 증거했고(히 11:13), 다윗도 말하기를 "주 앞에서는 우리가 우리 열조와 다름이 없이 나그네와 우거한 자라. 세상에 있는 날이 그림자 같아서 머무름이 없나이다"라고 했다(대상 29:15). 또한 시편 39:12은 "대저 나는 주께 객이 되고 거류자가 됨이 나의 모든 열조 같으니이다"라고 말씀했다.

　베드로는 이 세상에서 박해를 받으며 살아가고 있는(딤후 3:12) 나그네들에게 "영혼을 거스려 싸우는 육체의 정욕을 제어하라"고 부탁한다(롬 13:14).

즉 '거듭난 생명을 거스려 대적하는, 부패한 본성에서 나오는 모든 악한 욕구들을 절제하라'고 권한다(갈 5:16-21; 약 4:1). 우리는 우리의 거듭난 영혼을 거스르는 악한 욕구들을 완전 통제하지 않으면 안 된다. 영혼과 정욕, 정욕과 영혼 사이의 싸움은 평생 계속되는 장기적인 싸움이다. 우리가 거듭난 새 생명을 위하여 정욕을 통제하지 않으면, 우리는 실패자로 끝나게 된다.

벧전 2:12. 너희가 이방인 중에서 행실을 선하게 가져 너희를 악행한다고 비방하는 자들로 하여금 너희 선한 일을 보고 권고하시는 날에 하나님께 영광을 돌리게 하려 함이라.

베드로는 앞 절에서 성도들을 향하여 정욕을 제어하라고 권했는데, 본 절에서는 한 걸음 나아가 "행실을 선하게 가지라"고 부탁한다(롬 12:17; 고후 8:21; 빌 2:15; 딛 2:8; 벧전 3:16). 성도들은 "이방인," 곧 '믿지 않는 사람들' 중에서 살기 때문에, 마음과 행실을 선하게 가져야 한다. 그래야만 불신자들이 성도들의 선한 행실을 유심히 관찰하고 있다가 그들이 하나님의 권고에 의하여 회개하는 날에 하나님께 영광을 돌리게 될 것이기 때문이다.

불신자들은 성도들이 "악행한다고 비방한다"(행 17:6; 19:37). 그러나 그들의 비방이 한없이 계속되는 것이 아니고, 하나님이 그들을 권고하시는 날이 있게 마련인데, 그날에 불신자들은 회개하고 성도들의 선행을 인하여 하나님께 영광을 돌리게 된다(마 5:16). 이 "권고하시는 날"이 언제인지를 두고, 혹자는 최후의 심판의 날이라고도 하고, 혹자는 성도들이 세상 법정에 서는 날이라고도 한다(눅 19:44). 그러나 우리는 그 날을 성도들을 끊임없이 비방하던 불신자들이 하나님의 간섭에 의하여 '회개하는 날'로 보아야 한다. 이유는 불신자들이 회개해야 하나님께 영광을 돌리게 되기 때문이다. 만약 하나님께서 "권고하시는

날'을 최후의 심판 날로 해석하면 그 날에 불신자들이 회개한다고 하는 것은
있을 수 없는 일이다. 그 날은 회개하는 날이 아니라 지옥으로 가는 날이다.
또 하나님께서 "권고하시는 날"을 성도들이 법정에 서는 날로 해석하면, 불신자
들이 회개하는 때마다 성도들이 법정에 서야 하기 때문이다. 그러나 실제로는
성도들이 법정에 서지 않는 날에도 불신자들이 회개하는 수가 많다.

2. 국민으로서의 성도의 책임 2:13-17

성도는 일시적으로 이국땅에 거하면서 법적인 권리를 가지지 못한 나그네
같은 존재들이다. 그러나 그들은 자기가 속한 땅의 국민으로서의 책임을 감당해
야 한다. 그들은 마치 그 나라 사람인 것처럼 그 나라의 제도에 순복해야
한다는 것이다.

벧전 2:13-14. 인간에 세운 모든 제도를 주를 위하여 순복하되 혹은 위에
있는 왕이나 혹은 … 그의 보낸 방백에게 하라.
베드로는 이국땅에 살고 있는 성도들에게 인간들을 위해 세운 각종 "제도를
주를 위하여 순복하라"고 부탁한다(마 22:21; 롬 13:1; 딛 3:1). "제도"(κτίσει)
라고 하는 헬라어는 '창조,' '창조물'이라는 뜻이다(막 13:19; 롬 1:25; 고후
5:17; 골 1:15). 즉 인간들을 위해 세운 모든 제도들 역시 하나님이 세우신
창조물이라는 것이다(롬 13:1). 성도들은 세상에 인간들을 위해 세운 모든
제도에 순종해야 한다. 곧 왕에게 순종해야 하고, 왕이 보낸 집권자들에게
순복해야 한다는 것이다. 집권자들은 왕을 대리하여 "악행하는 자를 징벌하고
선행하는 자를 포상하기 위하여" 왕이 보낸 사람들이다(롬 13:3-4). 다시 말해,

그들은 왕을 대리하여 '악행하는 사람들을 징벌하고 선행하는 사람들을 칭찬하고 상을 주는 사람들'이다.

성도들은 왕이나 집권자들을 위하여 순복하는 것이 아니고, "주를 위하여," 곧 '주님의 영광을 위하여' 순종해야 한다. 기독교인들이 세상에서 나그네의 삶을 살면서도 이렇게 세상의 모든 제도에 순종하는 것은 하나님 앞에 영광이 되고 그리스도의 복음이 전파되게 하기 위해서이다. 또한 다른 한편 "주를 위하여" 순복하라는 말은, 만약에 세상 정권에게 순복하는 것이 주님 앞에 영광이 되지 않는다면 순복해서는 안 된다는 의미를 포함한다. 가령 공산정권이 성도들로 하여금 주일날 예배당 문을 닫고 예배를 드리지 못하게 한다면, 그 명령에 순종할 수는 없는 일이다. 그리고 혹시 어떤 정권이 노골적으로 성도들에게 불의를 강요한다면, 거기에도 순종할 수 없는 것이다. 이유는 그 일이 주를 위한 것이 되지 않기 때문이다.

벧전 2:15. 곧 선행으로 어리석은 사람들의 무식한 말을 막으시는 것이라. 본문을 다시 번역해 보면, "선행으로 어리석은 사람들의 무식을 막으시는 것이 하나님의 뜻이기 때문이다"(For so is the will of God, that with well doing ye may put to silence the ignorance of foolish men). 다시 말해, "선행으로," 곧 '세상의 모든 제도에 순종함으로' 어리석은 사람들의 무식한 말을 막는 것이 하나님의 뜻이라는 것이다(딛 2:8). 세상의 불신 집권자들이나 성도들을 핍박하던 몰지각한 사람들이 성도들이 세상 제도에 순복하는 것을 보게 되면, 그들의 입이 막힌다는 것이다. 성도들은 세상 사람들과 변론함으로 입을 막을 것이 아니라, 세상의 모든 제도에 순종함으로 성도들을 비방하는 사람들(12절)의 입을 막아야 한다.

벧전 2:16. 자유하나 그 자유로 악을 가리우는 데 쓰지 말고.

베드로에 의하면, 성도들은 죄와 마귀로부터 "자유"를 얻었지만(요 8:32; 롬 6:18; 갈 5:1), 그렇다고 그 자유를 내세워서 자기들이 속한 지역의 제도에 불복종해서는 안 된다(고전 7:22; 갈 5:1, 13; 벧전 2:16). 우리는 불신자보다 더 세상 법을 잘 지켜야 한다.

오직 하나님의 종과 같이 하라.

성도들은 자유를 남용하지 말고 하나님의 종들처럼 처세해야 한다. 성도는 죄로부터는 자유하나 하나님에게는 종임을 기억해야 한다. 곧 세상의 모든 제도에 순응해야 한다.

벧전 2:17. 뭇사람을 공경하며 형제를 사랑하며 하나님을 두려워하며 왕을 공경하라.

베드로는 "뭇 사람을 공경하라"고 권한다. 곧 '세상의 왕이나 또 왕이 보낸 집권자들을 공경하라'고 명령한다(롬 12:10; 빌 2:3). 여기 "공경하다"(τιμή-σατε)라는 말은 단순(부정)과거 명령형이기 때문에 그 뜻이 강조되고 있다. 즉 비록 그들이 하나님도 알지 못하고 하나님의 뜻도 알지 못하는 무식한 사람들이라고 해도, 하나님께서 그들을 세우셨기 때문에 그들을 공경하라는 것이다. 그뿐만 아니라 성도들은 믿는 "형제를 사랑해야" 한다(히 13:1; 벧전 1:22). "사랑하라"(ἀγαπᾶτε)는 말은 현재명령형이기 때문에 계속해서 사랑하라는 뜻이다(1:22; 3:8; 4:8). 또한 성도들은 "하나님을 두려워하며(φοβεῖσθε) 왕을 공경해야(τιμᾶτε)" 한다(잠 24:21; 마 22:21; 롬 13:7). 두 동사 모두 현재 명령형인 것은, 성도들이 계속해서 하나님을 두려워하고 또 왕을 계속해서 공경해야 한다는 의미다. 성도의 세상에서의 책무는 무겁다. 그러나 성령의 힘으로 한다면, 잘 감당할 수가 있다.

3. 사환들은 고난을 참아라 2:18-25

앞에서 베드로는 성도들이 세상의 모든 제도에 순복할 것을 말했다(13-17 절). 이제 그는 가정에서 일을 하는 사환들을 향하여 주인들에게 순복할 것을 권하고 있다. 사환들은 그리스도를 본받아 죄를 범치 말고 의를 행해야 한다는 것이다.

벧전 2:18. 사환들아 범사에 두려워함으로 주인들에게 순복하되 선하고 관용하는 자들에게만 아니라 또한 까다로운 자들에게도 그리하라.

"사환들"은 가정에서 일을 하는 '몸종들'을 지칭한다. 베드로 사도는 그 당시에 가정에서 일을 하는 많은 몸종들을 향하여 그들의 주인들에게 순복할 것을 권하고 있다. 바울 사도도 여러 차례 이런 권면을 했다(엡 6:5-8; 골 3:22-25; 딤전 6:1-2; 딛 2:9).

베드로는 몸종들을 향하여 "범사에 두려워함으로 주인들에게 순복하라"고 권한다. 다시 말해, '모든 일에 하나님을 두려워하는 두려움을 갖고 주인들에게 순종하라'는 것이다(엡 6:5). "순복하라"(ὑποτασσόμενοι)는 말은 현재 중간태 분사로서 현재나 앞으로나 계속해서 변함없이 주인들에게 순종해야 할 것을 뜻한다.

그런데 베드로는 주인들의 성격이 어떻든지 순종하라고 부탁한다. "순하고 관용하는 자들"(τοῖς ἀγαθοῖς καὶ ἐπιεικέσιν), 곧 '선하고 온유한 사람들'에게도 순복하고 "까다로운 자들"(τοῖς σκολιοῖς), 곧 '심성이 완고하고 악하고 불공평하고 가혹한 자들'에게도 순종하라고 부탁한다. 이 두 가지 종류의 주인들, 곧 "선하고 관용하는 자들"은 아마도 예수님을 믿는 주인들이었을 것이고, "까다로운 자들"은 믿지 않는 주인들이었을 것이다. 당시에 어떤 사환들은 신자 주인집에서 몸종으로 수고했고, 어떤 사환들은 불신자 주인집에서 수고한 것으로 보인다. 베드로는 까다로운 주인집에서 일하는 몸종들에게 딴 생각하지 말고 그저 하나님을 두려워하는 중에 순종하라고 권한다.

벧전 2:19-20. 애매히 고난을 받아도 하나님을 생각함으로 슬픔을 참으면 이는 아름다우나 … 오직 선을 행함으로 고난을 받고 참으면 이는 하나님 앞에 아름다우니라.

까다로운 주인집에서 "애매히(ἀδίκως) 고난을 받는" 경우, 곧 '부당한 고난을 받는' 경우에라도 "하나님을 생각함으로(διὰ συνείδησιν θεοῦ) 슬픔을 참으면 이는 아름답다"는 것이다(마 5:10; 롬 13:5; 벧전 3:14). 다시 말해, 부당하게 고난을 받으면서도 '하나님이 함께 하시고, 하나님께서 지켜보시리라고 자각(自覺)하면서 참는다면, 하나님께 인정받고 은혜 받을 만하다'는 것이다. 여기 "이는 아름답다"(τοῦτο γὰρ χάρις)는 말씀은 '슬픔을 참는 것은 은혜'라는 뜻이다. 곧 하나님께 인정받고 은혜를 받을만하다는 말이다. 예수님은 "나를 인하여 너희를 욕하고 핍박하고 거짓으로 너희를 거스려 모든 악한 말을 할 때에는 너희에게 복이 있나니 기뻐하고 즐거워하라. 하늘에서 너희 상이 큼이라"고 하신다(마 5:11-12). 우리는 하나님으로부터 인정받고 은혜를 받을만하게 매사에 참아야 할 것이다.

베드로는 다른 한편 "죄가 있어 매를 맞고 참으면 무슨 칭찬이 있을 것인가"고 반문한다. 여기 "죄가 있어"(ἁμαρτάνοντες)라는 말과 "매를 맞고"(κολαφιζόμενοι)라는 말은 모두 현재분사로서 계속해서 죄를 짓고 계속해서 얻어맞는 것을 뜻한다. 계속해서 죄를 짓고 그 결과 계속해서 징계를 당하는 것은 별로 가치가 없는 일이라는 것이다. 즉 죄를 짓지 말고 순종하는 삶을 살아야 한다는 것이다.

그러므로 믿는 사환들은 "오직 선을 행함으로 고난을 받고 참아야" 한다(3:14; 4:14-15). 믿는 사환들이 믿지 않는 주인 밑에서 참는 것은 "하나님 앞에 아름다운" 일이다. "이는 하나님 앞에 아름다우니라"(τοῦτο χάρις παρὰ θεῷ)는 말씀은 "이것은 하나님 앞에 은혜니라"라고 직역된다. 성도가 고난을 받고 참으면 하나님께 인정을 받고 또 은혜 받을만하다는 것이다. 우리는 참아서 복을 받고 은혜를 받아야 한다.

벧전 2:21. 이를 위하여 너희가 부르심을 입었으니.
베드로는 성도들이 "이를 위하여," 곧 '선을 행함으로 고난을 받고 참기 위하여' "부르심을 입었다"고 격려한다(마 16:24; 행 14:22; 살전 3:3; 딤후 3:12). 물론 성도는 종말의 구원을 받기 위하여 하나님으로부터 부르심을 받았다(롬 8:30; 빌 3:12-14). 그러나 다른 한편으로 그들은 하나님의 영광을 위하여 부르심을 받은 것도 사실이다(엡 1:12, 14; 2:10). 우리는 선을 행하는 가운데 고난을 받고 참아야 한다. 그러기 위해서 우리는 그리스도의 무죄와 희생을 본받아야 한다.

그리스도도 너희를 위하여 고난을 받으사 너희에게 본을 끼쳐 그 자취를 따라 오게 하려 하셨느니라.
베드로는 고난을 당하는 사환들에게 "그리스도도 너희를 위하여 고난을 받으셨다"고 말한다(3:18). 다시 말해, 선을 행하고도 고난을 받는 사환들에게 격려가 되고 본이 되도록 그리스도께서 고난을 받으셨다는 것이다. 즉 그리스도 께서는 두 가지 목적에서 고난을 받으신 것이다. 하나는 대속을 위한 고난이고 (마 20:28; 막 10:45; 딤전 2:6; 딛 2:14), 또 하나는 고난당하는 성도들에게 본을 끼쳐 그리스도를 잘 따르게 하기 위한 고난이다(요 13:15; 빌 2:5; 요일 2:6). 지금 우리가 고난을 받고 있는가? 그렇다면 그리스도를 바라보고 불평 없이 끝까지 참아야 한다.

벧전 2:22-23. 저는 죄를 범치 아니하시고 그 입에 궤사도 없으시며 욕을 받으시되 대신 욕하지 아니하시고 고난을 받으시되 위협하지 아니하시고 오직 공의로 심판하시는 자에게 부탁하시며.

베드로는 본 절에서 까다로운 주인집에서 고난당하는 사환들에게 죄를 짓지 말고 고난을 받도록 격려하기 위하여 예수님의 무죄하심을 나열한다. 첫째, 예수님은 고난을 받으시되 "죄를 범치 아니하셨다"(사 53:9; 마 26:60; 눅 23:41; 요 8:46; 18:38; 19:4, 6; 고후 5:21; 히 4:15). 둘째, 그리스도는 "입에 궤사도 없으셨다." "궤사"(δόλος)라는 '거짓'을 뜻하는 말이다. 예수님이 그 입에 거짓이 없으셨는데도 불구하고 고난을 받으셨다면, 사환들이나 성도들 은 죄 많은 자신들이 고난을 받고 참는 것을 당연하다고 여겨야 한다. 또 한편 베드로가 이 말씀을 한 것은, 사환들이나 성도들도 그 입에 거짓이 없이 살아야 할 것을 가르쳐 주기 위함이다. 셋째, 예수님은 "욕을 받으시되 대신 욕하지 아니하셨다"(사 53:7; 마 26:57-63; 27:12, 14; 히 12:3). 예수님은 법정에서 심문과 고난을 받으시면서 대꾸하지 않으셨다. 우리도 예수님을 본받 아 억울하게 욕을 먹을 때 침묵할 수 있어야 할 것이다. 넷째, 예수님은 "고난을 받으시되 위협하지 아니하시고(마 26:65-68; 27:27-31) 오직 공의로 심판하시는 자에게 부탁하셨다"(눅 23:46). 예수님은 자기를 핍박하는 자들을 위협하지 아니하시고 공의로 심판하시는 하나님께 판단해 주시기를 부탁하셨다. 예수님께서 당하신 고난을 두 가지로 나눌 수 있을 것이다. 하나는 그가 당하신 인격적인 모욕이고(막 14:65; 15:17-20, 29-32), 또 하나는 그가 당하신 육체적인 고난(막 15:33-37)이다. 예수님은 그것들을 얼마든지 친히 해결할 수 있으셨지만, 공평하게 판단하시는 하나님께 부탁하셨다. 예수님께서 자신에게 고난을 준 사람들을 공의의 하나님께 부탁하셨던 것처럼, 성도들 역시 자기들에게 고난을 주는 사람들을 위협하지 말고 공의의 하나님께 부탁해야 할 것이다.

벧전 2:24. 친히 나무에 달려 그 몸으로 우리 죄를 담당하셨으니.
베드로는 이제 적극적으로 예수님께서 의를 행하신 일을 기록하고 있다. 베드로는 첫째, 예수님께서 "친히 나무에 달려 그 몸으로 우리 죄를 담당하셨다"고 말한다(사 53:4-6, 11-12; 마 8:17; 골 2:14; 히 9:28). 친히 예수님께서 십자가에 달려 그 몸으로 우리 죄를 담당하셨다는 말이다.

이는 우리로 죄에 대하여 죽고 의에 대하여 살게 하려 하심이라.
예수님께서 십자가에 달려 죽으신 이유는 우리가 "죄에 대하여 죽고 의에 대하여 살게 하려 하심이다"(롬 6:2, 11; 7:6). 예수님은 우리가 죄와 관계를 끊고 또 한편 의를 위해 살게 하기 위해 죽으셨다. 예수님께서 친히 나무에 달려 우리의 죄를 담당하신 것이 또 우리에게는 하나의 본보기가 된다. 성도들은 죄에 대하여는 죽은 자처럼 관련을 끊고, 의에 대하여는 사는 자처럼 의를 위해 살아야 한다. 이렇게 죄와는 관계를 끊고 의를 위해 사는 것은 우리가 성령으로 충만할 때 이루어진다.

저가 채찍에 맞음으로 너희는 나음을 얻었나니.

베드로는 예수님께서 적극적으로 의를 행하신 두 번째 사역을 기록한다. 곧 예수님께서 "채찍에 맞음으로 너희는 나음을 얻었다"는 것이다(사 53:5). 여기 "채찍"(μώλωπι)이라는 말은 원래 '채찍에 맞은 흔적,' '상처 때문에 남은 흔적,' 혹은 '채찍 자국'을 말한다. 예수님께서 채찍에 맞아서 흔적이 생김으로써 성도들의 영혼이 온전히 나음을 얻었다는 것이다. 그리고 성도들은 예수님의 무수한 채찍의 흔적을 바라보고 고난을 참아야 한다는 것이다. 베드로는 걸핏하면 채찍에 맞아서 흔적을 얻는 사환들에게 예수님의 채찍 맞은 흔적을 생각함으로써 고난을 견디라고 권하고 있는 것이다. 우리도 역시 그리스도의 채찍에 맞은 흔적을 바라보고 우리의 고난을 참아야 한다. 우리는 그리스도의 상처를 바라보면서 우리가 사람들에게서 받는 영육간의 수많은 상처들을 참아야 할 것이다.

벧전 2:25. 너희가 전에는 양과 같이 길을 잃었더니 이제는 너희 영혼의 목자와 감독 되신 이에게 돌아왔느니라.

베드로는 10절에서 성도들로 하여금 과거와 현재를 비교하여 하나님의 아름다운 덕을 선전하라고 말씀했는데, 여기서는 사환들로 하여금 "양과 같이 길을 잃었던" 과거의 비참상(사 53:6; 겔 34:6)과 "영혼의 목자와 감독되신 이에게 돌아온" 현재의 행복을 비교하여 고난 중에도 잘 참고 주인들에게 순복할 것을 권한다. 예수님은 자신이 양떼를 위한 선한 목자라고 말씀하신다(요 10:10-11, 14, 16). 성경에는 하나님과 예수님을 목자라고 표현한 곳이 많이 있다(시 23:1; 사 40:11; 겔 34:23; 37:24; 마 25:32; 히 13:20; 벧전 5:4). 예수님은 우리를 먹여 주시는 목자이면서, 또한 우리를 잘 돌보고 감찰하시는 "감독"이시다. 비록 우리가 남의 집에서 몸종 노릇을 하는 사환들이라 할지라도,

영혼의 목자와 감독되신 예수님께 돌아온다면, 우리에게 더 이상 무슨 걱정이 있을 것인가? 박윤선 목사는 우리의 현재의 행복에 대하여 다음과 같이 구가(謳歌)하고 있다. "그리스도는 길 잃은 양과 같이 위태한 자리에 있던 우리를 구원하셨다. 그러므로 이제 그의 목양(牧養)과 감시를 받는 우리 양떼(평신도들과 교역자들)로서는 핍박과 고난 중에서도 걱정할 것 없다. 그리스도께서 우리의 영혼을 맡으셨으니 우리가 육체에 해를 당한들 무슨 염려가 있으랴"(4:19).[2]

---

2) 박윤선, 『히브리서, 공동서신』 성경주석, (서울: 영음사, 1987), p. 380.

제3장

부부간의 윤리와 고난 중의 성도의 자세

VI. 부부윤리 3:1-7

앞에서 베드로는 주인집에서 일하는 몸종들을 향하여 주인께 복종하라고
부탁했다(2:18-25). 이제 그는 부부가 서로 윤리를 지킬 것을 명령한다. 부인은
남편에게 순복하고(1-6절), 남편은 부인을 귀히 여기라고 말한다(7절).

벧전 3:1. 아내 된 자들아 이와 같이 자기 남편에게 순복하라.
베드로는 여기저기 흩어져 나그네와 행인으로 살고 있는 부부들에게 윤리를
가르치는 중에 먼저 아내들에게 명령한다. 아내들은 남편들에게 "이와 같이,"
곧 '사환들이 주인들에게 순복하는 바와 같이'(2:18) 순복해야 한다는 것이다
(고전 14:34; 엡 5:22; 골 3:18; 딛 2:5). 아내들이 지위에 있어서 남편보다
열등해서가 아니라 가정의 평화와 행복을 위하여 남편에게 복종하라는 것이다.
바울 사도 역시 아내들이 남편들에게 복종할 것을 명령했다(엡 5:22-33; 골
3:18-19; 딛 2:4-5). 오늘의 아내들은 걸핏하면 가정을 깨고 집을 나가서 자기와

자녀들과 남편들을 불행하게 만들고 있다. 참으로 성경 말씀으로부터 멀리 떨어진 행동이 아닐 수 없다.

　　이는 혹 도를 순종치 않는 자라도 말로 말미암지 않고 그 아내의 행위로 말미암아 구원을 얻게 하려 함이니.

　　아내가 남편에게 순복해야 하는 이유는 "혹 도를 순종치 않는 자라도 말로 말미암지 않고 그 아내의 행위로 말미암아 구원을 얻게 하려 함이기" 때문이다(고전 7:16; 9:19, 22). 다시 말해, '혹시 복음을 믿지 않는 남편이라도 아내의 말을 통해서가 아니라 아내의 순종으로 남편의 구원을 얻게 하려 함인 것이다.' 가까운 사람일수록 말이 아닌 행위를 통해 그리스도를 전해야 한다. 우리와 가까운 사람들은 우리의 약점을 너무나 잘 알고 있다. 그래서 그들은 우리가 아무리 유창한 말로 설득해도 잘 듣지 않는다. 우리는 행위로 그리스도를 보여 주어야 한다.

벧전 3:2. 너희의 두려워하며 정결한 행위를 봄이라.

여기 "봄이라"($\epsilon\pi o\pi\tau\epsilon\upsilon\sigma\alpha\nu\tau\epsilon\varsigma$)라는 말은 '주의 깊게 관찰한다'는 말이다. 불신 남편은 아내의 행위를 아주 주의 깊게 관찰한다는 것이다(2:12). 일반적으로 불신자들은 자신들의 약점에 대해서는 둔감하지만 신자들의 행위에 대해서는 민감하다. 그러므로 신자들은 불신자 틈에서 살면서 행위를 조심해야 한다. 불신 남편들은 기독교인 아내들을 두 측면에서 관찰한다. 하나는, 아내가 하나님을 참으로 "두려워" 하는가를 관찰한다. 다시 말해, 아내가 하나님을 참으로 두려워하고 경외하는지를 살펴본다는 것이다. 그리고 다른 하나는, 기독교인 아내가 하나님 앞에서 "정결한 행위"를 가지는지를 살핀다. 다시 말해, '순결한 삶'을 사는지 살핀다는 것이다. 아내가 하나님을 경외하고 성결하게 살 때 자연적으로 남편을 존경하고 순복하게 되는 것이다. 우리는 우리의 행실이 다른 사람의 구원과 밀접한 관계가 있다는 것을 알고 행실에 조심해야 할 것이다.

벧전 3:3-4. 너희 단장은 … 오직 마음에 숨은 사람을 온유하고 안정한 심령의 썩지 아니할 것으로 하라 이는 하나님 앞에 값진 것이니라.

베드로는 여자들이 힘쓸 필요 없는 단장과 힘써야 할 단장에 대해 말한다. 힘쓰지 않아야 할 단장은 몸단장이다(딤전 2:9; 딛 2:3). 베드로의 이 말씀은 여자가 깨끗하게 하고 다니는 것을 반대하는 것이 아니라, 소위 남의 시선을 끌기 위하여 지나치게 단장하는 것을 금하는 것뿐이다. 어떤 여자들은 몸단장을 위하여 웬만한 집 한 채 값을 걸치고 다니는 경우가 있다. 이렇게 지나친 몸단장은 첫째, 자신의 마음을 해이하게 한다. 둘째, 다른 사람의 신경을 자극한다. 결국 그것은 자기에게는 해롭고, 남에게는 유익하지 않은 일을 하는 것이다.

베드로는 다음으로 여자들이 힘써야 할 단장을 제시한다. 여자들은 내부 단장, 곧 마음 단장을 해야 한다는 것이다. 여자들은 "마음에 숨을 사람을 온유하고 안정한 심령의 썩지 아니할 것으로" 단장해야 한다(시 45:13; 롬 2:29; 7:22; 고후 4:16). "마음에 숨은 사람," 곧 '중생한 사람,' '속사람'을 두 가지로 단장해야 한다는 것이다(롬 7:22; 고후 4:16; 엡 3:16). 첫째, 중생한 사람을 "온유"하게 단장해야 한다. "온유"라는 '부드러운 것'을 지칭한다. 여자들은 무엇보다 부드럽고 친절해야 한다. 둘째, 중생한 사람을 "안정한 심령"으로 단장해야 한다. "안정한 심령"은 '평온한 심령'을 말한다. 곧 평화로운 심령을 말한다. 중생한 사람도 평온하지 못하고 과격하고 돌출적일 수가 있다(마 16:22-23). 아무튼 여자들은 가정에서 빈 수레처럼 떠들지 말고, 자신도 평온할 뿐 아니라 가정을 평온케 만들어야 한다.

베드로는 이 두 가지 단장은 영원히 "썩지 아니할 것"이라고 말한다. 곧 "온유"와 "안정한 심령"은 영원히 없어지지 않을 미덕이라는 말이다. 머리 단장, 액세서리 단장, 그리고 옷단장은 썩을 단장이다. 그러나 중생한 마음을 온유와 평화로 단장하는 것은 영원히 남을 단장으로서 "하나님 보시기에 값진 것이다." 하나님께서 귀하게 보시는 단장이라는 말이다. 우리 모두는 값진 단장을 하고 다녀야 한다.

벧전 3:5. 전에 하나님께 소망을 두었던 거룩한 부녀들도 이와 같이 자기 남편에게 순복함으로 자기를 단장했나니.

본 절 초두에 나오는 "왜냐하면"(γάρ)이라는 말은 본 절이 앞에 말한 내용(1-4절)의 이유임을 알려 준다. 즉 베드로는 앞에서 아내들에게 온유하고 평온한 마음으로 남편을 대하라고 말한 것이 자신의 일방적인 명령이 아니라 역사적으로 "하나님께 소망을 두었던 거룩한 부녀들도 자기 남편에게 순복함으로 자기를 단장했다"고 주장하고 있는 것이다. 여기 "거룩한 부녀들"이 누구인지 구체적으로 밝히지 않아서 알 수는 없으나 실제 인물임에는 틀림없다. 이유는 "거룩한 부녀들"(αἱ ἅγιαι γυναῖκες)이라는 말 앞에 정관사가 있기 때문이다. 그리고 또 여기 "단장했다"(ἐκόσμουν)는 말이 미완료 과거이므로 구약 시대의 거룩한 부녀들이 계속해서 자기 남편에게 순복함으로 단장하고 있었다는 것을 말하고 있다.

하나님을 믿었던 거룩한 부녀들은 하나님께 소망을 둔 사람들이었으므로 겉 단장이 아니라 속사람 단장에 힘을 썼다. 누구든지 하나님을 믿고 하나님을 소망하는 사람들은 중생한 자아(自我)를 단장한다. 오늘날 속사람을 단장하지 않고 겉만 현란하게 꾸미는 사람들은 사탄의 영향을 많이 받고 있는 사람들이다 (막 5:15).

벧전 3:6. 사라가 아브라함을 주라 칭하여 복종한 것같이 너희가 선을 행하고 아무 두려운 일에도 놀라지 아니함으로 그의 딸이 되었느니라.

특별히 베드로는 앞에 말한 여러 거룩한 부녀들 중에서 사라를 예로 든다. 베드로는 "사라가 아브라함을 주라 칭하여 복종했다"고 진술한다(창 18:12). 여기 "주라 칭하여"(κύριον αὐτὸν καλοῦσα)라는 말은 '주인이라고 계속해서 불렀다'는 말이다.

베드로는 사도의 편지를 받는 여자 성도들이 사라가 아브라함을 주인이라고 계속해서 부르면서 복종한 것처럼 "선을 행해서," 곧 4절에 말한 대로 '남편을 향하여 온유하게 대하고 또 평온하게 대해서' 사라의 딸 자격을 얻게 되었다고 말한다. 또한 그녀들은 "아무 두려운 일에도 놀라지 아니함으로," 곧 '당시 불신 남편과 함께 살면서 많은 위험을 당하면서도 놀라지 않기 때문에' 사라의 딸 자격을 얻게 되었다는 것이다. 여자들도 여호와 신앙을 가지면 두려워하지 않게 된다.

비록 이방인이라 할지라도 그리스도를 믿으면 누구든지 아브라함의 자손이 되는 것처럼(롬 4:11; 갈 3:7), 아브라함의 아내 사라의 시대로부터 몇 천 년의 시대차를 두고 사는 여성들이라 할지라도, 사라처럼 하나님께 소망을 두며 남편에게 복종하고 아무것도 두려워하지 않는 평온한 심령을 소유한다면, 역시 사라의 딸이 된다는 것이다.

벧전 3:7. 남편 된 자들아 이와 같이 지식을 따라 너희 아내와 동거하고 저는 더 연약한 그릇이요 또 생명의 은혜를 유업으로 함께 받을 자로 알아 귀히 여기라 이는 너희 기도가 막히지 아니하게 하려 함이라.

이제 베드로는 남편들에게 아내들을 어떻게 대해야 하는지를 말씀하고 있다. 남편 된 사람들은 "지식을 따라 아내와 동거하라"고 말씀한다(고전 7:3; 엡 5:25; 골 3:19). 여기 "지식을 따라"라는 말씀은 '지식을 갖고'라는 뜻이다. 여기에서 말하는 "지식"은 다음과 같다. 첫째, 아내는 "더 연약한 그릇"이라는 것이다(고전 12:23; 살전 4:4). 다시 말해, 여자는 남자보다 더 연약한 존재라는 지식, 곧 여자는 신체적으로 남자보다 연약하다는 지식을 갖고 살아야 한다는 것이다. 둘째, 아내는 "생명의 은혜를 유업으로 함께 받을 자"라는 것이다. 곧 남편들은 아내를 '영생의 은혜를 유업으로 남편과 함께 받을 존재로 알아야 한다는 것이다.

베드로는 남편들에게 여자들에 대한 이런 두 가지 지식을 습득해서 아내를 "귀히 여기라"고 말한다. '귀히 여기라'는 말은 바울 사도가 말한바 "사랑하라"는 말과 동일한 것이다(엡 5:22-33). 이렇게 귀하게 여겨야 할 이유는, 남편들의 "기도가 막히지 아니하게 하려는 것"이다(욥 42:8; 마 5:23-24; 18:19). 베드로는 예수님의 기도에 관한 교훈을 따라서 이런 교훈을 준다. 예수님은 기도에 관한 교훈에서 "기도할 때에 아무에게나 혐의가 있거든 용서하라"고 권하신다(마 6:14-15; 막 11:25). 우리 한국의 남편들은 오랫동안 여자들을 귀하게 여기지 않아서 많은 죄를 지었다. 여자들이 참으로 더 연약한 존재이며 또한 함께 영생으로 들어갈 존재라는 사실을 알고 귀하게 여겨야 한다.

VII. 고난 중에 있는 성도의 처세 3:8-4:19

앞에서 베드로는 성도가 국민의 일원으로서(2:13-17), 혹은 사환으로서
(2:18-25), 혹은 아내로서(3:1-6), 혹은 남편으로서(7절) 취해야 할 처신에 대하
여 언급했다. 이제 그는 고난 중에 어떤 처세를 해야 하는지를 설명하고 있다.

1. 공동체 안에서의 성도들의 처세 3:8-12

베드로는 성도가 공동체의 회원으로서 어떤 처세를 취해야 옳은지를 설명하
고 있다. 그는 먼저 성도는 교회 공동체 안에서 연합에 힘써야 하고(8절),
악을 악으로 갚지 말고 복을 빌어야 한다고 말한다(9-12절).

**벧전 3:8. 마지막으로 말하노니 너희가 다 마음을 같이 하여 체휼하며 형제를
사랑하며 불쌍히 여기며 겸손하며.**
여기에서 베드로는 편지의 결론 부분에 도달하지도 않았는데 "마지막으로
말하노니"라고 말하고 있다. 이 "마지막으로 말한다"는 말은 편지가 끝나간다
는 뜻이 아니라, 이제부터 참으로 중요한 것을 말하겠다는 뜻을 함축하고
있다. 베드로는 자기가 이제부터 성도가 고난을 어떻게 대처해야 하는지를
길게(3:8-4:19) 말하겠다는 것을 암시하기 위하여 "마지막으로 말하노니"라고
말한다. 사람들도 무슨 중요한 것을 말하기 위해 이렇게 "마지막으로 말하는데"
라고 말을 꺼내면서 길게 말하는 것을 볼 수 있다. 이제 베드로는 교회 공동체
안에서 성도가 어떻게 처신해야 하는지를 본격적으로 거론한다.

첫째, 베드로는 성도들에게 "다 마음을 같이하라"고 말한다(롬 12:16;

15:5). 교회 공동체 안에서 "다 마음을 같이하라"는 것이다. "마음을 같이하라"(ὁμόφρονες)는 말은 '같은 것을 생각하라'는 뜻이다. 한 공동체 안에 있는 성도들은 모두 '한분 예수님을 생각해야' 한다. 바울은 빌립보서 3:14에서 자신이 "푯대를 향하여 … 좇아간다"고 말하고 있고, 히브리서 기자는 3:1에서 "예수를 깊이 생각하라"고 권하고 있다. 교회 공동체의 회원은 모두 자기를 부정하고 예수님을 생각하며 예수님의 영광만을 생각해야 한다.

둘째, 베드로는 성도들에게 "체휼하라"고 말한다. "체휼한다"(συμπαθεῖς)는 말은 '함께 고통을 받다,' '동정심을 갖다,' '다른 사람의 감정에 참여한다'는 뜻이다. 바울은 "즐거워하는 자들로 함께 즐거워하고 우는 자들로 함께 울라"고 말한다(롬 12:15; 히 10:34).

셋째, 베드로는 성도들에게 "형제를 사랑하라"(φιλάδελφοι)고 말한다(롬 12:10; 히 13:1; 벧전 2:17). "형제를 사랑하라"는 말은 '성령으로 중생한 성도들이 서로 사랑하라'는 말이다. 즉 성경에서 "형제를 사랑하라"는 말은 육신의 형제를 사랑하라는 뜻이기보다는 영적인 형제들을 사랑하라는 뜻이다. 우리는 모두 성령으로 거듭나서 모두 형제자매들이 되었기에 피차 뜨겁게 사랑해야 한다(롬 12:10; 살전 4:9-10; 히 13:1; 벧후 1:7).

넷째, 베드로는 성도들에게 "불쌍히 여기라"고 말한다(엡 4:32; 골 3:12). "불쌍히 여기라"(εὔσπλαγχνοι)는 말은 '깊은 감정을 가지라,' '동정심을 가지라'는 말이다(고후 7:15; 몬 1:7). 오늘 우리는 삭막한 세상을 살아가고 있다. 따라서 우리는 성령의 충만을 구하여 다른 형제들에 대하여 깊은 동정심을 갖고 살아야 할 것이다. 특별히 다른 사람의 실수를 동정심을 갖고 덮어주어야 할 것이다.

다섯째, 베드로는 성도들에게 "겸손하라"고 말한다. "겸손하라"(ταπεινό-

φροveς)는 말은 '낮은 마음을 가지라,' '낮은 생각을 가지라'는 뜻이다. 예수님
은 친히 "나는 온유하고 겸손하다"고 하셨고(마 11:29), 친히 겸손의 본을
보이셨다(빌 2:6-9). 우리는 하나님 앞에서 그리고 사람 앞에서 낮은 마음을
품고 살아야 한다.

벧전 3:9. 악을 악으로, 욕을 욕으로 갚지 말고 도리어 복을 빌라.

앞 절에서 베드로는 성도 상호간에 취해야 할 태도를 말했는데, 이제는 외부로부
터 들어오는 박해 행위에 대해 복수하지 말고 오히려 복을 빌어주라고 말한다.
"악을 악으로" 갚지 말라는 것은 악한 행위에 대해 '앙갚음을 하지 말라'는
뜻이고, "욕을 욕으로 갚지 말라"는 것은 '욕을 먹고 저주하지 말라'는 뜻이다
(잠 17:13; 20:22; 마 5:39; 롬 12:14, 17; 고전 4:12; 살전 5:15).

박해를 받고 대응하지 않는 것도 힘든 일인데, 베드로는 더 나아가 성도들에
게 "도리어 복을 빌라"고 부탁한다. "복을 빌라"(εὐλογοῦντες)는 말은 '축복하
라'는 뜻이다. 예수님은 "너희 원수를 사랑하며 너희를 핍박하는 자를 위하여
기도하라"고 말씀하시고(마 5:44), 바울도 핍박 자를 향하여 선을 행하라고
권고했다(롬 12:17; 살전 5:15).

이를 위하여 너희가 부르심을 입었으니.

베드로는 성도들을 향하여 "이를 위하여 너희가 부르심을 입었다"고 말한
다. 곧 '복을 빌기 위하여 부르심을 입었다고 말한다. 복을 빌기 위하여 하나님
의 부르심을 받았으니 축복하라는 것이다. 우리는 우리를 박해하는 사람들을
향하여 복을 빌도록 부르심을 받았으므로 반드시 복을 빌어야 한다. 베드로는
2:21에서도 이와 비슷한 말씀을 했다. 거기서는 주인집에서 수고하는 사환들이
불공평한 대우를 받고도 순복하도록 하기 위하여 그들이 하나님의 부르심을

입었다고 말했고, 여기서는 성도들이 박해자를 향하여 복을 빌도록 하기 위하여 그들이 하나님의 부르심을 받았다고 말한다. 즉 성도들은 사람들의 불공평한 대우를 받으면서도 선을 행하도록 하나님의 부르심을 받았다는 것이다. 성도들은 동네북이다. 그러나 그들은 자기들을 박해하는 세상 사람들을 선대해야 한다. 한편으로 성도는 종말의 구원을 받기 위하여 하나님으로부터 부르심을 받았지만(롬 8:30; 빌 3:12-14), 또 한편으로는 세상 사람들로부터 불이익을 당하면서도 그들을 선대하도록 부르심을 받은 것이다.

이는 복을 유업으로 받게 하려 하심이라.

베드로는 성도가 박해자를 향하여 복을 빌어야 하는 이유를 말한다. 그 이유는 복을 영원한 기업으로 받기 위해서라는 것이다(마 5:45; 25:34; 눅 6:35). 그러나 혹자는 이 목적절($\iota\nu\alpha$, '～을 위해서')을 목적절로 해석해서는 안 된다고 주장한다. 이유는, 그것을 목적절로 해석하면, 교리에 어긋나기 때문이라는 것이다. 그래서 그들은 본 절을 '하나님께서 우리로 하여금 복을 유업으로 받게 하시려고 부르셨다. 그렇기 때문에 우리는 타인에게 복을 빌어야 한다'고 해석한다. 그러나 이 해석은 베드로 사도의 말씀을 왜곡하는 것이다. 우리는 베드로 사도의 글을 그대로 받아야 한다. 즉 성도가 박해자들을 위하여 복을 기원해야 하는 것은 다름 아니라 복을 영원한 자신의 소유로 얻기 위해서라고 해석해야 한다. 예수님도 "오직 너희는 원수를 사랑하고 선대하며 아무 것도 바라지 말고 빌리라. 그리하면 너희 상이 클 것이요 또 지극히 높으신 이의 아들이 되리니 그는 은혜를 모르는 자와 악한 자에게도 인자로우시니라"(눅 6:35)고 말씀하신다. 성도는 믿음으로 구원을 받지만, 그 믿음은 반드시 행위로 표출되어야 한다. 야고보는, 우리의 믿음이 행위로 표출되지 않으면, 그 믿음은 구원 받을 수 있는 믿음이라고 말할 수 없다고 주장한다(약 2:14-26).

벧전 3:10. 그러므로 생명을 사랑하고 좋은 날 보기를 원하는 자는 혀를 금하여 악한 말을 그치며 그 입술로 궤휼을 말하지 말고.

헬라어 원문에 의하면, 이 구절에는 "그러므로"라는 말이 없고 대신 "왜냐하면"(γὰρ)이라는 말이 나온다. 본 절은 앞에 나온 말씀, 곧 성도가 박해를 받고서 복을 빌어야 하는 이유를 말하고 있다. 베드로는 성도가 복을 빌어야 하는 이유를 구약 시편 34:12-16에서 끌어낸다. "생명을 사랑하고 좋은 날 보기를 원하는 자," 곧 '영원한 생명을 사모하고 장래의 영광의 날을 소망하는 성도들은' "혀를 금하여 악한 말을 그치며 그 입술로 궤휼을 말하지 말아야"한다는 것이다(약 1:26; 벧전 2:1, 22; 계 14:5). 다시 말해, 성도는 '악한 말을 그치고 남을 속이거나 해치지 말아야 한다.' 성도는 종말의 날을 위해서만 아니라 현세의 날들을 위해서도 악한 말을 그쳐야 하고 남을 속이지 말아야 한다. 성도는 내세의 날만을 생각하고 현세의 복에 대해서는 무관심해서는 안 된다. 결코 현세에서 복의 공백 기간을 가져서는 안 된다.

벧전 3:11. 악에서 떠나 선을 행하고 화평을 구하여 이를 좇으라.

베드로는 "악에서 떠나라"고 부탁한다. 베드로는 자기가 앞 절들(9-10절)에서 지적한 악한 일들의 원인을 마음에 숨어 있는 "악" 때문으로 보고 "악에서 떠나라"(ἐκκλινάτω)고 권한다(시 37:27; 사 1:16-17; 요삼 1:11). 곧 '악에서 돌아서라'고 말한다. 사람이 악에서 돌아서는 것만큼 힘든 일이 없다. 그러므로 우리는 많은 기도를 해야 한다.

이어서 베드로는 "선을 행하고 화평을 구하여 이를 좇으라"고 권한다(롬 12:18; 14:19; 히 12:14). "선을 행하라"는 말씀은 앞에서 말한 대로 복을 구하는 일을 지칭한다. 특별히 베드로는 "화평을 구하여 이를 좇으라"고 부탁한다. 다시 말해, '화평을 구하고 또 화평을 좇으라'는 것이다. "구하라"(ζητησάτω)는 말은 '열심을 다하여 구하라'는 뜻이고, "좇으라"(διωξάτω)는 말은 '뒤좇아 가서 잡으라'는 뜻이다. 성도는 성경에서 아주 귀하게 여기는 덕목 중의 하나인 화평을 구하되 열심을 다해서 해야 하고, 또한 뒤따라가서 잡아야 한다. 우리는 우리를 괴롭히고 핍박하는 사람들을 위해 기도함으로써 화평을 구해야 한다(롬 12:18; 고후 13:11; 살전 5:13).

벧전 3:12. 주의 눈은 의인을 향하시고.
베드로는 "주(하나님)의 눈은 의인을 향하신다"고 말한다. "의인"은 본 절의 문맥상 '마음을 같이하여 함께 고통을 나누고, 형제를 사랑하고 동정하고 마음을 낮추고(8절) 핍박 자를 위하여 복을 빌어주는 사람'(9절)을 지칭한다. 하나님의 감찰하시고 보호하시는 눈은 의인을 보호하시고 사랑하시기 위하여 의인을 향하신다는 것이다.

그의 귀는 저의 간구에 기울이시되 주의 낯은 악행하는 자들을 향하시느니라 했느니라.
하나님은 의인들의 "간구에 귀를 기울이신다"(출 2:24-25; 요 9:31; 약 5:16). 하나님은 의인들의 간구를 하나라도 빼지 않고 들으신다. 시편 145:18에 "여호와께서는 자기에게 간구하는 모든 자 곧 진실하게 간구하는 모든 자에게 가까이 하시는도다"라고 말씀한다. 성도는 의인의 반열에 서서 하나님을 향하여 끊임없이 간구해야 할 것이다. 그러나 진노하시는 하나님의 "낯은 악행 하는 자들," 곧 '성도들을 괴롭히고 핍박하는 사람들'을 향하신다(시 34:16). 우리는 악행하는 사람들의 반열에 서서 하나님의 원수노릇을 해서는 안 될 것이다.

2. 의를 위하여 고난을 받으라 3:13-22

베드로는 앞 단락에서 성도들이 교회 공동체 안에서 처신하는 방법을 말했다(8-12절). 이제 그는 성도가 외부의 핍박자들로부터 고난을 받을 때 어떤 자세를 취해야 하는지에 대하여 말한다.

벧전 3:13. 또 너희가 열심으로 선을 행하면 누가 너희를 해하리요.
첫째, 베드로는 성도가 의를 위하여 고난을 받을 때 열심을 다하여 선(善)을 행하는 경우 아무도 그를 해하지 못한다는 것을 알아야 한다고 말한다(시 56:4; 잠 16:17; 사 50:9; 마 10:28-31; 롬 8:28, 31). 성도는 세상에서 의를 위하여 싸우다가 혹시 핍박을 받을 수가 있으나, 그 핍박이 자신의 영혼이나 혹은 영적인 유익에 결정적인 해(害)를 끼치지는 못한다는 확신을 가져야 한다는 것이다. 이유는 앞 절에서(12절) 말한 대로 "주의 눈은 의인을 향하시고 그의 귀는 저의 간구에 기울이시기" 때문이다.

벧전 3:14. 그러나 의를 위하여 고난을 받으면 복 있는 자니 저희의 두려워함을 두려워 말며 소동치 말고.
베드로는 앞 절(13절)과 약간 다른 말씀을 하려고 "그러나"라는 단어를 사용한다. 즉 성도가 "열심으로 선을 행하면" 성도를 영구하게 해칠 사람이 없기는 하지만 "그러나" 성도를 해하는 사람이 실제로 존재한다는 것을 말하려는 것이다.
둘째, 베드로는 성도가 의를 위하여 고난을 받을 때 "의를 위하여 고난을 받으면 복이 있다는 것"을 확신해야 한다고 말한다(마 5:10-12; 벧전 2:19; 4:14; 약 1:12). 베드로는 예수님의 말씀 중에 마태복음 5:10을 떠올리고 있다. 성도가 의를 위하여 고난을 받으면, 고난을 받는 순간에도 성령께서 함께하시기 때문에 영적으로 복이 있을 뿐 아니라, 미래에는 말할 것도 없이 영광을 받을 것이라는 것이다. 이제 베드로는 성도가 의를 위하여 고난을 받으면 현재와 미래에 복이 있을 것이라고 말한다.

셋째, 베드로는 성도가 고난을 당할 때 "저희의 두려워함을 두려워 말며 소동치 말라"고 말한다(사 8:12-13; 렘 1:8; 요 14:1, 27). 여기 "저희의 두려워함을 두려워 말라"(φόβον αὐτῶν μὴ φοβηθῆτε)는 말은 '저희가 주는 두려움을 두려워 말라'는 말이다(사 8:12; 마 10:28). 그것을 두려워할 필요가 없는 이유는, 12절의 말씀처럼, "주의 눈은 의인을 향하시고 그의 귀는 저의 간구에 기울이시기" 때문이다. 혹시 지금 이 시간에도 두려워하는 성도가 있는가? 그것은 하나님께 대한 불신앙임을 알아야 할 것이다.

벧전 3:15. 너희 마음에 그리스도를 주로 삼아 거룩하게 하고.
넷째, 베드로는 성도가 의를 위하여 고난을 받을 때 "마음에 그리스도를 주로 삼아 거룩하게 해야 한다"고 말한다. 베드로는 이사야 8:13을 인용하면서 그곳의 "만군의 주 여호와"를 본 절에서 "그리스도"에게 적용하고 있다. 여기 "그리스도를 주로 삼아 거룩하게 하라"(κύριον δὲ τὸν Χριστὸν ἁγιάσατε)는 말씀은 '주 그리스도를 거룩하게 하라'는 말이다. 곧 성도들의 마음속에서 주님이신 그리스도를 영화롭게 하고 높이라는 말이다. 다시 말해, 성도가 의를 위하여 고난을 받는 중에 성도들의 마음속에서 예수 그리스도를 높여야 한다는 것이다. 성도는, 세상에 사는 동안 그리스도를 높이면 높일수록, 공포가 사라지고 소동치 않게 되는 것이다. 우리에게 가장 중요한 것은 그리스도 한분이시다 (고전 2:2).

너희 속에 있는 소망에 관한 이유를 묻는 자에게는 대답할 것을 항상 예비하되 온유와 두려움으로 하고.

다섯째, 베드로는 성도가 의를 위하여 고난을 받을 때 자기의 "속에 있는 소망에 관한 이유를 묻는 자에게는 대답할 것을 항상 예비"해야 한다고 말한다 (행 4:8; 골 4:6; 딤후 2:25). 성도의 마음속에 있는 "소망"은 바로 '영생에 대한 소망'을 가리킨다. 성도는 세상에 살면서 사람들로부터 성도의 소망이 무엇이기에 그렇게 의를 위하여 고난을 받느냐고 질문을 받을 때 핍박자들 앞에서 대답할 것을 항상 예비하고 있어야 한다는 것이다. 성도는 성령의 충만 중에 성도의 소망, 곧 영생에 대한 소망을 전할 만반의 준비를 하고 있어야 한다. 그러나 성도는 무식한 불신자들 앞에서 교만할 것이 아니라 "온유(πραυτητος)와 두려움(φόβου)으로 해야"한다. 곧 '부드럽게 그리고 하나님을 경외하는 마음으로' 대답해야 한다.

벧전 3:16. 선한 양심을 가지라.

여섯째, 베드로는 성도가 의를 위한 고난을 받을 때 "선한 양심을 가"져야 한다고 말한다(히 13:18). "선한 양심"을 갖고 선행을 함으로써 핍박하는 자들을 부끄럽게 해야 하는 것이다. 여기 "양심"(συνείδησιν)은 '선악의 판단을 위해 하나님께서 인간에게 주신 기능'을 뜻한다(롬 2:15; 고후 4:2).[3] "양심"은,

─────────────

3) 신약에서 "συνείδησιν"(슈네이데-시스)는 명사로서 30회, 동사로서 4회 쓰였다. 바울 서신에 20회, 히브리서에 5회, 베드로전서에 3회(벧전 2:19 "생각"; 3:16, 21), 사도행전에 2회(행 23:1; 24:16)나 기록되어 있다. 그 단어는 의와 불의를 식별하고(고후 4:2) 스스로의 행위의 선악을 음미하여 판단하는 기능을 뜻한다(롬 2:15). 그러나 보다 중요한 점은 신약에서 양심은 하나님께 대한 인격적 책임을 갖고 있다는 점이다.

글자대로 말하면, 사람에게 내재해 있는 지식으로서 선과 악을 식별하는 기능이다(롬 2:15; 고전 10:25; 딤전 4:2). 양심은 인간에 대하여 재판관의 입장에 있다. 사람은 혼자 있는 것이 아니라 언제나 양심을 반려자(伴侶者)로 삼고 있다. 착한 양심을 버리는 자는 악을 행하면서도 부끄러운 줄 모르게 되어 항상 헛되고 의미 없는 일에만 마음을 두게 된다. 그래서 마침내 믿음이 파선하여 파멸에 이르게 된다(딤전 1:18-19). 성도는 항상 자기의 양심이 무디어지거나 화인 맞지 않도록 노력할 뿐 아니라 선한 양심을 갖기 위해 힘써야 한다.

이는 그리스도 안에 있는 너희의 선행을 욕하는 자들로 그 비방하는 일에 부끄러움을 당하게 하려 함이라.

베드로 사도가 성도들에게 "선한 양심을 가지라"고 권고하는 이유, 곧 '그리스도의 보혈로 씻음 받은 깨끗한 양심을 가지라'고 권고하는 이유는 "그리스도 안에 있는 선행을 욕하는 자들로 그 비방하는 일에 부끄러움을 당하게 하려는 것이라"고 말씀한다(딛 2:8; 벧전 2:12). 여기 "그리스도 안에 있는 선행"은 '그리스도와 연합된 중에 행하는 선행', '그리스도를 믿음으로 행하는 선행'이라는 뜻이다. 세상에는 성도들이 그리스도를 믿음으로 행하는 선행을 욕하고 비방하는 핍박자들이 있는데, 그들은 언젠가는 그들의 비방이 거짓으로 드러나서 부끄러움을 당하게 될 것이다. 성도들은 핍박자들 앞에서 선한 양심을 갖고 끊임없이 선을 행해야 한다. 그러면 하나님께서 권고하시는 날에 그 핍박자들은 틀림없이 부끄러움을 당하게 된다. 성도는 끊임없이 선한 양심을 갖고 살아야 하고 그리스도 안에서 선을 행하면서 살아야 한다. 그럴 때 그는 반드시 승리하기 마련이다.

벧전 3:17. 선을 행함으로 고난 받는 것이 하나님의 뜻일진대 악을 행함으로 고난 받는 것보다 나으니라.

일곱째, 베드로는 성도가 의를 위해 고난을 받을 때 "선을 행함으로 고난 받는 것이 하나님의 뜻"이라는 확신을 가져야 한다고 말한다. 선을 행하면서 고난을 받을 때 그 고난이 공연히 받는 고난이 아닌가 하고 의심하면, 그것은 의를 위한 고난이 될 수가 없다. 성경은 의를 행하면 고난을 받는 것이 하나님의 뜻이라고 말씀하고 있다(행 14:22; 고후 1:4; 살전 3:4).

베드로는 선을 행함으로 고난 받는 것이 "악을 행함으로 고난 받는 것보다 낫다"고 말한다. 베드로는 여기 두 가지만 비교하기 때문에 "낫다"는 말밖에 할 수가 없을 것이다. 그러나 사실은 선을 행하면서 고난을 받으면 복이고, 악을 행하면서 고난을 받으면 복이 아니기 때문에, 그 둘 사이에는 비교할 수 없는 차이가 있다(2:19-20; 4:13-14). 그러므로 선을 행하면서 고난을 받는 성도들은 내심 놀라운 기쁨을 가져야 마땅하다(롬 5:2-4; 8:17-18).

벧전 3:18. 그리스도께서도 한번 죄를 위하여 죽으사 의인으로서 불의한 자를 대신하셨으니 이는 우리를 하나님 앞으로 인도하려 하심이라.

여덟째, 베드로 사도는 성도들이 의를 위하여 고난을 받을 때 그리스도를 기억하라고 말한다. 즉 "그리스도께서도(καὶ Χριστὸς) 한번 죄를 위하여 죽으셨다"는 것이다(사 53:5-6, 11-12; 롬 5:6; 고후 13:4; 히 9:26, 28; 벧전 2:21; 4:1). 우리 인생들만 의를 위하여 고난을 당하는 것이 아니라, 위대하신 '그리스도께서도 한번 죄를 위하여 죽으셨으니' 우리는 그 분을 본받아야 한다는 것이다.

여기서 베드로는 예수 그리스도의 한번 죽으심은 우리의 의를 위한 모본의 효과만 있는 것이 아니라, "불의한 자를 대신한 죽으심"이라고 말한다. 그리고 그리스도의 대신 죽으심의 목적은 "우리를 하나님 앞으로 인도하시는" 것이다 (엡 2:18; 히 10:19). 베드로는 여기서 그리스도의 죽으심만 말하는 것이 아니라 그의 살아나심도 말하고 있다.

육체로는 죽임을 당하시고 영으로는 살리심을 받으셨으니.

베드로는 예수님께서 '육체로는 죽임을 당하시고(골 1:21-22) 성령에 의하여 살리심을 받으셨다'고 말한다(롬 1:4; 8:11). 다시 말해, 비록 예수님의 인성은 죽임을 당하셨으나, 성령에 의하여 부활하셨다는 것이다(KJV, NIV, Calvin, Stephen W. Paine, 박윤선). 베드로 사도가 이 말씀을 여기에 쓴 이유는, 혹시 성도들이 의를 위하여 죽임을 당하더라도, 성령님이 그들을 다시 살리실 것이라는 확신을 주기 위함이었을 것이다.

벧전 3:19-20a. 저가 또한 영으로 옥에 있는 영들에게 전파하시니라. 그들은 전에 노아의 날 방주 예비할 동안 하나님이 오래 참고 기다리실 때에 순종치 아니하던 자들이라.

앞 절에서 베드로는 예수님께서 죽으셨다가 성령에 의하여 다시 사신 것을 말했다. 이제 그는 여기에서(19-20a) 예수님이 부활하신 후 성령을 통하여 행하신 또 한 가지의 일을 진술한다. 곧 예수님은 성령을 통하여 옥에 있는 영들에게(사 42:7; 49:9) 자신의 승리를 선포하셨다는 것이다. 다시 말해, 예수님은 "영으로," 곧 '성령을 통하여 "옥에 있는 영들," 곧 '노아 시대에 하나님께서 오래 참고 기다리실 때에 순종치 아니하던 자들'에게(창 6:3, 5, 13; 히 11:7) 자신이 부활하시고 승천하신 사실을 선포하셨다는 것이다. 예수님이 다시 사셔서 하늘에 올라가신 것은 큰 승리인데, 성령께서 그 사실을 옥에 있는 불순종의 영혼들에게까지 선포하셨다는 것이다(바빙크, 토레이, 크레이다너스, Selwyn,

박윤선).

유의할 것은, 이 "옥에 있는 영들에게 전파하시니라"라는 말씀에 대해 많은 해석이 가해져 왔다는 사실이다. 천주교의 일부 학자들과 루터교의 일부 학자들은 이 구절을 두고 예수님께서 십자가에 못 박히신 후에 지옥으로 가셔서 복음을 전하셨다고 주장한다. 그러나 예수님께서 지옥에 가셔서 복음을 전하셨다는 교리는 성경에 없을 뿐 아니라, 이 구절 역시 예수님의 지옥강하(地獄降下)를 말하지 않는다. 혹자는 예수님께서 육신을 입으시기 전에 영으로 노아를 통하여 당시의 불신자들에게 전도했다고 주장한다. 그러나 베드로의 이 부분 말씀(19-20a)이 예수님의 부활 후에 있었던 사건을 기록한 것임을 감안할 때, 예수님이 노아를 통하여 당시의 불신자들에게 전도하셨다는 설은 설득력이 없어 보인다. 또한 혹자는 예수님이 오순절 성령 강림 이후에 사도들을 통하여 불신 유대인들에게 전도하셨다고 주장하나, 22절에서 예수님의 승천을 다룬 것을 보면, 이런 설 역시 설득력이 약해 보인다. 이유는 성령 강림은 예수님의 승천 사건 이후에 오기 때문이다.

예수님은 성령을 통하여 노아 시대의 불순종의 사람들에게만 아니라 그 이후의 모든 불순종자들에게 자신의 부활과 승천이 하나의 놀라운 승리가 되고 있음을 선포하신다. 그리스도의 승리는 바로 성도들의 승리이므로 성도들이 의를 위하여 담대하게 고난을 받을 수가 있는 것이다.

벧전 3:20b. 방주에서 물로 말미암아 구원을 얻은 자가 몇 명뿐이니 겨우 여덟 명이라.

아홉째, 베드로는 성도들이 의를 위하여 고난을 받을 때 자신들이 결국 구원에 이를 것을 알고 끝까지 핍박에 굴하지 말아야 한다고 말한다. 노아는 오랜

동안 조롱과 핍박을 받으면서도 하나님을 신뢰하면서 방주를 지었다. 그리고 노아는 방주로 들어가 구원을 얻었는데, 그 가족과 함께 여덟 명이 구원을 얻었다(창 7:7; 8:18; 벧후 2:5). 수많은 사람들 중에 겨우 여덟 명만이 구원을 얻었다는 말씀은 나그네의 삶을 살아가고 있는 성도들에게 적지 않은 위로가 되었을 것이다. 오늘 우리도 하나님을 신뢰하는 중에 세상에서 별별 조롱을 받을지라도 우리에게 임할 궁극적인 승리를 바라보고 담대하게 살아야 한다.

벧전 3:21. 물은 예수 그리스도의 부활하심으로 말미암아 이제 너희를 구원하는 표니 곧 세례라 육체의 더러운 것을 제하여 버림이 아니요 오직 선한 양심이 하나님을 향하여 찾아가는 것이라.

베드로는 노아의 방주를 떠오르게 했던 물을 신약 시대의 세례의 예표로 보았다. 물 위에는 노아의 방주가 떠 있고 물 밑에서는 노아 시대의 불순종하던 무수한 사람들이 죽었던 것처럼, 신약 시대의 성령 세례는 수세자(受洗者)의 옛 사람(부패한 自我)을 예수 그리스도의 십자가에 못 박고 그에게 새 사람, 곧 영원한 생명을 불어 넣어준다. 그런 의미에서 노아 방주 때의 물은 신약 시대의 세례의 모형이다(엡 5:26).

베드로는 세례가 사람들이 생각하는 것과 같지 않다고 말한다. 곧 세례는 "육체의 더러운 것을 제하여 버림이 아니라"고 말한다. 다시 말해, 신약 시대의 성령 세례는 외부적인 육체의 더러운 것이나 제하여 버리는 것이 아니라, 새 사람, 영원한 사람, 영적인 사람을 창출한다는 것이다(롬 10:10). 그 새 사람, 그 영원한 사람, 그 성령의 사람은 이제부터는 하나님을 찾게 된다. 성령의 세례를 통해 옛 사람은 원칙적으로 십자가에 못 박혔고, 새 사람이 인격의 주도권을 잡게 된다는 것이다.

베드로가 이 말씀을 하는 이유는, 편지의 수신자들로 하여금 성도들을 핍박하는 자들은 물속에 있는 죽은 사람들이고 핍박을 받는 성도들이 오히려 물위에 떠 있는 새 사람들임을 알고 의를 위해 잘 싸우도록 하기 위함이었을 것이다. 우리는 끊임없이 하나님을 향하여 나아가는 복된 사람들이다.

벧전 3:22. 저는 하늘에 오르사 하나님 우편에 계시니 천사들과 권세들과 능력들이 저에게 순복하느니라.

열째, 베드로는 성도들이 의를 위하여 고난을 받을 때 자신들이 예수 그리스도의 승리 속에서 궁극적인 승리를 거머쥐게 될 사람들임을 알고 담대함을 가지라고 말한다. 예수님은 하늘에 오르셔서 하나님 우편에 계시면서 모든 천사들의 존경과 경배를 받으신다(시 110:1; 롬 8:34; 엡 1:20; 골 3:1; 히 1:3). 여기 "오르사"(πορευθεὶς)라는 낱말은 단순(부정)과거 분사로서 '이미 오르시고 나서 계속해서 오르신 상태를 유지하고 계심'을 뜻한다. 예수님은 하늘에 오르신 상태로 계시면서 하나님 우편에 계신다. 그리고 베드로는 예수님이 하나님 우편에 계신 중에 "천사들과 권세들과 능력들이 저에게 순복하느니라"고 말한다(롬 8:38; 고전 15:24; 엡 1:21). 여기 "순복하느니라"(ὑποταγέντων)는 말은 단순(부정)과거 수동태 분사로서 '한번 순복된 상태가 계속되는 것'을 뜻한다. 곧 '모든 천사들이(롬 8:38; 고전 15:24; 엡 1:21) 예수님께 복종하는 상태로 있다'는 것이다. 예수님은 재림 때까지 승리의 상태로 계실 것이다. 그리고 성도들은 예수 그리스도의 영광에 동참할 것이다. 따라서 성도들은 세상에서 두려워하거나 낙심하지 말아야 한다.

제4장

고난을 대하는 성도의 자세

3. 고난의 유익 4:1-11

베드로는 3:8-4:19에서 고난 중에 있는 성도가 어떻게 처신해야 하는지에 대해 말하고 있다. 그는 바로 앞부분에서는(3:13-22) 성도가 의(義)를 위하여 핍박을 받을 것에 대해 말했는데, 이제는 주제를 바꿔서 고난의 유익에 대해서 언급한다(1-11절). 베드로는 여기서 고난의 유익에 대한 원론적인 언급을 하고 (1-2절), 다음으로는 고난의 유익을 두 가지로 말씀한다(3-11절).

1) 고난의 유익에 대한 원론적 언급 4:1-2

벧전 4:1. 그리스도께서 이미 육체의 고난을 받으셨으니 너희도 같은 마음으로 갑옷을 삼으라. 이는 육체의 고난을 받은 자가 죄를 그쳤음이니.

베드로는 그리스도께서 육체적으로 고난을 받으신 점에서 성도의 본이 되셨으 니 성도들도 "같은 마음으로 갑옷을 삼으라"고 말한다. 여기 "같은 마음"(τήν αὐτὴν ἔννοιαν)은 '똑같은 생각,' '똑같은 사고방식'을 뜻한다. 다시 말해, 그리스도께서 죄인들을 위해서 대속의 고난을 당하시면서 참으셨던 것과 똑같은 마음을 말한다(벧전 3:18). 성도들은 세상에 살면서 그리스도께서 가지셨던 것과 똑같은 마음, 곧 고난을 당하면서도 불평하지 않고 인내하는 마음으로 무장해야 한다는 것이다. 베드로가 말한 "갑옷을 삼으라"는 말은 '무장하라'는 말이다. 우리는 고난을 받을 때 우리만이 아니라 예수님께서도 고난을 당하셨던 것을 생각하면서 그리스도께서 가지셨던 것과 똑같은 마음으로 무장하고 살아야 한다(롬 13:12; 엡 6:11-17).

베드로는, 만약 우리가 그리스도께서 당하셨던 고난을 생각하면서 의를 위한 고난 중에도 불평하지 않고 인내하면, 다음 두 가지 유익이 있을 것이라고 말한다. 하나는 "육체의 고난을 받은 자가" 죄를 그친다는 것이다(롬 6:2, 7; 갈 5:24; 골 3:3, 5). 혹자는 "육체의 고난을 받은 자"라는 말을 그리스도로 보기도 하나, 그럴 경우 바로 다음에 나오는 "죄를 그쳤음이니"를 해석하기가 어렵다. 이유는 예수님께서 죄를 짓다가 고난을 받은 결과로 죄를 그쳤다고 해석해야 하기 때문이다. 예수님은 죄를 지은 적이 없으시다. 그러므로 우리는 이 "육체의 고난을 받은 자"를 '그리스도의 고난에 동참한 그리스도인(人)'으로 보아야 할 것이다(롬 6:1-11; 갈 5:24). 그리스도인들은 그리스도께서 당하셨던 고난을 생각하고 그리스도를 의지하면 죄를 그칠 수 있는 것이다. 성도들은 고난을 받으면서 불행으로 여길 것이 아니라 그리스도를 더욱 생각하고 의지함으로써 죄를 제어하는 삶을 살아야 할 것이다.

벧전 4:2. 그 후로는 다시 사람의 정욕을 좇지 않고 오직 하나님의 뜻을 좇아 육체의 남은 때를 살게 하려 함이라.

그리스도의 고난에 참여하여 육체의 고난을 받은 성도가 받는 또 하나의 유익은 적극적으로 하나님의 뜻을 좇아 살게 된다는 것이다. "육체의 고난을 받은 자가 죄를 그친"(전절) "후로는 다시 사람의 정욕을 좇지 않고 오직 하나님의 뜻을 좇아 육체의 남은 때를 살게" 된다는 것이다(롬 14:7; 갈 2:20; 벧전 1:14; 2:1). 다시 말해, 그런 사람은 소극적으로는 사람의 정욕을 좇지 않게 되고, 적극적으로는 하나님의 뜻을 좇아 살게 된다. 여기 "사람의 정욕"(ἐπιθυ-μίαις)은 복수형으로 '사람의 정욕들'이라는 뜻이다. 사람의 정욕들은 다름 아니라 바로 다음 절에 나오는 6개의 죄들을 지칭한다. 그리스도의 고난에 동참하여 육체의 고난을 받은 성도들은 각종 죄들을 짓지 않게 되고 적극적으로 는 하나님의 뜻을 좇아 살 수 있게 된다는 것이다(롬 6:11; 고후 5:15). 여기 "하나님의 뜻"은 7절부터 11절까지 나오는 미덕(美德)들을 지칭한다(기도, 사랑, 봉사, 전도 등). 그리스도인들은 그리스도의 고난에 동참하여 육체의 고난을 받은 고로 성령께서 주장하시게 되었으니 인생의 남은 때를 하나님의 뜻대로 살아가야 할 것이다.

2) 고난으로 말미암은 소극적 유익 4:3-6

벧전 4:3. 너희가 음란과 정욕과 술 취함과 방탕과 연락과 무법한 우상 숭배를 하여 이방인의 뜻을 좇아 행한 것이 지나간 때가 족하도다.

베드로는 본도, 갈라디아, 갑바도기아, 아시아와 비두니아에 흩어진 나그네 성도들에게 그들이 과거에 짓던 죄악들로도 충분하니 더 이상 그것들에 빠져들지 말라고 경고한다(겔 44:6; 45:9; 행 17:30). 이제 그리스도의 고난에 동참하여 육체의 고난을 받은 후로는 죄가 심령 속에서 주도권을 갖지 않으므로 더 이상은 죄를 짓던 때를 돌아보지 말라는 것이다(엡 2:2; 4:17; 살전 4:5; 딛 3:3; 벧전 1:14).

베드로는 그들이 많은 죄들을 지었지만 특별히 6가지 죄들을 하나하나 나열한다. "음란과 정욕"은 성적 죄악들이다. "음란"은 '넘치는 정욕으로 인한 부도덕한 성행위'를 지칭하고, "정욕"은 '걷잡을 수 없는 육체의 성적인 욕구'를 지칭한다. 그리고 "술 취함과 방탕과 연락"은 모두 술에 취하여 저지르는 죄들이다. "술 취함"(οἰνοφλυγίαις)은 '술로 충만한 상태'를 말하고, "방탕"은 '술 취하여 난동을 부리는 것'을 말하며, "연락"은 '술자리를 베풀고 흥겹게 노는 것'을 뜻한다. 오늘도 술과 관계된 죄악은 한국인의 큰 죄악 중 하나다. 오늘 한국은 OECD(경제협력개발기구)회원국 30여개 나라들 중 개인당 술 소비량이 가장 많은 나라로 알려져 있다. "무법한(ἀθεμίτοις) 우상숭배"라는 말은 합법적인 우상숭배가 있다는 것을 예상하는 말이 아니라, '도저히 허락할 수 없고 용납할 수 없는 우상숭배'를 지칭하는 말이다. 오늘 문명한 세계에도 도저히 용납할 수 없는 우상숭배들이 많이 있다. 예를 들어, 돼지 머리를 삶아놓고 절하는 행태가 지식인들 사이에서도 버젓이 일어나고 있다. 참으로 어이없는 일이다. 이미 그리스도를 믿은 성도들은 위와 같은 죄악들은 모두 과거라는 쓰레기장 속에 매장해야 한다.

벧전 4:4-5. 이러므로 너희가 저희와 함께 그런 극한 방탕에 달음질하지 아니하는 것을 저희가 이상히 여겨 비방하나 저희가 산 자와 죽은 자 심판하기를 예비하신 자에게 직고하리라.

이 부분에서 베드로는 성도들이 그리스도의 고난에 동참하여 육체의 고난을 받은 후로는 더 이상 과거의 죄악에 집착하지 않게 되었기 때문에 발생하게 된 또 하나의 사건을 기록한다. 그것은 다름 아니라 과거에 함께 죄를 짓던 이방인들이 첫째, 성도들이 "저희와 함께 그런 극한 방탕(3절에 나온 죄악들)에 달음질 하지 아니하는 것을 이상히 여기고", 둘째, 그들을 "비방한다"는 것이다 (행 13:45; 18:6; 벧전 3:16). 오늘도 역시 함께 죄를 짓다가 갑자기 180도 회전한 크리스천들을 향하여 세상은 이상히 여기고 비방한다.

베드로는 말하기를, 성도들이 함께 죄를 짓지 않는 것을 이상히 여기며 비방하는 이방인들은 곧 하나님을 비방하는 것이므로 결국은 정죄를 받게 된다고 한다. 본문의 "산 자와 죽은 자"는 영적으로 산 자와 죽은 자를 지칭하는 것이 아니라, 예수님께서 재림하시는 때를 기준으로 '살아있는 자와 죽은 자'를 지칭한다. 예수님은 "산자와 죽은 자 심판하기를 예비하신 자"라고 성경은 말씀한다(마 25:31-46; 눅 21:34-36; 행 10:42; 17:31; 롬 14:10, 12; 고전 4:4; 딤후 4:1; 약 5:9). 예수님께서는 재림하신 후에 그가 재림하실 때까지 살아 있는 사람들과 그 때를 표준하여 이미 죽은 사람들을 심판하실 것이다. 그 때 이방인들은 자기들이 행한 일을 그리스도께 "직고($\dot{\alpha}\pi o\delta\acute{\omega}\sigma o\nu\sigma\iota\nu$ $\lambda\acute{o}-\gamma o\nu$)," 곧 '사실대로 보고'할 것이다. 그들은 세상에서는 자기들이 성도들을 이상히 여기고 비방한 죄를 이리저리 피할 수 있지만, 예수님께서 재림하셔서 심판하실 때에는 하는 수 없이 자기들의 죄를 사실 그대로 보고할 수밖에 없을 것이다. 성도들은 세상의 불신자들에게 비방을 받을 때, 비방을 받지 않기 위해서 타협해서는 안 되고 오히려 비방을 받는 쪽을 택해야 할 것이다.

벧전 4:6. 이를 위하여 죽은 자들에게도 복음이 전파되었으니 이는 육체로는 사람처럼 심판을 받으나 영으로는 하나님처럼 살게 하려 함이니라.
베드로는 "이를 위하여," 곧 '말세에 있을 그리스도의 심판을 위하여' "죽은 자들에게도 복음이 전파되었다"고 말씀한다.4) 베드로 사도 당시를 기준하여 이미 죽은 사람들에게도 그들이 죽기 전에 그리스도의 대속의 복음이 전파되었다는 것이다. 그들에게 복음이 전파된 이유는, 그들이 육체로는 일반 사람들처럼 죽음을 당하지만 영적으로는 하나님처럼 영원히 살아서 복되게 하려 하기 위해서다. 하나님은 무한히 자비하셔서 성도들을 비난하던 사람들에게 복음을 들을 수 있는 기회를 주셔서 회개케 하여 말세의 심판 때 그리스도의 심판을 대비케 해주신다는 것이다.

3) 고난으로 말미암은 적극적 유익 4:7-11

베드로는 앞에서 그리스도의 고난에 참여하여 육체의 고난을 받은 성도는 적극적으로 하나님의 뜻을 좇아 살게 된다고 말했다(2절). 이제 그는 구체적으로 어떻게 사는 것이 하나님의 뜻대로 사는 것인지를 밝힌다. 하나님의 뜻대로 산다는 것은 첫째, 기도하는 것이고(7절), 둘째, 성도를 사랑하는 것이고(8절), 셋째, 원망 없이 대접하는 것이고(9절), 넷째, 서로 봉사하는 것이고(10절), 다섯째, 범사에 하나님께 영광을 돌리는 것이다(11절).

벧전 4:7. 만물의 마지막이 가까웠으니 그러므로 너희는 정신을 차리고 근신하여 기도하라.

베드로는 성도가 하나님의 뜻을 행하는 것이 무엇인지를 설명하기 전에 "만물의

---

4) 혹자는 여기에서 "죽은 자들"을 '영적으로 죽은 자들'로 보고 있다. 그러나 바로 앞 절(5절)에 "산 자와 죽은 자"가 육신적으로 산자와 죽은 자를 지칭하기 때문에, 본 절(6절)의 "죽은 자들"도 역시 '육신적으로 죽은 자들'로 보아야 할 것이다. 다시 말해, 베드로 사도 당시를 기준하여 죽은 자들을 지칭하는 것이다. 단 베드로 사도 당시를 기준하여 죽은 자들을 지칭하기는 하나 이미 그들에게도 복음이 전파된 것으로 보아야 한다.

마지막이 가까웠"으니 하나님의 뜻을 행해야 한다고 권하고 있다(마 24:13-14;
행 2:17; 롬 13:12; 빌 4:5; 히 1:1; 10:25; 약 5:8; 요일 2:18). 성도들은
사도들처럼 인류의 종말이 가까이 온 줄로 여기면서 살아야 한다.

성도들은 먼저 "정신을 차리고 근신하여 기도해야" 한다(마 26:41; 눅
21:34; 골 4:2; 벧전 1:13; 5:8). 여기 "정신을 차리라"(σωφρονήσατε)는
말은 '침착하다,' '잡념을 용납하지 않는다'는 뜻이다. 그리고 "근신하
다"(νήψατε)라는 말은 '세상에 물들지 않다,' '절제한다'는 뜻이다. 성도가
기도생활에 승리하려면 잡념을 없애고 세상에 물든 마음을 완전히 제거해야
한다. 그렇게 되기 위해서는 먼저 성령의 충만을 구해서 성령의 통제를 받아야
한다.

베드로 사도가 잡념을 버리고 세상에 물든 마음을 없애고 깨끗한 마음으로
기도하라고 말한 이유는, 기도에 승리해야만 8절 이하에 쓰여 있는 하나님의
뜻을 행할 수 있기 때문이다. 기도에 승리해야 사랑할 수 있고 대접할 수
있고 봉사할 수가 있다.

벧전 4:8. 무엇보다도 열심으로 서로 사랑할지니 사랑은 허다한 죄를 덮느니라.
베드로는 "무엇보다도 열심으로 서로 사랑하라"고 권면한다(히 13:1; 골 3:14).
베드로는 성도가 이웃을 사랑하는 것이 "무엇보다도" 중요하냐고 말한다. 그리
고 "열심으로," 곧 '전심전력하여' 사랑하라고 말한다. 또한 "서로" 사랑하라고
말한다. 우리는 하나님이 아니고 연약한 인생이기 때문에 서로가 사랑해야만
그 사랑이 자구성을 가질 수 있다. 한쪽만의 사랑은 오래 가지 못한다. 사랑을
받으려고만 하지 말고, 자기가 사랑을 주려고 해야 한다. 무엇보다도 전심전력하
여 사랑하기를 시도해야 한다.

베드로는 "사랑은 허다한 죄를 덮는다"고 말한다(잠 10:12; 고전 13:7; 약 5:20). 무엇보다 전심전력하여 사랑을 시도한다면 이웃의 허물을 덮게 된다는 것이다. 자신이 하나님의 엄청난 사랑으로 용서받았으니 이웃의 허물을 덮어주게 되고, 또한 자신이 죄인의 괴수인 것을 철저히 알기 때문에 이웃의 허물을 알기 위하여 기웃거리지 않는다는 것이다. 만일 우리가 이웃의 허물 찾기를 좋아한다면, 우리는 아직 사랑에 이르지 못한 것이다. 내 사랑이 어느 정도인줄 알려면, 자신이 이웃의 허물을 얼마나 덮어주는가를 살피면 된다. 이것은 마치 내가 어느 정도 겸손한가를 알려면 남을 나보다 얼마나 낮게 여기는지를 살피면 되는 것과 같다(빌 2:3). 오늘 우리 사회에는 남의 허물을 헤집는 일에 최선을 다하는 사람들이 많이 있다. 우리는 남의 허물을 덮는 일에 힘을 기울여야 한다. 우리는 세월을 거슬러 살아야 한다.

벧전 4:9. 서로 대접하기를 원망 없이하고.
베드로 사도는 바로 앞 절(8절)에서 사랑하라고 권면했는데, 이제 본 절에서는 사랑의 구체적인 형태로서 손님 "대접"에 대해 언급한다(롬 12:13; 딤전 3:2; 5:10; 딛 1:8; 히 13:2). "대접한다"(φιλόξενοι)는 말은 문자적으로 '나그네에게 사랑을 베푼다'는 뜻이다. 베드로 사도가 사역하던 초대교회 시대에는 여관 시설이 없어서 민가(民家)에서 기독교인 전도자들을 대접하는 수밖에 없었다. 대접하는 일은 한 편에서만 할 일이 아니고 "서로 대접해야" 한다. 그래야 사랑이 돈독해진다(요삼 1:5-8). 그런데 대접에는 비용도 들고 신경도 많이 써야 하기 때문에 원망을 하기가 쉽다. 그래서 베드로 사도는 "원망 없이하라"(ἄνευ γογγυσμου')고 권한다(고후 9:7; 빌 2:14; 몬 1:14). "원망 없이하라"는 말은 '불평하지 말라'라는 말이다. 우리는 교인을 대접하든지 전도자를 대접하든지 간에 불평하지 말고 해야 한다. 불평하면서 대접하면, 자기에게도 유익이 없고, 대접받는 사람에게도 유익이 되지 않는다(고전 13:1-3). 성도는 모든 것을 기쁨으로 해야 한다.

벧전 4:10. 각각 은사를 받은 대로 하나님의 각양 은혜를 맡은 선한 청지기같이 서로 봉사하라.

은사를 받은 성도들은 그 은사를 독점하여 자기를 위해서 쓸 것이 아니라, 선한 청지기가 되어 교회 공동체를 위해 사용해야 한다는 것이다. 성도들은 누구든지 성령께서 나누어 주시는 대로 "각각 은사를 받았다."[5] 성령께서 교회 공동체를 위해서 여러 가지 은사를 나누어 주셨는데(롬 12:6-8; 고전 12:8-10; 12:28-31; 엡 6:11; 벧전 4:11), 어떤 사람은 이 은사를 혹은 저 은사를 받았다. 한 사람이 모든 은사를 다 받은 것이 아니라 한두 가지 은사를 받아서 서로를 위해 봉사하도록 성령께서 배려하신다(고전 12:4, 7; 엡 4:11). 그러므로 성도들은 "선한 청지기같이 서로 봉사해야" 한다(마 24:45; 25:14, 21; 눅 12:42; 고전 4:1-2). 여기 "청지기"라는 말은 '집안일을 관리하는 관리자'로서 주인의 재산을 주인의 뜻을 따라 분배하는 사람이다. 성도들은 성령께서 나누어 주신 은사를 성령의 뜻을 따라 다른 회원들을 위해서 사용해야 한다. 우리는 말씀 전파하는 은사를 받고 혹시 돈 벌려고 하지는 않는가. 병 고치는 은사를 받고 혹 돈 벌 생각을 하지는 않는가.

벧전 4:11. 만일 누가 말하려면 하나님의 말씀을 하는 것같이 하고 누가 봉사하려

---

5) "은사"라는 성령께서 각 사람에게 나누어주시는 특별한 능력을 말한다. 성경에 쓰여 있는 여러 은사의 수는 대략 20가지로 볼 수 있다(롬 12:6-8; 고전 12:8-10; 12:28-31; 엡 6:11; 벧전 4:11).

면 하나님의 공급하시는 힘으로 하는 것같이 하라 … 그에게 영광과 권능이 세세에 무궁토록 있느니라.

베드로는 많은 종류의 은사를 두 가지로 구분하고 있다. 곧 말씀 봉사와 일반 봉사로 나누고 있다(행 6:2-4). 베드로는 말씀 봉사를 하는 사람들에게 "하나님의 말씀을 하는 것같이 하라"고 권한다. 다시 말해, 설교나 강의를 할 때 자기의 사상을 말하지 말고 하나님의 말씀을 그대로 전하라는 것이다. 오늘도 교역자나 전도자들은 하나님께 대한 경외심을 갖고서 겸손한 마음으로 하나님의 말씀을 그대로 풀어 전해야 한다.

또한 베드로는 일반 봉사를 하는 사람들에게 "하나님의 공급하시는 힘으로 하는 것같이 하라"고 말한다(롬 12:6-8; 고전 3:10). 무슨 은사를 갖고 무슨 봉사를 하든지 하나님으로부터 힘을 받아 갖고 하라는 것이다. 가령, 병 고치는 은사를 받은 사람이 사람의 병을 치유할 때도 하나님으로부터 능력을 받아서 해야 하고, 가난한 사람을 구제할 때도 하나님께서 주시는 힘으로 해야 하고, 각종 불행에 빠진 사람들을 돌아볼 때도 역시 하나님께서 주시는 지혜와 능력으로 해야 한다는 것이다. 그렇게 봉사할 때 "범사에 예수 그리스도로 말미암아 하나님이 영광을 받으시게" 된다(엡 5:20; 벧전 2:5). 성도는 모든 영광을 하나님께 돌릴 때 예수 그리스도를 통하여 돌려야 한다. 이유는 성도가 하나님의 힘을 공급받는 것도 예수 그리스도를 통해서이기 때문이다.

베드로는 그의 서신 중간에서 "그에게(하나님께) 영광과 권능이 세세에 무궁토록 있느니라"고 감격에 넘쳐 송영을 하고 있다(딤전 6:16; 벧전 5:11; 계 1:6). 혹자는 서신 중간에 이런 송영이 나오는 것은 적절치 못한 것이라고 하면서 이 글이 원래는 한 문서의 끝이었다고 말하기도 한다. 그러나 송영이 서신 중간에 나오는 것은 바울 사도의 서신이나 요한 사도의 계시록에서도 종종 나타나는 현상이다(롬 11:36; 엡 3:21; 딤전 1:17; 벧전 5:11; 계 1:6). 우리는 우리의 심령 속에 항상 송영으로 가득 차 있어야 한다. 맨 마지막에만 송영을 하는 것이 아니라, 언제든지 송영을 할 수 있어야 한다.

4. 고난을 대하는 성도의 자세 4:12-19

앞에서 베드로는 고난이 주는 유익에 대해서 언급했다(1-11절). 이제 이 부분(12-19절)에서 그는 고난을 대하는 성도가 취해야 할 자세가 어떠해야 하는가를 설명한다. 고난을 대하는 성도는 첫째, 그 고난을 이상하게 여기지 말아야 하고(12절), 둘째, 고난을 당할 때 즐거워해야 하며(13-14절), 셋째, 고난을 당할 때 하나님께 영광을 돌려야 하며(15-18절), 마지막으로 자기 영혼을 하나님께 부탁해야 한다(19절).

1) 고난을 이상하게 여기지 말라 4:12

벧전 4:12. 사랑하는 자들아 너희를 시련하려고 오는 불 시험을 이상한 일 당하는 것같이 이상히 여기지 말고.

베드로는 앞으로 고난을 당해야 하는 성도들을 향해 "사랑하는 자들아"라고 부르면서 권면한다. 이어서 그는 그리스도인이 당하는 고난을 "너희를 시련하려고 오는 불 시험"이라고 묘사한다(고전 3:13; 벧전 1:7). 여기 "오는"(γινο-μένη)이라는 말은 현재동사로서 '앞으로 계속해서 오고 또 오는 것'을 뜻한다. 베드로는 수신자 성도들에게 앞으로 계속해서 닥치고 닥칠 "불 시험," 곧 '불같이 뜨거운 시험'을 "이상한 일 당하는 것같이 이상히 여기지 말라"고 말한다(행 14:22; 딤후 3:12). 여기 "이상히 여긴다"(ξενίζεσθε)는 말은 '손님 같이 여긴다,' '이상한 감정을 가진다'는 뜻이다. 성도들은 그리스도의 고난이 닥칠 때 이상한 일 당하는 것같이 놀라지 말고 오히려 성도들이 당해야 하는 정상적인 것으로 여기라는 것이다. 그리스도께서는 오늘도 우리의 믿음의 시련을 위하여 불같은 시련을 허락하신다. 우리는 그것을 하나님께서 주시는 줄 알고 우리에게 마땅히 닥칠 것으로 여겨야 한다.

2) 고난을 당할 때 즐거워하라 4:13-14

벧전 4:13. 오직 너희가 그리스도의 고난에 참예하는 것으로 즐거워하라 이는 그의 영광을 나타내실 때에 너희로 즐거워하고 기뻐하게 하려 함이라.

성도들은 불같은 시험을 당할 때 그것을 "그리스도의 고난," 곧 '그리스도를 위한 고난들'에 참예하는 것으로 알고 즐거워해야 한다(행 5:41; 약 1:2). 그리스도께서는 우리를 위한 대속의 고난은 혼자 다 당하셨다. 그러나 그분은 다른 고난, 즉 그리스도를 위한 고난은 우리가 당하도록 남겨놓으셨다(롬 8:17; 고후 1:7; 4:10; 빌 3:10; 골 1:24; 딤후 2:12; 벧전 5:1, 10; 계 1:9). 예수님은 말씀하시기를, "사람들이 나를 핍박했은즉 너희도 핍박할 터이라"고 하셨다(요 15:20; 행 5:41 참조). 우리는 그리스도께서 남기신 고난, 곧 핍박을 당해야 한다. 바울도 말하기를, "내가 이제 너희를 위하여 받는 괴로움을 기뻐하고 그리스도의 남은 고난을 그의 몸 된 교회를 위하여 내 육체에 채운다"고 했다(골 1:24). 바울은 그리스도께서 남기고 가신 고난을 당하느라 일생 동안 고생했다. 그 고난은 다름 아니라 교회를 위한 고난이었다.

우리는 그리스도를 위하여 당하는 고난을 "즐거워해야 한다." 여기 "즐거워하라"(χαίρετε)는 말은 현재명령형으로 '계속해서 즐거워하라'는 말이다. 그리스도인들은 고난을 당할 때 계속해서 즐거워해야 한다. 그 이유는 "그의 영광을 나타내실 때에 … 즐거워하고 기뻐하게 하려 함이기" 때문이다(벧전 1:5-6). 예수님께서 재림하셔서 그 영광을 나타내실 때 성도들을 그 영광에 동참시켜 즐거워하고 기뻐하게 하실 것이기 때문이다. 여기 "기뻐하게"(ἀγαλλιώμενοι)라는 말은 '크게 기뻐하다(exult),' '심히 기뻐하다(rejoice exceedingly)'라는 뜻이다. 앞으로 형언할 길 없는 정도로 기뻐할 일이 있으니, 현재에도 성도들은 심히 기뻐해야 한다는 것이다. 성도들은 이 세상에서 그리스도의 고난에 참여하는 중에 계속해서 즐거워해야 한다(마 5:10-12; 딤후 2:11-13).

벧전 4:14. 너희가 그리스도의 이름으로 욕을 받으면 복 있는 자로다 영광의 영 곧 하나님의 영이 너희 위에 계심이라.

성도들이 그리스도의 고난에 동참하면서 즐거워할 또 하나의 이유가 여기에서 나온다. 앞 절에서 베드로 사도는 성도들이 내세에 즐거워하고 기뻐할 일이 있을 것이기 때문에 현세에서도 계속해서 즐거워하라고 했는데, 본 절에서는 성도들이 그리스도의 이름을 믿는 까닭에(마 10:22; 요 15:21; 행 9:16; 15:26; 21:13; 계 2:3; 3:8) 욕을 먹으면 현세에서도 그들에게 복이 있다고 말한다(마 5:11; 고후 12:10; 약 1:12; 벧전 2:19-20; 3:14). 현세에서도 복이 있는 이유는 "영광의 영 곧 하나님의 영이 너희 위에 계시기" 때문이다. 여기 "영광의 영"은 곧 "하나님의 영"과 동격으로 '성령'을 지칭한다. 성령을 "영광의 영"이라고 부르는 이유는, 성령께서 현세에서도 성도들을 영화롭게 하시고 또 장차 그리스도의 영광에 동참하도록 만드시기 때문이다. 성도들이 고난을 받을 때 성령께서 성도들 안에 내재하심을 더욱 느끼게 되는 것은 놀라운 복이 아닐 수 없다. 성도들은 현세에서도 이렇게 성령의 내주를 더욱 느끼게 되니 기뻐하지 않을 수 없다. 성도들은 내세의 즐거움을 예상하고 현세에서 즐거워하며, 또 현세에서는 성령의 내주를 더욱 느끼게 되니 놀라운 기쁨이 아닐 수 없다.

3) 고난을 당할 때 하나님께 영광을 돌려라 4:15-18

베드로는 성도들이 세상에서 다른 일로 인해서 고난을 받아서는 안 되고(15절), 오직 그들이 그리스도인이기 때문에 고난을 받고 하나님께 영광을 돌려야 한다고 말한다(16절). 영광을 돌려야 하는 이유는 성도들이 세상에서 고난을 받는 것은 하나님의 심판을 미리 받는 것이고(17절), 또한 구원을 얻은 증거이기 때문이다(18절).

벧전 4:15-16. 너희 중에 누구든지 살인이나 도적질이나 악행이나 남의 일을 간섭하는 자로 고난을 받지 말려니와 만일 그리스도인으로 고난을 받은즉 부끄러워 말고 도리어 그 이름으로 하나님께 영광을 돌리라.

성도는 누구든지 죄를 지어서 고난을 받지 말아야 한다(2:20). 본문의 "살인이나 도적질"은 '특수한 죄들'을 말하고 "악행"은 '일반적인 악한 행위'를 지칭한다. "남의 일을 간섭하는 자"라는 말은 '남의 일을 공연히 감독하는 자'라는 뜻이다(살전 4:11; 딤전 5:13). 유대인들은 율법적이어서 남의 일을 자기의 법의 잣대로 재어 간섭했기 때문에 비난을 받았다. 아무튼 성도는 어떤 죄를 지어서 고난을 받아서는 안 된다. 오늘날 성도들의 고난의 많은 분량은 자신의 범죄 때문에 받는 것들이다. 교회의 중직들이 다른 사람의 돈을 떼어먹고 혹은 나라 돈을 떼어먹어서 중형을 받는 것을 많이 본다. 그 외에도 여러 죄를 지어서 비난을 듣는 수가 허다하다.

베드로는 성도들이 그리스도인(행 11:26; 26:28)이라는 이유로 고난을 받는다면 부끄러워 말고 도리어 "그 이름으로," 곧 '그리스도인이라는 이름으로' 하나님께 영광을 돌리라고 권한다(행 5:41). 다시 말해, 성도가 자신에게 그리스도인이라는 이름이 붙어서 고난을 받는다면, 그는 그리스도인이라는 이름을 숨기지도 말고 혹은 버리지도 말고 그 이름을 그냥 갖고 그 이름으로 하나님께 감사하고 영광을 돌려야 한다는 것이다.

벧전 4:17. 하나님 집에서 심판을 시작할 때가 되었나니 만일 우리에게 먼저 하면 하나님의 복음을 순종치 아니하는 자들의 그 마지막이 어떠하며.

본 절과 다음 절은 그리스도를 위하여 고난을 받는 성도들이 하나님께 영광을 돌려야 할 이유를 설명하고 있다. 영광을 돌려야 하는 이유는 첫째, 성도들이 세상에서 핍박을 받고 환난을 당하는 것은 일종의 종말(終末)의 정죄(定罪) 심판을 먼저 받는 것이기 때문이다. 베드로는 "하나님 집에서" 하나님의 심판을 시작할 때가 되었다고 말한다. 곧 '교회에서'(고전 3:16; 딤전 3:15; 벧전 2:5) 하나님의 심판이 시작된다는 것이다(눅 23:31). 여기 "하나님의 집"을 '교회'로 보는 이유는 구약의 선지자들이 하나님의 심판이 성소, 곧 교회에서 시작된다고 말했기 때문이다(사 10:12; 렘 25:29; 겔 9:6; 말 3:1-5). 하나님의 심판이 교회에서 시작되는 반면, 복음을 순종치 않는 사람들을 위한 정죄 심판은 훗날 그리스도의 재림 후에 그리스도의 심판대 앞에서 진행된다(고후 5:10). 우리 본문은 분명히 시간적인 순서를 말씀하고 있다. 그 순서는 "먼저"와 "마지막"으로 구분된다. 성도들이 '먼저' 이 세상에서 심판을 받고, 성도들을 비방하고 핍박하는 불신자들이 '마지막,' 곧 예수님의 재림 후에 심판대 앞에서 받는다는 것이다(눅 10:12, 14).

그러면 성도들이 이 세상에서 그리스도의 고난에 동참하는 것이 일종의 심판이 되는 이유는 무엇인가? 그것은 첫째, 환난과 핍박을 받는 중에 고통을 느끼기 때문이고, 둘째, 그 고난을 통하여 죄를 자복함으로 정화(淨化)되기 때문이고, 셋째, 성도가 받는 현세의 고난은 말세 심판의 대신이기 때문이다.

벧전 4:18. 또 의인이 겨우 구원을 얻으면 경건치 아니한 자와 죄인이 어디 서리요.

그리스도를 위하여 고난을 받는 성도들이 하나님께 영광을 돌려야 하는 또 하나의 이유는 의인은 구원에 이르고 경건치 않은 죄인은 구원에 이르지 못하기 때문이다(잠 11:31; 눅 23:31). 다시 말해, "의인," 곧 '그리스도를 신앙하면서 핍박을 받고 환난에 동참하는 성도'는 구원을 얻는 반면, 성도들을 핍박하는 경건치 아니한 자와 죄인들은 구원으로부터 멀리 서게 된다는 것이다. 여기서 의인이 "겨우"(μόλις) 구원을 얻는다는 말은 의인이 구원을 받는 데는 '많은 고난이 따름'을 뜻한다. 그리스도께서는 성도들에게 길이 협착하여 찾는 사람도 적은, 좁은 문으로 들어가라고 말씀하신다(마 7:13-14). 그러나 그리스도인이 받는 고난이 구원의 공로가 된다는 말은 아니다. 그저 구원에 이르는 과정에 고난이 따른다는 말뿐이다. 그리고 본문에 "죄인이 어디 서리요"라는 말씀은 죄인들의 비참상을 보여 주는 말이다. 죄인들은 구원의 반열에 설 수도 없고 소망해 볼 수도 없다. 의인들의 생애는 험하지만, 분명히 거기에는 기쁨이 있고 은혜가 넘치며 소망도 넘치기 때문에, 하나님께 영광을 돌려야 한다. 더구나 그들에게는 천국이 앞에 있으니 하나님께 감사해야 하는 것이다(요 16:22; 빌 4:4).

4) 고난을 당할 때 하나님께 그 영혼을 부탁하라 4:19

벧전 4:19. 그러므로 하나님의 뜻대로 고난을 받는 자들은 또한 선을 행하는 가운데 그 영혼을 미쁘신 조물주께 부탁할지어다.

베드로는 "하나님의 뜻대로 고난을 받는 자들," 곧 '그리스도를 위하여 고난을 받는 자들'에게 두 가지를 부탁한다. 하나는 핍박을 가하는 자들에게 악으로 대하지 말고 "선을 행하라"는 것이고, 또 하나는 성도 자신의 영혼을 미쁘신 "조물주"(κτίστη), 곧 '영혼을 만드신 하나님께' 부탁하라는 것이다(시 31:5; 눅 23:46; 딤후 1:12). 여기 "부탁할지어다"(παρατιθέσθωσαν)라는 말은 '예금하다,' '보호받기 위해 맡기다'라는 말이다. 성도는 자기의 영혼을 만드신 신실하신 조물주에게 그 영혼을 부탁해야 한다. 예수님도 자신의 영혼을 하나님께 부탁하셨고(눅 23:46), 스데반도 부탁했으며(행 7:59), 바울도 그 생명을 의탁했다(딤후 1:12). 우리도 우리의 영혼을 하나님께 부탁하고 선을 행하면서 살아야 한다.

제5장

장로들과 성도들에게 부탁한다

VIII. 장로들과 성도들에게 부탁하는 말씀 5:1-11

앞에서 베드로는 고난 중에 있는 성도들이 어떻게 처신해야 하는지에 대해 길게 설명했다(3:8-4:19). 이제 그는 교회 공동체 안에서 장로들이 어떻게 시무해야 하는지 또한 일반 성도들은 장로들을 어떻게 대해야 하는지에 대해 설명한다.

1. 장로들에게 부탁하는 말씀 5:1-4

벧전 5:1. 너희 중 장로들에게 권하노니 나는 함께 장로 된 자요 그리스도의 고난의 증인이요 나타날 영광에 참예할 자로라.

베드로는 여러 교회(본도, 갈라디아, 갑바도기아, 아시아, 비두니아)의 장로들에게 교회 시무(視務)법을 말하면서 "나는 함께 장로 된 자"라고 자신의 신분을 드러낸다. 자기는 특별한 장로나 혹은 수석(首席) 장로라고 말하지 않고 그저 똑같은 장로라고 말한다. 베드로를 계승했다고 하는 천주교의 교황도 다른 사제(司祭)들과 똑같은 사제라고 말해야 할 것이다.

초대 교회의 "장로"(πρεσβύτερος)라는 직분은 오늘날의 목사와 시무장로를 포함하는 직분이다. 초대 교회에는 교무장로와 치리장로가 있었다(딤전 5:17). 베드로가 다른 장로들에게 교회 시무 법을 들려주려고 하면서 자신을 "함께 장로 된 자"(συμπρεσβύτερος)라고 소개한 이유는 다른 장로들의 "동감을 구하려는 것"이다(박윤선).

베드로는 또 자신을 "그리스도의 고난의 증인이라"고 소개한다(눅 24:48; 행 1:8, 22; 5:32; 10:39). 베드로는 그리스도께서 고난당하신 것을 친히 목격했으며, 그리스도의 고난을 사람들에게 증거했다(행 2:23; 5:30-32; 10:39). 오늘 우리도 그리스도의 십자가 고난을 말해야 한다. 지금 우리의 강단에서 십자가가 사라지고 있지는 않는가?

베드로는 앞으로 "나타날 영광에 참예할 자로라"고 말한다(롬 8:17-18; 계 1:9). 베드로는 과거에 변화산에 올랐다가 예수님의 영광을 확실히 본 경험이 있었고(마 17:1-8; 눅 9:28-36), 앞으로 예수님께서 재림하실 때 영광을 보여주실 것을 알았으며(4:13), 또 믿는 성도는 모두 영광을 누릴 것을 알았다. 베드로가 다른 장로들에게 앞으로 나타날 영광에 대해서 언급한 것은, 그들이 비록 지금은 고난 중에 있지만 앞으로 한없는 영광에 참여할 것이라는 소망을 주기 위함이었다(롬 8:17-18). 우리 역시 앞으로 그리스도의 놀라운 영광에 참여할 것이다. 그러므로 우리는 하루하루 소망 중에 참아야 할 것이다.

벧전 5:2. 너희 중에 있는 하나님의 양 무리를 치되 부득이함으로 하지 말고 오직 하나님의 뜻을 좇아 자원함으로 하며 더러운 이를 위하여 하지 말고 오직 즐거운 뜻으로 하며.

베드로 사도는 본 절과 다음 절(3절), 두 절에 걸쳐서 장로들의 교회 시무법에 대해 설명한다. 베드로는 한 마디로 장로들이 할 일은 "하나님의 양 무리를 치는 것"이라고 말한다(요 21:15-17; 행 20:28). "하나님의 양 무리"라는 것은 '하나님께서 맡기신 양 무리, 곧 교회'를 지칭한다(시 78:52; 사 40:11; 렘 13:17; 눅 12:32; 요 10:16; 21:15; 행 20:28-29). 오늘 교회의 사역자들은 하나님께서 맡기신 양 무리를 친다는 사실 앞에 두려워 떨며 수고해야 한다.

오늘 우리의 본문에 "치라"(ποιμάνατε, to feed, pasture, tend a flock)는 말은 '하나님의 말씀을 양들에게 먹이고, 그들의 신앙이 성장하도록 돌아보며, 이단에 빠지지 않도록 보살피는 것'을 뜻한다. 이렇게 목양하기 위해서는 특별히 세 가지 주의 사항이 필요하다고 베드로는 말한다. 첫째, "부득이함으로 하지 말고 오직 하나님의 뜻을 좇아 자원함으로 해야 한다"는 것이다(고전 9:17). "부득이함으로"라는 말은 '마지못해,' '억지로'라는 뜻이다. 교역자는 "하나님의 뜻을 좇아 자원함으로 해야 한다." 다시 말해, 교역은 인간적으로 좌지우지 할 것이 아니라 성경에 쓰여 있는 하나님의 뜻을 좇아, 그리고 기도 중에 하나님의 뜻을 알아서 그 뜻을 단 마음으로 좇아서 해야 한다. 둘째, "더러운 이를 위하여 하지 말고 오직 즐거운 뜻으로 하라"는 것이다(딤전 3:3, 8; 딛 1:7). 교역자는 교회의 재정이나 구제비를 탐하는 마음도 가지지 말고 또 교회에서 사례비를 받아서 생활할 목적으로만 일하지도 말고 오직 "즐거운 뜻으로" 해야 한다. 여기 "즐거운 뜻으로"(προθύμως)라는 말은 '자원하여,' 혹은 '기쁨으로'라는 뜻이다. 교역자는 하나님께 헌신하는 중에 기쁜 마음을 얻어서 봉사해야 할 것이다. 주님을 사랑하는 기쁜 마음으로 봉사할 때 다른 문제들도 해결된다.

벧전 5:3. 맡기운 자들에게 주장하는 자세를 하지 말고 오직 양 무리의 본이
되라.

교역자에게 필요한 세 번째 주의 사항은, 하나님께서 맡겨주신 양들을 향하여
"주장하는 자세를 하지 말고 오직 양 무리의 본이 되어야" 한다는 것이다(겔
34:4; 마 20:25-26; 고후 1:24). "주장하는"(κατακυριεύοντες)이라는 말은
'주장하다,' '압도하다'라는 뜻이다. 교역자는 성도들을 권세로 누르려고 하지
말고 양 무리의 본이 되어야 한다(빌 3:17; 살후3:9; 딤전 4:12; 딛 2:7).
교역자는 겸손하게 성도들에게 본을 보이면서 성도들이 잘 따라오도록 앞서
나가야 한다.

벧전 5:4. 그리하면 목자장이 나타나실 때에 시들지 아니하는 영광의 면류관을
얻으리라.

교역자가 교회를 목양할 때 위의 세 가지 주의 사항을 지키면서 잘 양육하면,
"목자장" 되시는 예수 그리스도께서(히 13:20) 재림하실 때, 세상의 시드는
면류관과는 달리 영원히 시들지 아니하는(1:4) 영광의 면류관을 얻게 된다는
것이다(롬 8:17-18; 고전 9:25; 딤후 4:8; 약 1:12; 요일 3:2; 계 2:10; 3:11).
세상의 면류관은 그 어떤 면류관이든지 시든다. 그러나 그리스도께서 주시는
면류관은 절대로 시들지 않는다.

2. 일반 성도들에게 부탁하는 말씀 5:5-11

앞에서 베드로는 장로들이 어떻게 교회를 섬길지를 말했다(1-4절). 이제
그는 젊은 자들, 곧 장로들보다는 신앙 연륜이 얕은 교우들을 향하여 장로들에게

순복하고 겸손하라고 권하고(5-6절), 세상의 모든 염려를 주님께 맡기라고 말하며(7절), 어떻게 마귀를 대적하는지를 알려 주고(8-9절), 은혜로우신 하나님을 바라볼 것을 부탁한다(10절). 그리고 마지막으로 송영을 드린다(11절).

벧전 5:5. 젊은 자들아 이와 같이 장로들에게 순복하고 다 서로 겸손으로 허리를 동이라 하나님이 교만한 자를 대적하시되 겸손한 자들에게는 은혜를 주시느니라.

베드로 사도는 이제 "젊은 자들"(νεώτεροι), 곧 '장로들에 비해 신앙 연륜이 얕은 일반 교우들에게' 교회 생활의 원칙을 말한다. 첫째, 교우들은 "장로들에게 순복하라"는 것이다. "순복하라"(ὑποτάγητε)는 말은 '~의 아래에 두다,' '~의 영향하에 두다'라는 뜻이다. 성경은 자녀는 부모에게(엡 6:1), 종은 상전에게(엡 6:5), 아내는 남편에게(엡 5:22; 벧전 3:1), 백성은 집권자에게 순종하라고 권면한다(롬 13:1; 벧전 2:14). 교인들은 목자들에게 순종해야 한다. 교역자를 포함하여 모든 성도는 다 제사장들이지만(벧전 2:9), 일반 성도들은 말씀을 맡은 교역자에게 순종해야 하는 것이다. 둘째, 교인들은 "다 서로 겸손으로 허리를 동이라"는 것이다(롬 12:10; 엡 5:21; 빌 2:3). 곧 장로를 포함하여 누구든지 "겸손"으로 허리를 동여야 한다는 것이다. "겸손"(ταπεινοφροσύνην)은 '마음의 낮음,' '마음의 비하'라는 뜻이다. "허리를 동이라"(ἐγκομβώσασθε)는 말은 '옷을 입는다'는 뜻으로 노예들이 주인을 섬기기 위하여 앞치마를 두른 것을 지칭한다. 예수님은 수난 주간 목요일 제자들의 발을 닦으시기 위하여 수건을 허리에 두르셨다(요 13:1-11). 성도는 누구든지 겸손한 마음으로 허리를 동여야 한다.

성도들이 겸손으로 허리를 동여야 할 이유는, "하나님이 교만한 자를 대적하시되 겸손한 자들에게는 은혜를 주시기" 때문이다(잠 3:34; 약 4:6). 하나님은

"교만한 자를 대적하신다." 여기 "대적하다"(ἀντιτάσσεται)는 말은 '대항하다,' '반대하다'라는 뜻이다. 하나님은 교만한 사람을 대항하시고 겸손한 성도들에게 은혜를 주신다(사 57:15; 66:2). 사람이 대항해도 힘든 일인데, 하나님께서 대항하시면 누가 감당할 수 있을까? 그리고 사람이 은혜를 베풀어도 좋거든, 우주보다 크신 하나님께서 은혜를 주시면, 누가 그것을 막을 수 있겠는가?

벧전 5:6. 그러므로 하나님의 능하신 손아래서 겸손하라 때가 되면 너희를 높이시리라.

"그러므로," 곧 '하나님께서 교만한 자를 대적하시고 겸손한 자들에게 은혜를 주시기 때문에' "하나님의 능하신 손아래서 겸손하라"고 말씀한다(약 4:10). 성도는 교만한 자를 대적하시고 겸손한 자들에게 은혜를 주시는 하나님의 능하신 손아래서 겸손해야 한다(출 3:20; 6:1; 13:3; 신 9:26; 렘 21:5). "때가 되면 (하나님께서) 너희를 높이신다"는 것이다. 여기에서 "때"라는 말은 '하나님께서 경영하시는 때'를 말한다. 신자가 하나님 앞에서 겸손해지면, 하나님께서 원하시는 때에 성도를 높이신다. 결정적으로 예수님의 재림의 때에 하나님은 성도들을 높여 주신다(고전 4:4).

벧전 5:7. 너희 염려를 다 주께 맡겨 버리라 이는 저가 너희를 권고하심이니라.

베드로는 성도들에게 "모든 염려를 다 주께 맡겨 버리라"고 권한다(시 37:5; 55:22-23; 마 6:25; 눅 12:11, 22; 빌 4:6; 히 13:5). "염려"라는 것은 큰 염려든지 작은 염려든지 자신이 친히 해결할 수 없는 '걱정거리나 근심거리 혹은 고민거리'를 말한다(마 6:25-34). 그리고 "맡겨 버리라"(ἐπιρίψαντες)는 말은 '던져버리라'는 뜻인데, 이 낱말은 단순(부정)과거 분사이므로 한꺼번에 던져버리는 것을 뜻한다. 우리는 두통거리로 생각되는 것들을 모두 던져버려서 그것들이 우리의 수중에서 없어지게 해야 한다. 우리가 하나님의 능하신 손아래서 겸손하다면, 우리는 자신의 문제들을 하나님께 던져버릴 수 있을 것이다. 만약에 많은 염려거리 중에서 한 가지라도 던지지 않고 내 자신이 고민하고 염려한다면, 그것은 아직도 우리가 하나님의 능하신 손아래서 겸손하지 않은 것이다. 고아의 아버지라고 하는 죠지 뮬러는 창고에서 열쇠를 잃어버리고 기도하여 찾았다고 한다. 또 어느 분은 바다에서 수영을 하다가 안경을 잃어버렸는데 기도하고 다시 들어가 찾았다고도 한다.

모든 염려를 맡길 때 해결되는 이유는, 하나님께서 "권고하시기" 때문이다. 여기 "권고하심이니라"(αὐτῷ μέλει)는 말은 '염려가 그(하나님)에게 있다'는 뜻이다. 우리가 염려를 맡기면, 그 염려는 이제부터는 우리의 손에 있는 것이 아니라, 하나님의 수중(手中)으로 들어가게 된다는 것이다. 우리는 앞으로 염려 없는 세상을 살아가야 한다. 하나님께서는 우리의 염려를 다 맡기를 원하신다.

벧전 5:8. 근신하라 깨어라 너희 대적 마귀가 우는 사자 같이 두루 다니며 삼킬 자를 찾나니.

성도는 자신의 모든 염려를 주께 맡김으로써 모든 것이 끝나는 것이 아니다. 그들에게는 마귀와의 전쟁이 남아 있다. 그래서 베드로는 성도들을 향하여 "근신하라 깨어라"고 명령한다(눅 21:34, 36; 살전 5:6; 벧전 4:7). "근신하라"(νήψατε)는 말은 '자제하라'는 뜻이고 "깨어라"(γρηγορήσατε)라는 말은 '게으름을 끝내고 경계하라,' '영적인 경각심을 가지라'는 말이다(마 26:40-41; 막 13:35-37; 고전 16:13). 베드로 사도가 성도들에게 근신하고 깨어있으라고 한 이유는, 성도들이 자제하지 않고 또 영적으로 깨어 있지 않으면 마귀에게

삼킴을 당하기 때문이다. "마귀"(διάβολος)는 '비방하는 자'이며 '거짓 송사하는 자'이고 성도들의 "대적," 곧 '적'으로서(에 8:1; 시 109:6) 끊임없이 우는 사자같이 두루 다니며 삼킬 자를 찾는다(욥 1:7; 2:2; 눅 22:31; 계 12:12). 이 말씀대로 세상에 취해 있거나 경각심을 가지지 않는 성도들은 일시적이나마 마귀의 손안에 들어가서 고생을 하게 된다.

벧전 5:9. 너희는 믿음을 굳게 하여 저를 대적하라 이는 세상에 있는 너희 형제들도 동일한 고난을 당하는 줄을 앎이니라.

마귀를 이기는 비결은 성도들이 믿음을 굳게 하여 마귀를 대적하는 것이다(엡 6:11, 13; 약 4:7). 그런데 성도들이 믿음을 굳게 하는 데 유용한 것은 "세상에 있는 너희 형제들도 동일한 고난을 당하는 줄을 아는 것"이다(행 14:22; 벧전 2:21; 살전 3:3; 딤후 3:12). 여기 "당하다"(ἐπιτελεῖσθαι)라는 말은 현재 진행형으로 성도들이 이 세상에서 계속해서 고난을 당하는 것을 뜻한다. 페인(Stephen W. Paine)은 "세상에 있는 다른 많은 형제들이 똑같은 고난을 당하고 있다는 것을 아는 지식은 고난을 당하는 크리스천들로 하여금 믿음을 굳게 하는 데 도움이 된다"고 말한다.6) 우리는 나만 혼자 고난을 당한다고 생각해서는 안 된다. 많은 사람들이 지금도 고난을 당한다는 것을 알고 믿음을 굳게 해야 한다.

벧전 5:10. 모든 은혜의 하나님 곧 그리스도 안에서 너희를 부르사 자기의 영원한 영광에 들어가게 하신 이가 잠간 고난을 받은 너희를 친히 온전케 하시며

---

6) Stephen W. Paine, "The First Epistle of Peter," *The Wycliffe Bible Commentary,* ed. Everett F. Harrison, (Chicago: Moody Press, 1981), p. 1452

굳게 하시며 강하게 하시며 터를 견고케 하시리라.

앞에서 베드로는 성도들이 마귀를 이기는데 있어서 다른 성도들도 고난을 당하고 있다는 사실을 아는 것이 필요하다고 말했는데, 이제 본 절에서는 그는 성도들로 하여금 하나님의 은혜를 바라보게 한다. 다른 성도가 고난을 당하는 것을 아는 것도 중요하지만, 하나님의 은혜를 아는 것은 더욱 귀한 것이다. 하나님은 "모든 은혜의 하나님 곧 그리스도 안에서 너희를 부르사 자기의 영원한 영광에 들어가게 하신 이"시다(고전 1:9; 딤전 6:12). 곧 하나님은 '각종 은혜를 주시는 하나님'이시다. 좀 더 구체적으로 말하면, 하나님은 "그리스도 안에서 너희를 부르신 분이시고" 성도들을 하나님의 "영원한 영광에 들어가게 하신 이"시다. 하나님은 그리스도의 공로를 근거로 성도들을 부르셔서 구원하셨고, 더 나아가 그들을 영원한 영광에 들어가게 하신다.

베드로는 하나님께서 특별히 고난을 받은 성도들에게 은혜를 베푸신다는 것을 여러 모로 말씀한다. 성도들로 하여금 영원한 영광에 들어가게 하시는 하나님은 세상에서 잠간 고난을 받은(고후 4:17; 벧전 1:6) 성도들을 "온전케 하시며,"(καταρτίσει) "굳게 하시며,"(στηρίξει) "강하게 하시며,"(σθενώσει) "견고케 하시리라"(θεμελιώσει)는 것이다. 여기서 네 개의 동사들이 모두 미래형인 것은, 앞으로 하나님께서 성도들을 '온전한 모습으로 회복시켜 주실 것이며'(고전 1:10; 히 13:21; 유 1:24), '흔들리지 않는 신앙인이 되게 하실 것이며'(살후 2:17; 3:3), '어떤 봉사라도 능히 감당할 수 있도록 무장시켜 주실 것이며,' '요동치 않는 신앙인의 인격이 되도록 하실 것'을 뜻한다. 하나님이야말로 모든 일을 하신다. 우리는 하나님의 은혜와 긍휼을 바라보아야 한다.

벧전 5:11. 권력이 세세무궁토록 그에게 있을지어다. 아멘.

베드로는 지금까지 고난 받는 성도들이 하나님의 은혜로 구원을 받을 것을 말씀했는데, 이제는 고난을 받는 성도들을 구원하실 수 있는 "권력"(κράτος)이 세세 무궁토록 하나님께 있다고 송영한다(벧전 4:11; 계 1:6). 하나님께는 무한한 권력이 세세토록 있으시다는 확신이 우리 모두에게 있어야 한다.

IX. 마지막 부탁, 문안 및 축도 5:12-14

앞에서 베드로는 교회의 지도자들과 또 일반 교우들에게 부탁하는 말을 기술했다(1-11절). 이제 그는 마지막으로 부탁하는 말씀을 쓰고(12절), 문안을 한 다음(13-14a), 축도로 서신을 끝낸다(14b).

벧전 5:12. 내가 신실한 형제로 아는 실루아노로 말미암아 너희에게 간단히 써서 권하고 이것이 하나님의 참된 은혜임을 증거하노니 너희는 이 은혜에 굳게 서라.

베드로는 실루아노를 대필자로 사용하여 쓴 베드로전서가 하나님의 은혜의 말씀이니 이 은혜의 말씀 안에 굳게 서라고 부탁한다. 베드로는 "내가 신실한 형제로 아는 실루아노로 말미암아 간단히 써서 권했다"고 말하여 실루아노를 대필자로 사용했음을 말하고 있다(고후 1:19). "실루아노"는 바울 사도의 제2차 전도 여행 때 동행했던 '실라'였고(행 15:22-33; 15:40; 17:10; 18:5), 바울도 그를 실루아노로 불렀다(고후 1:19; 살전 1:1; 살후 1:1). 베드로는 실루아노로 말미암아 "간단히(ὀλίγων) 써서 권했다"고 말하는데, 이것은 베드로전서의 분량이 105절이나 되는 것을 감안할 때 단지 겸손한 표현으로 보아야 할 것이다. 히브리서 기자도 긴 편지를 쓰고 난 후 이렇게 기록하고 있다. "형제들아 내가 너희를 권하노니 권면의 말을 용납하라. 내가 간단히 너희에게 썼느니라"고 말하고 있다(히 13:22). 베드로는 실루아노로 말미암아 너희에게 간단히 써서 권했다고 말하고는, "이것이"(ταύτην) 곧 '베드로전서의 말씀 전체'가 "하나님의 참된 은혜"임을 증거한다고 말한다. 다시 말해, 베드로전서 의 말씀이 사람의 말이 아니라 '하나님의 참된 은혜의 말씀'임을 확신하고 증거한다는 것이다. 그리고는 베드로는 "이 은혜에 굳게 서라"고 권한다(고전 15:1; 벤후 1:12). 곧 '은혜의 말씀 안에 굳게 서라'는 것이다. 우리 모두는 은혜를 전달하는 성경 말씀을 받고 그 말씀 안에 굳게 서서 흔들리지 않아야 한다.

벤전 5:13. 함께 택하심을 받은 바벨론에 있는 교회가 너희에게 문안하고 내 아들 마가도 그리하느니라.

베드로는 자신의 편지의 수신자들에게 다른 이들의 인사를 전한다. 첫째, 바벨론 에 있는 교회 교우들의 인사를 수신자 성도들에게 전한다. 그런데 본문의 "바벨론"을 문자적으로 '메소포타미아 바벨론'으로 보는 학자들도 있으나 (Calvin, Alford) '로마'라고 보는 학자들도 있다(Luther, Ewald, Bigg, Blum, Kelly, Lightfood). 로마로 보는 이유는, "바벨론"은 세상을 상징하는 은유적인 표현이기 때문이다. 베드로가 실제로 메소포타미아 바벨론에 갔다는 역사적인 증거도 없고, 그가 말년에 로마에서 활동했다는 많은 전설들이 있으며, 베드로의 영적인 아들 마가가 로마에서 베드로와 함께 있었다는 것 등을 감안할 때, 본문의 "바벨론"을 '로마'로 보는 것이 좋을 것이다.

둘째, 베드로는 믿음의 아들 마가의 인사를 전한다. 마가는 바나바의 조카로서(골 4:10) 본래의 이름은 마가 요한이다(행 12:12, 25; 15:36-39). 전승에 의하면 마가는 베드로의 동역자로서 마가복음을 썼다.

벧전 5:14. 너희는 사랑의 입맞춤으로 피차 문안하라. 그리스도 안에 있는 너희 모든 이에게 평강이 있을지어다.

베드로는 성도간에 "사랑의 입맞춤으로 피차 문안하라"고 권한다. 이 풍습은 한국 교회에서는 볼 수없는 인사법이지만, 초대 교회에서는 익숙히 사용한 인사법이었다(눅 7:45). 바울은 성도간에 "거룩하게 입맞춤으로 서로 문안하라"고 권했다(롬 16:16; 고전 16:20; 고후 13:11; 살전 5:26). 그리고 베드로는 마지막으로 축도를 한다. 베드로는 서신을 시작할 때 "은혜와 평강"을 기원했는데(1:2), 축도할 때는 은혜는 말하지 않고 "평강"만 기원한다(엡 6:23). 이유는 아마도 12절에서 말씀의 "은혜에 굳게 서라"고 했기 때문에 축도에서 따로 은혜에 대해 말할 필요가 없었을 것이다. 아무튼 모든 은혜나 평강은 "그리스도 안에 있는" 성도에게 임한다. 다시 말해, 그리스도와 연합되어 있는 성도에게 임한다. 우리는 다른 사람들을 위하여 은혜와 평안을 기원해야 할 것이다. 더욱이 불안이 극한 세대일수록 평강을 기원해야 할 것이다.

- 베드로전서 주해 끝

베드로후서 주해

2 Peter

총론

베드로전서가 외부로부터의 환난에 대해 잘 견디도록 위로하고 격려하기 위하여 기록된 서신이라면, 본 서신은 교회 내부에서 발생한 거짓 교사들에 대하여 경고하기 위하여 기록된 서신이다. 당시 초대 교회 안에서는 많은 이단자들이 일어나 성도들을 유혹하며 교회를 어지럽혔다. 이에 베드로는 성도들의 신앙을 진작시켜 이단들에 대처하도록 하기 위해 본 서신을 집필했다.

저작자 본 서신의 저작자는 시몬 베드로이다(1:1).

1. 내증: 베드로후서 1:1은 본 서신의 저작자가 시몬 베드로라고 말한다. 또한 1:17-18에 보면, 본 서신의 저작자는 예수님과 함께 변화산에 있었으며(마 17:1 비교), 거짓 스승들을 경계했고(2:1-22), 기독교의 모든 미덕을 말했다 (1:5-7). 또 본 서신에는 사도행전에 나오는 베드로의 설교에 쓰인 용어들이 많이 나온다. 예를 들면 "받은 자"(obtained)라는 말(행 1:17; 벧후 1:1), "경건"이라는 말(행 3:12; 벧후 1:3, 6-7; 3:11), "불법한"이라는 말(행 2:23; 벧후 2:8), "불의의 값"이라는 말(행 1:18; 벧후 2:13, 15) 등이다. 또한 1:14에는

저자 자신이 곧 순교할 것이라는 말이 나온다. 이는 그리스도의 예언을 들어 말하고 있는 것이다(요 21:18-19). 또한 3:1의 "둘째 편지"라는 말은 첫째 편지가 있음을 전제하는 말로서 본 서신의 저자가 베드로전서의 저자와 똑같은 저작자임을 말하는 것이다.

그러나 베드로가 본 서신을 저작했다는 것을 부인하는 주장이 많이 일어났다. 그 주장들을 들어보면,

1) 어느 비평가는 본 서신 1:1에 기록된 "예수 그리스도의 종과 사도인 시몬 베드로"라는 말씀에 "시몬"이라는 말이 덧붙여진 것을 근거로 본서가 문서 위조자의 위조일 것이라고 주장했다. 그러나 베드로전서와 달리 본 서신은 이단을 퇴치하기 위하여 기록한 것이니 "예수님의 원제자임"을 내세우지 않을 수 없어서 '시몬'이라는 말을 삽입했을 것이다(Greijdanus).

2) 혹자는 본 서신의 문체가 베드로전서의 그것과 다르다는 점을 말한다. 그러나 베드로 사도가 전서를 기록할 때는 실루아노를 대필자로 사용한 반면(벧전 5:12), 본 서신을 기록할 때는 다른 사람을 사용했을 수가 있다는 점을 감안하면 별 문제가 없다.

3) 본 서신이 유다서에 의존하고 있다는 점을 들어 본 서신이 베드로의 저작이 아니라고 주장한다. 그러나 설령 베드로가 유다서의 일부를 인용했다 할지라도 본 서신의 베드로 저작설을 부인하지는 못한다. 이유는, 혹자가 마가복음 우선설을 주장할지라도, 그것이 마태복음서의 영감과 권위를 부인하지는 못하는 것과 같다.

4) 본 서신의 수사학적 언어를 살필 때 어부 출신 베드로가 본 서신을 저작했다는 것을 믿기가 어렵다는 것이다. 그러나 베드로가 오순절에 성령을 체험하고 난 후로는 사람들을 깜짝 놀라게 하지 않았는가?(행 4:13) 성령을

받은 사람은 모든 점에서 달라진다는 것을 감안할 때, 베드로의 수사학적 언어가 뛰어나다고 해도 문제시 할 것은 없다.

5) 본 서신에 나타나는 재림 지연의 문제는 제2세기의 사상이기 때문에 본 서신의 베드로 저작설이 설득력이 없다는 것이다. 그러나 예수님의 재림이 지연되고 있었던 것은 요한복음이 기록되던 당시(A.D. 90-95년 경)에도 있었던 사상이다(요 21:20-23; 살후 2:1-4; 딤후 2:18 참조).

2. 외증: 1) 초대 교부 이레니우스(Irenaeus, A.D. 130-220)는 본 서신의 3:8을 인용했다(The Expositor's Greek Testament, vol. V, 1979, p. 88). 2) 순교자 저스틴(Justinus, A.D. 150년경-165)은 2:1을 인용했고, 3)폴리갑 (Polycarp, A.D. 70년경-155년 순교)은 3:15을 인용했으며, 4)아리스티데스 (Aristides, 2세기, 아데네의 기독교변증가, 철학자)는 1:1; 2:2을 인용했다. 5)오리겐(Origen, 185년경-254년 경, 알렉산드리아 신학자)은 "베드로는 하나의 유명한 서신을 남겼으니 그것이 베드로후서이다"라고 했다. 6) 유세비우스 (Eusebius of Alexandria, 265-340년경, 설교 저술가)는 본 서신을 "위작이라기 보다는 논쟁적인 서적"이라고 하면서 본 서신의 정경성(canonicity)을 인정했다. 7) 히폴리터스(Hippoytus -236경, 로마 교회 장로, 교사)는 3:8을 인용했다.

기록한 장소 베드로가 본 서신을 기록한 장소는 베드로전서와 마찬가지로 로마로 추정된다. 상세한 것은 베드로전서 총론의 '기록한 장소'를 참조하라.

기록한 때 베드로는 A.D. 64년경에 베드로전서를 기록하고, 순교하기(A.D. 68년) 전인 A.D. 66년-67년경에 본 서신을 쓴 것으로 보인다.

편지를 쓴 이유 베드로는 고난 받는 성도들을 위로하고 격려하기 위하여 본 서신을 기록했다. 베드로는 외부에서 들어오는 환난을 잘 대처하도록 베드로전서를 기록했고, 교회 내에서 일어나는 고난을 대처하기 위해서 본 서신을 기록했다. 외부의 환난이 심할 때 교회 안에서는 배교가 심하게 일어나기 때문에 베드로는 성도들을 격려하기를 원했고, 또 교회 안에서 일어난 거짓 스승들을 경계하기를 원하여 본 서신을 기록했다(2:1-3). 그리고 베드로는 거짓 교사들의 향락주의 생활(2:4-22)에 맞서 교우들이 잘 대처할 수 있도록 본 서신을 기록했고 특히 그리스도의 재림을 대망하도록 본 서신을 기록했다.

내용 분해 본 서신의 내용을 분해하면 다음과 같다.

I. 인사 1:1-2

II. 신의 성품에 더욱 참예하라 1:3-11

    1. 신의 성품에 참예하도록 성도들이 이미 받은 은혜 1:3-4

    2. 신의 성품에 참예하는 방법 1:5-7

    3. 신의 성품에 흡족하게 참예한 자의 복과 참예하지 않은 자의 불행 1:8-9

    4. 신의 성품에 참예하기를 더욱 힘쓰라 1:10-11

III. 본서 집필 동기 1:12-15

IV. 그리스도 재림이 확실함을 변호함 1:16-21

    1. 변화산 사건으로 변호함 1:16-18

    2. 구약 성경으로 변호함 1:19-21

V. 이단자들을 조심하라 2:1-22

참고도서

1. 박윤선. 『히브리서, 공동서신』. 성경주석. 서울: 영음사, 1986.

2. 이상근. 『공동서신』. 신약성서주해. 서울: 대한예수교장로회총회교육부, 1970.

3. 『히브리서-베드로후서』. 호크마종합주석 9. 강병도 편. 서울: 기독지혜사, 1992.

4. Barnes, Albert. *James, Peter, John, and Jude.* Notes on the New Testament. Grand Rapids: Baker Book House, 1978.

5. Bauckham, Richard J. *Jude, 2 Peter.* The Word Biblical Commentary. Waco, TX: Word Books, 1983.

6. Bengel, J. A. 『베드로전서-유다서』. 벵겔신약주석. 나용화, 김철해 공역. 서울:도 서출판로고스, 1992.

7. Bigg, Charles. *A Critical and Exegetical Commentary on the Epistles St. Peter and St. Jude.* Edinburgh: T. & T. Clark, 1975.

8. Blum, Edwin A. "1, 2 Peter, Jude," *The Expositor's Bible Commentary.* Grand Rapids: Zondervan, 1981.

9. Calvin, J. *The Epistle of Paul the Apostle to the Hebrews and the First and Second Epistles of St. Peter.* Calvin's Commentaries, vol. 22. trans. by W. B. Johnston. ed. by D. W. and T. F. Torrance. Grand Rapids: Eerdmans, 1963.

10. Gangel, Kenneth O. "2 peter," *The Bible Knowledge Commentary.* ed. John F. Walvoord, & Roy B. Zuck. Wheaton, Ill: Victor Books, 1986.

11. Henry, Matthew. *Commentary on the Whole Bible.* New York: Fleming

H. Revell, n.d.

12. Kelly, J. N. D. 『베드로전후서, 유다서: J. N. D』. 켈리성경주석. 김유배 옮김. 서울: 아가페출판사, 1986.

13. Kistemaker, Simon J. *Peter and Jude*(NTC). Grand Rapids: Baker Book House, 1986.

14. Lange, J. P. *James-Revelation*. Commentary on the Holy Scriptures. Grand Rapids: Zondervan Publishing House, 1968.

15. Luther, Martin. *English Commentary on the Epistles of Peter and Jude*. Grand Rapids: Kregel, 1982.

16. McGee, J. V. *Second Peter*. Thru the Bible Commentary Series. Nashville: Thomas Nesson Publishers, 1991.

17. Paine, Stephen W. "I and II Peter," *The Wycliffe Bible Commentary*. Chicago: Moody Press, 1981.

18. Raymer, Roger M. "1 Peter," *The Bible Knowledge Commentary*. ed. John F. Walvoord, & Roy B. Zuck. Wheaton, Ill: Victor Books, 1986.

19. Sidebottom, E. M. *James, Jude, Second Peter*. New Century Bible Commentary, Grand Rapids: Eerdmans, 1982.

제1장

경건하게 살아라

I. 인사 1:1-2

벧후 1:1. 예수 그리스도의 종과 사도인 시몬 베드로는.
베드로 사도는 자신을 "예수 그리스도의 종"이라고 소개한다. "종"(δοῦλος)은
당시 사회에서 주인에게 완전히 예속된 '노예'를 말한다. 베드로 사도를 포함하
여 다른 사도들도 역시 자기들을 종이라고 자칭했다(행 4:29). 그리스도의
종은 그리스도 앞에 겸손히 무릎을 꿇어야 하고(빌 2:10), 노예가 주인에게
순종하듯 온전히 순종해야 한다(수 14:6-12).

그리고 베드로는 자신을 "사도"라고 소개한다. "사도"(ἀπόστολος)라는
말은 '보냄을 받은 자'라는 뜻이다. 사도는 그리스도로부터 복음 전할 사명을
받고 세상에 보냄을 받은 자이다(눅 6:13). 베드로는 자신을 사도라고 말함으로
써 자신의 사역과 권위에 힘을 싣고 있다. 사도는 하나의 은사로서(고전 12:29)
교회 역사(歷史)에 있어서 단회적인 은사이다.

우리 하나님과 구주 예수 그리스도의 의를 힘입어 동일하게 보배로운

믿음을 우리와 같이 받은 자들에게 편지하노니.

베드로는 자신을 소개한 후에 이 서신의 수신자가 누구인가를 말하고 있다. 수신자는 다름 아닌, 베드로전서를 받았던 소아시아 다섯 곳에 흩어져 살던 성도들과 동일한 성도들이었다(3:1).[1] 베드로는 그 수신자들을 "우리 하나님과 구주 예수 그리스도의 의를 힘입어 동일하게 보배로운 믿음을" 가진 사람들이라고 규명한다. 베드로는 수신자들도 하나님과 구주 예수 그리스도의 의를 힘입어 자신과 똑같이 보배로운 믿음을 가진 성도들이라고 말한다. 수신자 성도들도 "하나님과 구주 예수 그리스도의 의를 힘입어" 자신과 똑같이 보배로운 믿음을 가졌다는 말씀은, 편지를 보낸 측이나 편지를 받는 측이나 똑같이 성부와 성자의 의(義)를 받아서 믿게 되었다는 것을 보여 주는 것이다. 유대의 사도들이나 성도들이 성령의 역사에 의하여 그리스도의 의를 전가(轉嫁) 받아서 믿게 되었던 것처럼, 소아시아의 성도들 역시 성령의 역사에 의하여 예수 그리스도의 의를 받아서 그리스도를 믿게 되었다는 것이다. 페인(Paine)은 "믿음은 하나님의 의 안에서만 가능하다(It is only 'in the righteousness of God' that faith is possible)고 말한다."[2]

이 본문은 "우리 하나님과 구주 예수 그리스도"(τοῦ θεοῦ ἡμῶν καὶ σωτῆρος Ἰησοῦ Χριστοῦ)를 '성부 하나님과 성자 예수 그리스도' 두 인격으로 볼 것이냐, 아니면 '예수 그리스도께서 바로 하나님이시며 동시에 구주'라고 읽어야 하느냐 하는 문제를 갖고 있다. 여기서 우리는 "우리 하나님과 구주"가 하나의 관사(του)로 묶여 "예수 그리스도"를 수식하는 것을 보면, 그 뜻은 '예수님은 하나님이시요 동시에 구주'라고 보는 것이 문법적으로 더 옳을 것이

---

1) 베드로 사도는 베드로 전서를 보내고 난 후 동일한 성도들에게 다시 "둘째 편지"를 보냈다(3:1).
2) Stephen W. Paine, "The Second Epistle of Peter," *The Wycliffe Bible Commentary*, ed. Everett F. Harrison, (Chicago: Moody Press, 1981) , p. 1456.

다. 또 성경은 예수님께서 하나님이시라고 여러 곳에서 말씀하고 있다(요 1:1, 18; 20:28; 롬 9:5; 딛 2:13; 히 1:8).

벧후 1:2. 하나님과 우리 주 예수를 앎으로 은혜와 평강이 너희에게 더욱 많을지어다.

베드로는 수신자들에게 "하나님과 우리 주 예수를 앎으로 은혜와 평강이 더욱 많이" 임하기를 기원한다. 여기 "앎"이라는 말은 직관이 아니라 경험으로 아는 완전한 지식(full knowledge)을 말한다. "이는 한 인격이 대상자인 인격에게 일보일보 접근해서 일어나는 완전한 지식이다"(이상근). 마치 부부가 함께 생활함으로써 체험적으로 배우자를 더욱 잘 알듯이, 하나님과 그리스도를 체험적으로 더욱 많이 아는 것을 뜻한다.

　　베드로는 수신자들을 향하여 하나님과 예수님을 아는 만큼 은혜가 더하고 평강이 더욱 많기를 소원하고 있다. 베드로는 성도들을 향하여 예수님을 아는 지식이 자라나야 한다고 말한다(3:18). 우리는 예수 그리스도를 더욱 더 많이 알기 위하여 그리스도의 말씀을 더 많이 듣고 읽고 묵상해야 하며, 그리스도와 교제하는 시간을 더 많이 가져야 하고, 또한 그리스도의 고난에도 더욱 동참해야 한다. 그러나 오늘 우리는 위기를 맞이하고 있다. 볼거리가 너무 많고 먹을거리가 너무 많아서 시간을 많이 빼앗기고 있다. 우선순위를 잘 정하지 않으면 우리는 예수 그리스도를 아는 일에 큰 도전을 받을 수밖에 없다. "은혜와 평강"에 대해서는 벧전 1:2의 주해를 참조하라.

II. 신의 성품에 더욱 참예하라 1:3-11

베드로 사도는 수신자 성도들에게 인사를 마치고 난 후(1-2절), 그들에게 신(神)의 성품에 더욱 참예할 것을 권하고 있다. 베드로는 먼저 성도들이 신의 성품에 참예할 수 있도록 그리스도께서 은혜 주신 것을 말하고(3-4절), 신의 성품에 참예하는 방법을 말하며(5-7절), 신의 성품에 흡족하게 참예한 사람의 복과 참예하지 못한 사람의 불행을 비교하고(8-9절), 신의 성품에 참예하기를 더욱 힘쓰는 경우에 받는 복을 진술한다(10-11절).

1. 신의 성품에 참예하도록 성도들이 이미 받은 은혜 1:3-4

벧후 1:3. 그의 신기한 능력으로 생명과 경건에 속한 모든 것을 우리에게 주셨으니 이는 자기의 영광과 덕으로써 우리를 부르신 자를 앎으로 말미암음이라. 본 절과 다음 절은 수신자 성도들이 이미 "신의 성품"(4절)에 참예할 수 있도록 그리스도께서 두 가지 원동력을 주신 사실을 말하고 있다. 그 중에 한 가지 원동력은 그리스도께서 성도들에게 이미 "생명과 경건에 속한 모든 것"을 주셨다는 것이다. 예수님은 "그의 신기한 능력으로 생명과 경건에 속한 모든 것을 주셨다." 곧 '그의 신적(神的)인 능력으로 영적인 생명과 모든 은혜'를 주셨다. 영적인 생명과 모든 은혜는 서로 인과관계, 즉 원인과 결과의 관계에 있다. 다시 말해, 생명은 경건의 근원이 되고, 경건은 생명의 열매이다. 생명과 경건은 그리스도인들이 신의 성품에 참예할 수 있는 원동력이 되는 요소들이다. 참 그리스도인들이라면 누구든지 생명과 경건의 은혜를 받는다.

베드로는 그리스도께서 그의 신적인 능력으로 영적인 생명과 모든 은혜를 성도들에게 주시되, 자신에 대한 앎(지식)을 통하여 주신다고 말한다. 성도들의 그리스도에 대한 지식은 헛되지 않아서 영적인 생명과 경건, 곧 모든 은혜를 받는다. 그리스도는 그의 "영광과 덕으로"(to glory and virtue) 성도들을 부르신다. 다시 말해, 그리스도는 그의 "영광," 곧 그의 '임재하심'과 또 그의 "덕," 곧 그의 '탁월하심'을 통해서 사람들을 부르시고 인도하신다. 이렇게 그리스도는 그의 임재와 탁월하심을 통하여 부르시는데, 부름 받은 사람들로 하여금 자신을 알게 하심으로써 영적인 생명과 모든 은혜를 받게 하신다.

우리도 그리스도를 아는 완전한 지식(full knowledge)을 통하여 영적인 생명과 모든 은혜를 받았다. 우리는 이미 큰 자원을 받았다. 곧 신의 성품에 참예하기에 충분한 영적인 생명과 모든 은혜를 받았다.

벧후 1:4. 이로써 그 보배롭고 지극히 큰 약속을 우리에게 주사 이 약속으로 말미암아 너희로 정욕을 인하여 세상에서 썩어질 것을 피하여 신의 성품에 참여하는 자가 되게 하려 하셨으니.

베드로는 두 번째로 그리스도께서 성도들에게 놀라운 약속들을 주셔서 신의 성품(거룩)에 참예하도록 하신다고 말한다. 베드로는 "이로써 그 보배롭고 지극히 큰 약속을 우리에게 주셨다"고 말한다. 곧 '그리스도의 영광과 덕으로 말미암아' "그 보배롭고 지극히 큰 약속"을 우리에게 주셨다는 것이다. 그리스도는 그의 영광과 덕을 통해서 보배롭고 큰 "약속들," 곧 성도들이 '그리스도의 재림'(3:4, 9, 12), '새 하늘과 새 땅'(3:13), 그리고 '그리스도의 영원한 나라'(11절)에 참예할 것이라는 약속을 주셨다.

그리스도는 이런 약속들을 성도들에게 주셔서 성도들로 하여금 "정욕을 인하여 세상에서 썩어질 것을 피하여 신의 성품에 참여하는 자가 되게 하려

하신다." 그리스도는 성도들로 하여금 '악한 세상의 욕심으로부터 피하여 신의 성품에 참여하는 자가 되게 하려 하신다.' 우리는 이미 놀라운 약속들을 받았다. 우리는 세상에서 욕심을 피함으로써 약속을 받는 사람들이 되어야 한다(11절).

2. 신의 성품에 참예하는 방법 1:5-7

베드로 사도는 일단 믿음을 받은 성도들은(1절) 더욱 힘써 일곱 가지 덕을 공급하라고 권한다. 그 일곱 가지는 바로 믿음, 덕, 지식, 절제, 인내, 경건, 형제우애, 사랑 등이다.

벧후 1:5-7. 이러므로 너희가 더욱 힘써 너희 믿음에 덕을, 덕에 지식을, 지식에 절제를, 절제에 인내를, 인내에 경건을, 경건에 형제 우애를, 형제 우애에 사랑을 공급하라.

"이러므로"라는 말은 '3절과 4절에 말한 이유 때문에'라는 뜻이다. 다시 말해, 성도들은 신의 성품에 더욱 참예할 수 있는 자원을 그리스도로부터 받았으므로 "더욱 힘써" 믿음에다가 다음 일곱 가지를 "공급하라"는 것이다. 그리스도인들이 "믿음"을 얻은 것만으로 만족해서는 안 된다. 세례를 받은 것으로 만족한다든지 그리스도를 주님으로 믿는 "믿음"을 통해서 구원받은 것만으로 만족하고 안주할 것이 아니라, 더욱 힘써 "믿음"에 다음 일곱 가지를 풍부하게 공급해야 한다.

"믿음"은 순전히 하나님의 선물로서(엡 2:8-9) 그리스도인의 삶의 밑바탕이 되는 '신뢰심'이다. 그리스도인이 가장 중요한 믿음을 가진 것은 천만 다행이지만, 거기에서 멈추어서는 안 되고 "덕"을 더해야 한다. "덕"(ἀρετήν)은 '도덕적

인 탁월성을 의미한다. 그리고 도덕적인 탁월함을 가진 다음에 "지식"이 더해
져야 한다. "지식"은 '하나님 말씀에 대한 지식'을 뜻한다. 우리는 하나님께
대한 무제한적인 지식을 가질 수는 없다. 그러므로 하나님께 대한 지식에
"절제"가 필요하다. 그리고 절제에는 "인내"가 필요하다. "인내"($\upsilon\pi o\mu o\nu\eta\nu$)라
는 것은 '끝까지 버티는 지구력'을 말한다(롬 5:5; 8:25; 딤전 6:11; 히 12:1;
약 1:3). 잠시간의 절제를 갖고는 신의 성품에 참예할 수가 없다. 계속되는
일생의 절제를 위해서는 인내가 필요하므로 우리는 하나님께 인내심을 구해야
한다. 또 인내심에는 "경건," 곧 '오로지 하나님을 두려워하고 하나님께 자기를
맡기는 마음과 태도'가 필요하다. 인내하려고 하는 사람에게 하나님을 두려워하
고 하나님께 자기를 맡기는 마음과 태도가 없으면, 인내의 삶은 불가능하다.
그리고 신의 성품에 참예하려는 성도는 경건에 "형제우애"($\phi\iota\lambda\alpha\delta\epsilon\lambda\phi\iota\alpha\nu$)가
필요하다. 성도는 경건만을 강조할 수는 없다. 다시 말해, 하나님을 두려워하고
자기를 온전히 하나님께 맡기는 것만으로는 부족하다. 거기에 형제 우애를
더해야 한다. 예수님께서도 율법은 하나님 사랑과 사람 사랑, 두 가지로 요약할
수 있다고 하셨다. 성경은 성도에게는 반드시 형제우애가 필요하다고 여러
곳에서 말씀하고 있다(롬 12:10; 살전 4:9; 히 13:1; 벧전 1:22; 3:8; 요일
5:1). 그리고 마지막으로 형제우애에 "사랑"($\alpha\gamma\alpha\pi\eta\nu$)을 공급해야 한다. 형제우
애는 쉽게 식어지기 때문에 "아가페"의 사랑, 곧 '자신을 희생하는 뜨거운
사랑'을 더해야 한다. 우리는 모든 사람은 하나님의 형상대로 지음을 받았기
때문에 그들을 희생적으로 사랑해야 한다. 또한 우리는 다른 사람을 사랑하는
것이 바로 나 자신을 사랑하는 것인 줄로 알고 희생적으로 사랑해야 한다.
하나님은 우리들에게서 소위 아가페의 사랑이 이루어지기를 원하신다(요 3:16;
롬 5:5; 요일 3:16; 4:8).

3. 신의 성품에 흡족하게 참예한 자의 복과 참예하지 않은 자의 불행 1:8-9

벧후 1:8. 이런 것이 너희에게 있어 흡족한즉 너희로 우리 주 예수 그리스도를 알기에 게으르지 않고 열매 없는 자가 되지 않게 하려니와.

본 절은 신의 성품에 참예하기 위해 많이 힘쓴 사람이 받는 복에 대해서 언급한다. 곧 "이런 것이 너희에게 있어 흡족하면" 복이 있다는 것이다. "이런 것"은 위에 말씀한 여러 가지 덕들을 지칭한다. 그 덕들이 성도들에게 "있어 흡족한즉," 곧 '그 덕들이 성도들 안에 존재하고 또 흡족하면 "주 예수 그리스도를 알기에 게으르지 않고 열매 없는 자가 되지 않게" 된다는 것이다. 곧 '주 예수 그리스도를 알게 된다'는 말이다. 여기 "게으르지 않고"라는 말과 "열매 없는 자가 되지 않는다"는 말은 동격이다. 곧 '열매가 열리게 된다'는 말이다. 수신자 성도들은 이미 그리스도를 아는 지식을 갖고 있었는데, 거기에다가 덕을 실천하고 또 실천하면 그리스도에 대한 더욱 확실한 지식을 얻게 된다는 것이다. 우리는 지금 그리스도를 아는 지식을 갖고 있다. 그런데 우리가 거기에다가 덕, 지식, 절제, 인내, 경건, 형제우애, 사랑을 더하고 실천하면 그리스도를 더욱 알게 된다는 것이다.

벧후 1:9. 이런 것이 없는 자는 소경이라 원시치 못하고 그의 옛 죄를 깨끗케 하심을 잊었느니라.

본 절은 앞 절(8절)과는 정반대로 신의 성품에 참예치 못한 자의 불행, 곧 5-7절에 있는 덕들을 실행치 않은 자의 두 가지 불행에 대해서 언급한다. 첫째 불행은 "이런 것이 없는 자," 곧 '5-7절의 덕을 실행치 않은 사람'은

"소경이 되고 원시치 못하는" 사람이 된다는 것이다. "소경"(τυφλός)이 된다는 말은 '영적으로 소경'이 된다는 말이다. 성경은 영적으로 소경된 사람에 대해서 많이 말씀하고 있다(마 15:14; 23:16; 눅 6:39; 요 9:40-41; 롬 2:19). "원시치 못한다"(μυωπάζων)는 말은 '근시안의,' 혹은 '희미하게 보는'이라는 뜻이다. 5-7절에 언급한 덕들을 실행치 않는 사람은 진리의 세계나 영원한 세계를 보지 못하고 그저 가까운 발등에 있는 것들, 예를 들어 물질이나 보고 세상적인 명예나 지위 등이나 보게 된다는 것이다. 둘째 불행은 "그의 옛 죄를 깨끗케 하심을 잊게" 된다는 것이다. 덕을 실행치 않는 사람은 자신의 과거의 죄들이 사하여진 사실을 잊어버리게 된다는 것이다. 다시 말해, 죄 사함의 확신도 없이 살게 된다는 말이다. 나아가 결국 옛 죄를 그대로 실행하는 자리에 들게 된다는 것이다. 돼지가 씻었다가 더러운 구덩이에 다시 눕는 꼴이 된다는 것이다(2:22). 덕을 실행치 않으면 죄 사함의 확신만 없는 것이 아니라 과거에 짓던 죄들을 다시 짓게 되기 때문에 그리스도인은 그리스도의 사랑의 장성한 분량이 충만한 데까지 이르기를 노력해야 한다.

4. 신의 성품에 참예하기를 더욱 힘쓰라 1:10-11

베드로는 바로 앞 절에서(9절) 그리스도인의 덕을 힘쓰지 않는 사람은 근시안의 사람이 되고, 죄 사함 받은 것을 잊어버리게 되고, 결국은 옛 죄를 다시 짓는 결과를 저지르게 된다고 말했다. 이제 그는 본 절에 와서는 성도들에게 덕을 힘쓰라고 권하고 있다. 그는, 5-7절에 나와 있는 대로, 이미 받은 믿음에 더하여 일곱 가지 덕을 힘쓰는 사람은 결코 천국의 발길에서 미끄러지지 않는다고 말한다.

벧후 1:10. 그러므로 형제들아 더욱 힘써 너희 부르심과 택하심을 굳게 하라 너희가 이것을 행한즉 언제든지 실족지 아니하리라.

"그러므로," 곧 '덕을 힘쓰지 않으면 불행에 떨어지기 때문에'(9절) 베드로는 "더욱 힘써 너희 부르심과 택하심을 굳게 하라"고 권한다. 여기 부르심과 택하심을 "굳게 하라"(βεβαίαν … ποιεῖσθαι)는 말씀은 중간태로서 성도 스스로가 하나님의 부르심과 택하심을 '확실히 하라'는 것이다. 다시 말해, 일곱 가지 덕을 힘써서 하나님의 부르심과 택하심을 확신하는 데까지 나아가라는 것이다. 이미 하나님께서는 성도가 구원을 받도록 불러주셨고 선택해 주셨지만, 성도 자신이 덕을 힘쓰지 않으면 신앙이 흔들릴 수가 있다. 그러므로 베드로는 성도 자신이 덕을 힘쓰는 중에 하나님의 부르심을 확신하고 하나님의 택하심을 확신하는 데까지 나아가라고 권면하고 있는 것이다. 어떤 사람은 한 생애동안 확신 중에 살아가고, 어떤 사람은 확신 없이 살아간다. 우리는 확신 중에 살아가기 위해서 덕을 힘써야 한다.

베드로는 본 절 상반 절에서는 덕을 힘쓰라는 권했고, 이제 하반 절에서는 덕을 힘쓰면 "언제든지 실족지 아니하리라"고 말한다. "실족지 아니한다"는 말은 천국 가는 길에서 미끄러지지 않는다는 말이다. 다시 말해, 반드시 천국에 도착한다는 것이다.

벧후 1:11. 이같이 하면 우리 주 곧 구주 예수 그리스도의 영원한 나라에 들어감을 넉넉히 너희에게 주시리라.

"이같이 하면," 곧 성도가 '각종 덕(덕, 지식, 절제, 인내, 경건, 형제우애, 사랑)을 힘쓰면' "우리 주 곧 구주 예수 그리스도의 영원한 나라에 들어감을 넉넉히 너희에게 주시리라"는 것이다. 예수님이 계신 영광의 나라에 확신을 갖고 들어가게 하실 것이라는 말이다. 우리는 일생 동안 크리스천의 덕을 쌓는 중에 확신을 갖고 살다가 확신을 갖고 천국에 들어가야 할 것이다.

III. 본서 집필 동기 1:12-15

앞에서 베드로는 성도들로 하여금 신의 성품에 더욱 참예할 것을 권장했다 (3-11절). 이제 그는 성도들이 그의 교훈을 항상 기억할 것을 부탁한다.

벧후 1:12. 이러므로 너희가 이것을 알고 이미 있는 진리에 섰으나 내가 항상 너희로 생각하게 하려 하노라.

"이러므로," 곧 '성도들이 생명과 경건에 속한 모든 것(3절)과 위대한 약속들(4절)과 영원한 나라에 들어가는 약속을 갖고 있으므로(11절)' 베드로는 수신자 성도들에게 노파심으로 더 권고하고자 한다는 것이다.

베드로는 더 많은 것을 권하기 전에 수신자 성도들이 "이것을 알고 이미 있는 진리에 서 있는 것"을 다행으로 여긴다. 그들은 "이것"(τούτων), 곧 '이것들'을 알고 있었다. 다시 말해, 3-11절까지에 나온 진리들을 알고 있었다. 그리고 그들은 "이미 있는 진리에 서" 있었다. 그들이 이미 알고 있는 진리를 지키고 있었다는 것이다.

베드로는 성도들이 사도의 권고 사항을 잘 알고 또한 지키고 있는 것에 근거해 그들이 "항상 … 생각하게 하려고" 편지를 쓴다고 말한다. 여기 "항상" 이라는 말은 '수신자 성도들의 일생을 통하여'라는 뜻이다. 베드로는 이제 순교할 날이 임박했지만 수신자 성도들은 앞으로 더 이 땅에 살아 있을 것이므로 계속해서 자신의 교훈을 기억하기를 바라고 편지를 쓴다는 것이다.

벧후 1:13-14. 내가 이 장막에 있을 동안에 너희를 일깨워 생각하게 함이 옳은 줄로 여기노니 이는 우리 주 예수 그리스도께서 내게 지시하신 것같이 나도 이 장막을 벗어날 것이 임박한 줄을 앎이라.

베드로는 자신이 살아 있는 동안 성도들에게 사도의 교훈을 기억시켜 주는 것이 옳은 줄 알고 편지를 쓴다고 말한다. 베드로는 그의 육체를 하나의 "장막 (σκηνώματι)," 곧 '천막'으로 보고, 이 천막이 걷히기 전에 성도들을 "일깨워 생각하게 함이 옳은 줄로 여기고" 있다. 즉 그는 성도들로 하여금 사도의 교훈을 기억케 하여 영적으로 각성시키는 것이 하나님 앞에서 옳은 줄로 여기고 있는 것이다. 그는 보통 사람이 아니었다. 보통 사람은 세상을 떠날 때쯤이면 자기 한 몸이나 추스르고 후배들의 대접이나 존경을 받는 일로 시간을 보낼 터이지만, 베드로는 후세인들의 영혼을 깊이 생각하고 있었던 것이다.

　　베드로는 자신이 곧 자신의 "장막," 즉 '육체'를 벗어날 날이 임박한 줄 알았다. 좀 더 정확하게 말해, 순교할 날이 임박한 줄 알았다. 베드로가 이렇게 자신이 순교할 날이 얼마 남지 않은 것을 알게 된 것은 예수님의 예언 때문이었다 (요 21:18). 베드로는 이 사실을 기억하고 순교하기 전에 할 일을 하려 하고 있는 것이다.

벧후 1:15. 내가 힘써 너희로 하여금 나의 떠난 후에라도 필요할 때는 이런 것을 생각나게 하려 하노라.

베드로는 자신이 이 편지를 쓰는 이유가 자기가 살아 있는 동안만 아니라 순교한 후에라도 성도들로 하여금 "이런 것," 곧 '베드로후서'를 생각나게 하기 위함이라고 말한다. 실제로 베드로 사도는 이미 오래 전에 죽었으나 그의 교훈은 지금까지 살아남아서 성도들에게 진리를 회상(回想)시켜주고 있다. 베드로후서뿐 아니라 모든 성경은 인류 역사에 가장 큰 영향을 끼치는 책들이다.

IV. 그리스도 재림이 확실함을 변호함 1:16-21

베드로 사도는 앞에서 본 서신을 집필하는 동기를 말했다(12-15절). 이제 그는 성도들이 그리스도의 재림을 비웃는 이단에 현혹되지 않게 하기 위하여 두 가지로 재림이 확실함을 변호하고 있다. 첫째로 변화산의 사건으로 변호하고 (16-18절), 둘째로 구약 성경으로 변호한다(19-21절).

1. 변화산 사건으로 변호함 1:16-18

벧후 1:16. 우리 주 예수 그리스도의 능력과 강림하심을 너희에게 알게 한 것이 공교히 만든 이야기를 좇은 것이 아니요 우리는 그의 크신 위엄을 친히 본 자라.

베드로는 "그리스도의 능력과 강림하심을 알게 한 것이 공교히 만든 이야기를 좇은 것이 아니라"고 말한다. 여기 "능력"(δύναμιν)이라는 말은 '사물을 움직일 수 있는 힘'을 말하는데, 그리스도의 능력은 그리스도의 한없는 능력을 지칭하는 것으로 역사상에 계속해서 나타났다. 그리스도의 능력은 우리 본문처럼 특별히 그리스도의 재림 때 온전하게 드러난다(마 26:64; 막 14:62). 여기 "강림하심"(παρουσίαν)이라는 말은 '그리스도의 재림'을 뜻한다.

베드로는 그리스도의 위대한 능력이나 강림하심은 "공교히 만든 이야기 (σεσοφισμένοι μύθοις)," 곧 '머리 굴려 만든 신화(神話)'가 아니라고 말한다 (딤전 1:4; 4:7; 딤후 4:4; 딛 1:14). 예수님의 재림은 전혀 존재하지도 않는 일을 마치 일어날 일인 것처럼 제자들이 꾸며 만든 신화가 아니고, 예수님의 세 제자(베드로, 요한, 야고보)가 변화산 위에서 그리스도의 "크신 위엄을 친히 보았다"고 말한다. 여기 "위엄"(μεγαλειότητος)은 '신적인 능력'을 뜻한다. 예수님의 재림의 위엄, 곧 신적 능력은 변화산에서 나타났다. 베드로는 그 위엄을 목격하고 예수님의 재림의 영광을 확신하게 되었다. 우리는 사도의 증언을 듣고 그리스도의 재림을 의심치 않아야 한다.

벧후 1:17-18. 지극히 큰 영광중에서 이러한 소리가 그에게 나기를 … 저가 하나님 아버지께 존귀와 영광을 받으셨느니라.

베드로는 자신이 그리스도의 위엄(16절)을 친히 보았을 뿐 아니라 변화산 위에서 하나님의 음성까지 들었다고 말한다(마 17:5; 막 9:7; 눅 9:35). 베드로는 변화산위의 "지극히 큰 영광중에서," 곧 '하나님의 초월적인 현현(顯現) 중에서' 하나님의 음성을 들었다. 하나님은 구름을 동반한 큰 영광중에서 시내 산에도 나타나신 일이 있었고(출 24:16), 구약의 성막에도 나타나셨으며(출 40:34-35; 민 14:10; 왕상 8:10-11), 또한 포로의 땅 바벨론에서 에스겔에게 나타나시기도 했다(겔 1:4). 예수님은 종말의 왕으로서 앞으로 재림하신다는 표시로서 변화산에 큰 영광중에 나타나셨다. 예수님은 앞으로 만왕의 왕으로 재림하실 것이다.

베드로가 변화산 위에서 들은 하나님의 소리는 "이는 내 사랑하는 아들이요 내 기뻐하는 자라"는 소리였다. 하나님께서는 예수님을 자신의 아들이라고 하셨고, 또한 하나님 자신이 기뻐하시는 자라고 선언하셨다. 우리 성도들은 예수님의 속죄에 의해 양자들이 되었다.

베드로는 변화산 위에서 예수님을 향한 하나님의 소리가 들릴 때 "저(예수님)가 하나님 아버지께 존귀와 영광을 받으셨느니라"고 증거한다. 사실은 하나님께서 이 소리를 발하시지 않았을 때에도 예수님은 여전히 존귀하신 분이고 또 영광스러운 분이시지만, 하나님께서 이 소리를 발하실 때 예수님은 제자들이 동석한 곳에서 공적으로 하나님으로부터 존귀와 영광을 받으신 것이다. 하나님의 그 음성은 예수님을 위한 것이 아니라 변화산 위에 동석했던 제자들을 위한 것이었다. 다시 말해, 제자들로 하여금 예수님의 존귀와 영광 앞에 절대 순복하게 하기 위함이었다(눅 9:35). 우리는 그리스도의 음성을 듣고 절대 순종해야 한다.

이 소리는 우리가 저와 함께 거룩한 산에 있을 때에 하늘로서 나옴을 들은 것이라.

베드로는 "우리," 곧 '베드로 야고보 요한'(마 17:1) 세 사람이 "거룩한 산"에 있을 때에 하늘로서 나왔던 그 음성을 들었다고 말한다. 여기 "거룩한 산"이 어디인지 확실히 알 수 없다. 성지 순례자들을 안내하는 안내원들은 거룩한 산이 대체로 헤르몬 산보다는 다볼산일 것이라고 추정하고 있다. 우리는 거룩한 산에 나타나셨던 예수님을 증거하는 베드로의 말을 믿고 그리스도의 재림을 기다려야 한다.

2. 구약 성경으로 변호함 1:19-21

벧후 1:19. 또 우리에게 더 확실한 예언이 있어 어두운 데 비취는 등불과 같으니 날이 새어 샛별이 너희 마음에 떠오르기까지 너희가 이것을 주의하는 것이

가하니라.

베드로는 예수님의 재림이 확실하다는 것을 변호하는 중에 거룩한 산에서의 예수님의 변모보다 "더 확실한 예언이 있다"고 말한다. 여기 "예언"(προφητι-κὸν λόγον)은 '구약 성경 전체에 나타난 메시아에 대한 예언'을 뜻하는 것으로 (Bauckam, Blum, Grundmann, Kelly), 구약의 메시아 예언은 변화산 사건보다 더 확실하다는 것이다. 구약의 메시아 예언이 거룩한 산의 예수님의 변모 사건보다 더 확실하다고 하는 이유는, 구약의 메시아 예언이 세 제자들이 보았던 예수님의 변모보다 수신자 성도들에게 더 잘 알려진 예언이기 때문이다. 즉 베드로 사도가 이렇게 말하는 이유는, 하나님 측에서가 아니라 수신자 성도들 측에서 고찰할 때, 구약의 예언이 더 확실하기 때문이었다.

　베드로는 구약 성경에 나타난 메시아 예언은 "어두운 데 비취는 등불과 같다"고 말한다. 구약의 예언은 어두운 세상을 비추는 등불 역할을 한다. 따라서 우리는 "날이 새어," 곧 '성도 개개인이 회심하여 그리스도께서 성도의 마음에 좌정하시는 날이 되어'(Calvin, Greijdanus, Huther, Alford, Bengel) "샛별"(φωσφόρος)되시는 예수님(말 4:2; 눅 1:78-79; 계 22:16)이 성도의 "마음에 떠오르기까지" 구약 예언을 주의해야 한다는 것이다. 다시 말해, 구약의 예언을 주의하여 연구하다 보면, 성도의 마음이 밝아져서 샛별 되시는 그리스도께서 성도의 마음에 떠오르게 된다는 것이다. 그러므로 구약의 예언들은 그리스도의 재림을 변호하는 예언들이다.

벧후 1:20-21. 먼저 알 것은 경의 모든 예언은 사사로이 풀 것이 아니니 예언은 언제든지 사람의 뜻으로 낸 것이 아니요 오직 성령의 감동하심을 입은 사람들이 하나님께 받아 말한 것임이니라.

베드로는 구약의 예언을 주의하여 연구하는 사람들은 "경의 모든 예언," 곧
'구약 성경의 모든 예언'을 "사사로이 풀 것이 아니라"고 주의사항을 말해
준다.3) 다시 말해, '성령의 조명을 받지 않고 사람의 생각으로 풀 것이 아니라는
말이다. 이유는 "예언은 언제든지 사람의 뜻으로 낸 것이 아니요 오직 성령의
감동하심을 입은 사람들이 하나님께 받아 말한 것이기" 때문이다. 구약의 예언
은 사람의 머리에서 나온 것이 아니다. 구약의 예언은 성령의 "감동하심을
입은"(φερόμενοι) 사람들이 하나님께 받아 말한 것이다. 여기 성령의 "감동하
심을 입었다"는 말은 현재분사로서 성령에 의해 '운반되고 있는'이라는 뜻이
다.4) 즉 구약 성경의 예언은 사람에게서 나온 것이 아니라 '성령에 의하여
운반되어지고 있는' 사람들, 다시 말해, '성령에 의하여 통제되고 있는' 사람들
이 하나님으로부터 받아 말한 것이다(고전 14:37; 딤후 3:16). 구약 성경은
하나님으로부터 나온 말씀으로서 개인이든 교회든 그 누구라도 성령의 조명
없이 풀어서는 안 되며, 오직 성령의 도우심을 받아 풀 때만이 샛별 되시는
예수님을 만나게 된다는 것이다. 이단자들은 죄를 자복하지 않은 채 성경을
성령의 조명 없이 함부로 풀다가 예수님의 주되심과 그분의 재림을 부인한다.
구약의 예언이야말로 예수님의 재림을 확실하게 변호하는 말씀이다.

---

3) "경의 모든 예언은 사사로이 풀 것이 아니니"라는 말은 여러 가지로 해석되어 왔다. 곧 1)
성경은 오로지 문맥 속에서 해석되어야 한다. 2) 성경은 신자 자신의 개인적인 기호에 따라 해석되어서는
안 된다. 3) 예언들은 선지자들 자신에 의해 비롯되지 않았다. 4) 성경은 성령의 도움 없이는 올바르게
해석될 수 없다. 혹자들은 3번의 해석을 옳게 여겨 '모든 예언은 선지자 자신의 해석에서 발생하지
않고 하나님에 의해 주어지는 것이다'라고 말한다. 그들이 그렇게 해석하는 이유는 문법에 충실하게
해석해야 하기 때문이라고 한다. 그러나 이러한 해석법은 21절의 문맥과 잘 부합하지 않는다. 이유는
21절은 20절에 대한 이유를 진술하고 있는데, 3번처럼 해석하면 21절은 20절을 다시 반복하는 것이므로
20절과 21절의 진술이 잘 어울리지 않는다. 따라서 우리는 4번의 해석을 취해야 할 것이다. 그러면
21절은 20절에 대한 이유를 설명하는 구절로 잘 어울리게 된다.

4) "감동하심을 입은"(φερόμενοι)이라는 말은 '지고 있는,' '운반되고 있는'이라는 뜻이다. 누가는
배가 이리 저리 "밀려 쫓겨 가는" 모양을 표현할 때 이 단어(φερόμενοι)를 사용했다(행 27:15, 17).
즉 "성령의 감동하심을 입었다"는 말은 성령에 의하여 '운반되어지는 것,' '통제되고 있는 것'을 뜻한다.

제2장

이단자들을 조심하라

V. 이단자들을 조심하라 2:1-22

　베드로 사도는 그의 두 번째 서신에서 곳곳에서 강성하고 있는 이단들에 대해서 집중적으로 다루고 있다. 그는 이단자들의 정체에 대해서 언급하고 (1-3a), 그들이 확실히 벌을 받게 될 것과(3b-10a), 그들이 저지르는 불법한 행동들에 대해서 다루고 있다(10b-22절).

1. 이단자들의 정체 2:1-3a

　베드로는 이단은 이스라엘에도 있었다는 것을 언급하고(1a), 앞으로 그들이 소아시아에도 퍼지리라는 것과 그들의 정체가 무엇인지에 대해 말한다(2a-3a).

벧후 2:1. 그러나 민간에 또한 거짓 선지자들이 일어났었나니 이와 같이 너희 중에도 거짓 선생들이 있으리라 저희는 멸망케 할 이단을 가만히 끌어들여

자기들을 사신 주를 부인하고 임박한 멸망을 스스로 취하는 자들이라.
베드로는 자신이 바로 앞 절(1:21)에서 말한 "성령의 감동하심을 입은 사람들"
과 완전히 반대되는 "거짓 선지자들"에 대해 말하려고 "그러나"라는 낱말을
사용한다.

베드로는 "민간에 또한 거짓 선지자들이 일어났었나니 이와 같이 너희
중에도 거짓 선생들이 있으리라"고 말한다. 여기 "민간(ἐν τῷ λαῷ)에"라는
말은 문자적으로는 '사람들 사이에'라고 번역되지만 역사적으로는 '선민 이스
라엘 민족 사이에'라는 뜻이다(행 3:23; 롬 15:11; 벧전 2:9; 유 1:5). 즉
본 절은 과거 이스라엘 시대에 거짓 선지자들이 일어났었다는 것을 말하고
있다(신 18:20; 왕상 22:5-6; 렘 6:13; 14:14; 23:16; 겔 8:5-13; 13:1-23).
또 "거짓 선지자들이 일어 났었나니"라는 말은 과거에 확실하게 거짓 선지자들
이 일어났었던 역사적 사실을 지칭한다. 그리고 베드로는 "이와 같이 너희
중에도 거짓 선생들이 있으리라"고 말한다. 여기 "있으리라"(ἔσονται)는 말은
미래시상으로 앞으로 일어날 것을 예언하는 말이다. 과거에 일어났었던 것처럼
앞으로 "거짓 선생들," 곧 '거짓된 것을 말해주는 거짓된 선생들'이 일어나리라
는 것이다. 그 거짓 선생들은 "멸망케 할 이단을 가만히 끌어들여" 오는 사람들
이다. 다시 말해, '다른 사람들을 멸망의 길로 들어서게 하는 이단을 교회
안으로 은밀히 끌어들이는' 사람들이다.

이어서 베드로는 수신자 성도들에게 이단자들의 정체를 세 가지로 말해
주고 있다. 첫째, 이단자는 "자기들을 사신 주를 부인하는" 사람들이다. 여기
"사신"(ἀγοράσαντα)이라는 말은 '그리스도의 피로 구속하신' 것을 뜻하는
말이다(막 10:45; 딤전 2:6; 계 5:9). 이단자들은 그리스도께서 인류의 구속주이
시고 자기들을 구속해주신 사실을 부인한다. 그들은 하나님의 임박한 심판을

두려워하지 않는 사람들이다.

벧후 2:2. 여럿이 저희 호색하는 것을 좇으리니 이로 인하여 진리의 도가 훼방을 받을 것이요.

이단자들의 둘째 특징은 "호색"(好色)하는 것이다. "호색"($\dot{\alpha}\sigma\epsilon\lambda\gamma\epsilon\dot{\iota}\alpha\iota\varsigma$)이라는 말은 복수로 쓰여 있는데, 이것은 '온갖 종류의 반복되는 성적(性的)인 행위'를 지칭하는 말이다. 이단들이 온갖 종류의 추잡한 성적인 죄악을 반복하는 것을 보고 많은 사람이 이단들의 호색하는 것을 좇는다는 것이다. 이단들이 이렇게 성적으로 음탕한 이유는, 하나님께서 그리스도를 부인하는 이단들을 마음의 정욕대로 더러움에 내어버려두시기 때문이다(롬 1:25). 하나님은 지금도 이단자를 더러움에 버려두신다.

베드로는 이단자들이 이렇게 호색할 때에 교인들 중에 어떤 사람들이 미혹되어 그들의 행위를 좇기 때문에 "진리의 도가 훼방을 받을 것이라"고 말한다. 여기 "진리의 도"($\dot{\eta}$ $\dot{o}\delta\dot{o}\varsigma$ $\tau\hat{\eta}\varsigma$ $\dot{\alpha}\lambda\eta\theta\epsilon\dot{\iota}\alpha\varsigma$)라는 말은 '그리스도교 자체'를 뜻한다. 다만 몇 사람이라도 이단자에 미혹되어 호색하는 경우, 교회는 안팎으로 시련을 겪게 된다(사 52:5; 롬 2:24; 딤전 6:1; 딛 2:5, 8). 한 두 사람의 잘못으로 기독교와 교회가 어려움을 겪는 경우가 얼마나 많은가?

벧후 2:3a. 저희가 탐심을 인하여 지은 말을 갖고 너희로 이를 삼으니.

이단자들의 세 번째의 특징은 "탐심"($\pi\lambda\epsilon o\nu\epsilon\xi\dot{\iota}\alpha$)이다. "탐심"은 '적당량을 넘어 그 이상 무엇을 더 가지려는 욕심'을 말한다. 이단자들은 자기들의 탐심을 채우기 위하여 "지은 말을 갖고"($\pi\lambda\alpha\sigma\tau o\hat{\iota}$ $\lambda\dot{o}\gamma o\iota\varsigma$), 곧 '꾸며낸 말을 갖고' 성도들로 "이를 삼는다"($\dot{\epsilon}\mu\pi o\rho\epsilon\dot{\upsilon}\sigma o\nu\tau\alpha\iota$)는 것이다. 여기 "이를 삼는

다"(make merchandise)는 말은 '상품을 삼는다,' 혹은 '상품처럼 여긴다'는 뜻이다. 이단자들은 성도들을 하나의 상품으로 보고 상품 취급함으로써 자신들의 경제적 욕구와 이익을 채우려 한다는 것이다(딛 1:11; 유 1:16). 이단자들은 성도들의 영혼을 마귀에게 팔아넘기는 사람들이다.

2. 이단자들은 벌을 받는다 2:3b-10a

베드로는 앞에서는(1-3a) 이단자들의 정체를 밝혔는데, 이제는 그들이 벌을 받을 것이라고 말한다. 베드로는 이단자들의 심판은 하나님의 정한 시간에 임할 것이라 말하고(3b), 이단자들이 반드시 벌을 받을 수밖에 없다는 것을 역사적인 실례들을 들어 증거한다. 그는 범죄한 천사들도 벌을 받았고(4절), 노아 시대의 경건치 아니했던 사람들도 홍수로 심판을 받았으며(5절), 소돔과 고모라의 음란했던 사람들도 벌을 받았다고 말하면서(6-8절), 이단자들도 반드시 형벌을 받을 것이라고 확언한다(9-10a).

벧후 2:3b. 저희 심판은 옛적부터 지체하지 아니하며 저희 멸망은 자지 아니하느니라.

베드로 사도는 이단자들의 심판은 옛날부터 하나님의 시간에 맞추어 실시되어 왔으며, 사도 자신의 시대에도 그들에 대한 심판은 멈추지 않을 것이라고 말한다. 하나님께서는 긍휼이 크시므로 회개하기를 기다리시다가 하나님의 시간 표준으로 보아 한계점에 이르면 지체하지 않으시고 멸망에 이르게 하신다. 하나님은 졸지도 아니하시고 주무시지도 않으시며 심판하시고 벌을 내리신다고 성경은 말씀한다(시 121:3-8참조). 하나님은 지금 이 시간에도 거짓 스승들을 심판하신다.

벧후 2:4. 하나님이 범죄한 천사들을 용서치 아니하시고 지옥에 던져 어두운 구덩이에 두어 심판 때까지 지키게 하셨으며.

역사적인 심판의 첫 번째 실례는, 범죄한 천사들이 하나님으로부터 벌을 받았던 사건이다. 천사들 중에 일부가 교만하여 자기 지위를 지키지 아니하고 하나님께 반역했으므로(유 1:6; 계 20:1-3), 하나님은 그 범죄한 천사들을 용서치 아니하시고 "지옥"(ταρταρώσας-'지옥 밑바닥의 깊은 구렁'), 곧 "어두운 구덩이"에 두어 심판 때까지 지키게 하셨다. 범죄한 천사들은 지금 어두운 데서 벌을 받으면서 미래의 심판을 기다리고 있다. 베드로는 범죄한 천사들이 벌을 받은 것처럼 이단자들도 벌을 받을 것이라고 말한다.

벧후 2:5. 옛 세상을 용서치 아니하시고 오직 의를 전파하는 노아와 그 일곱 식구를 보존하시고 경건치 아니한 자들의 세상에 홍수를 내리셨으며.

역사적인 심판의 두 번째 실례는 노아 시대의 홍수 심판이다. 베드로는 하나님께서 "옛 세상," 곧 '노아 시대의 세상 사람들'을 용서치 아니하시고 홍수로 심판하셨다고 말한다. 그 이유는 그들이 경건치 아니했기 때문이라는 것이다. "경건치 아니했다"는 말은 '하나님을 두려워하지 아니하고 죄로 가득 차 있었다'는 뜻이다(창 6:5). 하나님께서 노아 시대의 수많은 사람들을 심판하셨다면, 그분은 또한 이단자들도 얼마든지 심판하실 것이다.

그러나 베드로는 또한 하나님께서는 "오직 의를 전파하는 노아와 그 일곱 식구를 보존하셨다"고 말한다. 노아는 "의를 전파하는 사람"(a preacher of righteousness)이었기에, 또한 "일곱 식구," 곧 노아의 '아내와 아들 셋 그리고 며느리 셋은 노아를 통하여 주시는 하나님의 음성을 순종했기에, 하나님께서는 그들을 보존하셨다는 것이다. 노아가 "의를 전파했다"는 말씀은 창세기에 직접적으로 나와 있지 않다. 그러나 노아는 하나님을 믿음으로써 '의인(義人)'이라고 불렸다(창 6:8-9; 히 11:7). 또한 그는 하나님의 홍수 심판을 전하고 그 말씀에 순종했기에 의인이었다. 즉 노아는 하나님을 믿었기에 의인이었으며 또 그 의를 실천했기에 의인이었다. 그리고 노아의 가족 일곱 식구는 노아를 통하여 주시는 하나님의 말씀을 믿고 노아가 하는 일에 협조했기에 구원을 받았다. 오늘 우리는 하나님을 믿는 믿음을 보여 주고 있는가? 또한 사람들에게 하나님과 하나님의 심판을 전파하고 있는가? 우리는 의를 전파하는 전파자로서의 삶을 살아야 할 것이다.

벧후 2:6. 소돔과 고모라 성을 멸망하기로 정하여 재가 되게 하사 후세에 경건치 아니할 자들에게 본을 삼으셨으며.

역사적인 심판의 세 번째 실례는, 소돔과 고모라 성이 재가 된 사건이다. 하나님은 소돔과 고모라 성 사람들의 "음란한 행실"을 보시고(7절) "멸망하기로 정하여 재가 되게 하셨다." 여기 "재가 되게 하사"(τεφρώσας)라는 말은 '재로 변케 하셨다'는 뜻이다. 하나님은 소돔과 고모라 도시들을 온통 재로 변하게 하셨다. 그래서 하나님은 "후세에 경건치 아니할 자들에게 본을 삼으셨다." 다시 말해, '훗날에 생겨날 경건치 아니한 행동을 하는 자들에게 본 보기로 삼으셨다'는 말씀이다(신 29:22-23; 시 107:34; 사 13:19; 렘 49:18; 50:40; 암 4:11; 습 2:9; 유 1:7). 베드로는 이단자들이 이단에서 돌아서지 않으면 별수 없이 멸망할 수밖에 없다고 강변한다.

벧후 2:7. 무법한 자의 음란한 행실을 인하여 고통하는 의로운 롯을 건지셨으니.

베드로는 소돔과 고모라성의 모든 사람들이 불에 타서 재가 되었으나 롯이 건짐 받은 사실을 언급함으로써 세상 누구에게나 소망이 있음을 말하고 있다. 하나님은 "무법한 자의 음란한 행실을 인하여 고통하는 의로운 롯을 건지셨다." "무법한 자"($\dot{\alpha}\theta\acute{\epsilon}\sigma\mu o s$)라는 말은 '법 없는 자,' '양심 법이 없는 자'라는 뜻이다. 롯은 당시 사회인들의 기본적인 양심도 없는 "음란한 행실," 곧 '변태적인 성욕 때문에 반복되는 호색행위'로 인해 고통당했다(창 19:4-11; 벧전 4:3). 롯은 "의로운"(just Lot) 사람이었다. 롯은 자기의 삼촌 아브라함에게 한 치의 양보도 없이 비옥했던 소돔과 고모라 성을 택할 만큼 이기적인 사람이었고, 죄악의 도시에 깊숙이 들어가 살았으며, 유황불 가운데서 구원 받은 이후 두 딸과 동침하여 자손을 이을 만큼 불륜의 사람이었다(창 13:10-13; 19:6-8, 30-38). 하지만 그는 하나님을 믿는 기본적인 믿음을 갖고 있었고, 다른 사람들이 음행 죄를 범할 때 고통스러워하는 사람이었다. 그는 최소한의 믿음으로 하나님의 크신 은혜로 의롭다함을 받았다(롬 1:17; 히 10장).

벧후 2:8. (이 의인이 저희 중에 거하여 날마다 저 불법한 행실을 보고 들음으로 그 의로운 심령을 상하니라).

본 절 앞부분에는 이유접속사($\gamma\grave{\alpha}\rho$)가 나오는데, 이것은 롯이 왜 의로운 사람으로 여겨졌는지를 설명해 준다. 그것은 바로 롯이 소돔과 고모라 사람들 틈에서 살면서 날마다 그 사람들의 불법한 행실을 보고 들을 때 그 의로운 심령이 상했기 때문이었다. 롯은 기본적인 믿음을 갖고 있었기 때문에 그 지방 사람의 못된 행실을 보고 심령이 상했던 것이다. 여기 "상하니라"($\dot{\epsilon}\beta\alpha\sigma\acute{\alpha}\nu\iota\zeta\epsilon\nu$)는 말은 미완료 능동태로 계속해서 마음이 상했음을 나타낸다(마 8:6, 29; 계

9:5). 오늘은 불법의 시대요 음란의 시대이다. 우리는 이 시대를 살면서 우리의 심령이 상해야 한다(시 51:17).

벧후 2:9. 주께서 경건한 자는 시험에서 건지시고 불의한 자는 형벌 아래 두어 심판 날까지 지키시며.

본 절과 다음 절 상반 절(10a)은 앞부분(4-8절)의 결론이다. 베드로는 하나님께서 "경건한 자," 곧 '노아'나 '롯'과 같은 사람들을 "시험," 곧 '홍수 심판이나 유황불 심판 같은 시련'에서 건지신다고 말한다(눅 8:13; 행 20:19; 벧전 1:6). 그런 반면, 베드로는 하나님께서는 "불의한 자," 곧 '노아를 포함한 여덟 식구를 제외한 당대의 모든 사람들과 또 롯과 두 딸을 제외한 소돔과 고모라와 이웃 도시들의 모든 사람들'을 형벌 아래 두어 심판 날까지 지키신다고 말한다. 여기 "형벌 아래 두어"(κολαζομένους)라는 말은 현재수동태 분사로서 불의한 자들이 심판 받는 그날까지 계속해서 형벌을 받고 있음을 나타낸다. 이렇게 형벌을 받다가 결국 심판의 날에 심판을 받는다는 것이다. 우리는 매일 경건한 자들의 반열에서 살아야 할 것이다. 다시 말해, 하나님을 두려워하며 살아야 한다.

벧후 2:10a. 육체를 따라 더러운 정욕 가운데서 행하며 주관하는 이를 멸시하는 자들에게 특별히 형벌하실 줄을 아시느니라.

베드로는 앞 절에서 옛날에 경건했던 사람들과 불의했던 사람들에 대해 말했는데, 본 절 상반 절에서는 하나님께서 베드로 당시의 이단자들을 특별히 벌하실 것이라고 말한다. "육체를 따라 더러운 정욕 가운데서 행하며 주관하는 이를 멸시하는 자들"은 베드로 사도 당시의 수신자 교회에서 활동했던 '거짓 선생들'

을 지칭한다(1-3절). 그 이단자들은 "육체를 따라 더러운 정욕 가운데서" 활동했다. 곧 그들은 '호색했고(2절) 탐심을 갖고 활동했다'(3절). 또한 그들은 "주관하는 이," 곧 '자기들을 사신 주 예수'를 멸시했다(1절).

베드로는 자신이 위에서(10a) 언급했던 죄악들은 "특별히" 악하여 하나님께서 "형벌하실 줄을 아신다"고 말한다. 다시 말해, 본 절 상반 절에 기록된 죄악들, 곧 호색 죄, 탐욕 죄, 그리스도를 부인하는 죄 등은 특별히 악하여 하나님께서 반드시 형벌하신다는 것이다.

그리고 베드로는 하나님께서는 경건한 자를 시험에서 건지실 줄도 아시고, 불의한 자를 심판하실 줄도 아시고, 이단자들의 악독한 죄악을 심판하실 줄도 "아신다"고 말한다. 여기 "아신다"(οἶδεν)는 말은 헬라어에서 앞 절(9절) 초두에 나타나는데, 이것은 하나님께서 모든 상황에서 어떻게 하실 것을 다 아신다는 것을 보여 주는 것이다. 하나님은 경건한 사람을 구원하실 줄도 아시고, 불의한 사람들을 심판하실 줄도 아시며, 악질적인 이단자들을 특별히 형벌하실 줄도 아신다(계 2:2, 9, 13, 19; 3:1, 8, 15). 성경은 하나님이 우리가 어떤 사람들임을 다 아신다고 말씀한다(계 2:3, 9, 13, 19; 3:1, 8, 15).

3. 이단자들의 불법한 행동 2:10b-16

앞에서 베드로는 이단자들이 반드시 벌 받을 것을 역사적인 사건을 들어 증거했다(3b-10a). 그는 이단자들의 불의한 행동들을 나열한다(10b-22절). 이들의 불의한 행동은 결국은 1-3b에서 규명한 세 가지 큰 죄악의 틀과 맞먹는 것을 알 수 있다. 베드로는 먼저 영광 있는 자(하나님, 예수님, 천사 등)를 훼방한 죄악을 다루고(10b-12), 호색 죄를 다루며(13-14절), 끝으로 탐욕 죄를 다룬다(15-16절).

벧후 2:10b. 이들은 담대하고 고집하여 떨지 않고 영광 있는 자를 훼방하거니와.
베드로후서의 수신자 교회에 있는 이단자들은 "담대했고 고집스러웠으며 떨지
않고 영광 있는 자를 훼방했다." 그들은 "영광 있는 자," 곧 '하나님과 그리스도,
천사 및 진실한 신자들'(벧후 2:10; Greijdanus)을 훼방하는 데 있어서 "담대했
고(τολμηται) 고집스러웠으며(αὐθάδεις) 떨지 않았다." 다시 말해, '당돌했고
거만했으며 조금도 떠는 법이 없었다.' 이단자들은 화인 맞은 인간들이라 지옥
으로 가기에 알맞은 자들이다(계 20:10). 이단자들은 흉악한 죄를 짓고도 회개할
줄 모르는, 뻔뻔하기 그지없는 사람들이다.

벧후 2:11. 더 큰 힘과 능력을 가진 천사들이라도 주 앞에서 저희를 거스려
훼방하는 송사를 하지 아니하느니라.
베드로는 이단자들이 "영광 있는 자"(하나님과 그리스도, 천사 및 진실한 신자
들)를 훼방한 일(앞 절)이 파렴치하고 교만하며 가소로운 행위임을 본 절에서
지적한다. 베드로는 "더 큰 힘과 능력을 가진 천사들이라도," 곧 '천사장 미가엘
과 그의 사자들조차도'(유 1:9) 주님 앞에서 "저희," 곧 '이단자들'을 훼방하는
송사를 하지 않고 모든 심판을 하나님께 돌렸는데 이단자들은 감히 천사를
포함한 영광 있는 자를 훼방(모욕)하니 참으로 이단자들이야말로 교만한 사람이
라고 말한다.

그런데 혹자는 본 절의 "저희"를 유다서 1:9절에 따라 '마귀'로 해석하나,
본 절의 문맥상 '이단자들'로 보아야 옳을 것이다. 10절 하반 절에 "이들,"
곧 '이단자들'이 언급되었고, 12절에 "이 사람들"이 언급된 것을 감안할 때,

본 절(11절)의 "저희"는 '이단자들'로 보는 것이 옳을 것이다. 그러나 이단자들의 마음속은 마귀의 영으로 충만하다는 것을 고려할 때, 본 절의 "저희"를 마귀로 보아도 틀린 해석은 아닐 것이다. 이단자들이야말로 자기들 위에는 아무도 없다고 착각하고 덤비니 교만하기 이를 데 없는 사람들이다.

벧후 2:12. 그러나 이 사람들은 본래 잡혀 죽기 위하여 난 이성 없는 짐승 같아서 그 알지 못한 것을 훼방하고 저희 멸망 가운데서 멸망을 당하며.

베드로는 "알지 못한 것을 훼방하는" 이단자들의 비참한 최후를 묘사하고 있다. 여기 "그 알지 못한 것"이라는 말은 '그들이 이해하지 못하는 것들'(the things that they understand not)이라는 뜻이다. 이단자들은 그들의 이성으로는 도무지 이해가 가지 않는 것들을 훼방(중상)한다는 말이다. 이단자들은 하나님의 영광과 거룩, 그리스도의 위대하심, 천사의 능력, 참 성도의 경건의 힘 같은 것을 이해하지 못하여 마구 훼방한다. 그들은 앞뒤 분간 못하는 사람들이다.

　"이 사람들은 본래 잡혀죽기 위하여 난 이성 없는 짐승 같은" 사람들이다. 이단자들은 "잡혀죽기 위하여 난 … 짐승," 곧 '사냥꾼들의 화살이나 칼 혹은 총, 또는 사냥개의 이빨에 찢겨 죽기 위하여 난 짐승들' 같이 비참한 최후를 맞을 수밖에 없는 사람들이다. 또한 그들의 이해력에 대해 말하자면 "이성 없는 짐승 같은" 사람들이다. 그들은 양심에 화인을 맞아서 아무것도 이해하지 못하고 깨닫지도 못하는 사람들이다. 그래서 그들은 마땅히 알아야 할 하나님, 그리스도, 천사, 참 신자들을 알지 못하고 마구 훼방하다가 결국은 "저희 멸망 가운데서 멸망을 당하"(τῇ φθορᾷ αὐτῶν καὶ φθαρήσονται)는 사람들이다. 다시 말해, 이단자들은 철저히 멸망할 사람들이라는 것이다. 혹시 지금 우리 중에 자신이 이해하지 못하는 성경의 어떤 진리에 대해서 알려고 노력하지 않고 부인하고 마구 훼방하는 사람은 없는지 살펴야 할 것이다. 우리는 우리의 최후를 생각하고 행동해야 한다.

벧후 2:13. 불의의 값으로 불의를 당하며 낮에 연락을 기쁘게 여기는 자들이니 점과 흠이라 너희와 함께 연회할 때에 저희 간사한 가운데 연락하며.

앞에서 베드로는 이단자들이 영광 있는 자를 훼방한 것에 대해서 언급했다 (10b-12절). 이제 그는 본 절과 14절 상반 절에서 이단자들의 호색 죄를 언급한다. 베드로는 이단자들은 "불의의 값으로 불의를 당하는" 사람이라고 말한다. 이단자들은 다른 사람들에게 불의하게 행했기 때문에 결국 하나님으로부터 심판을 받게 된다는 것이다(마 7:1; 딤후 3:13). 이단자들의 불의한 행동은 본 절과 다음 절(14절)에 나온다. 이단자들은 "낮에 연락을 기쁘게 여기는 자들"이다. 그들은 '낮 시간에 연회를 열어 방탕하게 지내는 것을 기쁘게 여기는 자들'이다. 이단자들은 "너희와 함께 연회할 때에 저희 간사한 가운데 연락하는" 사람들이다. 여기 "함께 연회할 때에"(συνευωχούμενοι)라는 말은 현재 분사로서 '함께 연회를 하는 중에'라는 뜻이다. 이단자들은 성도들과 함께 연회를 하는 중에 "저희 간사한 가운데 연락하는" 사람들이다. "간사한 가운데"(ἐν ταῖς ἀπάταις)라는 말은 '속임수들을 쓰는 가운데'라는 뜻이다. 다시 말해, 이단자들은 성도들과 함께 연회를 하는 중에 성도들을 사랑하는 것이 아니라, 성도들을 여러 가지로 속이는 가운데 육신적인 쾌락만을 추구하는 사람들이다. 성도들은 연회를 열어놓고 신령한 기쁨을 누리고 있지만, 이단자들은 신령한 기쁨은 전혀 없고 오직 육신적인 쾌락만 누리고 있다는 것이다. 그러므로 그들은 성도들에게 "점(σπίλοι)과 흠(μῶμοι)"이 되는 사람들이라는 것이다. 다시 말해, '얼룩진 존재들이고 오점을 남기는 존재들'이라는 것이다.

벧후 2:14a. 음심이 가득한 눈을 갖고 범죄 하기를 쉬지 아니하고 굳세지 못한 영혼들을 유혹하며.

이단자들은 "음심이 가득한 눈을 갖고 범죄 하기를 쉬지 아니하는" 사람들이다. 다시 말해, 이단자들은 '호색하는 마음이 가득한 눈을 갖고 음란죄 범하기를 쉬지 아니하는' 사람들이라는 말이다. 그들은 성령이 없어서 육신적으로 흘러갈 뿐 아니라, 또 연회할 때에 잘 먹고 마시는, 방탕하는 사람들이다. 그들은 여자들을 대할 때 간음하는 생각으로 대하는 사람들이다. 그리고 이단자들은 "굳세지 못한 영혼들을 유혹하는" 사람들이다. 다시 말해, 이단자들은 "굳세지 못한 영혼들," 곧 '신앙이 아직 건강하지 못한 여자들'을 유혹하는 사람들이다. 오늘의 이단자들도 역시 신앙이 약한 여자들을 유혹하여 자신들의 육욕을 채우고 재산을 갈취하고 다닌다.

벧후 2:14b. 탐욕에 연단된 마음을 가진 자들이니 저주의 자식이라.

베드로는 앞에서 거짓 선생들의 호색 죄에 대해 언급했다(13-14a). 이제 그는 본 절 하반 절부터 다음 절(15절)까지에서 이단자들의 탐욕 죄에 대해 언급한다. 베드로는 이단자들이 "탐욕에 연단된 마음을 가진 자들"이라고 말한다. 여기 "연단된"(γεγυμνασμένην)이라는 말은 완료형 분사 수동태로 '이미 훈련되어 있으면서도 계속해서 훈련되고 있는,' '이미 단련되어 있으면서도 계속해서 단련되고 있는'이라는 뜻이다. 이단자들은 '탐욕에 단련되어 있으면서도 계속해서 단련되고 있는 사람들'이다. 그들은 탐욕훈련을 마쳤는데도 계속해서 훈련을 받는 사람들로서 탐욕이 본성처럼 된 사람들이다(유 1:11). 그들은

탐욕으로 충만한 사람들이다. 그래서 그들은 "저주의 자식"(κατάρας τέκνα)
이다. 다시 말해, '저주 받은 자식들'이라는 말이다. 이단자들은 앞으로 저주를
받을 것이 확실하지만 원리적으로 벌써 저주를 받은 사람들이다. 그들의 머리위
에는 현세에서도 벌써 저주의 그늘이 드리워져 있다. 혹자는 저주가 그리스도께
서 재림하신 후에만 임하는 것으로 주장하나 현세에서도 임한다고 보아야
옳다. 이는 저주의 반대되는 복이 현세와 내세에 임하는 것과 똑같은 이치이다.

벧후 2:15-16. 저희가 바른 길을 떠나 미혹하여 브올의 아들 발람의 길을
좇는도다. 그는 불의의 삯을 사랑하다가 자기의 불법을 인하여 책망을 받되
말 못하는 나귀가 사람의 소리로 말하여 이 선지자의 미친 것을 금지했느니라.
베드로는 이단자들이 "바른 길"을 떠나 "발람의 길"을 택하는 사람들이기
때문에 짐승한테도 책망을 들을만한 미친 사람들이라고 말한다. 여기 "바른
길"은 '그리스도를 따르는 길'을 말한다. 이단자들은 그리스도를 따르는 길을
떠나서 길을 잃어버린 사람들이다. 세상에 수많은 길이 있다. 공자가 간 길이
있고, 석가가 간 길이 있으며, 마호메트가 간 길이 있다. 그런 길을 가는 것은
방황의 길이다. 그리고 음란의 길이나 탐욕의 길을 따르는 것도 역시 그리스도께
서 가신 길이 아니므로 길을 잃은 것이다. 이단자들은 그리스도를 훼방하고
호색하며 탐욕에 연단되었으니 바른 길을 멀리멀리 떠난 사람들이다.

　　그리고 이단자들은 "브올의 아들 발람의 길을 좇는" 사람들이다. 여기
"발람의 길"은 '발람이 걸어간 길'을 말하는데, 발람은 "불의의 삯을 사랑하
는"(ὃς μισθὸν ἀδικίας ἠγάπησεν) 걸음을 걸은 사람이었다. 모압 왕 발락은
거짓 선지자 발람으로 하여금 이스라엘을 저주케 해서 불의한 보상을 주려고
했고, 발람은 불의한 보상을 받아보려고 했었다(민 22:5-24:25). 발람은 모압

왕 발락이 제공하는 재물에 눈이 어두워져 이스라엘을 저주해 보려고 했었다. 비록 발람은 하나님께서 금하셨기 때문에 공식적으로 이스라엘을 저주하지는 못했지만, 이스라엘 남자들로 하여금 모압 여인들과 음행 죄를 범하게 하고야 말았다.

발람은 결국 "자기의 불법을 인하여 책망을 받았다"(민 25:1-3; 31:16; 신 23:4; 수 24:9; 느 13:1-2; 계 2:14). 그는 "책망을 받되 말 못하는 나귀가 사람의 소리로 말하여 이 선지자의 미친 것을 금지했다." 발람은 하나님의 책망을 받되 먼저 양심의 가책을 받았고 또 주위의 만류를 받았을 것이다. 그럼에도 불구하고 발람이 그런 책망들을 무시하고 나서자 하나님께서는 말 못하는 짐승을 동원하셔서 발람의 미친 짓을 금지시키셨다. 하나님은 사람이 책망을 듣지 않을 때 충격 요법을 사용하셔서 금지시키신다. 그러므로 우리는 양심의 가책에 귀를 기울여야 한다.

4. 이단자들의 종말 2:17-22

베드로는 앞에서 이단자들의 불법한 행동이 어떠함을 말했다(10b-16절). 이제 그는 17절부터 끝 절(22절)까지에서 이단자들의 비참한 종말에 대해 언급한다.

벧후 2:17. 이 사람들은 물 없는 샘이요 광풍에 밀려가는 안개니 저희를 위하여 캄캄한 어두움이 예비 되어 있나니.
본 절부터 끝 절까지(22절)는 이단자들의 종말에 대해 언급한다. 이단자들은 "물 없는 샘이요 광풍에 밀려가는 안개다." 곧 그들은 '물 없는 샘'이고(창

37:24; 렘 14:3; 마 12:43; 눅 11:24), '강한 바람에 밀려가는 안개'일 뿐이다(막 4:37; 눅 8:23; 유 1:12). 다시 말해, 이단자들은 물 없는 샘처럼 무익한 존재들이고, 광풍에 밀려만 갈 뿐 비를 내리지 못하는 안개처럼 허무한 존재들에 불과하다(마 25:30). 우리 한국에는 물 없는 샘이 별로 없다. 그러나 이스라엘에는 물 없는 샘이 많이 있다. 그저 어떤 계절에만 물을 내고 가뭄이 계속될 때는 말라버리는 마른 샘이 많이 있다. 우리는 사람들에게 무익한 존재들이 되어서는 안 된다.

결국 이단자들의 앞길에는 "캄캄한 어두움이 예비 되어 있게" 마련이다. 곧 '지옥'이 기다리고 있게 마련이다(계 20:10). 여기 "예비 되어 있다"(τετήρη- ται)는 말은 완료형 분사 수동태로서 '이미 준비가 완료되었을 뿐 아니라 그 완료된 것이 계속해서 존재해 있다'는 뜻이다. 이단자들의 앞날에는 불행과 지옥이 '벌써 준비가 완료되었을 뿐 아니라 영원히 계속된다'는 것이다. 그들은 앞으로 계속되는 불행 속에서 살아야 할 것이다.

벧후 2:18. 저희가 허탄한 자랑의 말을 토하여 미혹한데 행하는 사람들에게서 겨우 피한 자들을 음란으로써 육체의 정욕 중에서 유혹하여.
본 절은 "왜냐하면"(γὰρ)이라는 말로 시작하여 앞 절의 이유를 말한다. 곧 본 절과 다음 절(19절)은 이단자들이 지옥으로 갈 수밖에 없는 이유를 설명한다. 이단자들이 지옥으로 갈 수밖에 없는 이유는, 그들이 무슨 큰 진리나 말할 듯이 "허탄한 자랑의 말을 토하기" 때문이다. 곧 '헛되이 과장하는 말을 토해내기' 때문이다. 이단자들은 공연히 헛된 자랑의 말을 토하여 "미혹한데 행하는 사람들에게서 겨우 피한 자들을 음란으로써 육체의 정욕 중에서 유혹하기" 때문이다. 여기 "미혹한데 행하는 사람들에게서 겨우 피한 자들"이라는 말은

'복음을 모르는 세상 사람들에게서 겨우 피하여 그리스도를 영접하고 이제 막 신자가 된 사람들'이라는 뜻이다. 그리고 "음란으로써"라는 말은 '음란한 행위들로써'라는 뜻이고 "육체의 정욕 중에서 유혹하여"라는 말은 '정욕 가운데 푹 빠진 상태 안으로 유혹한다'는 뜻이다. 즉 이단자들은 이제 막 신자가 된 사람들을 여러 가지 음란한 행위의 방법을 써서 정욕 가운데 푹 빠진 상태 안으로 유혹하기 때문에 지옥으로 가야 마땅하다는 것이다. 이단자들은 호색하는 사람들로서 초(初)신자들을 음란으로 유혹하기 때문에 지옥으로 가기에 안성맞춤인 사람들이다.

벧후 2:19. 저희에게 자유를 준다 하여도 자기는 멸망의 종들이니 누구든지 진 자는 이긴 자의 종이 됨이니라.

본 절도 역시 앞 절과 마찬가지로(18절) 이단자들이 지옥으로 갈 수밖에 없는 이유를 설명한다. 이단자들은 "저희에게," 곧 '예수 그리스도를 영접한 초신자들'에게 "자유를 준다"고 큰 소리를 쳐도 자유를 줄 수는 없고 "자기넌[그들은] 멸망의 종들이기" 때문에 지옥으로 갈 수밖에 없다는 것이다. 이단자들은 초신자들에게 자유를 준다고 큰 소리를 친다. 율법을 지키지 않아도 된다고 가르치면서 자유의 삶을 살라고 주문한다. 이단자들은 그리스도인의 참 자유(요 8:32; 갈 5:1)를 오해하여 율법을 지킬 필요가 없다고 가르쳤다. 그들은 '멸망할 수밖에 없는 종들'이다.

　　베드로는 이단자들이 멸망할 수밖에 없는 사람들임을 설명하기 위해 "누구든지 진 자는 이긴 자의 종이 됨이니라"고 말한다. 누구든지 '죄악에 진 자는 이긴 자, 곧 죄악의 종이 된다.'[5] 누구든지 끊임없이 죄를 범하면, 죄의 종이

---

5) 여기에서 "이긴 자"는 '죄' 자체를 지칭한다. 뒤집어 말해, 죄는 이긴 자이다.

되는 법이다. 그러므로 이단자들은 지옥으로 가야 하는 것이다. 이단자들은 한 마디로 '진 자'이다. 다시 말해, 죄악에 패배한 사람들이다.

벧후 2:20. 만일 저희가 우리 주 되신 구주 예수 그리스도를 앎으로 세상의 더러움을 피한 후에 다시 그 중에 얽매이고 지면 그 나중 형편이 처음보다 더 심하리니.

본 절과 다음 절(21절)은 이단자들의 종말이 비참하다는 것을 언급하는 데 본 절은 거짓 선생이 된 이후가 더 비참하다는 것을 말하고, 다음 절은 아무 것도 모르던 시절, 곧 믿지 않던 옛 시절이 더 낫다는 것을 말한다.

본 절의 "저희"는 '거짓 선생들에게 미혹된 사람들'이라기보다는 '거짓 선생들'이라고 보는 것이 더 문맥에 합당하다. 베드로는 1절 부터 17절까지 계속해서 거짓 선생들에 대해서 말해 왔고, 또 19절 하반 절("진 자")도 역시 거짓 선생들을 지칭하고 있으며, 20-22절의 내용도 돌이키지 않는 거짓 선생들 에게 닥친, 아주 가혹한 종말을 보여 주고 있다.

베드로는 이단자들에게도 "우리 주되신 구주 예수 그리스도를 앎으로 세상 의 더러움을 피했던" 때가 있었다고 말한다. 그들도 성령에 참예한바 되고, 하나님의 선한 말씀과 내세의 능력을 맛보고(히 6:4-5), "우리 주되신 구주 예수 그리스도를 앎"에 이른 때가 있었다. 사실 누구든지 "예수 그리스도를 알면" 예수 그리스도를 믿게 되어 예수 그리스도의 능력을 힘입어 세상의 더러움, 곧 호색과 탐욕 등을 피할 수가 있다. 그러나 이단자들은 하나님의 선한 말씀과 내세의 능력을 맛만 보았을 뿐, 그리스도와의 연합이 없고 깊은 체험이 없고 참다운 헌신이 없어서, 결국 타락하고 만다. 이단자들이 타락해서 세상에 "얽매이고 지면 그 나중 형편이 처음보다 더 심하게" 된다(마 12:45;

눅 11:26; 히 10:26). 그들이 세상에 '속박당하고 정복당하면 그 나중 형편이 처음, 곧 믿기 전보다 더 비참한 인간이 된다.' 안타깝게도 교회 안에도 이렇게 훗날이 더 비참한 사람들이 많이 있다.

벧후 2:21. 의의 도를 안 후에 받은 거룩한 명령을 저버리는 것보다 알지 못하는 것이 도리어 저희에게 나으니라.

본 절은 앞 절(20절)의 내용을 뒤집어 말함으로써 이단자들의 비참상을 되풀이 말하고 있다. 앞 절은 이단자들이 이단자가 된 후가 더 비참하다고 말했고, 본 절은 그들이 이단자가 되기 전이 더 낫다고 말씀한다.

베드로는 이단자들도 "의의 도를 알던" 때가 있었다고 말한다. 여기 "의의 도"라는 말은 '진리의 도'(2절), '바른 길'(15절), '구주 예수 그리스도'(20절)를 지칭한다. 이단자들도 "의의 도," 곧 '예수 그리스도'를 맛보아 알게 된 때가 있었지만, 얼마 안 되어 기독교인이 행해야 할 "거룩한 명령을 저버리게" 되었기 때문에 그들은 차라리 이단자가 되기 전 시절이 더 나았다는 것이다. 여기 "거룩한 명령"은 '하나님께서 주신 기독교인의 윤리'를 말한다(1:5-7). 기독교인의 윤리(마 5장-7장; 벧후 1:5-7)를 저버린다는 것은 곧 비참을 의미하는 것이다.

벧후 2:22. 참 속담에 이르기를 개가 그 토했던 것에 돌아가고 돼지가 씻었다가 더러운 구덩이에 도로 누웠다 하는 말이 저희에게 응했도다.

베드로는 이단자들의 최후의 비참상을 하나님의 말씀으로 증거하다가, 이제는 세상에 있는 참 속담을 들어 증거한다. 여기 "참 속담"은 이단자들에게 딱 맞는 '옳은 속담'이라는 뜻이다. 베드로는 이단자들의 최후와 딱 맞는 옳은 속담 두 개를 발췌했다. 하나는 "개가 그 토했던 것에 돌아간다"는 속담이고(잠 26:11), 다른 하나는 "돼지가 씻었다가 더러운 구덩이에 도로 누웠다"는 속담이다. 두 개의 속담 모두 본래의 본성을 따라 죄악의 길로 회귀하는 것을 비유하고 있다.

이단자들뿐 아니라 일반 신자들 중에도 믿다가 말고 회귀본능을 발휘하여 옛날로 돌아가는 사람들이 더러 있다. 그들은 차라리 그리스도교에 발을 들여놓지 않았던 것이 나았을 것이다. 우리는 말끔히 씻었다가 도로 그 자리에 눕는 사람들이 되어서는 안 된다. 생명의 주님을 끊임없이 따라야 한다.

제3장

그리스도의 재림을 맞이할 준비에 열중하라

VI. 재림 맞이 준비에 힘써라 3:1-13

베드로는 앞에서 거짓 선생들의 불법한 행동에 대해서(2:10b-16) 또한 거짓 선생들의 비참한 종말에 대해서 언급했다(2:17-22). 이제 그는 성도들에게 재림 맞이 준비에 열중할 것을 주문하고 있다(3:1-13). 베드로는 먼저 베드로전 · 후서를 쓰는 목적을 말하고(1-2절), 재림 기롱자들의 기롱을 경계할 것을 부탁하고(3-4절), 기롱자들의 주장을 반박하며(5-7절), 재림이 더디다고 생각하는 사람들에게 주님의 시간관을 알려 준다(8-9절). 그리고 주님의 재림은 너무 확실하다는 것과(10절), 재림을 맞이하는 사람들이 취해야 할 자세에 대해 언급한다(11-13절).

1. 재림 맞이 준비를 하라고 편지를 쓴다 3:1-2

벧후 3:1. 사랑하는 자들아 내가 이제 이 둘째 편지를 너희에게 쓰노니 이

둘로 너희 진실한 마음을 일깨워 생각하게 하여.

베드로는 앞에서 거짓 선생들을 경계하라고 길게 말했다(2:1-22). 이제 그는 수신자 성도들을 향하여 "사랑하는 자들아"라고 친근감을 갖고 부르면서 그리스도의 재림을 맞이할 준비를 하라고 권한다. 베드로는 두번째 편지, 곧 베드로후서를 쓰면서 "이 둘로"(ἐν αἷς), 곧 '베드로전서와 베드로후서로' 너희 진실한 마음을 일깨워 생각하게 하기를 바란다고 말한다.6) 여기 "진실한 마음"(εἰλικρινῆ διάνοιαν)은 '순수한 생각,' '순수한 마음'이라는 뜻이다. 성경은 읽는 사람들로 하여금 항상 순수한 생각을 가지게 하여 성경의 내용을 생각하게 만든다. 성령께서는 우리가 성경을 읽을 때마다 우리로 하여금 진실한 마음이 되게 하셔서 성경의 내용을 생각하도록 만들어 주신다.

벧후 3:2. 곧 거룩한 선지자의 예언한 말씀과 주 되신 구주께서 너희의 사도들로 말미암아 명하신 것을 기억하게 하려 하노라.

베드로는 베드로전·후서 두 책은 성도들의 진실한 마음을 일깨워(전절 하반절) "거룩한 선지자의 예언한 말씀과 주되신 구주께서 너희의 사도들로 말미암아 명하신 것"을 기억하게 하기 위한 것이라고 말한다. 다시 말해, 베드로전·후서는 구약의 예언과 신약의 사도들의 명령의 핵심인 예수님의 재림을 기억시킨다는 말이다. 사실 베드로전·후서가 구약의 내용 전체와 신약의 내용 전체를 기억시키기는 불가능하다. 그러므로 본 절은 베드로전·후서가 구약과 신약의 핵심 내용인 그리스도의 대속의 죽음과 부활, 그리고 재림을 기억시킨다는

---

6) 여기 "둘째 편지"는 '베드로후서'임에 틀림없는데, 그러면 첫째 편지가 어떤 편지를 지칭하느냐를 두고 여러 견해가 있다. 혹자는 첫째 편지는 분실된 편지를 지칭한다고도 하고, 혹자는 베드로후서1장, 2장이 첫째 편지이고 3장이 둘째 편지라고 주장하기도 하나, 우리는 그것을 베드로전서로 보는 것이 가장 무난할 것이다(Augustine, Jerome, Alford, Mansel, Plummer, Bauckham, Bigg, Blum).

것이다. 우리는 구약이나 신약 중 어느 책을 읽든지 그리스도와 그의 대속의
죽음과 부활 그리고 그의 재림을 발견하게 된다(요 5:39).

2. 재림 기롱자들의 기롱을 경계하라 3:3-4

벧후 3:3. 먼저 이것을 알지니 말세에 기롱하는 자들이 와서 자기의 정욕을
좇아 행하며 기롱하여.

베드로는 성도들로 하여금 그리스도의 재림을 맞이할 준비를 하도록 권고하기
전에, 재림 기롱자들의 기롱 자체에 대해서 언급한다. 베드로는 "먼저" 알아야
할 것이 있다고 말한다. 그리고 다음으로 알아야 할 본격적인 재림 준비에
대해서는 뒤에서(8-13절) 진술한다.

먼저 알아야 할 것은 "말세에 기롱하는 자들이 온다"는 것이다. 여기 "말
세"(ἐπ' ἐσχάτων τῶν ἡμερῶν)라는 말은 '마지막 날들'이라는 말인데, 그리스
도의 초림으로부터 시작하는 시기를 지칭한다(히 1:2; 벧전 1:5, 20; 유 1:18).
그런데 베드로는 그리스도의 초림과 재림 사이의 마지막 날들 중에 "기롱하는
자들이 온다"고 말한다. 다시 말해, '하나님을 거역하고 조롱하는 자들이 나타난
다'는 것이다. 재림을 희롱하는 사람들이 나타나서 "자기의 정욕을 좇아 행하며
기롱한다"는 것이다. 이단자들이 나타나서 재림을 기롱하는 이유는 그들이
정욕을 좇아 행하기 때문이다. 정욕은 사람을 못 쓰게 만든다. 정욕은 사람을
타락자로 만들고 이단자로 만들며 지옥 갈 사람으로 만든다(계 21:8). 이단자들
은 특별히 교만하기 때문에(2:1), 색욕을 갖고 있기 때문에(2:2), 그리고 탐욕을
갖고 있기 때문에(2:3) 이단자들이 된다.

벧후 3:4. 가로되 주의 강림하신다는 약속이 어디 있느뇨. 조상들이 잔 후로부터 만물이 처음 창조할 때와 같이 그냥 있다 하니.

재림을 조롱하는 이단자들은 "주의 강림하신다는 약속이 어디 있느냐'고 말한 다는 것이다. 이단자들은 그리스도의 재림은 영원히 없을 것이라고 주장한다는 것이다. 그들이 주님의 재림이 영원히 없을 것이라고 주장하는 근거는 "조상들이 잔 후로부터 만물이 처음 창조할 때와 같이 그냥 있다"는 것이었다. 여기 "조상들"은 이스라엘 사람들이 전통적으로 생각해 왔던 믿음의 조상들을 지칭한다(요 6:31; 행 3:13; 롬 9:5). 이단자들은 이스라엘의 조상들이 죽은 후에 만물이 처음 창조될 때와 같이 그냥 계속해서 아무런 변동이 없이 존재하고 있으니 그리스도의 재림도 없을 것이라고 떠들었다. 본문의 "그냥 있다"(δια-μένει)는 말은 '계속해서 머물러 있다,' '변동 없이 머무르다'라는 뜻이다. 이단자들은 현상세계만 보았지 성경의 예언에 대해서는 무지한 사람들이었다. 이유는 색욕 때문에 눈이 어두워졌고 탐욕 때문에 영안이 어두워졌다. 오늘날도 역시 세상만 바라보는 사람들은 그리스도의 재림에 대해서는 생각도 하지 않고 살아간다. 우리는 성경이 주님의 재림을 거듭 예언하고 있다는 사실을 알고 대비해야 할 것이다(마 24:34; 막 8:38; 13:26; 요 14:3; 행 1:11; 3:20; 고전 15:51; 살전 4:15; 5:1-11; 살후 2:1; 약 5:7).

3. 베드로의 반박 3:5-7

이제는 베드로의 반박이 나온다. 베드로는 하늘도 땅도 말씀으로 창조되었고(5절), 노아 시대의 홍수도 말씀으로 이루어졌으며(6절), 앞으로 하늘도 땅도 하나님의 말씀으로 불에 탈 것이라고 말한다(7절). 그리고 예수님께서 오래 기다리시는 것은 모든 사람들이 회개할 수 있는 기회를 주시고자 하는 것이지만 (8-9절), 예수님은 때가 되면 반드시 오실 것이라고 주장한다(10절).

벧후 3:5. 이는 하늘이 옛적부터 있는 것과 땅이 물에서 나와 물로 성립한 것도 하나님의 말씀으로 된 것을 저희가 부러 잊으려 함이로다.

베드로는, 재림이 없다고 조롱하던 사람들이 우주는 영원히 변화가 없이 영존(永存)한다고 주장하는 것은, 하나님의 만물 창조까지 "부러 잊으려 하기" 위한 것이라고 말한다. 만물의 창조까지 부러 잊어서 하나님의 권능으로 이루어질 예수님의 재림까지 부인해버리려는 심산이라는 것이다. 여기 "잊으려한 다"(λανθάνει)는 말은 '숨기다,' '피하다'라는 뜻이므로 재림 기롱자들은 하나님의 천지창조를 일부러 간과해버리려고 한다는 뜻이다. 다시 말해, 그들은 "하늘이 옛적부터 있는 것"이나 "땅이 물에서 나와 물로 성립한 것도 하나님의 말씀으로 된 것을 저희가 부러" 간과하려고 한다는 것이다. 하나님은 하늘을 말씀으로 창조하셨고(창 1:1), 땅도 말씀으로 창조하셨는데(창 1:3-25; 히 11:3), 땅을 하나님의 말씀으로 창조하실 때는, 창세기 1:9이 말씀하는 것처럼, 천하의 물을 한 곳으로 모으시고 육지가 드러나라고 명령하셔서 되었다는 것이다. 천지창조는 전적으로 하나님의 명령으로 되었는데, 이단자들은 그 사실을 숨기려고 한다는 것이다. 그들이 그렇게 하는 목적은, 하나님의 명령으로 이루어질 그리스도의 재림까지 부인하기 위함이다. 이단자들은 옛날이나 오늘날이나 항상 억지의 사람들이다. 그들의 심령은 꼬였고 음흉하다.

벧후 3:6-7. 이로 말미암아 그때 세상은 물의 넘침으로 멸망했으되 이제 하늘과 땅은 그 동일한 말씀으로 불사르기 위하여 간수하신바 되어 경건치 아니한 사람들의 심판과 멸망의 날까지 보존하여 두신 것이니라.

베드로는 하나님께서 말씀으로 천지를 창조하셨을 뿐 아니라(5절), 또한 말씀으로 노아 시대에 홍수 심판도 하셨고, 앞으로도 하늘과 땅을 말씀으로 심판하실 것이라고 주장함으로써 예수님의 재림도 하나님의 말씀으로 이루실 것이라고 강조하고 있는 것이다. 베드로는 "이로 말미암아 그때 세상은 물의 넘침으로 멸망했다"고 말하고 있다. 여기 "이로 말미암아"(δι ὧν)라는 말은 복수로서 '이들로 말미암아'라는 뜻이다. 여기 "이들"은 바로 앞 절의 '물과 하나님의 말씀'을 지칭한다(Charles Bigg, Kelly, Green). 노아 시대의 홍수 심판은 우연한 것이 아니라, 하나님의 말씀, 곧 하나님의 명령에 의한 것이다.

베드로 사도는 "이제 하늘과 땅은 그 동일한 말씀으로 불사르기 위하여" 간수하신 바 되었다고 말한다. 하나님은 하나님의 말씀으로 노아 시대에 홍수심판을 이룩하셨는데, 이제 앞으로 천지를 보존하여 두셨다가 경건치 아니한 사람들의 심판과 멸망의 날이 되면 그 동일한 말씀으로 천지를 불사르실 것이다. 바로 그 때 예수님께서 재림하실 것이다. 지금은 하나님의 불 심판이 유보된 때이다. 그때가 되면, "주의 강림하신다는 약속이 어디 있느뇨"(4절)라고 떠들던 이단자들의 입이 막힐 것이며, 그들의 몸이 불에 탈 것이다.

4. 재림이 더디다고 생각하는 사람들에게 주님의 시간관을 전해 줌 3:8-9

벧후 3:8. 사랑하는 자들아 주께는 하루가 천년 같고 천년이 하루 같은 이 한 가지를 잊지 말라.

베드로는 본 절과 다음 절(9절)에 걸쳐 재림이 더디다고 생각하는 사람에게

답을 준다. 주님의 시간관념은 우리들의 시간관념과 너무 큰 차이가 있다는 것이다. "주께는 하루가 천년 같고 천년이 하루 같다"는 것이다. 다시 말해, 주님은 하루가 천년같이 사람들의 회개를 기다리고 계시며 또 천년을 하루같이 회개를 기다리신다는 것이다(시 90:4). 베드로는 주님의 시간관념을 "잊지 말라"($μὴ\ λανθανέτω$)고 말한다. "잊지 말라"는 말은 '무시하지 말라'는 말이 다. 우리는 우리의 조급한 시간관념을 갖고 살 것이 아니라 주님의 시간관을 갖고 재림을 준비해야 할 것이다. 박윤선 목사는 "우리 신자들은 주님을 본받되 그의 시간 관념도 본받아 (1) 시간의 속도를 인식하고 부지런히 주님을 섬길 것이며, (2) 주님의 재림이 더디다고 생각지 말고 문밖에 박두하신 듯이 생각하 고(빌 4:5; 약 5:8-9) 그 영광을 느껴야 한다"고 권면한다.

벧후 3:9. 주의 약속은 어떤 이의 더디다고 생각하는 것같이 더딘 것이 아니라 오직 너희를 대하여 오래 참으사 아무도 멸망치 않고 다 회개하기에 이르기를 원하시느니라.

주님께서 재림 약속을 더디게 실행하시는 것이 아니라, 오직 인류를 향하여 오래 참으시는 중에 아무도 멸망치 않고 다 회개하기에 이르기를 원하신다는 것이다. 주님은 긍휼이 무한하셔서 지금도 참고 계신다. 모두 지옥 가기에 안성맞춤인 인류를 향하여 하루가 천년 같고 천년을 하루같이 기다리고 계신다. 오, 놀라운 주님의 긍휼이여!

5. 주님의 재림은 확실하다고 변증함 3:10

벧후 3:10. 그러나 주의 날이 도적같이 오리니 그 날에는 하늘이 큰 소리로 떠나가고 체질이 뜨거운 불에 풀어지고 땅과 그 중에 있는 모든 일이 드러나리로 다.

베드로는, 주님의 재림이 없을 것이라고 말하면서 조롱하던 사람들(4절)과 재림이 더디기만 하다고 생각하던 사람들(9절)의 기대와는 달리, "주의 날이 도적같이 온다"고 말한다. 여기 "주의 날"(ἡμέρα κυρίου)은 '그리스도의 재림의 날'을 지칭한다(사 2:12; 행 2:20; 고전 5:5; 살전 5:2; 살후 2:2; 벧후 2:9). 주님의 재림의 날이 "도적같이 올" 것이라는 말씀은 '예고 없이 갑작스럽게,' '생각지 않은 때에 올'것이라는 말이다(마 24:43; 눅 12:39; 살전 5:2; 계 3:3; 16:15). 그러나 그리스도인들에게는 주님의 재림의 날이 도적같이 임하지 않고 그 날이 접근해 오고 있음을 아는 중에 임한다(살전 5:4). 그리스도인들은 주님의 재림을 알리는 수많은 종소리를 듣기 때문이다. 지금도 천지 사이에서 재림의 종소리가 들리고 있다. 오늘 인심(人心)이 수심(獸心)이 된 것도 하나의 재림의 징조라고 성경은 말씀한다(딤후 3:3-4).

베드로는 재림의 날의 형편을 세 가지로 기술한다. 첫째, "하늘이 큰 소리로 떠나간다"는 것이다. 여기 "큰 소리로"(ῥοιζηδὸν)라는 말은 '시끄러운 소리로,' '부서지는 소리로'라는 뜻이다. 주님이 재림하실 때 천계가 붕괴되는 소리로 울릴 것이다. 둘째, "체질이 뜨거운 불에 풀어질" 것이다. 여기 "체질"(στοι-χεῖα)이라는 말은 '요소,' '기본,' '기초'라는 뜻인데, 많은 학자들은 '모든 별들'이라고 해석한다(Augustine, Alford, Bengel, Meyer, White). 주님께서 재림하실 때 하늘의 별들이 불에 타서 풀어질 것이다. 셋째, "땅과 그 중에 있는 모든 일이 드러날 것이다." "드러나리로다"(εὑρεθήσεται)라는 말은 알렉산드리아 사본(A)과 레기우스 사본(L)에는 "불타리로다"(κατακαήσεται)로 되어 있다. 문맥을 살펴보면 "불타리로다"라는 말이 더 합당할 듯이 보인다.

주님의 재림의 날에는 하늘도 땅도 불 심판을 받을 것이다. 소돔과 고모라와 이웃 도시는 몇몇 도시에 불과했으나 말세 심판 때에는 하늘과 땅 전체가 불에 모두 타버릴 것이다.

6. 재림 맞이 자세는 어떠해야 하나 3:11-13

벧후 3:11. 이 모든 것이 이렇게 풀어지리니 너희가 어떠한 사람이 되어야 마땅하뇨 거룩한 행실과 경건함으로.

"이 모든 것," 곧 '하늘과 땅과 그 가운데 있는 모든 것'(10절)이 뜨거운 불에 풀어지고 타버릴 대파멸을 당할 것이니, 성도들은 현세에서 지속적으로 어떠한 처신을 해야 하는가? 성도들은 첫째로 "거룩한 행실"($\dot{\alpha}\gamma\acute{\iota}\alpha\iota\varsigma$ $\dot{\alpha}\nu\alpha\sigma\tau\rho\circ\phi\alpha\hat{\iota}\varsigma$)을 가져야 하고, 둘째로 "경건함"($\epsilon\dot{\upsilon}\sigma\epsilon\beta\epsilon\acute{\iota}\alpha\iota\varsigma$)으로 생활해야 한다. "거룩한 행실"이라는 말은 복수명사로서 '거룩한 행실들'을 지칭한다. 즉 모든 방면에서 거룩해야 한다는 말이다. 세상의 모든 죄들로부터 떠나서 점도 없고 흠도 없는 삶을 살아야 한다. 그리고 "경건함"이라는 말도 역시 복수명사로서 '경건함들'을 지칭한다. 다시 말해, 모든 방면에서 하나님을 두려워하는 가운데 살아야 한다는 것이다. 즉 성도는 죄와의 관계는 철저히 끊고, 하나님과의 관계에 있어서는 철저하게 끈끈한 관계를 맺고 하나님을 두려워하면서 살아야 하는 것이다.

벧후 3:12. 하나님의 날이 임하기를 바라보고 간절히 사모하라 그 날에 하늘이 불에 타서 풀어지고 체질이 뜨거운 불에 녹아지려니와.

셋째로 성도들은 "하나님의 날," 곧 '예수 그리스도의 재림의 날'(10절)이 임하기를 바라보고(소망하고) "간절히 사모해야 한다"(σπεύδοντας)는 것이다. 여기 "간절히 사모한다"는 말은 '서두르다,' '재촉하다'는 뜻으로 성도들이 성결한 삶을 살면서 복음을 온 세상에 전파함으로써 재림의 날, 곧 인류 종말의 날을 앞당길 수가 있다(마 24:14; 행 3:19-20). 우리 성도들은 개인적으로 천국에 빨리 가기만을 소원할 것이 아니라, 성결한 삶을 살고 불신 세상을 향하여 그리스도의 복음을 전하는 일에 힘을 써야 할 것이다.

베드로는 앞 절에서 했던 말씀과 똑같은 내용의 말씀, 곧 "그날에 하늘이 불에 타서 풀어지고 체질이 뜨거운 불에 녹아질 것"이라고 다시 말함으로써 그 종말의 날의 무서움을 상기시키고, 성도들로 하여금 다음 절의 "새 하늘과 새 땅을 바라보도록" 간절히 권하고 있다.

벧후 3:13. 우리는 그의 약속대로 의의 거하는바 새 하늘과 새 땅을 바라보도다. 주님의 재림의 날, 인류 대파멸의 날이 임할 때, 우리 성도들은 하나님께서 주시겠다고 "약속"하신대로(사 65:17; 66:22; 마 19:28; 롬 8:21; 벧후 1:4; 계 21:1, 27) "의의 거하는 바" 새 하늘과 새 땅을 바라보게 된다. 다시 말해, 하나님의 의가 충만히 거하는, 질적으로 새로운 새 하늘과 새 땅(시 102:26; 사 51:6; 히 1:11; 계 20:11) 을 바라보게 된다. 즉 주님의 재림의 날은 불신자들에게는 파멸의 날일뿐이지만 그리스도인들에게는 의가 충만히 거하는 새 하늘과 새 땅에 거하기 시작하는 날이 된다는 것이다.

VII. 마지막 권면과 송영 3:14-18

앞에서 베드로는 재림 맞이에 힘쓰라고 권면했다(1-13절). 이제 그는 서신의 마지막에 이르러 수신자 성도들에게 마지막 권면을 주고(14-18a) 송영을 한다(18b).

1. 마지막 권면 3:14-18a

베드로는 서신을 마감하면서 몇 가지 권면을 준다. 첫째, 재림을 기다리는 성도들로은 실생활이 깨끗하고 마음이 평안해야 한다고 권한다(14절). 둘째, 주님의 오래 참으심이 성도들의 구원이 될 줄로 여기라는 것이다(15-16절). 셋째, 이단자들의 미혹에 이끌리지 말라고 말한다(17절). 넷째, 그리스도의 은혜와 그리스도를 아는 지식이 성장해야 한다고 부탁한다(18a).

벧후 3:14. 그러므로 사랑하는 자들아 너희가 이것을 바라보나니 주 앞에서 점도 없고 흠도 없이 평강 가운데서 나타나기를 힘쓰라.

베드로는 서신을 마감하면서 "너희가 이것을 바라보나니," 곧 '새 하늘과 새 땅을 바라보나니'(13절) 주님이 보시는 앞에서 점도 없고 흠도 없이 평강 가운데서 나타나기를 힘쓰라고 말한다. 새 하늘과 새 땅에 들어갈 약속을 받은 성도들은 "점도 없고 흠도 없이," 곧 '그 어떤 결점도 없이' 들어가기를 힘써야 한다는 것이다. 그러기 위해서 미리부터 현세에서 모든 점과 흠을 그리스도께 고백하여 그의 피로 씻어야 한다(요일 1:9). 그리고 "평강 가운데서 나타나기를 힘써야" 한다. 성도들은 현세에서 모든 결점을 그리스도께 고백하여 그의 피로 씻을 뿐 아니라, 항상 성령 충만한 삶을 살아서 영혼에 평안을 갖고 살아야 한다. 죄를 해결하지 않고 하나님의 말씀대로 살지 않는 사람은 마음에 평안이 없는 법이다. 우리 모두는 지금 모든 죄를 고백했는가? 그리고 영혼에 안식과 평안이 있는가? 미리미리 해결해 놓아야 한다.

벧후 3:15. 또 우리 주의 오래 참으심이 구원이 될 줄로 여기라.
베드로의 두 번째 권면은 그리스도께서 금방 오시지 않고 오래 참아 기다리시는 것은 우리의 구원을 위함인 줄 알라는 것이다. 인류가 회개하고 우리 성도들도 좀 더 성결하여지도록 기회를 주시는 것인 줄로 여기라는 것이다. 우리는 그리스도께서 우리를 위해 오래 참으시는 것을 원망하거나 탓해서는 안 된다. 사랑과 긍휼을 탓해서는 안 된다.

우리 사랑하는 형제 바울도 그 받은 지혜대로 너희에게 이같이 썼고.
베드로는 자신의 주장, 곧 "우리 주의 오래 참으심이 구원이 될 줄로 여기라"는 권면을 성도들에게 더욱 확신시키기 위해서 "바울도 그 받은 지혜대로 … 이같이 썼다"고 말한다. 베드로 혼자만의 주장이 아니라, 바울도 똑같은 사실을 썼다는 것이다.[7] 바울은 성령의 "지혜"를 받아서 그의 서신들 속에(로마서, 데살로니가전서 등) 그리스도께서 지금도 우리의 구원을 위해 하나님 우편에서 사역하고 계심을 기록하고 있다. 우리는 두렵고 떨림으로 우리의 구원을 이루어야 한다(빌 2:12).

벧후 3:16. 또 그 모든 편지에도 이런 일에 관하여 말했으되 그 중에 알기

---

7) 혹자는 여기 "이 같이" 썼다는 말씀을 두고 14절의 "점도 없고 흠도 없이 평강 가운데서 나타나기를 힘쓰라"는 구절을 지칭하는 것으로 말하기도 하나, 그것을 바로 앞에 나온 말씀을 지칭하는 것으로 보는 것이 더 옳을 것이다.

어려운 것이 더러 있으니 무식한 자들과 굳세지 못한 자들이 다른 성경과 같이 그것도 억지로 풀다가 스스로 멸망에 이르느니라.

베드로 사도는 바울 사도가 쓴 "모든 편지에도 이런 일에 관하여 말했다"고 주의를 환기시킨다. 곧 바울은 그의 모든 성경에 다른 것을 기록한 것이 아니라 예수님께서 오래 기다리시다가 반드시 재림하신다는 것을 기록했다는 것이다. 바울 사도는 그의 성경에 그리스도의 대속의 죽음과 부활, 그리고 재림에 대해서 기록했다. 그러므로 우리는 베드로의 주장과 바울의 주장을 받아서 부지런히 성화를 이루어 나가야 한다.

베드로는 성도들에게 한 가지 주의 사항을 말해 준다. 곧 바울 서신들 중에 "알기 어려운 것이 더러 있다"는 것이다. 다시 말해, 깨닫기 어려운 것들이 있다는 것이다. 예를 들면 바울의 '이신칭의(以信稱義) 교리'(로마서, 갈라디아서)를 행위무용론이나 도덕폐기론으로 오해할 수도 있고, 또 바울의 '그리스도 안에서의 자유'(롬 5:20; 6:1; 갈 3:10)를 방종을 가르치는 교리로 생각할 수도 있는 것이다. 아무튼 실제로 역사상에는 성경을 엉뚱하게 이해했던 이단들이 많이 일어났었다. 우리는 알기 어려운 성경 말씀을 읽을 때 성령의 조명을 받아서 읽어야 한다.

베드로 사도 당시 벌써 "무식한 자들과 굳세지 못한 자들이 다른 성경과 같이 그것도 억지로 풀다가 스스로 멸망에 이르는" 사람들이 있었다는 것이다. 여기 "무식한 자들과 굳세지 못한 자들"(οἱ ἀμαθεῖς καὶ ἀστήρικτοι)은 두 종류의 사람들이 아니라 한 종류의 사람들을 지칭한다. 이유는 정관사가 두 단어 앞에 하나밖에 없기 때문이다. 즉 다시 번역하면, "배우지 못해서 (ἀμαθεῖς) 굳세지 못한 자들(ἀστήρικτοι)"이라고 할 수 있다. 하나님의 말씀을 배우지 못하면, 신앙이 굳세지 못하고 약한 상태에 있을 수밖에 없다.

하나님의 말씀을 배우지 못해서 신앙이 튼튼하지 못하면, 결국 "다른 성경," 곧 '구약 성경들'과 같이 바울 사도의 알기 어려운 재림에 관한 교리를 억지로 풀다가 망하게 된다는 것이다.[8] 여기 "억지로 푼다"는 말씀은 성령의 도움 없이 혹은 성령의 조명 없이 사람 생각대로 성경을 푸는 것을 말한다. 우리는 항상 겸손한 마음으로 성령의 도움을 받아 성경을 보아야 하며 또 풀어야 한다. 그러지 않으면 망할 수밖에 없다. 성경을 억지로 풀다가 망한 이단들이 좋은 예이다.

벧후 3:17. 그러므로 사랑하는 자들아 너희가 이것을 미리 알았은즉 무법한 자들의 미혹에 이끌려 너희 굳센데서 떨어질까 삼가라.

베드로 사도가 성도들에게 주는 세 번째의 권면은 거짓 선생들의 미혹에 이끌리지 말라는 것이다. 베드로는 성도들이 "이것," 곧 '이단자들을 주의할 일'(2:1-22; 3:1-13)을 미리 알았다고 말한다. 그래서 이제는 "무법한 자들," 곧 '이단자들, 재림을 기롱하는 자들, 무식해서 성경을 잘 못 푸는 사람들'의 미혹에 이끌려 굳건한 신앙, 즉 건강한 신앙으로부터 떨어질까 조심해야 한다고 말한다. 여기 "삼가라"(φυλάσσεσθε)는 말은 현재 중간태 명령형으로 '스스로 경계하라'는 말이다. 베드로 사도가 많이 알려주었으니 성도들 스스로 알아서 경계해야 한다는 것이다. 우리는 성령의 주장과 인도(이것이 성령 충만이다)에 따라 생활함으로써 이단자들의 미혹에 맞서 스스로 경계해야 한다.

벧후 3:18a. 오직 우리 주 곧 구주 예수 그리스도의 은혜와 저를 아는 지식에서

---

8) 16절에서 말하는 "다른 성경"은 문맥으로 보아 '구약 성경'을 지칭하는 것으로 보아야 한다. 그러나 베드로가 베드로후서를 주후 60년대 중반에 기록된 것으로 보면, 혹시 신약 성경 중에 바울 사도가 기록한 성경 이외의 다른 성경을 지칭할 수도 있을 것이다.

자라 가라.

베드로 사도는 네 번째로 성도들에게 성장(成長)하라고 권한다. 여기 "자라가라"(αὐξάνετε)는 말은 현재 명령형으로 계속해서 성장해야 할 것을 권장하는 말이다. 베드로는 성도들에게 두 가지 방면에서 성장하라고 말한다. 하나는 "은혜"가 성장해야 한다는 것이다. '그리스도께서 주시는 호의(好意)'가 더 많아져야 한다는 것이다. 그리고 또 하나는 그리스도를 아는 "지식"에서 성장해야 한다는 것이다. 그리스도를 체험적으로 아는 지식이 점점 더 늘어가야 한다는 말이다. 은혜가 많아지고 경험적 지식이 많아지기 위해서는, 끊임없이 자신은 작아져야 하고 깨져야 하며 성령님의 주장과 인도를 따라야 한다.

2. 송영 3:18b

벧후 18b. 영광이 이제와 영원한 날까지 저에게 있을지어다.

"영광"(ἡ δόξα)은 헬라어에서 '그 영광'으로 되어 있다. 베드로는 '그 영광이 이제와 영원한 날까지 예수 그리스도에게 있기를 원하노라'고 송영한다. 여기 "영원한 날까지"라는 말은 '그리스도의 재림의 날까지'라는 말이다(7절, 10절, 12절). 베드로는 오직 예수 그리스도에게만 영광을 돌린다. 그리스도야말로 영원히 영광을 받으실 하나님이시다. 우리는 그리스도께서 영광을 받으실 때 우리에게도 영광이 있는 것을 알아야 한다. 그러므로 우리는 그리스도에게 돌릴 영광을 도적질해서는 안 된다. 우리가 그리스도에게 영광을 돌릴수록 우리에게도 더 영광이 있는 것을 알아서, 모든 영광을 예수 그리스도에게 돌려야 할 것이다. 그것이 승리요 성공이다. 아멘.

- 베드로후서 주해 끝

요한일서 주해

1 John

총론

저작자 본 서신의 저자는 요한복음의 저자와 동일한 요한 사도이다. 본 서신의 사상과, 언어, 그리고 문체는 요한복음의 그것과 현저하게 일치한다. 두 책에는 공통된 사상(4:2; 요 1:14/3:23; 요 13:34/2:24; 요 6:56)들과 공통된 내용(1:1; 요 1:1, 2/1:4; 요 15:11; 16:24)들이 많이 발견된다. 따라서 요한 사도가 본 서신의 저자임은 의심의 여지가 없다.

그리고 외증도 가세하고 있다. 폴리갑(Policarp, A.D. 70년경-155년경 순교)은 빌립보 교회에 보내는 편지에서 본 서신의 저자가 요한 사도의 저작이라고 말했고, 이레네우스(Irenaeus, A.D. 130-220)도 역시 본 서신이 요한 사도의 저작이라고 말했으며, 알렉산드리아의 클레멘트(Clement of Alexandria, A.D. 155-220), 오리겐(Origen, A.D.185-254), 터툴리안(Tertullian, A.D. 160/170 년경-215/220년경)도 본 서신의 저자를 요한 사도라고 말했다.

기록한 장소 본 서신의 기록 장소는 요한 사도가 목회하고 있던 에베소 교회이다.

기록한 때 요한 사도는 본 서신을 요한복음을 기록한 (A.D.85-90년) 뒤에 그리고 요한계시록을 기록하기(A.D.95년) 전인 A. D. 90-95년경에 기록한 것으로 보인다.

편지를 쓴 이유 요한 사도가 본 서신을 기록하게 된 동기는 다음과 같다. 첫째, 요한은 당시 로마 황제 도미티아누스(Domitianus, A. D. 81-96)의 심각한 박해를 맞이하여 기독교의 포교가 주춤하게 되었기 때문에 성도들에게 기독교를 계속해서 선전하도록 독려하기 위하여 본 서신을 기록했다. 둘째, 요한은 당시 널리 퍼졌던 영지주의(Gnosticism) 이단의 공격으로부터 성도들을 보호하고 또 그들로 하여금 이단에 맞서도록 하기 위해 본 서신을 기록했다. 곧 요한 사도는 그리스도가 성육신하신 그리고 신인(神人) 양성을 지니신 우리의 구주가 되신다는 것을 피력하기 위해서 그리고 성도들에게 그리스도로 말미암아 하나님과의 참된 교제를 갖도록 하기 위해 본 서신을 기록했다.

내용 분해 본 서신의 내용을 분해하면 다음과 같다.

   I. 본 서신의 집필 동기 1:1-4

  II. 빛이신 하나님과의 교제 1:5-2:2

      1. 하나님은 빛이시다 1:5

      2. 빛과 교제하라 1:6-10

      3. 빛과 교제하기 위해서는 죄를 짓지 말라 2:1-2

  III. 그리스도의 계명을 지켜라 2:3-11

      1. 사랑의 계명을 지켜라 2:3-5

IX. 행함과 진실함으로 사랑하는 자들의 행복 3:19-24

    1. 진리에 속한 줄을 알게 됨 3:19a

    2. 하나님 앞에서 담대하게 됨 3:19b-21

    3. 하나님께 구하는 바를 받게 됨 3:22-23

    4. 그리스도와 상호 연합의 삶을 살게 됨 3:24

X. 진리의 영과 미혹의 영 4:1-6

XI. 서로 사랑하자 4:7-21

    1. 사랑하는 사람과 사랑하지 않는 사람의 차이 4:7-8

    2. 하나님의 선수적 사랑 때문에 서로 사랑해야 함 4:9-10

    3. 사랑을 실천하는 사람은 하나님과의 영적 교제를 가지게 됨 4:11-16

    4. 사랑을 실천하는 사람은 심판 날에 두려움이 없음 4:17-18

    5. 사랑을 실천하라 4:19-21

XII. 하나님께로서 난자(거듭난 자)의 복 5:1-5

XIII. 그리스도에 대한 하나님의 증거 5:6-12

    1. 성령과 물과 피가 증거한다 5:6-9

    2. 하나님의 증거를 받는 사람과 받지 않는 사람의 차이 5:10-12

XIV. 그리스도인이 가지는 확신들 5:13-21

    1. 성도들은 이미 영생을 얻었음 5:13

    2. 기도는 헛되지 않다 5:14-17

    3. 중생한 성도는 안전함 5:18

    4. 중생한 성도는 하나님께 속해 있음 5:19

    5. 성도는 예수님을 알고 또 그와 연합되어 있다는 확신을 가지게

됨 5:20

6. 우상으로부터 멀리하라 5:21

참고도서

1. 박윤선. 『공동서신』. 성경주석. 서울: 영음사, 1986.

2. 이상근. 『공동서신』. 신약주해. 대한예수교 장로회 총회교육부, 1970.

3. 라저 M. 레이머 외 3인. 『베드로전후서, 요한일、이、삼서, 유다서』. The Bible Knowledge Commentary 29. 양용의 옮김. 서울: 도서출판 두란노 1983.

4. Barclay, William. 『요한, 유다서』. 성서주석시리즈 15. 박근용 역. 서울: 기독교문 사, 1974.

5. Barker, G. W. "요한일서." Expositor's Bible Commentary. 기독지혜사 편집 부역. 서울: 기독지혜사, 1982.

6. Barnes, Albert. James, Peter, John, and Jude. Notes on the New Testament. Grand Rapids: Baker Book House, 1978.

7. Bengel, J. A. 『베드로전서、유다서』. 벵겔신약주석. 나용화, 김철해 공역. 서울:도 서출판 로고스, 1992.

8. Bruce, F. F. 『요한 1. 2. 3서』. 이상원 옮김. 서울 아가페출판사, 1986.

9. Calvin, John. *Commentaries on The Catholic Epistles*. Grand Rapids: Baker Book House, 1979.

10. Grayston, K. *The Johannine Epistles*. The New Century Bible Commentary. Grand Rapids: Eerdmans, 1984.

11. Henry, Matthew. *Commentary on the Whole Bible*. New York: Fleming H. Revell, n.d.

12. Lange, J. P. *James-Revelation.* Commentary on the Holy Scriptures. Grand Rapids: Zondervan Publishing House, 1968.

13. McGee, J. V. *First John.* Thru the Bible Commentary Series. Nashville: Thomas Nelson Publishers, 1991.

14. Morris, Leon. "1 John, 2John, 3John," *New Bible Commentary Revised,* ed. D. Guthrie. Grand Rapids: Eerdmans, 1970.

15. Marshall, I. Howard. *The Epistles of John.* Grand Rapids: William B. Eerdmans Publishing Company, 1984.

16. Ryrie, Charles C. "I, II, III John." *The Wycliffe Bible Commentary.* Chicago: Moody Press, 1981.

17. Smalley, Stephen S. *1, 2, 3 John.* Word Biblical Commentary. Waco, Texas: Word Books, Publisher, 1984.

18. Jacomb, Thomas. *Sermons on the Eighth Chapter of the Epistle to the Romans.* Carlisle, Pa.:Banner of Truth Trust, 1868.

19. Lloyd-Jones, Martin. *God the Holy Spirit.* Wheaton, Ill. : Crossway Books, 1996.

20. Berkhof, Louis. *Systematic Theology.* Carlisle, Pa.: Banner of Truth Trust, 1958.

제1장

빛이신 하나님과의 교제를 추구하라

I. 본 서신의 집필 동기 1:1-4

요한 사도는 인사를 생략하고 벅찬 가슴으로 자신의 집필 동기를 기록한다. 그는 자신이 태초부터 계신 생명의 말씀을 접촉한 사도로서(1절) 그 생명이 역사상에 나타나셨음을 증거하기를 원했으며(2절), 그 생명되시는 그리스도로 말미암아 수신자들과 교제하기를 원하고(3절), 또한 그 생명을 전함으로 기쁨이 충만하기를 원해서 본 서신을 기록한다고 말한다(4절).

요일 1:1. 태초부터 있는 생명의 말씀에 관하여는 우리가 들은 바요 눈으로 본 바요 주목하고 우리 손으로 만진 바라.
요한은 영지주의 이단의 주장, 곧 신은 육체를 가지지 않는다는 주장을 정면으로 반박하기 위하여 우리가 "태초부터 있는 생명의 말씀"을 접촉했다는 것을 사중(四重)으로 말한다.[1] 즉 우리는 "태초부터 있는 생명의 말씀"(2:13; 요

---

1) 영지주의(gnosticism)라는 것은 유대주의, 동방의 신비주의, 헬라철학과 그리스도교를 혼합한

1:1) 을 듣기도 했고, 눈으로 보기도 했으며, 자세히 주목한 일도 있었고(4:14; 요 1:14; 벧후 1:16), 손으로 만지기도 했다는 것이다(눅 24:39; 요 20:27).

"태초부터"($\dot{\alpha}\pi$' $\dot{\alpha}\rho\chi\hat{\eta}s$)라는 말은 '태초 이전의 영원부터'라는 뜻이다. 요한은 본 서신만 아니라 요한복음1:1에서도 "태초에"($\dot{\epsilon}\nu$ $\dot{\alpha}\rho\chi\hat{\eta}$)라는 말씀을 사용하여 '역사가 시작되기 이전의 영원하시며 선재하시는' 그리스도를 설명하고 있다. 그리스도는 피조(被造)된 신(神)이 아니라 역사 이전부터 선재하신 생명의 말씀으로 역사상에 임하실 때에 육신을 덧입으신 분이시라는 것이다. 그리고 요한은 "있는"($\hat{\eta}\nu$)이라는 단어, 곧 미완료 과거형을 사용하여 생명의 말씀은 태초에 벌써 선재하셨고 영원히 존재하시는 분이라고 말한다.

요한은 예수 그리스도를 설명하면서 "생명의 말씀"($\tau o\hat{v}$ $\lambda\acute{o}\gamma ov$ $\tau\hat{\eta}s$ $\zeta\omega\hat{\eta}s$)이라는 말을 사용한다. "생명의 말씀"이라는 헬라어는 우리말로 '그 말씀, 그 생명'으로 번역된다. 예수 그리스도는 "그 말씀"이시다(요 1:1, 14). "그 말씀"은 '하나님을 그대로 보여 주시는 계시자'라는 뜻이다. 사람의 말도 사람을 그대로 보여 준다. 말하는 것을 보면 그 사람을 알 수 있다. 예수님은 하나님의 지혜와 능력과 사랑을 그대로 보여 주시는 말씀, 곧 계시자(Revealer)이시다. 그리고 예수님은 "그 생명"이시다. 다시 말해, 예수님은 '유일하신 생명'이시다 (요 14:6). 즉 예수 그리스도를 "생명의 말씀"이라고 표현한 것은 예수 그리스도께서 '생명의 계시자(the revealer of life),' 혹은 '계시된 생명(life revealed)'이라

일종의 혼합주의(syncretism)이다. 영지주의는 케린터스(Cerinthus-사도시대 말기 사람), 바시리데스 (Basilides-2세기 초 사람), 발렌티너스(Valentinus-2세기 중엽 사람)로부터 시작했다. 이 중에 케린터스는 유대주의적인 색채가 강한 영지주의자였고, 바시리데스와 발렌티너스는 헬라주의적 색채가 강한 영지주의자였다. 영지주의는 그리스도의 인성을 부인했다. 이에 비해 초대의 이단이었던 에비온주의는 유대인 단체에서 나온 것으로 예수님의 신성을 부인했다. 에비온주의에 있어 예수님은 한낱 나사렛 목수의 아들로서 한 사람 위인에 지나지 않는다. 영지주의 구원관은 높은 지식, 곧 직관적인 지식을 통해 얻는다고 주장했다.

는 뜻이다(2절; 요 1:4, 9).[2]

요한은 예수 그리스도를 "우리가 들은 바요 눈으로 본 바요 주목하고 우리 손으로 만진 바라"고 말한다. 여기 "들었다"(ἀκηκόαμεν)는 말과 눈으로 "보았다"(ἑωράκαμεν)는 말들은 둘 다 현재완료형으로 지금도 그 효력이 계속되고 있어서 요한 사도가 그리스도로부터 '들은 것'이 계속되고 있고, 예수님을 '본 것'이 계속되고 있음을 보여주고 있다. 그리고 "주목했다"(ἐθεασάμεθα)는 말과 "만졌다"(ἐψηλάφησαν)는 말들은 모두 단순과거형(부정과거형)으로 주목한 일이나 만졌던 일이 역사적 사건이었음을 나타내고 있다. 예수 그리스도는 역사상에 나타나셨으며 또 제자들이 접촉했던 생명이시라는 것이다. 요한 사도 당시 퍼졌던 예수님의 가현설(假現設)은 터무니없는 억설이다.

요일 1:2. 이 생명이 나타내신바 된지라. 이 영원한 생명을 우리가 보았고 증거하여 너희에게 전하노니 이는 아버지와 함께 계시다가 우리에게 나타내신바 된 자니라.

요한은 자신이 역사상에 나타나게 된 생명(요 1:4; 11:25; 14:6)의 계시자 예수 그리스도를 수신자들에게 전한다고 말한다. 요한은 "이 생명," 곧 '생명의 계시자'(1절)가 "나타내신바 되었다"고 선언한다. "나타나신바 되었다"는 말은 역사상에 육신을 입고(롬 16:26; 딤전 3:16) 나타나셔서 사역하셨다는 것을 뜻한다(3:5; 롬 16:26; 딤전 3:16).

그리고 요한은 이 영원한 생명이신 예수님을 "우리," 곧 '열두 제자가' "보았고 증거하여" 수신자 성도들에게 전한다고 말한다. 여기 "우리가 보았

---

2) Bruce는 "요한복음이 영원한 말씀의 성육신을 이야기한다면, 요한일서는 영원한 생명의 성육신을 이야기한다"고 말하고 있다. F. F. Bruce, *요한 1. 2. 3서*, F. F. Bruce 성경주석, 이상원 옮김, (서울: 아가페 출판사, 1987), p. 45.

다"(ἑωράκαμεν)는 말은 1절에 나타난 "본 바요"와 똑같은 현재완료형이므로 사도들이 본 것이 지금도 그 효력을 계속해서 발휘하고 있음을 뜻한다. 오늘날 우리는 사도들이 본 것을 우리들 자신이 본 것으로 받아야 한다. 그리고 "증거하여"(μαρτυροῦμεν)라는 말은 사도들이 경험한 내용을 공적으로 증거한다는 말이고(요 21:24; 행 2:32) "전한다"(ἀπαγγέλλομεν)는 말은 '보고하다,' '분명하게 공언하다'라는 뜻이다. 요한은 사도들과 함께 본 영원한 생명을 공적으로 수신자들에게 증거하고 전한다는 것이다. 우리는 그들의 증거와 전도를 그대로 받아서 믿어야 한다.

그리고 요한은 본 절 초두에 "이 생명이 나타내신바 된지라"고 말씀하고는, 마지막에는 생명이신 그리스도의 출처에 대하여 언급한다. 즉 "이는 아버지와 함께 계시다가 우리에게 나타내신바 된 자니라"고 말한다(요 1:1-2). 생명이신 예수 그리스도는 아버지와 함께 계시다가 육신을 입고 나타나셨다는 것이다. 여기 "아버지와 함께"(πρὸς τὸν πατέρα)라는 말은 유심히 살펴야 할 말이다. 이것은 아버지와 동적(動的)인 공존 상태를 유지하시다가 이 땅에 육신을 입고 나타나셨음을 뜻하는 말이다. 헬라어 단어 전치사 중에 몇 개의 전치사들(μετα, σύν, παρα)은 정적(靜的)인 공존 상태를 나타내는 말들인 반면 '프로스'(πρὸς)라는 전치사는 동적인 공존을 나타내는 전치사이다. 예수 그리스도는 이 땅에 육신을 입고 오시기 전에 아버지와 그냥 함께 계시다가 오신 것이 아니라 서로 교제하시다가 오신 것이다.

요일 1:3. 우리가 보고 들은 바를 너희에게도 전함은 너희로 우리와 사귐이 있게 하려 함이니 우리의 사귐은 아버지와 그 아들 예수 그리스도와 함께 함이라. 요한은 자신이 본 서신을 쓰는 동기를 밝히고 있다. 그가 본 서신을 쓰는 동기는 사도들이 보고 들은 바를 전함으로써(행 4:20) 수신자들로 하여금 계속해서 사도들과 "사귐"(κοινωνίαν), 곧 '교제'를 갖게 하려는 것이었다(롬 15:27; 고전 9:23; 고후 13:13). 요한은 수신자들과의 교제가 끊어지지 않고 계속되기를 원했다. 다시 말해, 요한은 그 당시의 수신자들이 영지주의자들과 교제하는 것을 원치 않았고 사도들과 계속해서 교제하기를 원했던 것이다.

그런데 요한은 사도들과 수신자들 사이의 교제가 그저 인간적인 교제로 끝나는 것이 아니라, 하나님 "아버지와 그 아들 예수 그리스도와 함께하는" 교제가 되기를 원했다(2:24; 요 17:21; 고전 1:9). 다시 말해, 요한은 양측이 모두 하나님 아버지와 그리고 그리스도와 교제하는 것을 원했다. 요한은 본 서신을 씀으로써 사도들이나 수신자들 모두가 그리스도를 통하여 하나님의 말씀을 듣고 그리스도를 통하여 하나님께 기도를 올리기를 원하는 것이었다. 신인(神人)의 교제라는 것은 하나님으로부터 말씀을 듣는 것이고 사람 측에서 하나님께 기도를 올리는 것이다.

하나님의 말씀을 써서 보내는 것은 이처럼 위대한 결과를 낳는다. 그것은 서로간의 교제를 가능케 하고 또한 하나님과의 교제를 가능케 한다. 우리는 위대한 전도를 놓쳐서는 안 된다. 놀라운 복을 가져오는 전도를 게을리 해서는 안 될 것이다.

요일 1:4. 우리가 이것을 씀은 우리의 기쁨이 충만케 하려 함이로라.
요한은 자신이 듣고 보고 주목하고 손으로 만진바 된 생명이신 예수 그리스도를 전하는 목적은 "우리의 기쁨이 충만케 하려 함"이라고 말한다(요 15:11; 16:24; 요이 1:12). 곧 '전하는 자의 기쁨이 충만케 하려한다'는 것이다. 그러나 사실 여기 "우리의 기쁨"은 서신을 받는 일반 성도들의 기쁨을 제외하는 말은 아니다

(요 15:11; 17:13). 그래서 에브라임 사본이나(C), 모스크 사본(K) 등에는 "너희의"로 되어 있다. 그리고 영국 흠정역(KJV)도 "너희의 기쁨"(your joy)으로 표기되어 있다. 요한은 말씀을 전하는 측도 기쁘고 말씀을 받는 측도 기쁨을 얻게 하려고 서신을 쓴다는 것이다. 사실 전하는 자의 기쁨도 크려니와 말씀을 받아서 하나님과 교제하는 일반 신자들의 기쁨도 큰 것이다. 기쁨은 하나님과 그리스도와 사귈 때 생기는 것이고 성도 간에 교제할 때 생기는 것이다. 본문에 "기쁨이 충만"하다는 말은 '기쁨이 그 인격을 지배한다'는 뜻이다. 우리가 그리스도와 교제할 때 놀라운 기쁨을 얻게 된다. 우리는 오늘도 그리스도를 전함으로 기쁨으로 지배를 받으면서 살아야 한다.

II. 빛이신 하나님과의 교제 1:5-2:2

　　앞에서 요한 사도는 자신이 본 서신을 쓰는 동기를 말했는데(1-4절), 이제 그는 성도들에게 빛이신 하나님과의 교제를 권하고 있다(5-2:2). 요한은 먼저 하나님이 빛이심을 말한 후(5절), 이어서 빛과 교제하지 않으면 불행하며(6절, 8절, 10절), 반대로 빛과 교제하면 복되다고 말한다(7절, 9절). 그리고 빛이신 하나님과 계속해서 교제하기 위해서는 죄를 범치 말아야 한다고 말한다(2:1-2).

1. 하나님은 빛이시다 1:5

요일 1:5. 우리가 저에게서 듣고 너희에게 전하는 소식이 이것이니 곧 하나님은 빛이시라 그에게는 어두움이 조금도 없으시니라.

요한은 "저에게서," 곧 '예수 그리스도에게서' 듣고 전하는 소식이 이것이니 (3:11) 곧 "하나님은 빛이시라"고 말한다(요 1:9; 8:12; 9:5; 12:35-36). "하나님은 빛이시라"는 말씀은 하나님은 빛으로서 물리적인 빛도 만들어주셨지만(창 1:3-5; 약 1:17), 더욱이 '영적인 어두움을 밝혀주시는 분이라'는 뜻이다(요 3:19-21; 11:9; 8:12; 9:5-6; 12:46; 엡 5:8-14; 요일 2:9-11). 하나님은 어두운 인생에게 광명을 주시고 사람을 성결케 하시며 살려주신다는 것이다.

요한은 또 하나님에게는 "어두움이 조금도 없으시니라"고 말한다(요 1:4; 8:12; 9:5; 12:35-36). "어두움이 조금도 없으시다"는 말씀은 '영적으로 어두움이 없으시다'는 뜻이다. 다시 말해, 하나님에게는 '죄도, 무지도, 불결도, 불행도, 비 진리도 없으시다'는 뜻이다(사 8:22; 마 22:13; 요 3:19). 우리는 항상 빛 되신 하나님 안에서 살아야 한다(6절, 8절, 10절, 2:9; 눅 16:8; 엡 5:8-14).

2. 빛과 교제하라 1:6-10

요일 1:6. 만일 우리가 하나님과 사귐이 있다 하고 어두운 가운데 행하면 거짓말을 하고 진리를 행치 아니함이거니와.

앞에서 요한은 하나님은 빛이시라고 선언했는데(5절), 본 절에 와서는 당시의 이단이었던 영지주의자들(반 율법주의자들)을 공격한다. 요한은 누구든지 빛이신 하나님과 교제한다고 말은 하면서도 실제로는 "어두운 가운데 행하면," 곧 '악과 불의를 행하면' 말과 행실이 맞지 않는 것이니 결국 거짓말을 하는 것이고 진리를 행하지 않는 것이라고 주장한다(2:4; 고후 6:14). 여기 "행하면"(περιπατῶμεν)이라는 말은 현재형이므로 계속해서 어두운 가운데 행하고 있음을 뜻한다(2:6, 11). 오늘 우리가 하나님을 믿는다고 말하면서도 계속해서

악을 행한다면, 우리 역시 거짓말을 하는 것이고 진리를 행치 않는 것이다. 성경은 누구든지 믿는다면 그 믿음을 행실로 보여야 한다고 말씀한다(약 2:14-26).

요일 1:7. 저가 빛 가운데 계신 것같이 우리도 빛 가운데 행하면 우리가 서로 사귐이 있고 그 아들 예수의 피가 우리를 모든 죄에서 깨끗하게 하실 것이요. 요한은 본 절에서 앞 절과 정반대의 경우에 대해 말하고 있다. 앞에서 요한은 당시 이단이었던 영지주의자들이 "하나님과 사귐이 있다 하고 어두운 가운데 행하는 것"을 공격했는데, 이제 본 절에서는 하나님께서 "빛 가운데 계신 것같이 우리도 빛 가운데 행하면" 놀라운 결과가 나타난다고 말한다. 여기서 하나님께서 "빛 가운데 계신 것같이"라는 말은 하나님께서 "빛"이고 또 "그에게 는 어두움이 조금도 없으시다"는 뜻이다. 다시 말해, 하나님은 항상 '밝음' 속에 계시다는 것이다. 그리고 "우리도 빛 가운데 행하면"이라는 말은 우리가 앞 절에서 말하는 이단자들과는 완전히 다른 차원에서 살고 있음을 묘사하는 말이다.

요한은 우리가 "빛 가운데," 곧 '하나님의 계시 가운데' 행하면 두 가지 결과가 나타난다고 말한다. 하나는 "우리가[3] 서로 사귐이 있게 된다"는 것이고, 또 하나는 "그 아들 예수의 피가 우리를 모든 죄에서 깨끗하게 하신다"는 것이다. 우리가 "빛 가운데," 곧 '하나님의 계시 가운데,' '하나님이 정해 주신

---

3) 여기 "우리"라는 말은 '우리 성도들'을 지칭하는 말이다. 혹자는 "우리"를 '하나님과 성도들 양편'을 말하는 것으로 보기도 하나 성도들 상호간으로 보는 것이 합당하다. 이유는 "우리"를 '하나님과 성도 상호간'으로 보면 바로 앞에 나온 말, 곧 "우리도 빛 가운데 행하면"이라고 말한 문맥에서 "우리"라 는 말이 '하나님과 성도들' 양편을 지칭하는 것으로 여기는 꼴이 되기 때문이다. 다시 말해, "우리도 빛 가운데 행하면"이라는 말을 '하나님과 성도들이 빛 가운데 행하면'이라고 해석해야 하니 합당치 않은 해석이 된다.

성결의 규범 가운데' 행하면 성도 상호간에 사귐이 있게 된다는 것이다. 여기서 주의해야 할 것은 우리가 하나님의 계시 가운데 행하면 먼저 하나님과 사귐이 이루어진다는 것이다. 그리고 하나님과 사귐이 있게 되면, 우리와 다른 성도들과도 교제가 이루어지고 온 교회와의 사귐도 이루어진다.

또 하나는 우리가 "빛 가운데," 곧 '하나님의 계시 가운데,' '하나님이 정해 주신 성결의 규범 가운데' 행하면, "그 아들 예수의 피가 우리를 모든 죄에서 깨끗하게 하신다"고 말한다(2:2; 고전 6:11; 엡 1:7; 히 9:14; 벧전 1:19; 계 1:5). 우리가 하나님께서 보여 주신 계시 가운데, 즉 하나님께서 정해 주신 성결의 규범 가운데 행하면 결국 우리의 죄가 더욱 들어나게 마련인데, 그 때 예수님의 피가 우리의 죄를 깨끗하게 씻어주신다. 성경은 말씀하기를, 우리가 하나님 앞에 나아가면, 하나님께서 우리의 죄를 사해 주신다고 주장한다(사 55:6-7; 마 9:2). 또한 우리가 하나님의 빛 가운데 행하면, 우리의 죄가 더욱 적나라하게 드러나게 되는데, 그 때 우리는 죄를 고백하게 되어 사함을 받게 된다(9절). 우리는 오늘도 하나님이 주신 빛 가운데 행하여 하나님과 교제할 뿐 아니라, 다른 성도들과 교제해야 하고, 우리의 모든 죄도 깨끗이 씻음 받아야 할 것이다.

요일 1:8. 만일 우리가 죄 없다 하면 스스로 속이고 또 진리가 우리 속에 있지 아니할 것이요.

본 절은 6절과 병행을 이루고 바로 앞 절(7절)과는 반대의 뜻을 말한다. "만일 우리가 죄 없다 하면," 곧 '영지주의자들이 주장하는 대로 우리가 죄가 없다고 주장하면'(왕상 8:46; 대하 6:36; 욥 9:2; 15:14; 25:4; 잠 20:9; 전 7:20; 약 3:2), 첫째로 우리가 "스스로 속이는" 것이다. 다시 말해, 인간은 누구나

다 죄를 범했는데(롬 3:23) 죄가 없다고 하면 속고 사는 것이다. 사실 죄가 없다고 말하는 사람들처럼 크게 속는 사람들은 없다. 그런 사람들은 시장에서 물건을 살 때 속아서 사는 사람들보다 훨씬 더 크게 속는 사람들이다. 이유는, 죄가 없다고 하는 사람들은 사죄의 소망을 잃어버리는 사람들이기 때문이다. 둘째로 "만일 우리가 죄 없다 하면" 예수님을 전혀 모르는 것이니 "진리가 우리 속에 있지 아니할 것이다." 다시 말해, 사람은 자신에게 죄가 있다고 고백할 때 예수님을 영접하고 믿게 되는데, 만약 자신에게 죄가 없다고 주장한다면, 그는 예수님과는 상관없는 사람이 되는 것이다. 그런 사람에게는 '진리이신 그리스도께서 심령 속에 있지 아니하게 된다.' 그런 점에서 죄가 없다고 말하는 사람처럼 손해를 보는 사람은 없다. 진리이신 그리스도를 모시지 못하는 사람보다 더 억울한 사람이 있겠는가?

요일 1:9. 만일 우리가 우리 죄를 자백하면 저는 미쁘시고 의로우사 우리 죄를 사하시며 모든 불의에서 우리를 깨끗케 하실 것이요.

"만일 우리가 우리 죄들을 자백하면"(시 32:5; 잠 28:13) 하나님은 미쁘시고 의로우신 성품 때문에 우리들을 사하시고 또 모든 불의로부터 우리를 떠나게 하신다. 여기 "자백한다"(ὁμολογῶμεν)는 말은 '하나님 앞에 죄들을 고백한다'는 뜻이다. 우리가 우리의 죄들을 하나님 앞에 고백하기 위해서는 첫째, 성경을 보면서 우리의 죄들을 발견해야 한다(고전 10:6). 둘째, 그 죄들 때문에 마음이 상해야 한다(시 34:18; 51:17; 사 57:15; 66:2). 셋째, 진실하게 고백해야 한다(시 51:6; 145:18). 그리고 넷째, 사람에게 해를 끼친 경우는 사람에게도 고백해야 한다.

우리가 우리의 죄를 하나님 앞에 고백하면, 하나님은 "미쁘시고 의로우사,"

곧 '사죄하신다고 약속하신 말씀을 신실하게 지키시는 의로우신 성품을 근거로'(사 1:18; 렘 31:31-34; 33:8; 50:20; 미 7:18-20; 행 10:43; 히 10:23), 우리 죄를 사하시며 모든 불의에서 우리를 깨끗하게 하신다(7절: 시 51:2). 하나님께서 우리 죄를 "사하신다"(ἀφῇ)는 말은 '죄를 없애다,' '허물을 제거하다,' '책임을 해제하다'라는 뜻이고 "깨끗하게 한다"(καθαρίσῃ)는 말은 '죄의 오염으로부터 정화한다,' '허물과 죄의 영향으로부터 자유하게 한다'는 뜻이다. 우리의 죄 고백은 위대한 은총을 불러온다. 하나님께서 우리의 죄를 없애주시고 오염으로부터 우리를 깨끗하게 하시니 말이다.

요일 1:10. 만일 우리가 범죄하지 아니했다 하면 하나님을 거짓말 하는 자로 만드는 것이니 또한 그의 말씀이 우리 속에 있지 아니하니라.

본 절은 8절과 병행을 이룬다. 우리가 만일 영지주의자들과 같이 "범죄하지 아니했다"고 주장하면 두 가지 엄청난 문제가 발생한다는 것이다. 하나는 "하나님을 거짓말 하는 자로 만드는 것이다." 이유는 하나님께서는 우리가 범죄했다고 말씀하셨기 때문이다(시 14:1-3; 53:1; 롬 3:10). 하나님께서는 우리 인류가 범죄한 사실을 여러 가지로 말씀하시는데, 우리가 범죄한 일이 없다고 시치미를 뗀다면, 하나님은 온전히 거짓말쟁이가 되신다. 8절에서 요한은 사람이 자신에게 죄가 없다고 주장하는 것은 자기를 속이는 것이라 했는데, 본 절에서 그는 그런 주장은 하나님을 거짓말쟁이로 만드는 것이라고 말한다. 또 하나는 우리가 범죄하지 아니했다 하면 또 다른 엄청난 문제가 발생하는데, 그것은 "그(하나님)의 말씀이 우리 속에 있지 아니하게" 되는 것이다. 요한은, 만약 우리가 범죄하지 아니했다 하면, 8절에서는 "진리"이신 예수님께서 우리 속에 있지 아니할 것이라 했는데, 본 절에서는 하나님의 말씀이 우리 속에 있지 아니하다고 말씀한다. 똑같은 내용이다. 즉 범죄하지 않았다고 주장하는 사람에게는 예수님도 없고, 예수님의 말씀도 없고, 구약의 모든 말씀도 없다는 것이다. 이유는 예수님이나 예수님의 말씀은 죄가 있다고 인정하는 사람들에게 찾아가시기 때문이다. 예수님은 죄인과 세리를 찾으신다고 성경은 말씀한다(마 9:10; 눅 15:1-2). 오늘도 예수님은 죄를 고백하는 사람에게 찾아오신다. 그리고 하나님의 말씀도 죄가 있다고 고백하는 사람들에게 찾아가신다.

제2장

사랑의 계명을 준수하고 적그리스도를 경계하라

3. 빛과 교제하기 위해서는 죄를 짓지 말라 2:1-2

요일 2:1. 나의 자녀들아 내가 이것을 너희에게 씀은 너희로 죄를 범치 않게 하려 함이라. 만일 누가 죄를 범하면 아버지 앞에서 우리에게 대언자가 있으니 곧 의로우신 예수 그리스도시라.

요한 사도는 성도들을 향하여 죄를 범치 말라고 권하면서, 혹시 죄를 범하는 경우 해결하는 방법을 본 절과 다음 절(2절)에서 제시한다. 죄를 해결하지 않을 경우 빛이신 하나님과 사귈 수 없기 때문이다.

요한은 나의 "자녀들아"(τεκνία)라는 애정 어린 호칭으로 성도들을 부르면서(12절, 28절; 3:7, 18; 4:4; 5:21) "내가 이것을 너희에게 씀은 너희로 죄를 범치 않게 하려 함이라"고 말한다. 요한은 "이것(these things)," 곧 '요한일서'를 쓰는 목적은 수신자 성도들로 하여금 죄를 범치 않게 하려는 데 있다고 말한다.

그러나 요한은 만약에 자신을 포함하여 누구든지 "죄를 범하면 아버지

앞에서 우리에게 대언자가 있으니 곧 의로우신 예수 그리스도시라"고 죄 문제의
해법을 제시한다(롬 8:34; 딤전 2:5; 히 7:25; 9:24). 혹시 누구라도 죄를
범한 후 "대언자"(παράκλητον)이신 예수 그리스도께 우리의 죄를 고백하면,
대언자께서 십자가에서 화목제물 되신 것을 근거하여(다음 절) 하나님 앞에
"대언"(代言), 곧 '변호'하신다는 것이다. 여기 "대언자"라는 말은 '돕기 위해
곁에 부름을 받은 자,' '위로자,' '변호자'를 뜻한다. 예수님은 요한복음 14:16에
서도 자신을 대언자(παράκλητον)라고 시사(示唆)하고 있다. 요한복음에서는
'보혜사'라고 번역되어 있는데, 이 낱말은 대언자나 똑같은 말이다. 오늘도
누구든지 죄를 범하는 경우 우리의 변호자이신 예수 그리스도께 고하면 그는
그의 십자가 대속의 희생을 근거하고 하나님 앞에 우리를 위하여 대언해 주신다
(1:9).

    요한은 우리의 대언자이신 예수 그리스도를 "의로우신" 분이라고 소개한다.
성경은 예수님이 의로우신 분이라고 말씀하고 있다. 다시 말해, 예수님은 하나님
과 동등되신 분이시고(빌 2:6), 또 십자가에서 대속의 죽음을 죽으셨기 때문에
의로우신 분이시다.

요일 2:2. 저는 우리 죄를 위한 화목 제물이니 우리만 위할 뿐 아니요 온 세상의
죄를 위하심이라.

예수님은 "우리 죄를 위한 화목제물"(ἱλασμός)이시다(1:7; 4:10; 롬 3:25;
고후 5:18). "화목제물"이라는 것은 인간의 죄를 향한 하나님의 진노를 그치게
하기 위해 하나님께 드리는 제물을 지칭한다(레 7:11-34). 예수님은 인간의
죄를 대신하여 단번에 죽으심으로(히 7:26-27) 하나님의 진노를 막으셨다(롬
3:25). 그런데 요한은 예수님의 화목제물로서의 은혜를 끼치는 범위가 "우리만

위할 뿐 아니요 온 세상의 죄를 위하심이라"고 말한다(4:14; 요 1:29; 4:42; 11:51-52). 다시 말해, 예수님은 요한 당시의 수신자 성도들만을 위하여 죽으신 것이 아니라, 모든 민족의 피택자들을 위해 죽으셨다는 뜻이다. 혹자는 이 구절을 근거하여 예수님의 무한(無限) 속죄를 주장한다. 그러나 이 말씀은 예수님의 무제한 속죄를 말하는 것이 아니라, 예수님의 죽으심의 효력은 광대하여 모든 민족을 포함한다는 뜻이다.

III. 그리스도의 계명을 지켜라 2:3-11

요한은 앞에서 빛이신 하나님과의 교제를 권장하고((1:4-2:2), 이제는 하나님과 교제하면서 그리스도의 계명을 지킬 것을 권한다(3-11절). 요한은 먼저 사랑의 계명을 지키는 것과 지키지 않는 것의 차이를 말하고(3-5절), 예수님과 연합된 자는 반드시 예수님처럼 행해야 마땅하다고 말한다(6절). 그리고 요한은 독자들에게 새 계명을 지키지 않고 형제를 미워하는 자의 불행과 형제를 사랑하는 자의 복을 대조적으로 말한다(7-11절).

1. 사랑의 계명을 지켜라 2:3-5

요일 2:3. 우리가 그의 계명을 지키면 이로써 우리가 저를 아는 줄로 알 것이요. 요한 사도를 포함하여 누구든지 "그(예수 그리스도)의 계명을 지키면 이로써 우리가 저를 아는 것이라"고 말한다. 즉 누구든지 그리스도의 계명을 지키는 자는 그리스도를 체험적으로 아는 사람이라는 것이다. 여기 그리스도의 "계명"(ἐντολὰς)이라는 말은 "서로(성도들끼리) 사랑하라"는 명령을 뜻한다(요 13:34-35; 15:12). 누구든지 자신을 희생하고 다른 성도들을 내 몸같이 사랑한 다면, 그 사람은 참으로 예수님을 믿는 사람이고 사랑하는 사람이라는 것이다. 여기서 주의 할 것은, 우리가 사랑의 계명을 지켜서 예수님을 알게 되는 것이 아니라, 사람이 계명을 지키는 것을 보면 그 사람이 예수님을 참으로 알고 있는 사람이라고 말할 수 있다는 것이다. 오늘 우리는 예수님의 사랑의 계명을 준수하고 있는가? 만일 사랑의 계명을 지키지 않는다면, 아직도 우리는 예수님 을 경험적으로 알지 못하는 사람들이다.

요일 2:4. 저를 아노라 하고 그의 계명을 지키지 아니하는 자는 거짓말 하는 자요 진리가 그 속에 있지 아니하되.

누구든지 예수 그리스도를 안다고 말하면서도 그리스도의 계명, 곧 사랑의 명령을 지키지 않는다면(1:6; 4:20), 첫째, 그가 '안다'는 말은 거짓말이요 헛소리이다(1:8). 왜냐하면 참으로 안다는 것은 사귐의 경험에 의해서 아는 것이고, 참으로 알면 그리스도의 계명을 지키게 되어 있기 때문이다. 그러므로, 만약 어떤 사람이 그리스도의 계명을 지키지 않는다면, 분명히 그는 그리스도와 의 사귐의 체험이 없는 자이고 따라서 그리스도를 알지 못하는 자이다. 둘째, 그 사람 안에는 진리이신 예수님이 계시지 않는다. 말로는 그리스도를 안다고 할지라도, 그가 계명을 준수하지 않는 것을 보면, 그 사람 속에 진리이신 그리스 도가 계시지 않은 것이다.

요일 2:5. 누구든지 그의 말씀을 지키는 자는 하나님의 사랑이 참으로 그 속에서 온전케 되었나니 이로써 우리가 저 안에 있는 줄을 아노라.

요한은 "누구든지 그의 말씀을 지키는 자(요 14:21, 23)," 곧 '그의 계명을 지키는 자'는 "하나님의 사랑이 참으로 그 속에서 온전케 된 것이라'고 말한다 (4:12). 여기 "온전케 되었다"(τετελείωται)는 말은 현재완료 시상으로 '이미 온전케 되었고 현재도 계속해서 온전케 되어 갈 것임'을 뜻한다. 즉 누구든지 그리스도의 계명을 지키는 사람은 하나님을 사랑하는 사랑이 그 사람 속에서 이미 이루기 시작한 것이며 현재도 계속해서 이루어져 가고 있다는 것이다. 본문의 "하나님의 사랑"(ἡ ἀγάπη τοῦ θεου)이라는 말은 문법적으로 '하나님이 인간을 사랑하신 사랑'으로 해석할 수도 있고 '하나님께 대한 인간 측의 사랑'으로 해석할 수도 있다. 그런데 본 절에서는 문맥으로 보아, '하나님께 대한 인간 측의 사랑'으로 해석하는 것이 바람직하다. 3-6절까지는 그리스도의 계명, 다시 말해, 서로 사랑하라는 계명을 지키는 문제를 다루기 때문에 "하나님의 사랑"이라는 말을 '하나님께 대한 인간 측의 사랑'으로 보아야 할 것이다. 이유는 인간이 인간을 사랑하는 것이 곧 하나님을 사랑하는 것과 같기 때문이다.

요한은 "이로써 우리가 저 안에 있는 줄을 아노라"고 부연한다(4:13). 곧 '그의 계명을 지키는 것을 보아서 우리가 예수 그리스도와 연합된 줄을 알 수 있다'는 말이다. 그의 계명을 지키는 것은 우리가 예수님과 연합된 하나의 증표가 된다는 것이다.

2. 예수님처럼 행하라 2:6

요일 2:6. 저 안에 거한다 하는 자는 그의 행하시는 대로 자기도 행할지니라.
요한은 "저 안에 거한다 하는 자(요 15:4-5)," 곧 '그리스도 안에 내주하는 자'는 "그의 행하시는 대로 자기도 행해야 한다"고 말한다(마 11:29; 요 13:15;

벧전 2:21). 여기 "행하시는"(περιεπάτησεν) 이라는 말은 단순과거 시상으로 그리스도께서 '이미 과거에 행하신 사실'을 지칭한다. 예수 그리스도께서 과거에 성도들을 사랑하신 대로 성도들도 다른 성도들을 사랑해야 한다는 말이다. 그리스도 안에 있는 성도는 그리스도께서 행하신 대로 철저하게 순종해야 한다. 그리스도는 우리의 유일한 모델이심을 알고 그대로 따라야 한다.

3. 미워하는 자의 불행과 사랑하는 자의 행복 2:7-11

요일 2:7. 사랑하는 자들아 내가 새 계명을 너희에게 쓰는 것이 아니라 너희가 처음부터 가진 옛 계명이니 이 옛 계명은 너희의 들은 바 말씀이거니와.

요한은 수신자 성도들을 향하여 다시 "사랑하는 자들아"라고 부르면서 사랑의 계명을 지킬 것을 권한다. 요한은 먼저 "내가 새 계명을 너희에게 쓰는 것이 아니라"고 말한다. 다시 말해, 그는 수신자 성도들이 전혀 알지도 못하는 새로운 계명을 쓰는 것이 아니고, "너희가 처음부터," 곧 '성도들이 믿기 시작할 때부터' 가진 "옛 계명"을 쓰고 있다는 것이다(요이 1:5). 여기 "옛 계명"이라는 말은 '구약 시대부터 내려오는 계명'(레 19:18; 신 6:5; 롬 2:14; 13:8-19)을 지칭한다. 그리고 요한은 "이 옛 계명은 너희의 들은 바 말씀이라"고 규명한다(3:11; 요이 1:5). 여기 "들은"(ἠκούσατε)이라는 말은 단순과거로서 성도들이 이미 과거에 들은 그 말씀이 옛 계명이라는 것을 의미한다.

요일 2:8. 다시 내가 너희에게 새 계명을 쓰노니 저에게와 너희에게도 참된 것이라 이는 어두움이 지나가고 참 빛이 벌써 비침이니라.

요한은 앞 절에서 자신이 성도들에게 옛부터 있어온 계명에 대해 쓴다고 했는데,

본 절에 와서는 갑자기 "다시 내가 너희에게 새 계명을 쓴다"고 말한다(요 13:34; 15:12). 여기서 "다시"(πάλιν)라는 말은 '다른 한편'(on the other hand)이라는 뜻이다(눅 6:43).[4] 즉 '다른 한편 성도들에게 새 계명을 쓰고 있다'는 것이다. "새 계명"(ἐντολὴν καινὴν)이라는 말은 '질적으로 새로운'이라는 뜻이다. 요한이 말하는 새로운 계명은 시간적으로 따져서 새로운 계명이 아니라 질적으로 새롭다는 것이다. 사랑의 계명이 질적으로 새로운 이유는 첫째, 하나님께서 예수님을 통하여 사랑을 보여주셨기 때문이고(4:9; 요 3:16), 둘째, "예수 그리스도께서 스스로 사랑의 계명을 성취하심으로써 이전에는 갖지 못했던 의미를 그 계명에 부여하셨기 때문이고"[5](요 13:34-35; 롬 5:8), 셋째, 이제는 성령의 힘으로 사랑의 계명을 지킬 수 있게 되었기 때문이다 (4:8-11; 5:11-12).

그런데 요한은 이 새 계명이 "저에게와 너희에게도 참된 것이라"(ὅ ἐστιν ἀληθὲς ἐν αὐτῷ καὶ ἐν ὑμῖ)고 말한다. 다시 말해, 새 계명이 저(예수 그리스도) 에게도 너희(성도들)에게도 "참되게 되었다,"(ἀληθὲς)," 곧 '실현되었다'(ful-filled, 혹은 realized)는 것이다.[6] 좀 더 풀어 말하면, 이 새 계명이 예수 그리스도 에게서 이루어졌고 또 성도들에게서도 이루어졌다는 것이다. 성도들에게 이루어졌다고 말할 수 있는 이유는 "어두움이 지나가고 참 빛이 벌써 비취고 있기" 때문이다. 예수님이 계시지 않던 어두움의 시대는 가고(엡 5:8; 살전 5:5, 8), 이제는 빛 되신 예수님이 오신 시대이기 때문이다(요 1:9; 8:12; 12:35). 곧 예수님이 오셔서 새 계명을 이루셨고, 또 성도들도 예수님이 오신 성령의

---

4) I. Howard Marshall, *The Epistles of John*, (Grand Rapids: William B. Eerdmans Publishing Company, 1984), p. 129

5) F. F. Bruce, *요한 1. 2. 3서*, 이상원 옮김, (서울 아가페출판사, 1987), p. 68.

6) Stephen S. Smalley, *1, 2, 3 John*, Word Biblical Commentary, (Waco, Texas: Word Books, Publisher, 1984), p. 56.

시대에 성령의 힘으로 새 계명을 지킬 수 있기 때문이다. 오늘 우리 성도들은 예수님이 오신 빛의 시대를 맞이했으므로 새 계명, 곧 사랑의 계명을 이루어야 한다. 누구든지 성령의 힘으로 사랑의 계명을 성취해야 한다.

요일 2:9. 빛 가운데 있다 하며 그 형제를 미워하는 자는 지금까지 어두운 가운데 있는 자요.

요한은 앞에서(7-8절) 성도들이라면 누구든지 형제를 사랑할 수 있는 처지에 있다고 천명했다. 다시 말해, "어두움이 지나가고 참 빛이 비추기" 때문에 누구든지 참 빛을 받아서 형제를 사랑할 수 있게 되었다고 말했다. 그런데도 "빛 가운데 있다 하며(ὁ λέγων)," 곧 '예수님을 믿는다고 말하면서' "그 형제를 미워하는 자는 지금까지 어두운 가운데 있는 자"라는 것이다(3:14-15; 고전 13:2; 벧후 1:9). "그 형제를 미워하는 자"(τὸν ἀδελφὸν αὐτοῦμισῶν)라는 말은 '형제를 계속해서 미워하는 자'를 지칭한다. 그리고 "어두운 가운데 있다" 는 말은 '예수님 없는, 영적인 암흑 가운데 있다'는 말이다. 예수님을 믿지 않은 채 영적으로 어두운 삶을 살고 있다는 말이다. 우리가 잠시 주 안에서 형제 된 신자들을 미워했다면, 우리는 얼른 하나님께 그 죄를 자백해야 한다. 혹시 계속해서 성도들을 미워한다면 우리는 예수 그리스도를 구주로 믿지 않고 있는 것이다. 여기 형제들은 일차적으로 예수 그리스도를 신앙하는 성도들을 지칭하지만(행 1:15; 9:30; 롬 14:15; 엡 6:21; 살전 4:10; 벧전 2:17), 일반 사람들을 배제하는 말은 아니다.

요일 2:10. 그의 형제를 사랑하는 자는 빛 가운데 거하여 자기 속에 거리낌이 없으나.

여기 요한은 앞에서와는 달리 형제를 사랑하는 성도의 복됨에 대해 말한다. 즉 형제 된 성도들을 사랑하는 사람들은 첫째, "빛 가운데," 곧 '예수님과 연합된 가운데' 있는 사람들이고(3:14), 둘째, "자기 속에 거리낌이 없는"(σκάνδαλον ἐν αὐτῷ οὐκ ἔστιν) 사람들이다(벧후 1:10). "자기 속에 거리낌이 없다"는 말은 '그 성도의 심령 속에 덫, 혹은 올가미가 없다'는 뜻이다. 심령 속에 덫이나 올가미가 없다는 말은 문맥으로 보아(11절) '심령 속에 걸려 넘어질 만한 어두움이 없다'는 뜻이다. 이 말을 어두움이 없다는 말로 해석해야 할 이유는 다음 절에서 더욱 잘 드러난다. 다음절(11절)에 보면, 본 절과 전혀 반대되는 사람, 곧 "형제를 미워하는 자는 어두운 가운데 있고 또 어두운 가운데 행하며 갈 곳을 알지 못한다"고 말한다. 즉 본 절의 "거리낌"이나 다음 절의 "어두움"이나 똑 같은 말임을 알 수 있다. 우리는 형제를 사랑하는 중에 심령이 밝아서 조금도 어두움이 없이 살아야 할 것이다.

요일 2:11. 그의 형제를 미워하는 자는 어두운 가운데 있고 또 어두운 가운데 행하며 갈 곳을 알지 못하나니 이는 어두움이 그의 눈을 멀게 했음이니라. 본 절은 앞 절(10절)과 전혀 반대되는 사람의 불행을 언급한다. 형제를 계속해서 미워하는 사람은 첫째, "어두운 가운데 있게" 되고(요 12:35), 둘째, "어두운 가운데 행하게 되어 갈 곳을 알지 못하게" 된다. 다시 말해, '심령이 어둡고 따라서 갈 곳을 알지 못하는 무지 속에 떨어지게' 된다. 이유는 "어두움이 그의 눈을 멀게 했기"때문이다. 심령의 어두움은 그의 영안을 어둡게 한다. 우리가 혹시 믿는다고 하면서도 형제를 사랑치 못하고 싸우고 있는지 살펴야 할 것이다. 형제를 사랑하는 것이 구원 받는 공로가 되는 것은 아니지만 사랑하는 것이 믿는 증거는 되기 때문에, 우리는 자신이 형제를 사랑하고 있는지를 계속해서 살펴야 할 것이다.

IV. 세상을 멀리 하라 2:12-17

앞에서 요한은 형제를 사랑하라고 말했는데(3-11절), 이제 그는 세상을 사랑치 말라고 말한다(12-17절). 요한은 형제들을 향하여 세상을 사랑치 말라고 말하기에 앞서 형제들의 영적 성숙도를 인정하는 말을 한다(12-14절). 그리고 나서 요한은 신자들을 향하여 세상을 사랑치 말라고 부탁한다(15-17절).

1. 요한은 형제들의 영적인 성숙도를 인정함 2:12-14

요한은 성도들을 부를 때 세 가지로 부른다. 첫째, "자녀들아" 혹은 "아이들아"라고 부르고, 둘째, "아비들아"라고 부르고, 셋째, "청년들아"라고 부른다. 이것은 성도들이 그들이 갖고 있는 영적인 자산(資産)을 알게 하기 위함이다. 그들은 능히 세상을 멀리 할 수 있는 사람들이라는 것이다.

요일 2:12. 자녀들아 내가 너희에게 쓰는 것은 너희 죄가 그의 이름으로 말미암아 사함을 얻음이요.

요한은 성도들 전체를 상대하여 "자녀들아"(τεκνία)라고 부르면서(2:1)[7] "내

---

7) 여기 "자녀들아"라는 말에 대해서 혹자는 신앙의 유년기에 있는 성도들을 지칭한다고 말하나, 본 절의 "자녀들아"와 14절의 "아이들아"라는 말이 똑같은 호칭이라는 것을 감안하면 신앙이 유치한 성도들을 지칭한다고 보기 어렵다. 따라서 "자녀들아"나 "아이들아"라는 칭호는 성도들 전체를 부르는 호칭으로 보아야 할 것이다.

가 너희에게 쓰는 것은 너희 죄가 그의 이름으로 말미암아 사함을 얻었다"고
말한다(1:7; 눅 24:47; 행 4:12; 10:43; 13:38). 다시 말해, 요한이 성도들에게
편지를 쓰는 이유는 성도들의 죄가 예수 그리스도의 이름으로(행 4:12) 말미암
아 사함을 얻었기 때문이라는 것이다. "사함을 얻었다"(ἀφέωνται)는 말은
완료형 수동태로 '깨끗이 씻음을 받았다,' '깨끗이 지움을 받았다'는 말이다.
여기서 요한이 주장하는 것은, 여러 가지 죄를 깨끗이 씻음을 받은 사람들은
세상을 사랑치 말아야 한다는 것이다.

요일 2:13. 아비들아 내가 너희에게 쓰는 것은 너희가 태초부터 계신 이를
앎이요 청년들아 내가 너희에게 쓰는 것은 너희가 악한 자를 이기었음이니라.
요한은 두 번째로 성도들 중에 지도적 위치에 있는 성도들을 향하여 "아비들
아"[8]라고 부르면서 "내가 너희에게 쓰는 것은 너희가 태초부터 계신 이를
앎이라"고 말한다. 즉 내가 너희에게 편지를 쓰는 이유는 교회의 지도적 위치에
있는 사람들이 "태초부터 계신 이," 곧 '그리스도'를 알기 때문이라는 것이다.[9]
여기 "앎이요"(ἐγνώκατε)라는 말은 현재완료형으로 아비들이 태초부터 계신
그리스도를 이미 알았을 뿐 아니라 현재까지도 알고 있다는 것을 시사하고

---

8) 여기 "아비들아"라는 호칭에 대해 혹자는 '교회의 성도들 전체'를 부르는 호칭이라고 말한다.
즉 요한은 교회의 성도들 전체가 신앙 경험이 많으므로 "아비들아"라는 호칭을 썼다고 주장한다.
그러나 "아비들아"라는 호칭이 신앙 경험이 상당한 수준에 있는 성도들 전체를 위한 호칭이라면,
요한은 그 동안 사용했던 "자녀들아"라는 호칭을 일률적으로 사용했을 것이다. 다시 말해, "자녀들아"라
는 호칭을 그냥 사용하면서 신앙 경험이 많은 것을 칭찬했을 것이다. 결코 호칭을 바꿀 이유가 없었을
것이다. 따라서 "아비들아"라는 호칭은 아무래도 교회의 중요한 인물들을 향한 호칭으로 보는 것이
좋을 것이다.
9) "태초부터 계신 이"라는 말은 '그리스도'를 지칭하는 말이다. 요일 1:1에 보면 "태초부터 있는
생명의 말씀"이 그리스도를 지칭하기 때문이다. 게다가 요한은 성부 하나님을 지칭할 때는 "아버지"라고
따로 14절에 쓰고 있다. 사실은 "태초부터 계신 이"는 성부와 성자 두 분에게 다 해당하는 호칭이지만,
요한은 12-14절에서 "태초부터 계신 이"와 성부 하나님을 구분하고 있다.

있다. 그들이 태초부터 계신 그리스도를 참으로 체험적으로 알기 때문에 세상을 사랑치 말아야 한다는 것이다.

그리고 요한은 세 번째로 영적 전투력이 강하여 마귀를 이긴 청년들을 향하여 "청년들아 내가 너희에게 쓰는 것은 너희가 악한 자를 이기었음이니라"고 말한다.[10] 다시 말해, 요한이 청년들을 향하여 편지를 쓰는 이유는 청년들이 악한 자를 이기었기 때문이라는 것이다. 청년들이 사탄을 이기었기 때문에 세상을 사랑치 않아야 한다는 것이다. 여기 "악한 자"(τὸν πονηρόν)라는 낱말은 남성명사로서 '마귀'를 지칭한다(요 17:15; 엡 6:16; 살후 3:3; 요일 3:12; 5:18-19). 한편 "이기었음이니라"(νενικήκατε)는 말은 현재완료시상으로 청년들이 과거에 이겨서 현재까지도 이긴 상태에 있음을 말하고 있다. 이렇게 청년들은 승리자들이므로 세상을 사랑치 않아야 한다는 것이다. 오늘 우리도 그리스도 안에서 사탄을 이긴 사람들이다(눅 10:18; 골 2:15; 계 20:2). 그러므로 우리도 세상을 사랑치 말고 사랑의 계명을 지켜야 할 것이다.

요일 2:14. 아이들아 내가 너희에게 쓴 것은 너희가 아버지를 알았음이요 아비들아 내가 너희에게 쓴 것은 너희가 태초부터 계신 이를 알았음이요 청년들아 내가 너희에게 쓴 것은 너희가 강하고 하나님의 말씀이 너희 속에 거하시고 너희가 흉악한 자를 이기었음이라.

---

10) 여기 "청년들아"라는 호칭에 대해 혹자는 '성도들 전체'를 부르는 호칭으로 보고 있다. 성도들 전체가 영적인 투쟁을 잘 감당하는 것을 생각하여 부른 전체를 위한 명칭이라고 주장한다. 그러나 전체를 위한 호칭이라면 따로 이런 호칭을 쓸 필요 없이 그 동안 부른 대로 "자녀들아"라고 불리어도 될 것이다. 따라서 "청년들아"라는 호칭은 하나님의 말씀을 마음에 품고 강한 신앙으로 마귀를 이긴 사람들을 부르는 호칭이라고 보아야 할 것이다. 그러므로 12-14절에 나오는 세 가지 호칭, 곧 "자녀들아," "아비들아," "청년들아"라는 호칭은 각각 '교인들 전체' '교회의 중요한 인물들,' '영적 전투력이 강한 사람들'을 위한 호칭으로 보는 것이 좋을 것이다.

요한은 성도들 전체를 향하여 "아이들아"(παιδία)라고 부르면서 "내가 너희에게 쓴 것은 너희가 아버지를 알았음이요"라고 말한다. 다시 말해, 요한이 성도들에게 편지를 "쓴 것" 곧 '편지를 쓴 이유'는 성도들이 아버지를 알았기 때문이라는 것이다.11) 아버지를 체험적으로 알았기 때문에 세상을 사랑치 말고 사랑의 계명을 지키라는 것이다. 여기 "알았음이요"(ἐγνώκατε)라는 말도 현재완료형으로 벌써 알았고 지금도 그 앎이 지속하고 있음을 말하는 것이다. 즉 성도들 전체는 이미 죄 사함을 받았고(12절) 또 아버지를 체험적으로 알고 있으니 세상을 사랑해서는 안 된다는 말이다. 그리고 요한은 "아비들"에게 13절과 똑같은 메시지를 전하고 있고, "청년들"에게도 13절의 메시지와 똑같은 것을 전하고 있으나, "너희가 강하고 하나님의 말씀이 너희 속에 거하시고"라는 말씀을 첨가하고 있다. 여기 "강하다"(ἰσχυροι)는 말은 '영적으로 강하다'는 말이다(엡 6:10; 계 18:8). 그들이 영적으로 건강한 이유는 그들 속에 "하나님의 말씀이 … 거하시기" 때문이다. 하나님의 말씀은 하나님 자신과 똑같은 실체로서 청년들 속에 거하여 영적으로 강건하게 해서 마귀를 이기게 한다는 것이다. 오늘 우리들 속에 말씀이 거하지 않으면, 그것은 곧 예수님께서 거하시지 않는 것이나 다름없는 것이다(요 15:7). 예수님의 말씀이 우리 속에 거해야 힘이 있어 사탄의 시험을 이길 수 있는 것이다(마 4:1-11).

---

11) 본 절은 12-13절을 반복하고 있으면서 "쓰는 것"(γράφω)이라는 현재형을 "쓴 것"(ἔγραψα)이라는 단순과거형으로 바꾼 것이 특징이다. 이렇게 현재시제를 과거 시제로 바꾼 것에 대해서 여러 가지 해석이 시도되었다. 혹자는 각 부류, 곧 "자녀들," "아비들," "청년들"을 향한 말씀을 더 강조하기 위한 문학적 표현일 것이라고 말하기도 하나 설득력이 약해 보이고, 또 혹자는 쓰는 것은 본 서신을 쓰는 것으로, 쓴 것은 요한복음을 쓴 것으로 주장하나 너무 비약인 듯이 보인다. 따라서 "쓰는 것"은 앞으로 쓸 것, 곧 14절을 쓸 것을 염두에 둔 말이고, "쓴 것"은 이미 쓴 것, 곧 12-13절을 염두에 두고 쓴 것이라고 말하는 것으로 보인다(Ryrie). 또는 "쓰는 것"이라는 말(현재동사)은 본서(요한일서) 전부를 쓰는 것으로, "쓴 것"이라는 말(과거동사)은 앞부분을 쓴 것으로 볼 수 있다는 설도 참고할만하다 (Brooke).

2. 세상을 사랑치 말라 2:15-17

요한은 앞에서는 수신자 성도들의 영적 자산에 대해 말했는데(12-14절), 이제는 영적으로 성숙한 성도들은 세상을 사랑치 말아야 한다고 말한다(15-17절). 요한은 먼저 세상을 사랑치 말라고 말하고(15절), 다음으로 세상을 사랑치 말아야 할 이유를 말한다(16-17절).

요일 2:15. 이 세상이나 세상에 있는 것들을 사랑치 말라 누구든지 세상을 사랑하면 아버지의 사랑이 그 속에 있지 아니하니.

요한은 성도들에게 "세상이나 세상에 있는 것들," 곧 '육신적인 것들이나 썩어질 것들'을 사랑치 말라고 부탁한다(롬 12:2). 사랑치 말아야 할 이유는 "누구든지 세상을 사랑하면 아버지의 사랑이 그 속에 있지 아니"하기 때문이라는 것이다(마 6:24; 갈 1:10; 약 4:4). '누구든지 세상을 사랑하면 아버지에 대한 사랑이 말끔히 사라지기' 때문이다. 세상을 사랑하는 것과 아버지를 사랑하는 사랑은 공존할 수 없다. 성도는 두 주인을 섬길 수 없다고 성경은 말씀한다(마 6:24).

여기 "아버지의 사랑"(ἡ ἀγάπη τοῦ πατρὸς)이라는 말은 문법적으로는 '아버지를 사랑하는 사랑'으로 해석할 수도 있고, 또 '사람에 대한 아버지의 사랑'으로 해석할 수도 있다. 문맥으로 보아 "아버지의 사랑"이라는 말을 '아버지를 사랑하는 사랑'으로 해석해야 합당하다. 이유는 3-17절의 메시지 전체가 사람을 사랑하라고 가르치는 부분이기 때문이다. 사람을 사랑하는 것은 곧 아버지를 사랑하는 것과 같고 아버지를 사랑하는 것은 사람을 사랑하는 것으로 나타난다.

우리는 오늘도 악한 세상, 하나님을 거부하는 세상을 사랑치 않아야 한다. 이유는, 우리가 세상을 사랑하면, 하나님을 사랑할 수가 없기 때문이다. 다시 말해, 다른 성도들을 사랑할 수가 없기 때문이다. 우리는 세상을 사랑하는 마음을 우리 속에서 빼버려야 한다.

요일 2:16. 이는 세상에 있는 모든 것이 육신의 정욕과 안목의 정욕과 이생의 자랑이니 다 아버지께로 좇아 온 것이 아니요 세상으로 좇아 온 것이라.
요한은 "세상에 있는 모든 것이 육신의 정욕과 안목의 정욕과 이생의 자랑"으로 변화게 된 이유를 설명한다. 세상에 있는 모든 것이 육신의 정욕과 안목의 정욕(전 5:11)과 이생의 자랑으로 화하게 된 것은 "다 아버지께로 좇아 온 것이 아니요 세상으로 좇아 온 것이라"는 것이다. 다시 말해, "아버지께서" 그렇게 되게 하신 것이 아니라 "세상," 곧 '세상에서 활동하고 있는 사탄'이 그렇게 되게 한 것이다. 본래 세상의 모든 것은 하나님께서 만드신 것이다(요 1:3). 그러나 "세상"에서 활동하는 사탄이 사람들로 하여금 육신의 정욕을 가지게 했고, 안목의 정욕을 가지게 했고, 이생의 자랑을 가지게 했다. 모두 다 세상에서 활동하고 있는 사탄의 작란에 의해서 이루어진 것이다.

여기 "육신의 정욕"(ἡ ἐπιθυμία τῆς σαρκὸς)은 '우리의 부패성이 가지는 따가운 욕심'을 뜻한다. "육신"은 우리의 육체(요 1:14; 6:54)를 말하는 것이 아니라 '부패한 육'(갈 5:17)을 뜻하는 말이다. 그리고 "정욕"은 '따가운 욕심'을 뜻한다. 따라서 "육신의 정욕"은 우리의 신체(身體)가 가지는 욕구를 말하는 것이 아니라 '우리의 부패성이 가지는 따가운 욕심'을 지칭한다. 오늘 우리는 사탄의 유혹을 받지 않아야 한다.

"안목의 정욕"(ἡ ἐπιθυμία τῶν ὀφθαλμῶν)은 '눈을 통하여 직접 사물을

봄으로써 불일 듯 생겨나는 따가운 욕심'을 뜻한다. 하와는 선악과를 눈을 통하여 직접 봄으로써 선악과를 먹어보고자 하는 따가운 욕심이 생겼고, 다윗은 목욕하는 밧세바를 멀리서 눈으로 보는 중에 자기 것으로 취하여 보고자 하는 따가운 욕심이 생겼다. 그리고 오늘날 앞을 보지 못하는 시각장애인을 제외하고 많은 사람들은 눈을 갖고 인터넷 사이버 세계를 들여다봄으로써 볼거리들에 현혹되고 있다. 우리는 세상을 바라볼 때 하나님께서 만들어주신 대로 아름답고 기이한 면을 보아야 할 것이고, 세상(사탄)의 충동을 받아 내 것으로 취하여 보고자 하는 욕심을 가져서는 안 된다.

"이생의 자랑"(ἡ ἀλαζονεία τοῦ βίου-the pride of life)은 '자신이 소유한 것을 사람들에게 보이려고 하는 허영심'을 뜻한다. "이생"은 '육신의 삶(life)을 뜻하고(막 12:44; 눅 8:14; 딤전 2:2), "자랑"은 '실속은 없는데 있는 것처럼 보이려고 하는 헛된 과장'을 뜻한다. 따라서 "이생의 자랑"은 '육신의 삶을 과시하는 것'을 뜻한다. 우리는 있는 대로 보일지언정 육신의 삶을 과시하려는 허영에 빠져서는 안 된다.

요일 2:17. 이 세상도, 그 정욕도 지나가되 오직 하나님의 뜻을 행하는 이는 영원히 거하느니라.

앞에서 요한은 세상을 사랑하면 "아버지의 사랑이 그 속에 있지 아니하기" 때문에 세상을 사랑치 말라고 말했다(15절). 이제 그는 본 절에서 "이 세상도, 그 정욕도 지나가"기 때문에 세상을 사랑치 말아야 한다고 말한다(고전 7:31; 약 1:10; 4:14; 벧전 1:24). 다시 말해, '이 세상도, 그리고 따가운 욕심을 품었던 사람들도 그리스도의 재림시에 똑같이 파멸될 것이므로' 세상을 사랑치 말아야 한다는 것이다. 그러므로 성도는 "오직 하나님의 뜻을 행하는 이"가

되어 "영원히 거해야" 한다. 여기 "하나님의 뜻을 행하는 이"라는 말은 '하나님의 말씀을 순종하는 사람들'이라는 뜻이고, "영원히 거"한다는 말은 '영생한다'는 뜻이다. 하나님의 뜻과 그 뜻을 따르는 사람들은 영원히 거하게 된다는 것이 성경의 증언이다(요 3:36; 고후 4:18; 요일 3:14; 5:11-12). 우리는 지나가는 세상을 사랑할 것이 아니다. 그리고 사탄에 현혹되어 정욕을 품고 살 것도 아니다. 다만 하나님의 뜻에 순종하는 삶을 살아야 한다.

V. 적그리스도를 경계하라 2:18-29

요한은 앞에서 영적으로 성숙한 수신자 성도들에게 세상을 멀리할 것을 권했는데(12-17절), 이제는 그들에게 적그리스도를 경계하라고 부탁한다(18-29절). 요한은 적그리스도가 많이 일어난 당시의 시대를 마지막 때라고 규정하며(18절), 당시의 적그리스도들은 교회와 무관한 사람들이라고 밝힌다(19절). 그리고 요한은 수신자 성도들이야말로 성령을 받아 진리를 아는 사람들이라고 말하고(20절), 자신이 성도들에게 편지를 쓰는 이유를 다시 천명한다(21절). 그리고 요한은 어떤 사람이 적그리스도인가를 규명하고(22-23절), 성도들에게 주 안에 거하라고 권한다(24-29절).

1. 이것이 마지막 때다 2:18

요일 2:18. 아이들아 이것이 마지막 때라 적그리스도가 이르겠다 함을 너희가 들은 것과 같이 지금도 많은 적그리스도가 일어났으니 이러므로 우리가 마지막 때인 줄 아노라.

요한 사도는 편지를 받는 성도들을 향하여 다시 "아이들아"라고 사랑이 담긴 어투로 부르면서 교훈을 준다(요 21:5). 요한은 자신이 목회하던 때를 "마지막 때"라고 규정한다. 그 이유는 "적그리스도가 이르겠다 함을 너희가 들은 것과 같이 지금도 많은 적그리스도가 일어났"기 때문이라는 것이다(4:3; 살전 2:3; 벧후 2:1). 당시의 성도들은 적그리스도가 임하겠다고 하는 예언을 사도나 전도자를 통하여 일찍이 들었다(마 24:23-24). 그런데 그 예언 그대로 당시에 많은 영지주의자들이 생겨서 활동하고 있는 것을 관찰한 요한은 그 때를 "마지막 때"라고 말한다. 여기서 마지막 때라는 말은 예수님의 초림으로부터 재림까지의 시기를 지칭하는 말인데(사 2:2; 호 3:5; 미 4:1; 행 2:17; 히 1:2), 요한 사도는 당시의 영지주의자들이 활동하는 것을 보고 벌써 말세의 때가 되었다고 생각한 것이다. 바울 사도도 역시 재림 시기가 되었다고 생각하고 자다가 깰 때가 되었다고 말했다(롬 13:11-14). 사도들은 예수님의 재림의 시기가 곧 임박한 것으로 알고 긴장하며 전도했다. 오늘 우리도 역시 이 시기가 마지막 때인 줄 알고 긴장하면서 그리스도를 전해야 한다.

2. 적그리스도들은 교회와 무관함 2:19

요일 2:19. 저희가 우리에게서 나갔으나 우리에게 속하지 아니했나니 만일 우리에게 속했더면 우리와 함께 거했으려니와 저희가 나간 것은 다 우리에게 속하지 아니함을 나타내려 함이니라.

요한은 자신이 앞 절에서 말한 많은 적그리스도, 곧 당시의 영지주의자들이 교회에 속하지 않았음을 천명(闡明)한다. "저희가 우리에게서 나갔으나 우리에

게 속하지 아니했다"는 것이다(신 13:13; 시 41:9; 행 20:30). 다시 말해,
저희 영지주의자들은 교회로부터 스스로 나가서 이제는 교회에 속하지 않았다
는 것이다. 이단자들이 교회 공동체에 속하지 않은 근거는 그들이 "만일 우리에
게 속했더라면 우리와 함께 거했으려니와 저희가 나갔기" 때문이라는 것이다.
이단자들이 나간 것을 보면 "다 우리에게 속하지 아니함을 나타내고" 있다는
것이다(고전 11:19). 그들이 비록 말로는 하나님과 사귐이 있다 하고(1:6),
계명을 지킨다 하며(4절), 빛 가운데 있다고 할지라도(9절), 실제로 그들이
참 성도들의 공동체에 속하지 아니하고 스스로 떨어져 나간 것을 보면, 그들은
참 교회의 공동체에 속하지 않은 것이 분명하다는 것이다. 이단자는 처음에는
참 성도인 듯이 보이지만, 결국에 가서는 본색이 드러나 떨어져 나간다.

3. 요한은 수신자 성도들의 영적인 성숙도를 인정함 2:20

요일 2:20. 너희는 거룩하신 자에게서 기름 부음을 받고 모든 것을 아느니라.
요한은 이 편지를 받는 성도들이 적그리스도들(18-19절)과는 달리 그리스도에
게서 성령을 받아 모든 것을 알기 때문에 적그리스도들을 잘 경계할 것이라고
말한다. 여기 "거룩하신 자"는 '하나님'을 지칭할 수도 있고(시 78:41; 사
1:4; 단 9:24; 합 3:3), '그리스도'를 지칭할 수도 있으나(막 1:24; 요 6:69;
행 2:27; 3:14), 문맥상 그 분을 그리스도로 보는 것이 자연스럽다(27절-"너희는
주께 받은바 기름 부음이; "그의 기름 부음이", 28절-"그 안에 거하라," "주께서
나타내신바 되면").

　　그런데 요한은 성도들이 그리스도에게서 "기름 부음을 받고 모든 것을
아느니라"고 말한다(27절: 요 14:26; 16:13). 곧 '성령을 받아 모든 것을 알게

되었다'는 것이다. 여기 "기름부음"은 '성령부음'을 뜻하고(27절; 눅 4:18;
행 4:27; 10:38; 고후 1:21; 히 1:9) "모든 것을 아느니라"는 말은 성령님으로부
터 '모든 것을 가르침 받아 알게 된다'는 말이다. 여기 "모든 것"은 다음
절의 "진리"를 포함하여 모든 신령한 것을 뜻한다. 모든 것을 알게 된다는
말은 한꺼번에 모든 것을 알게 된다는 말이 아니라, 스승이신 성령님을 모시게
되었으니 신령한 것을 모두 알게 된다는 것이다. 성령을 받은 신자는 하나님과
그리스도뿐 아니라 모든 신령한 것을 알게 된다.

4. 서신을 쓰는 이유 2:21

요일 2:21. 내가 너희에게 쓴 것은 너희가 진리를 알지 못함을 인함이 아니라
너희가 앎을 인함이요 또 모든 거짓은 진리에서 나지 않음을 인함이니라.
요한은 자신이 성도들을 향하여 적그리스도를 경계하라고 편지하는 동기는,
성도들이 "진리," 곧 '하나님과 그리스도 또 그리스도의 복음'을 모르기 때문이
아니라 이미 알고 있기 때문이라고 말한다. 다시 말해, 성도들이 진리를 알고
있기 때문에 적그리스도를 경계하라고 다시 써서 성도들로 하여금 흔들리지
않도록 하기 위함이라는 것이다. 그리고 또 다른 이유는 성도들이 "모든 거짓은
진리에서 나지 않음"을 알기 때문이라는 것이다. 다시 말해, 적그리스도의
교훈은 진리와는 무관하다는 것을 성도들이 알고 있기 때문에 편지를 써서
다시 그런 사실을 확신시켜 주려고 한다는 것이다. 영지주의는 진리와는 무관하
다. 영지주의자들은 자기들이 진리를 다 아는 듯이 말하지만, 그들은 진리를
전혀 알지 못하는 사람들이다. 오늘의 이단들도 역시 크게 아는 듯이 떠들지만
진리와는 무관한 사람들이다.

5. 적그리스도의 정체 2:22-23

요일 2:22. 거짓말 하는 자가 누구뇨 예수께서 그리스도이심을 부인하는 자가 아니뇨 아버지와 아들을 부인하는 그가 적그리스도니.

앞에서 요한은 "모든 거짓은 진리에서 나지 않았다"고 말했는데(21절), 이제 그는 "거짓말 하는 자가 누구인지"를 규명한다. 거짓말쟁이는 다름 아니라 "예수께서 그리스도이심을 부인하는 자"라는 것이다(4:2-3; 요이 1:7). 예수님 께서 육신을 입고 이 세상에 오신 구주이심을 부인하는 영지주의자들이 거짓말 쟁이들이라는 것이다. 그리고 그 영지주의자들은 "아버지와 아들을 부인하는" 고로 "적그리스도"라는 것이다. 그들은 예수님의 성육신을 부인하고 동시에 구주이심을 부인하기 때문에 결국 예수님을 세상에 보내신 아버지 하나님을 부인하는 자들이다(요 12:44-45). 그들은 예수님이 구주이심을 부인하면서도 하나님에 대해서는 부인하지 않는다고 말하나(사실은 어느 종교든지 대체로 하나님은 부인하지 않는다고 말한다), 예수님을 부인하면 결국 하나님을 부인하 는 것이다. 오늘 회교도들(Muslim)은 예수님을 하나의 선지자로만 인정하고 구주로 믿지 않으니 결국 하나님을 믿지 않고 부인하는 사람들이다.

요일 2:23. 아들을 부인하는 자에게는 또한 아버지가 없으되 아들을 시인하는 자에게는 아버지도 있느니라.

요한은 예수 그리스도를 부인함이 왜 하나님을 부인하는 것이 되는지를 설명한 다(요 15:23; 요이 1:9). 그 이유는 성부와 성자가 하나이시기 때문이다. 성경은 성부와 성자가 하나라고 말씀한다(요 5:23; 8:42; 10:30, 38; 요일 4:15). 두 인격이 하나이신 까닭에 한쪽을 부인하면 다른 쪽도 부인하는 것이다.

그래서 아들을 부인하는 사람들은 "아버지가 없게" 되고, 반대로 "아들을 시인하는 자에게는 아버지도 있게"된다(4:15; 요 14:7, 9-10). 곧 '아버지를 소유하게 되고 아버지를 경험하게 된다'는 말이다. 세상에 예수 그리스도 없는 모든 종교는 아버지 하나님을 소유치 못하게 되고 경험하지 못하게 된다.

6. 주 안에 거하라 2:24-29

요일 2:24. 너희는 처음부터 들은 것을 너희 안에 거하게 하라 처음부터 들은 것이 너희 안에 거하면 너희가 아들의 안과 아버지의 안에 거하리라.
요한은 그리스도를 따르는 성도들은 앞 절의 적그리스도들(22-23절)과는 달리 그리스도 안에 거해야 한다고 말한다(24-29절). 여기 "너희"라는 말은 헬라어에서 강세형으로 표현되어 있다. 곧 적그리스도들과는 달리 너희 성도들만큼은 "처음부터 들은 것을 너희 안에 거하게 하라"는 것이다(요이 1:6). "처음부터," 곧 '처음에 믿기 시작할 때부터' '들은 복음'을 심령 속에 계속해서 굳게 간직하라는 말이다. 처음부터 들은 복음이 "너희 안에 거하면 너희가 아들의 안과 아버지의 안에 거하게 된다"는 것이다(1:3; 요 14:23). 곧 복음을 심령 속에 간직하면 그리스도와 연합되고 아버지 하나님과 연합된 삶을 살게 된다는 것이다. 그리스도의 복음 혹은 그리스도의 말씀은 그리스도와 동일시되기 때문에 그리스도의 복음을 심령 속에 간직하면 그리스도를 심령 속에 모시는 것과 똑같은 것이다(요 15:4-7). 그리스도의 복음이 그리스도와 동일시되기 때문에 그리스도의 복음은 하나님과 동일시된다(요 10:30; 17:22). 요한 당시의 영지주의자들은 처음부터 들었던 복음을 그들의 심령 속에 간직하지 않고 교회를 떠나고 말았다(19절). 성도는 끊임없이 그리스도의 말씀을 심령 속에 간직해서 그리스도와 연합된 삶을 살아야 한다.

요일 2:25. 그가 우리에게 약속하신 약속이 이것이니 곧 영원한 생명이니라. "그가," 곧 '그리스도께서' 하신 약속은 다름 아니라 영원한 생명이라는 것이다. 여기 "이것이니"(αὕτη ἐστιν)라는 말이 원문의 초두에 위치해 있어서 "약속" 이라는 말을 강조하고 있다. 곧 그리스도께서 약속하신 내용은 다름 아니라 영생이라는 말이다. 수신자 성도들은 처음 믿을 때부터 복음을 들었는데(앞 절), 그들이 복음을 듣는 중에 그리스도의 복음을 통하여 그리스도께서 약속하신 영생에 이르게 된다는 것이다. 성도들은 그리스도의 복음을 심령 속에 간직할 때 그리스도와 연합된 삶을 살게 되며(앞 절) 동시에 영생에 이르게 된다(본 절). 그리스도는 자신이 영생이시고(요 11:25; 14:6) 또 우리들에게 영원한 생명을 약속하셨다(요 3:15-16; 5:24; 6:27, 40; 8:51; 10:28; 11:25; 17:2-3). 영생은 그리스도와 함께 사는 것을 뜻하는데, 믿는 자는 벌써 영원한 생명을 가졌고 또 앞으로 천국에서 그리스도와 함께 영원히 살게 된다.

요일 2:26. 너희를 미혹케 하는 자들에 관하여 내가 이것을 너희에게 썼노라. 요한은 성도들을 "미혹케 하는 자들"(τῶν πλανώντων ὑμᾶς)에게 속아 넘어가 지 않도록 "이것," 곧 '18-25절의 내용'을 썼다고 말한다(3:7; 요이 1:7). 여기 "미혹케 하는 자들"은 관사를 갖고 있어서 당시에 성도들을 미혹케 했던 그 영지주의 이단을 지칭한다. 그들은 성도들을 끊임없이 미혹했다. 그래서 사도는 성도들이 성령의 기름 부음을 받아(20절) 진리를 아는 만큼(21절) 영지주의자들 을 경계하고(22-23절) 그리스도의 복음 안에 거하여 영생에 이르도록 편지를 썼다는 것이다(24-25절). 오늘의 교역자들은 성도들이 이단자들한테 넘어가지 않도록 각방으로 경계해야 한다.

요일 2:27. 너희는 주께 받은바 기름 부음이 너희 안에 거하나니 아무도 너희를 가르칠 필요가 없고 오직 그의 기름 부음이 모든 것을 너희에게 가르치며. 요한은 수신자 성도들은 성령의 기름 부음을 받았기 때문에 영지주의자들한테 가르침을 받을 필요가 없고, 성령님께서 그들에게 하나님과 그리스도에 관한 모든 것을 가르쳐 주실 것이라고 말한다. 여기 "주께 받은바 기름 부음"이라는 말은 성령을 받은 것을 지칭한다(20절). 그리고 "아무도 너희를 가르칠 필요가 없다"는 말은 '영지주의자들한테 가르침을 받을 필요가 없다'는 말이다(렘 31:33-34; 히 8:10-11). 그러나 이 말이 성경에 나타나는 교사직(행 4:18; 5:28, 42; 고전 12:29; 엡 4:11; 딤후 2:24)을 무시하는 말은 아니다. 이유는 하나님께서는 교사들을 세우셔서 가르치게 하셨기 때문이다. 성령님은 사람을 사용하여 진리를 가르치신다. 성령님께서 사람을 사용하여 가르치시는 것은 성령님의 가르침이다.

성령님은 "모든 것," 곧 '하나님과 그리스도에 관한 모든 것'을 "가르쳐 주신다"(20절; 요 14:26; 16:13). 여기 "가르치신다"(διδάσκει)는 말은 현재동사로서 계속해서 가르쳐 주시는 것을 뜻한다. 성령님은 하나님과 그리스도에 관한 모든 것을 끊임없이 가르쳐 주시는 영이시다(요 14:17, 26a; 15:26). 우리는 성령님을 스승삼고 기독교의 진리를 배워야 한다.

또 참되고 거짓이 없으니 너희를 가르치신 그대로 주 안에 거하라. 여기 "참되고 거짓이 없으니"(ἀληθές ἐστιν καὶ οὐκ ἔστιν ψεῦδος)라는 말은 기름 부음 받은 자체, 곧 성령님은 참되고 거짓이 없다는 말이다. 다시 말해, 성령님의 가르침은 참되고 거짓이 없다는 것이다. 영지주의자들의 가르침은 참되지 못하며 거짓말이지만, 성령님의 가르침은 모두 진실이라는 뜻이다. 그러므로 요한은 "너희를 가르치신 그대로 주 안에 거하라"고 말한다. 성령님의 가르침을 따라서 '주 안에 거하라'는 것이다. 성도들이 영지주의자들의 미혹을 받지 않으려면 첫째, 처음부터 들은 것을 심령에 간직해야 하고(24절), 둘째, 주님과 연합된 삶을 살아야 한다(본 절).

요일 2:28. 자녀들아 이제 그 안에 거하라 이는 주께서 나타내신바 되면 그의 강림하실 때에 우리로 담대함을 얻어 그 앞에서 부끄럽지 않게 하려 함이라. "자녀들아"에 대한 주해는 1절을 참조하라. 요한은 성도들이 현세에서 "주 안에 거해야 할" 이유를 제시한다. 그것은 주님의 재림 때 담대하기 위함이다 (3:2). 요한은 18-27절의 결론으로 본 절에서 "이제 그 안에 거하라"고 말한다. 요한은 앞 절(27절)에서 영지주의자들의 미혹에 이끌리지 않으려면 "주 안에 거하라"고 부탁했는데, 본 절에 와서는 성도가 주 안에 거해야 할 이유는 "주께서 나타내신바 되면 그의 강림하실 때에 우리로 담대함을 얻어 그 앞에서 부끄럽지 않게" 하기 위함이라고 말한다(4:17). 그 분이 재림하실 때 우리로 하여금 담대함을 얻어 주님 앞에서 부끄러움이 없도록 하기 위해서라는 것이다. 여기 "그 안에 거하라"는 말은 '주님을 계속해서 믿으라'는 말이고 또 '주님을 떠나지 말고 연합된 삶을 살라'는 말이다. 결국은 똑같은 내용의 말이다. 우리는 현실에서 비진리로 떨어지지 않기 위해서 또한 예수님 강림 시에 담대하게 그리고 기쁨으로 주님을 맞이하기 위해서 항상 주 안에 거해야 한다.

요일 2:29. 너희가 그의 의로우신 줄을 알면 의를 행하는 자마다 그에게서 난 줄을 알리라.

앞 절에서 요한은 성도들이 현세에서 계속해서 그리스도 안에 거해야 한다고 부탁했는데, 이제 본 절에 와서는 계속해서 의(義)를 실행하라고 권한다. 요한은 '만약에 너희가 그리스도께서 의로우신 줄을 분명히 안다면, 너희는 반드시 의를 행하는 사람마다 하나님에게서 난 줄을 알게 될 것'이라고 말한다. 다시 말해, 누구든지 의를 실행하면 그 사람은 하나님에게서 난 사람이라는 것을 알라는 것이다(3:7, 10; 행 22:14). 전혀 반대의 경우를 가정해보면 본 절의 뜻을 더욱 분명하게 알 수 있을 것이다. 곧 '너희가 마귀의 악한 줄을 알면 악을 행하는 자마다 마귀에게서 난 줄을 알리라'는 것이다. 다시 말해, 악을 행하는 사람은 마귀에게서 난 줄을 알게 된다는 말이다. 예수님은 의로우신 분이시다. 그는 하나님의 메시지를 전해 주시고 또 병자를 고쳐 주시며 착한 일을 행하셨다(행 10:38). 그런데 사람 중에서도 지속적으로 의를 행하는 사람이 있다면, 그 사람이야말로 의로우신 예수 그리스도에게서 난 사람이라는 것을 알라는 것이다. 이 본문은 결국 사람들로 하여금 의를 실행하는 사람이 되도록 권하는 말씀이다.

한편 본 절에 "그"라는 말이 두 번 나타나는데 이 "그"가 누구를 지칭하느냐 하는 것이 문제다. 혹자는 두 번 다 하나님을 지칭한다고 하고, 혹자는 두 번 다 그리스도를 지칭한다고 주장한다. 그러나 문맥으로 보아 앞에 나온 "그"는 28절의 영향으로 보아 그리스도를 지칭하는 것이 확실하고, 뒤에 나오는 "그"는 하나님을 지칭하는 것으로 보아야 한다. 이유는 첫째, 하나님께서 중생의 원인자이시므로 뒤의 "그"를 하나님으로 보아야 한다(요일 5:1). 즉 본 절에 "그에게서 난 줄"이라는 말은 '하나님에게서 난 줄'이라는 뜻이다. 둘째, 문맥으로 보아 하나님이라고 보아야 한다(3:1). 그러나 요한은 하나님과 그리스도를 확연히 구분하지 않기 때문에(22-23절), 우리 역시 여기서 "그"를 하나님으로 볼 수도 있고 그리스도로 볼 수도 있을 것이다. 사실 그리스도께서도 성령님을 보내셔서 우리를 중생시키신 것이 사실이니 말이다(마 3:11; 요 1:33; 요 20:31; 행 1:5).

제3장

하나님의 자녀는 범죄치 말고 형제를 사랑하라

VI. 하나님의 자녀들의 소망 3:1-3

요한은 앞에서 성도들에게 적그리스도를 경계하면서 주 안에 거하라고 말했다(2:18-29). 이제 그는 주안에 거하며 사는 하나님의 자녀들은 불신 세상으로부터 외면을 당하게 된다고 말하고(1절), 그러나 주님이 재림하시면 성도들은 주님과 같아지는 영광을 얻게 되며(2절), 그런 소망을 가진 성도들은 깨끗하게 살아야 한다고 권한다(3절).

요일 3:1. 보라 아버지께서 어떠한 사랑을 우리에게 주사 하나님의 자녀라 일컬음을 얻게 하셨는고, 우리가 그러하도다 그러므로 세상이 우리를 알지 못함은 그를 알지 못함이니라.

요한은 성도들이 하나님의 큰 사랑을 입어 하나님의 자녀가 되었기에 세상 사람들의 인정을 받지 못한다고 말한다. 본문 초두에 나오는 "보라"(ἴδετε)라는 말은 하나님의 사랑이 너무 크기 때문에 터져 나온 감탄사이다. 요한은 "아버지께서 어떠한 사랑을 우리에게 주사 하나님의 자녀라 일컬음을 얻게 하셨는고"라고 말한다(요 1:12). 여기 "어떠한"(ποταπὴν)이라는 말은 성경에서 항상 놀라움을 묘사할 때 사용되었는데(마 8:27; 막 13:1; 눅 1:29; 벧후 3:11), 본절에서도 역시 하나님께서 엄청나게 큰 사랑을 주셔서(롬 8:14-15; 갈 4:7) 우리를 하나님의 자녀가 되게 해주셨다는 것을 드러낸다. 요한은 또 "우리가 그러하도다"(καὶ ἐσμέν)라는 말을 부가하여 하나님의 사랑이 엄청나게 큰 사실을 강조하고 있다.

요한은 "그러므로 세상이 우리를 알지 못함은 그를 알지 못함이니라"고 말한다.[12] 하나님께서 성도들에게 놀라운 사랑을 주셔서 하나님의 자녀로 삼아주셨으므로 "세상이," 곧 '육에 속한 세상 사람들이' 우리 성도들을 알지 못한다는 것이다(요 1:5; 15:18-19; 16:3; 17:25). 불신 세상이 성도들을 이해하지 못하는 이유는, 성도들을 하나님의 자녀로 만드신 "그," 곧 '하나님'을 알지 못하기 때문이다.[13] 우리는 세상 사람들이 우리를 알아주기를 원할 것이 아니라, 세상 사람들로 하여금 하나님을 알게 해야 한다. 그들이 하나님을 알게 되는 날, 그들은 또한 우리를 알게 될 것이다.

요일 3:2. 사랑하는 자들아 우리가 지금은 하나님의 자녀라 장래에 어떻게 될 것은 아직 나타나지 아니했으나.

---

12) 본문의 "그러므로"(διὰ τοῦτο)라는 말이 앞의 말을 받아서 '우리가 하나님의 놀라운 사랑을 받아 하나님의 자녀가 되었기 때문에 불신 세상이 우리를 이해하지 못하는 것'으로 보느냐, 아니면 뒤의 말 '왜냐하면'(ὅτι-우리 한글 성경에는 분명하게 나타나 있지 않음)이라는 말로 시작하는 구절을 설명하는 말로 보느냐 하는 문제가 있긴 하나, "그러므로"라는 말은 앞의 말에 대한 결론을 말하는 것으로 보는 것이 상책일 것이다.

13) 여기에서 "그"에 대해서 혹자는 '그리스도'로 보기도 하고, 혹자는 '그리스도 안에 계시된 하나님'으로 보기도 하나, 문맥에 따라 '하나님'으로 보는 것이 자연스러울 것이다(1-2절).

요한은 수신자 성도들을 "사랑하는 자들아"라는 애칭으로 부르면서 "우리가 지금은 하나님의 자녀라 장래에 어떻게 될 것은 아직 나타나지 아니했"다고 말한다(5:1; 사 56:5; 롬 8:15; 갈 3:26; 4:6). 성도들은 현세에서 분명히 성령으로 거듭난 하나님의 자녀의 신분으로 살아가지만, 여전히 죄 많은 세상에 살고 있기 때문에, 장래의 영광에는 아직 이르지 못하고 있다(롬 8:18; 고후 4:17). 다시 말해, 성도들은 분명히 하나님의 자녀이면서도 아직 장래의 영광에는 이르지 못한 과도기적인 입장에 있다는 것이다.

그가 나타내심이 되면 우리가 그와 같을 줄을 아는 것은.

그러나 "그가 나타내심이 되면 우리가 그와 같을 줄을 알게"된다는 것이다(2:28; 롬 8:29; 고전 15:49; 빌 3:21; 골 3:4; 벧후 1:4). 곧 '예수 그리스도께서 재림하시면 우리가 예수님과 같게' 된다는 것이다. 예수님과 같게 된다는 말은 예수님의 부활의 영광과 같은 영광을 얻게 된다는 뜻이다(롬 8:29; 엡 4:13; 빌 3:21; 골 3:4). 우리는 그리스도께서 재림하시는 때 영광스러운 몸으로 변화될 것이다.

그의 계신 그대로 볼 것을 인함이니.

우리가 예수님의 모습 그대로를 볼 때 우리는 완전히 변화된다. 예수님의 모습을 보는 것이 변화의 원인이다. 우리는 하루 빨리 예수 그리스도를 보아야 한다. 구약 시대에는 하나님을 볼 수 없었다. 그러나 우리는 앞으로 예수 그리스도를 뵙게 될 것이다(욥 19:26; 시 16:11; 마 5:8; 고전 13:12). 그를 뵈올 때 우리는 온전히 영광의 몸으로 변화될 것이다.

요일 3:3. 주를 향하여 이 소망을 가진 자마다 그의 깨끗하심과 같이 자기를 깨끗하게 하느니라.

예수 그리스도를 향하여 "이 소망," 곧 '주님과 같아지리라는 소망'(2절; 롬 8:24; 벧전 1:3)을 가진 성도마다 예수 그리스도의 깨끗하심과 같이 자기를 깨끗하게 해야 한다(4:17). 성도는 세상에 사는 중에 주님의 영광의 몸처럼 변화되리라는 소망을 갖고 살면서 성화에 힘써야 한다. 주님의 깨끗하심은 성도들의 모본이 된다(마 5:48; 요일 2:1, 29; 3:7; 계 19:7-8). 오늘 우리는 참으로 불결한 세상에 살고 있다. 성화에 힘쓰지 않으면 신앙을 유지하기도 힘들 지경이다. 우리는 죄를 고백하며(1:9) 적극적으로 깨끗하게 살기에 힘을 써야 한다.

VII. 하나님의 자녀들은 범죄치 아니함 3:4-10

앞에서 요한은 하나님의 자녀로서 현세를 살다가 주님께서 재림하시면 영광의 몸으로 변화될 것을 소망하는 자녀들은 깨끗하게 살아야 한다고 역설했는데(1-3절), 이제 그는 성도들에게 범죄해서는 안 된다고 말한다(4-10절). 요한은 먼저 예수 그리스도께서 죄를 없애 주신 사실을 말하고(4-5절), 다음으로 그리스도와 연합해서 살아야 범죄 하지 않게 된다고 말한다(6절). 그리고 요한은 영지주의자들의 충동을 받지 말라고 부탁하고(7-8절), 성도들은 중생한 자로서 범죄하지 말아야 한다고 주의를 준다(9-10절).

1. 죄 없이 함을 받아라 3:4-5

요일 3:4. 죄를 짓는 자마다 불법을 행하나니 죄는 불법이라.

요한은 죄가 무엇인지를 정의한다. "죄"라는 것은 "불법을 행하는 것"이다. 곧 '법을 무시하는 것,' '법을 깨뜨리는 것,' '계명을 무시하는 것'이다(5:17; 롬 4:15). 이유는 "죄는 불법"(sin is the transgression of the law)이기 때문이다. 곧 '죄는 범법,' '죄는 하나님의 법을 무시하는 것'이기 때문이다. 죄라는 것은 결코 단순히 '부정적인 것'이라든지, '실수'라든지, '성격상의 약점'이나 '성격상의 문제' 처럼 소극적인 문제가 아니라, 적극적으로 '하나님의 뜻이나 법을 거스르는 것'이다. 요한이 이렇게 죄가 무엇인지를 정의하는 이유는, 다음 절의 말씀처럼, 예수 그리스도께서 우리의 죄를 없이 하려고 나타나신 사실을 설명하기 위함이다(5절).

요일 3:5. 그가 우리 죄를 없이 하려고 나타내신바 된 것을 너희가 아나니 그에게는 죄가 없느니라.

요한은 본 서신의 수신자들에게, 그들이 이미 예수 그리스도께서 그의 피로 그들의 죄를 씻으시려고 나타나신 역사적인 사실을 알고 있으니, 그리스도의 대속을 믿음으로 죄 씻음을 받으라고 말한다. 본문의 "죄"(τὰς ἁμαρτίας)라는 말은 복수로서 우리 성도들의 죄가 무수함을 뜻한다. 그리고 "없이 하려고"(ἄρῃ)라는 말은 '치워버리려고'라는 뜻이다(요 1:29; 딤전 1:15; 히 1:3; 9:26; 벧전 2:24). 한편 "나타내신"(ἐφανερώθη)이라는 말은 단순과거(부정과거)로서 그리스도께서 이 땅에 나타나셨던 것이 역사적인 사건이었음을 뜻한다 (1:2). 예수 그리스도께서 우리 죄들을 치워버리시기 위하여 이 땅에 나타나셔서 대속의 죽음을 죽으신 사실을 우리가 알고 있으니 죄를 씻음 받아야 한다는 것이다(사 53:4-6, 11-12; 마 8:17; 히 9:28; 벧전 2:24). 죄를 씻는 샘을 가까이 두고 더 이상 죄 때문에 고민해서는 안 된다.

요한은 역사상에 나타나셨던 예수님에게는 "죄(άμαρτία)가 없다"고 말한다. 우리의 죄를 대속하실 예수님은 전혀 죄가 없는 분이시다. 죄 있는 분이라면 우리의 죄를 대속할 수가 없다. 성경은 예수님은 죄가 없으시다고 증언한다(3절, 2:29; 3:7; 고후 5:21; 히 4:15; 7:26; 9:28; 벧전 1:19; 2:22).

2. 그리스도와 연합된 삶을 살아라 3:6

요일 3:6. 그 안에 거하는 자마다 범죄하지 아니하나니 범죄하는 자마다 그를 보지도 못했고 그를 알지도 못하였느니라.

요한은 성도들이 예수 그리스도 안에 거하여 범죄하지 말아야 한다고 권한다. 여기 "그 안에 거하는 자마다"라는 말은 '예수 그리스도와 연합한 자마다,' '예수 그리스도를 믿는 자마다,' '예수 그리스도를 떠나지 않는 자마다'라는 뜻이다. "범죄하지 아니하나니"(οὐχ άμαρτάνει)라는 말은 현재동사로서 상습적으로 그리고 계속적으로 범죄하지 않는다는 뜻이다. 요한도 성도들이 범죄하는 경우가 있다고 말한다(2:1). 그러나 예수 그리스도와 연합한 성도들, 다시 말해, 예수님을 믿는 성도들은 그리스도께서 주시는 은혜와 힘으로 죄를 자주 짓지는 않게 된다.

반면에 요한은 "범죄하는 자마다 그를 보지도 못했고 그를 알지도 못했느니라"고 말한다(2:4; 4:8; 요삼 1:11). 여기 "범죄하는 자마다"(ὁ άμαρτάνων)라는 말은 현재분사로 '지속적으로 범죄하는 사람마다'라는 뜻이다. 지속적으로 범죄하는 사람은 그리스도 안에 거하기는커녕 "그를 보지도 못했고 그를 알지도 못했다"는 것이다. 다시 말해, 항상 범죄하는 사람들은 영안으로 '그리스도를 뵌 적도 없고 그리스도를 경험적으로 알지도 못한다'는 것이다. 항상 죄를 짓는 삶은 참으로 불행한 삶이다. 구주와 전혀 관계가 없는 삶이니 말이다.

3. 영지주의자들의 충동을 받지 말라 3:7-8

요일 3:7. 자녀들아 아무도 너희를 미혹하지 못하게 하라 의를 행하는 자는 그의 의로우심과 같이 의롭고.

요한은 성도들을 향하여 영지주의 이단의 미혹을 받지 말라고 부탁한다(2:26). 요한 당시의 영지주의 이단은 영적인 지식만 있으면 구원을 받기 때문에 육체로는 어떤 죄를 지어도 구원받는 데는 지장이 없다고 가르쳤다. 요한은 성도들을 향하여 영지주의의 반(反)율법주의의 미혹을 뿌리치고 계속해서 의(義)를 행하는 삶을 살라고 부탁한다. 여기 "의를 행하는 자"(ὁ ποιῶν τὴν δικαιοσύνην)라는 말은 현재분사로 '지속적으로 의를 행하는 사람'을 지칭한다. 요한은 지속적으로 의를 행하는 사람은 그리스도의 "의로우심과 같이 의롭다"고 규정한다(2:29; 겔 18:5, 9; 롬 2:13). 곧 지속적으로 의를 행하는 사람은 그리스도와 연합됨으로써 그리스도께서 주시는 은혜와 힘으로 지속적으로 의를 실행하게 되기 때문에 그리스도께서 의로우심과 같이 의로운 것이다. 성도들은 그리스도를 믿는 사람이니 그리스도로부터 힘을 얻어 계속해서 의를 행해야 한다.

요일 3:8. 죄를 짓는 자는 마귀에게 속하나니 마귀는 처음부터 범죄함이니라.

요한은 영지주의자의 미혹에 빠져 "죄를 짓는 자는 마귀에게 속"한 사람이라고 말한다(마 13:38; 요 8:44). 여기 "죄를 짓는 자"(ὁ ποιῶν τὴν ἁμαρτίαν)라는 말은 현재분사로 '계속해서 죄를 짓는 자'를 지칭한다. 그리고 "마귀에게 속하나니"(ἐκ τοῦ διαβόλου ἐστίν)라는 말은 '마귀에게서 난 사람,' '마귀의 자녀'라

는 뜻이다. 지속적으로 죄를 짓는 사람은 그리스도가 아니라 마귀에게 속한
사람, 곧 마귀에게서 난 사람, 마귀의 자녀이다. 죄를 지속적으로 짓는 사람이
마귀의 자식이라고 할 수 있는 이유는 죄가 마귀에게서 왔기 때문이다. 요한은
"마귀는 처음부터 범죄함이니라"고 말한다. 곧 죄가 마귀에게서 왔다는 것이다.
예수님은 마귀에 대하여 "처음부터 살인한 자요 진리가 그 속에 없으므로
진리에 서지 못하고 거짓을 말할 때마다 제 것으로 말하나니 이는 저가 거짓말쟁
이요 거짓의 아비가 되었음이니라"고 하신다(요 8:44). 아담과 하와도 마귀
때문에 범죄했다.

　　하나님의 아들이 나타나신 것은 마귀의 일을 멸하려 하심이니라.

　　하나님의 아들 예수 그리스도께서 역사상에 나타나신 것은 "마귀의 일을
멸하려 하심이다"(창 3:15; 눅 10:18; 요 16:11; 히 2:14). 다시 말해, "마귀의
일," 곧 '마귀가 저질러 놓은 죄'를 멸하려고 오셨다. "멸하려"(λύσῃ)라는
말은 '제거한다'는 뜻이다(5절). 예수님께서 이 땅에 오신 것은 마귀가 저질러
놓은 일, 곧 죄를 해결하기 위함이라는 것이다. 우리가 죄를 지을 수 없는
것은 예수님께서 우리의 죄를 대신해 십자가에서 죽으심으로써 우리의 죄를
제거해 주셨으므로 우리가 다시 계속해서 죄를 지어서는 안 되기 때문이다(롬
6:1-4).

4. 성도들은 중생한 자이니 범죄치 말아야 함. 3:9-10

요일 3:9. 하나님께로서 난 자마다 죄를 짓지 아니하나니 이는 하나님의 씨가
그의 속에 거함이요.

요한은 "하나님께로서 난 자마다," 곧 '중생한 자마다'(5:1) 상습적으로 "죄를

짓지 아니한다"고 말한다(6절; 5:18).14) 이유는 "하나님의 씨가 그의 속에 거하기" 때문이다. 여기 "하나님의 씨"라는 말은 '성령'을 지칭한다(롬 8:11; 고전 3:16). 성령께서 중생한 자들 속에 계시기 때문에 상습적으로 죄를 범치 않는다는 것이다. "하나님의 씨"를 성령으로 해석하는 이유는 "하나님께로서 났다"는 말 때문이다. 성도들이 하나님으로부터 날 때 그 심령 속에 성령님이 부어지므로 "하나님의 씨"를 '성령'으로 보아야 하는 것이다.

주의할 것은, "하나님의 씨"를 '하나님의 말씀'이라고 해석해도 결국에는 '성령'이라고 해석하는 것과 동일하다는 점이다. 이유는 첫째, 성경에 하나님의 말씀이 성도들을 중생시킨다고 말씀하기 때문이다(약 1:18; 벧전 1:23). 둘째, 하나님의 말씀과 성령님은 똑같은 역할을 하기 때문이다(엡 5:18; 골 3:16).15)

저도 범죄치 못하는 것은 하나님께로서 났음이라.

성도가 상습적으로 범죄치 못하는 이유는 성도가 하나님으로부터 났기 때문이다. 곧 성도는 성령으로 났기 때문에 성령께서 은혜를 주시고 또 힘을 주시니 죄를 짓지 않게 하시니 범죄치 못한다는 것이다. 성도가 혹시 범죄했다면 즉시 그리스도의 보혈의 샘물로 씻어야 한다.

---

14) 혹자는 본 절의 "죄"가 '성령 훼방죄'를 지칭한다고 주장한다. 이유는 본문이 하나님께로부터 중생한 사람들은 전혀 죄를 짓지 아니한다는 말을 뒷받침해야 하기 때문이라는 것이다. 그러나 우리는 본 절의 "죄"를 '일상적인 죄'로 보아야 한다. 이유는 여기에서 "죄"(ἁμαρτίαν)라는 낱말에 관사가 없어서 그 어떤 특정한 성령 훼방죄 같은 것을 지칭하지 않고 일반적인 죄를 지칭하기 때문이다. 그리고 문맥도 역시 일상적인 죄를 지칭하는 것으로 말하고 있다(2:1).

15) 엡 5:18과 골 3:16은 똑같은 구조(setting)를 이끌고 있다. 다시 말해, 엡 5:18절의 성령 충만이나 골 3:16의 그리스도의 말씀 충만이라는 말씀 다음에는 똑같은 구조들이 따라 옴을 볼 수 있다. 엡 5:18의 읽기 후에 나오는 구조와 골 3:16의 읽기 후에 나오는 구조는 똑같은 구조로 되어 있어서, 엡 5:18의 성령 충만과 골 3:16의 말씀 충만의 역할이 똑같은 것을 알 수 있다.

요일 3:10. 이러므로 하나님의 자녀들과 마귀의 자녀들이 나타나나니 무릇 의를 행치 아니하는 자나 또는 그 형제를 사랑치 아니하는 자는 하나님께 속하지 아니하니라.

본 절은 지금까지의 말씀(4-9절)을 종합하는 것으로 하나님의 자녀와 마귀의 자녀는 분명히 구분된다는 점을 역설한다. 본 절의 "이러므로"(ἐν τούτῳ)는 "이렇게 하여"(in this way)라는 뜻이다. 요한은 "이렇게 하여," 곧 어떤 사람들은 '죄를 지어서'(8절), 또 한편 다른 사람들은 '하나님께로서 나서'(9절) "하나님의 자녀들과 마귀의 자녀들이 나타난다"는 것이다.16) 세상에 중립은 없다는 것이다. 다시 말해, 죄를 계속해서 지으면 마귀의 자녀이고(요 8:44), 하나님께로부터 나면(중생하면) 하나님의 자녀라는 것이다.

요한은 지구상에 두 종류의 인간이 존재하고 있음을 말한 후, 마귀의 자녀들의 특징을 소개한다. 곧 "무릇 의를 행치 아니하는 자나 또는 그 형제를 사랑치 아니하는 자는 하나님께 속하지 아니하고" 마귀에게 속한 자녀들이라고 말한다(4:8). 여기 "의"와 "사랑"의 차이는 "의"란 성도의 생활 전반에 걸친 '의로운 삶'을 지칭하고, "사랑"은 '자신을 희생하고 다른 형제들을 귀하게 여기는 행위'를 뜻한다. 영지주의자들은 의를 실행치 아니했고 사랑도 실행치 아니했다. 그러므로 그들은 마귀의 자녀들이었다. 브루스(F. F. Bruce)는 "의로움 그 자체는 불의함보다 무한히 선호되어야 하는 것이지만 냉정하고 사법적인 것이다. 요한의 주해에 의하면(참고 2:9), 형제 사랑이 첨가됨으로써 인격을 변화시키는 포근함을 갖게 된다. 요한에게 있어서는 의와 사랑이 불가분리의 관계에 있다. 이 두 가지는 하나님의 성품에서와 그리스도 안에 나타난 계시

---

16) 여기에서 "이러므로," 곧 "이렇게 하여"(in this way)라는 말은 앞 절들과 연관을 짓는다고 보아야 할 것이다. 즉 8절에 "죄를 짓는 자"와 그리고 9절에 있는 "하나님께로서 난 자마다"와 연관을 짓는다고 보아야 할 것이다.

안에서 모두 떼려야 뗄 수 없는 관계를 맺고 있기 때문에 하나님의 백성들의 생활 속에서도 불가분리의 것으로 나타나야 한다"고 말한다.17) 우리는 지금 의와 사랑을 실천하고 있는가?

VIII. 성도의 표식으로서의 형제사랑 3:11-18

앞에서 요한은 하나님의 자녀들은 범죄하지 말아야 한다고 말했는데(4-10 절), 이제 본 단락에서는 성도의 표식으로의 형제 사랑을 부탁한다(11-18절). 요한은 먼저 형제애는 기독교 윤리의 핵심임을 말하고(11절), 성도는 가인을 따라가지 말라고 하며(12절), 형제를 계속해서 사랑하는 것은 구원받은 증표라 고 말한다(13-15절). 그리고 그리스도를 본받아 형제들을 사랑하라고 권한다 (16-18절).

1. 형제애는 기독교 윤리의 핵심 3:11

요일 3:11. 우리가 서로 사랑할지니 이는 너희가 처음부터 들은 소식이라. 요한은 "우리가 서로 사랑할지니"라고 말한다(23절; 4:7, 21; 요 13:34; 15:12; 요이 1:5). 여기 "사랑한다"(ἀγαπῶμεν)는 말은 현재동사로서 지속적으로 사랑 하라는 말이다. 지속적으로 사랑하되 "서로" 사랑해야 한다고 요한은 말한다. 그는 하나님의 사람들은 하나님의 속죄의 사랑을 받은 자들이니만큼 서로

---

17) F. F. Bruce, *요한 1. 2. 3서*, F. F. Bruce 성경주석, 이상원 옮김, (서울: 아가페출판사, 1987), p. 118.

사랑해야 할 책임이 있기 때문에 상호간 사랑해야 한다고 역설한다. 또한 그는 수신자 성도들에게 서로 사랑하라는 말이 "너희가 처음부터 들은 소식이라"고 덧붙인다. 곧 '복음을 처음 들을 때부터 들은 소식이라'는 뜻이다. 혹시 서로 사랑하라는 말을 훗날에 들었으면 모르지만, 수신자들은 그 말을 그들이 예수 그리스도의 복음을 처음 들은 때부터 들었으니만큼 그것은 기독교의 핵심적인 명령이라는 것이다. 오늘 우리도 서로 사랑하라는 핵심적인 윤리 앞에서 큰 책임을 느껴야 하고 또 그대로 실천해야 한다.

2. 가인을 따라가지 말 것 3:12

요일 3:12. 가인 같이 하지 말라 저는 악한 자에게 속하여 그 아우를 죽였으니. 앞에서 요한은 서로 사랑하라고 권했는데(11절), 이제 그는 성도들에게 "가인 같이 하지 말라"고 경고한다. 그는 가인이 "악한 자," 곧 '마귀'에게 속하여 그 아우를 죽였다고 말한다(창 4:1-8; 히 11:4; 유 1:11). 가인이 마귀에게 속하여 마귀의 자녀라는 것은 우리의 문맥에 의하여 확실하다. 가인은 죄를 지은 자였고(8절), 의를 행치 아니하고 그 형제를 사랑치 않은 자였기 때문에 마귀에게 속한 자였다(10절, 본 절 하반 절).

어찐 연고로 죽였느뇨. 자기의 행위는 악하고 그 아우의 행위는 의로움이니라.

요한은 가인이 자기의 동생 아벨을 죽인 동기를 구체적으로 진술한다. 그 동기는 자기의 행위는 악하고 그 아우의 행위는 의롭기 때문이었다. 가인의 행위가 악했던 것은 창세기 4:7이 증거한다. 가인은 자기의 제사가 하나님께 열납되지 않자 분노했다. 하나님은 가인에게 "네가 선을 행하면 어찌 낯을

들지 못하겠느냐'고 하신다. 그는 선을 행하는 사람이 아니었다. 그는 악인이었
다. 가인은 동생 아벨의 의로움을 시기하여 죽였다. 마귀에게 속한 사람들은
성도들의 의로움을 무척이나 싫어한다. 그저 함께 더럽고 함께 불의하기를
바란다. 우리는 우리의 마음속에 자리 잡고 있는 각종 악(惡)을 제거해야 한다.
그 악이 언제 발동하여 일을 저지를지 모른다. 우리는 가인의 입장에 서지
않아야 한다.

3. 형제애는 구원받은 증표 3:13-15

요일 3:13. 형제들아 세상이 너희를 미워하거든 이상히 여기지 말라.
요한은 처음으로 수신자들을 "형제들아"라고 부른다. 그 동안에는 "자녀들
아"(2:1, 12, 28), 혹은 "아이들아"(2:18)라고 불렀다. 요한은 "세상이 너희를
미워하거든 이상히 여기지 말라"고 부탁한다(요 15:18-19; 17:14; 딤후 3:12).
아벨도 가인의 미움을 받았고, 예수님도 바리새인들과 서기관들의 미움을 받았
다. 또한 예수님은 세상이 성도들을 미워할 것이라고 말씀하셨다(요 15:18-19).
따라서 요한은 성도들에게 세상이 그들을 미워하는 경우 이상하게 여기지
말라고 말한다. 곧 미움을 받을 때 감정을 상하거나 분노하거나 혹은 대응하지
말아야 한다. 세상이 성도들을 미워하는 것이 상칙이기 때문이다. 본문에서
"미워한다"(μισεῖ)는 말은 현재 동사이기 때문에 지속적으로 미워하는 것을
뜻한다. 우리는 세상의 미움을 피하기 위해서 노력할 필요는 없다. 베드로는
예수님을 잡아간 종교가들과 로마 병정들의 시선을 피하기 위해서 대제사장의
뜰에서 함께 불을 쬐면서 그리스도를 부인했으나 훗날 닭 울음소리를 들을
때마다 괴로워했다는 것이다.

요일 3:14. 우리가 형제를 사랑함으로 사망에서 옮겨 생명으로 들어간 줄을
알거니와.

요한은 형제를 사랑하는 것은 구원을 받은 증거라고 말한다(2:10). 곧 사망에서
옮겨 생명으로 들어간 증거라는 것이다. 형제를 사랑해서 구원을 받는 것이
아니라 형제를 사랑하는 것을 보면 분명히 구원받은 것이 확실하다는 것을
알 수 있다는 것이다. 본문의 "옮겨"(μεταβεβήκαμεν)라는 말은 현재완료형으
로서 이미 옮겼고 또 현재에도 그 옮긴 효과가 지속되고 있음을 뜻한다. 형제를
사랑하는 사람들은 벌써 현세에서 구원을 받은 것이 확실하다는 말이다.

사랑치 아니하는 자는 사망에 거하느니라.

그와 반대로 형제를 사랑치 아니하는 사람은 구원을 받지 못한 것이 확실하
다는 것이다(2:9, 11). 형제를 사랑치 못하고 계속해서 미워하는 사람들은
아직도 어두운 가운데 살고 있는 것이다. 특히 여기 "거하느니라"(μένει)는
말은 현재동사로 계속해서 사망에 거하고 있음을 뜻한다. 사랑치 아니하는
사람은 어두운 사망 가운데 계속해서 자리를 펴고 있는 것이다. 오늘 많은
사람들이 인류 역사에 해독을 끼치면서 독버섯처럼 살아가고 있다. 우리는
어떤가? 과연 우리는 그리스도를 바라보면서 이타주의자(利他主義者)로 살아가
고 있는가?

요일 3:15. 그 형제를 미워하는 자마다 살인하는 자니 살인하는 자마다 영생이
그 속에 거하지 아니하는 것을 너희가 아는 바라.

본 절은 앞 절 상반절과는 전혀 반대되는 내용을 말한다. 곧 "형제를 미워하는"
사람들은 살인자들이고(4:20; 마 5:21-26), 영생을 얻지 못한 사람들이라는
것을 성도들이 알고 있다는 것이다(갈 5:21; 계 21:27). 본문의 "미워하

는"(μισῶν)이라는 말은 현재분사이므로 지속적으로 미워함을 뜻한다. 형제를 지속적으로 미워하는 사람은 분명히 살인하는 사람이고 따라서 영원한 생명이 그 속에 있지 않은 사람이다.

4. 그리스도를 본받아 형제들을 사랑할 것 3:16-18

요일 3:16. 그가 우리를 위하여 목숨을 버리셨으니 우리가 이로써 사랑을 알고 우리도 형제들을 위하여 목숨을 버리는 것이 마땅하니라.

요한은 "그(그리스도)가 우리를 위하여 목숨을 버리셨으니"(요 10:11, 15, 17; 롬 5:10; 빌 2:6-8) 우리가 "사랑을 알게 되었다"고 말한다(4:9, 11; 요 3:16; 15:13; 롬 5:8; 엡 5:2). 여기 "알고"(ἐγνώκαμεν)라는 말은 완료형으로 성도들이 그리스도의 사랑을 벌써 과거에 알게 되었고 지금도 알고 있다는 것이다. 요한은 우리 성도들이 그리스도의 사랑을 알았기에 "우리도 형제들을 위하여 목숨을 버리는 것이 마땅하다"고 말한다. "마땅하니라"(ὀφείλομεν)는 말은 '빚진 자가 빚을 갚는 것이 당연하다'는 뜻이다. 성도는 그리스도의 대속의 사랑을 받았으니 마땅히 형제들을 사랑해야 한다는 것이다. 예수님은 우리가 친구를 위하여 목숨을 버리는 것이 가장 큰 사랑이라고 말씀하신다(요 15:12-13). 우리는 마땅한 일을 하면서 살아야 할 것이다.

요일 3:17. 누가 이 세상 재물을 갖고 형제의 궁핍함을 보고도 도와 줄 마음을 막으면 하나님의 사랑이 어찌 그 속에 거할까보냐.

그 누구든지 "이 세상의 재물," 곧 '삶의 수단으로서의 재물'(막 12:44)을 갖고 있으면서 형제의 궁핍함을 뻔히 알고도 도와줄 마음을 "막으면," 곧

'억누르면' 하나님에 대한 사랑이 없는 사람이라는 것이다(신 15:7; 눅 3:11). 여기 "하나님의 사랑"(ἡ ἀγάπη τοῦ θεου)은 두 가지로 해석될 수 있다. 첫째, '하나님께서 그리스도인을 사랑하시는 사랑'으로 해석할 수도 있고, 둘째, '하나님께 대한 그리스도인의 사랑'으로 해석할 수도 있다. 이 두 가지 해석 중에서 두 번째의 해석을 취해야 옳다. 그 이유는 이 부분이 성도가 다른 형제를 사랑해야 한다는 형제 사랑의 계명을 말하기 때문이다(11-18절; 2:15). 형제 사랑이 없는 사람은 말뿐의 사랑이지, 실제로 그 마음에 하나님에 대한 사랑이 없는 법이다. 우리가 형제를 사랑할 마음을 억누르면, 우리의 마음속에서 하나님을 사랑하는 사랑이 싸늘하게 식어버리는 것을 우리는 부인할 수 없다.

요일 3:18. 자녀들아 우리가 말과 혀로만 사랑하지 말고 오직 행함과 진실함으로 하자.

"말과 혀로만 사랑하지 말고"라는 말은 '행동은 없는, 입술만의 사랑'(lip service)으로 사랑하는 척하지 말하는 것이다. 현대 교회에는 입술만 갖고 사랑하는 사람들이 꽤 많다(겔 33:31; 롬 12:9; 엡 4:15; 약 2:15; 벧전 1:22). 우리는 입에 발린 사랑을 할 것이 아니라, 내실(內實)이 있는 사랑 곧 "행함과 진실함으로" 사랑해야 한다. "행함"으로 사랑해야 한다는 말은 사랑을 실천해야 함을 뜻하고, "진실함으로" 사랑해야 한다는 말은 '참 사랑'을 해야 함을 뜻한다. 야고보는 행함으로 믿음을 보이라고 말한다(약 2:14-26).

IX. 행함과 진실함으로 사랑하는 자들의 행복 3:19-24

앞에서 요한은 형제를 계속해서 사랑하는 것은 구원받은 증표라고 말하면서 그리스도를 본받아 형제들을 사랑하라고 권했다(13-18절). 이제 본 단락에서 그는 행함과 진실함으로 형제를 사랑하는 자들에게는 복이 따른다고 말한다 (19-24절). 형제를 사랑하되 행함과 진실함으로 사랑하는 사람들은, 첫째 진리에 속한 줄을 알 것이며(19a), 둘째 하나님 앞에서 담대하게 되고(19b-21절), 셋째 하나님께 구하는 바를 받게 되며(22-23절), 넷째 그리스도와 상호 연합의 삶을 살게 된다(24절).

1. 진리에 속한 줄을 알게 됨 3:19a

요일 3:19a. 이로써 우리가 진리에 속한 줄을 알고.

요한은 "이로써 우리가 진리에 속한 줄을 알게" 된다고 말씀한다. 여기 "이로써"(ἐν τούτῳ-/hereby)라는 말은 앞 절(18절)의 "오직 행함과 진실함으로 하자"는 말을 지칭한다. 곧 '오직 행함과 진실함으로 사랑함으로써'라는 뜻이다. 성도가 말과 혀로만 아니라 행함과 진실함으로 형제를 사랑하면 "우리가 진리에 속한 줄을 알게" 된다는 것이다(1:8; 요 18:37). 다시 말해, 성도가 사랑을 실천하면 진리에 속한 줄을 확신하게 된다는 것이다. 여기 "진리에 속했다"는 말은 '그리스도께 속했다'는 뜻이다. 성도가 행함과 진실함으로 형제를 사랑하면, 그리스도께 속하여 구원받았음을 확신하게 된다는 것이다(요 14:6).

2. 하나님 앞에서 담대하게 됨 3:19b-21

요일 3:19b. 또 우리 마음을 주 앞에서 굳세게 하리로다.

요한은 우리가 행동으로 그리고 참으로 형제들을 사랑하면(상반절의 "이로써" 해석을 참조할 것) "우리 마음을 주 앞에서 굳세게 하게 된다"고 말한다. 곧 예수 그리스도 앞에서 두려움 없이 담대하게 된다는 말이다. 우리가 형제를 사랑하면 현세에서도 담대하고 주님 재림 때에도 두려움 없이 평안하게 된다. 참으로 놀라운 복이다.

요일 3:20. 우리 마음이 혹 우리를 책망할 일이 있거든 하물며 우리 마음보다 크시고 모든 것을 아시는 하나님일까 보냐.

학자들은 본 절을 해석하는 일의 어려움을 호소하고 있다. 그 중에 제일 큰 어려움은 본 절의 내용이 문맥에 맞지 않는다는 것이다. 다시 말해, '우리의 마음(양심)이 혹시 우리를 책망할 일이 있거든 하물며 우리 마음보다 크시고 모든 것을 아시는 하나님은 우리를 징계하실 것이다'라는 해석은 문맥에 맞지 않는다는 것이다. 그래서 학자들은 '우리가 양심의 가책을 받아 우리 자신들을 책망하면 우리 마음보다 크시고 모든 것을 아시는 하나님은 크신 사랑과 은혜를 주신다'라고 해석해야 한다고 주장한다.

그러나 우리는 본 절과 다음 절이 서로 반대개념을 갖고 있다는 것을 염두에 두고 해석에 임해야 할 것이다. 본 절 상반 절에 나오는 "우리 마음이 혹 우리를 책망할 일이 있거든"이라는 말씀과 다음 절의 상반 절에 나오는 "만일 우리 마음이 우리를 책망할 것이 없으면"이라는 말씀은 서로 반대 개념을 갖고 있다. 본 절은 "있거든"으로 되어 있고, 다음 절은 "없으면"으로 되어

있다. 그러므로 본 절 하반절과 다음 절 하반 절 역시 서로 반대 개념이 되어야
한다. 다음 절 하반 절이 "하나님 앞에서 담대함을 얻는다"는 말로 되어 있기
때문에, 본 절 하반 절은 그 반대로 '우리 마음 보다 크시고 모든 것을 아시는
하나님께 책망을 듣고 징계를 받는다'는 내용이 되어야 할 것이다. 우리가
하나님 앞에서 두려움이 없고 담대하려면, 우리의 마음(양심)이 우리를 책망할
일이 없어야 한다는 것이 본 절의 의미이다. 우리가 양심 앞에 담대하면 하나님
앞에서도 담대하게 마련이다. 우리가 형제들을 참으로 사랑하면, 하나님 앞에
두려움이 없고 담대하게 된다.

요일 3:21. 사랑하는 자들아 만일 우리 마음이 우리를 책망할 것이 없으면
하나님 앞에서 담대함을 얻고.

요한은 "만일 우리 마음이 우리를 책망할 것이 없으면 하나님 앞에서 담대함을
얻는다"고 말한다(4:17; 욥 22:26; 히 10:22). 다시 말해, '형제를 사랑하여
우리의 양심에 가책이 없으면 하나님 앞에서 담대하게 된다'는 말이다(요 4:17).

3. 하나님께 구하는 바를 받게 됨 3:22-23

요일 3:22. 무엇이든지 구하는 바를 그에게 받나니 이는 우리가 그의 계명들을
지키고 그 앞에서 기뻐하시는 것을 행함이라.

형제를 진정으로 사랑하면 "무엇이든지 구하는 바를 그에게 받는다"고 말한다
(5:14; 시34:15; 145:18-19; 렘 29:12; 마 7:8; 21:22; 막 11:24; 요 14:13;
15:7; 16:23-24; 약 5:16). 여기 "구한다"($\alpha i \tau \hat{\omega} \mu \epsilon \nu$)는 말과 "받는다"($\lambda \alpha \mu \beta \acute{\alpha}$-
$\nu o \mu \epsilon \nu$)는 말은 둘 다 현재 동사이다. 우리가 계속해서 구할 때 하나님께서

지속적으로 주신다는 것이다(마 7:7-8; 18:19; 요 11:41-42; 14:12-14; 15:7).
하나님은 하나님의 계명들을 지키고 하나님이 기뻐하시는 일을 행하는 사람의
기도에 응답하신다(요 8:29; 9:31).

**요일 3:23. 그의 계명은 이것이니 곧 그 아들 예수 그리스도의 이름을 믿고
그가 우리에게 주신 계명대로 서로 사랑할 것이니라.**

요한은 하나님의 계명이 무엇인지를 정의한다. 하나님의 명령은 첫째, 하나님의
아들 예수 그리스도를 믿으라는 것이고, 둘째, 서로 사랑하라는 것이다(11절;
4:21; 마 22:39; 요 13:34; 15:12; 엡 5:2; 살전 4:9; 벧전 4:8). 여기 그리스도의
이름을 "믿으라"(πιστεύσωμεν)는 말은 단순(부정)과거형으로 '그리스도께서
역사상에서 단번에 이루신 속죄 사역을 믿으라'는 것을 강조하는 것이며(히
9:28), 서로 "사랑하라"(ἀγαπῶμεν)는 말은 현재형으로 형제 사랑이 지속해야
함을 강조하는 것이다. 믿음과 사랑은 서로 밀접한 관계를 갖고 있다. 믿음은
사랑의 근거요 사랑은 믿음이 있는 증거이다.

4. 그리스도와 상호 연합의 삶을 살게 됨 3:24

**요일 3:24. 그의 계명들을 지키는 자는 주 안에 거하고 주는 저 안에 거하시나니
우리에게 주신 성령으로 말미암아 그가 우리 안에 거하시는 줄을 우리가 아느니
라.**

성도가 하나님의 "계명들," 곧 '그리스도를 믿으라는 명령과 형제를 사랑하라는
명령'을 지키면(23절; 4:12; 요 14:23; 15:10) 하나님과 연합한 삶을 살게
된다는 것이다(요 17:21). 우리 본문의 "주"라는 말은, 21-22절에 비추어 볼

때, '하나님'을 지칭하는 것이 확실하다. 그러나 하나님이 예수 그리스도 안에 거하시고 또한 예수 그리스도께서 하나님 안에 거하시기 때문에, 하나님과 연합되었다는 말과 예수 그리스도와 연합되었다는 말은 똑같은 말이다(요 10:38; 17:21).

그러면 문제는 성도가 하나님 안에 거하고 또 하나님께서 성도 안에 거하시는 줄을 어떻게 아느냐 하는 것이다. 그것은 성령께서 알게 해주신다. 요한은 "우리에게 주신 성령으로 말미암아 그가 우리 안에 거하시는 줄을 우리가 안다"고 말한다(4:13; 롬 8:9). 여기 "주신"(ἔδωκεν)이라는 말은 단순(부정)과 거형으로 하나님께서 성령을 한번 주심으로 영원한 효과가 있어서 성령님께서 성도의 심령 속에 영원히 계심을 뜻한다. 성도의 심령 속에 계신 성령님께서 성도가 하나님과 연합되었다는 사실을 알려 주신다는 것이다. 그리스도를 믿는다는 것과 형제를 사랑하는 것은 하나님과의 연합의 복을 가져온다. 주의할 것은, 형제를 사랑하는 것이 하나님과의 연합을 가져오지는 않는다는 점이다. 그리스도를 믿는 것만이 연합을 가져오는 것이다. 그러나 형제를 사랑하는 것이 연합을 굳건히 하는 것만은 확실하다.

제4장

사랑의 출처, 사랑의 공효, 사랑의 실천 권고

X. 진리의 영과 미혹의 영 4:1-6

앞에서 요한은 진실하게 형제를 사랑하면 복을 얻는다고 말했다(3:19-24). 이제 그는 본 단락에서 성도간의 교제를 원활하게 하기 위하여 진리의 영과 거짓의 영을 분별할 것을 권하고 있다(1-6절). 먼저 그는 영들이 하나님께 속했는지 시험하라고 말하고(1절), 다음으로는 하나님의 영과 적그리스도의 영을 분별하는 방법을 제시하며(2-3절), 성도들과 이단들의 차이를 알려 준다 (4-6절).

요일 4:1. 사랑하는 자들아 영을 다 믿지 말고 오직 영들이 하나님께 속했나 시험하라 많은 거짓 선지자가 세상에 나왔음이니라.

요한은 성도들을 향하여 '하나님의 사랑을 입은 자들아'라고 부른다(7절, 11절; 2:7; 3:2, 21). 그가 수신자들을 이렇게 애정 섞인 호칭으로 부르는 이유는, 그들만큼은 적그리스도에 속하지 않고 하나님께 속해 있음을 보여 주기 위한 것이다. 요한은 성도들에게 부탁하기를 "영을 다 믿지 말고 오직 영들이 하나님께 속했나 시험하라"고 말한다. "영을 다 믿지 말라"는 말은 모든 영들이 다 하나님께 속한 줄로 믿지 말라는 말이다(렘 29:8; 마 24:4). 하나님께 속하지 않은 영들도 있다는 것을 시사하는 말이다.

요한은 성도들에게 "영들이 하나님께 속했나 시험하라"고 권면한다(고전 14:29; 살전 5:21; 계 2:2). "하나님께 속했나"(εἰ ἐκ τοῦ θεοῦ ἐστιν)라는 말은 '하나님께로부터 났는자'라는 말이다. 요한은 모든 사람들의 영이 하나님으로부터 왔는지 아닌지를 "시험해야," 곧 '분별해야' 한다는 것이다. 그 이유는 "많은 거짓 선지자가 세상에 나왔기" 때문이라는 것이다(2:18; 마 24:5, 24; 행 20:30; 딤전 4:1; 벧후 2:1; 요이 1:7). 거짓 선지자는 구약 시대에는 참 선지자들을 대적했고(렘 14:15; 23:32), 신약 시대에는 사도들을 대적했다(마 7:15; 24:11; 막 13:22). 사도 시대에도 거짓 선지자가 많았다면, 지금 이 시대에는 말할 것도 없이 삯군 목자와 이단자들이 더 많을 것이다. 우리는 그들을 분별할 줄 알아야 한다. 첫째, 우리는 그들이 예수 그리스도를 높이는지 자신들을 높이는지 확인해야 하고(벧후 2:1), 둘째, 그들이 호색하는지 살펴야 하며(벧후 2:2), 셋째, 그들이 물질을 탐하는지 살펴야 한다(벧후 2:2).

요일 4:2. 하나님의 영은 이것으로 알지니 곧 예수 그리스도께서 육체로 오신 것을 시인하는 영마다 하나님께 속한 것이요.

요한은 하나님의 영을 받은 사람들을 분별하는 방법을 제시한다. "하나님의 영은 이것으로 알지니," 곧 '하나님의 영을 받은 사람들을 이것으로 분별할 수 있다'는 말이다. 요한은 그 분별의 기준과 관련해 "그리스도께서 육체로 오신 것을 시인하는 영마다 하나님께 속한 것이라"고 말한다(5:1; 고전 12:3).

곧 '그리스도께서 육신을 입고 오신 것을 시인하는 영마다, 다시 말해, 공적으로 고백하는 영마다 하나님께로부터 온 것이라'는 뜻이다. 예수 그리스도께서 육체를 입고 역사상에 이미 오신 사실을 공적으로 고백하는 사람마다 하나님으로부터 중생한 사람이라는 것이다. 오늘날 이단을 분별하는 방법은 이단들의 윤리를 관찰하면 되지만, 요한 당시의 영지주의자들은 그리스도께서 육신을 입고 오신 것을 시인하지 않았기 때문에 그리스도의 성육신 사실을 시인하느냐 혹은 시인하지 않느냐 하는 문제는 참으로 중요했던 것이다.

요일 4:3. 예수를 시인하지 아니하는 영마다 하나님께 속한 것이 아니니 이것이 곧 적그리스도의 영이니라 오리라 한 말을 너희가 들었거니와 이제 벌써 세상에 있느니라.

본 절도 앞 절과 마찬가지로 적그리스도의 영을 분별하는 방법에 대해 말한다. 그것은 곧 "예수를 시인하지 아니하는 영마다 하나님께 속한 것이 아니라"는 것이다(2:22; 요이 1:7). '예수 그리스도가 육신을 입고 오신 분이라는 사실을 시인하지 아니하는 사람마다 하나님으로부터 중생한 사람이 아니라'는 것이다. 이런 사람들은 적그리스도의 사람들이라는 것이다. 요한은 성도들을 향하여 그런 적그리스도들이 "오리라 한 말," 곧 '예수 그리스도께서 그런 적그리스도가 오리라고 말씀하셨는데'(마 7:15; 24:5, 24) "이제 벌써 세상에 있느니라"고 경고한다(2:18, 22; 살후2:7). 벌써 세상에 많이 퍼졌다는 것이다.

요일 4:4. 자녀들아 너희는 하나님께 속했고 또 저희를 이기었나니 이는 너희 안에 계신 이가 세상에 있는 이보다 크심이라.

요한은 다시 수신자들을 "자녀들아"라는 애칭을 사용하여 부르면서 격려하고 있다. 요한은 본 절에서 성도들이 영적으로 고상하다는 것을 인정한다. 그들의 영적인 높음은 그들이 "하나님께 속했기"(ἐκ τοῦ θεοῦ ἐστε) 때문이다(5:4). 다시 말해, 하나님으로부터 중생했기 때문이다. 그래서 그들은 "저희를 이기었다." 여기 "이기었다"(νενικήκατε)는 말은 현재완료로서 성도들은 벌써 과거에 영지주의자들을 이겼고 그 이긴 효력이 지금까지 계속되고 있다는 것이다. 그들은 적그리스도들을 교리적인 면에서도 이겼고 생활면에서도 이겼다. 그들은 적그리스도의 선전에도 불구하고 예수 그리스도께서 육체로 오신 것을 계속해서 시인했고, 생활면에서도 계속해서 계명을 지키고 있었다. 곧 구별된 삶을 살았다. 성도들이 이렇게 승리의 삶을 살 수 있게 된 것은, 그들 "안에 계신 이가 세상에 있는 이보다 크시기" 때문이라는 것이다. 다시 말해, 성도들 "안에 계신 이," 곧 '성령님'께서 세상에 있는 마귀보다(요 12:31; 14:30; 16:11; 고전 2:12; 엡 2:2; 6:12) 크시기 때문이었다.[18] 오늘도 우리 안에 계신 분이 세상의 마귀보다 크시기 때문에 우리는 세상 끝 날까지 승리자로 살 것이다. 우리 안에 계신 하나님은 그 어떤 것보다 능력이 많으시고(시 79:11), 힘도 세시고(시 33:17; 고전 1:25), 권세도 많으시다(사 40:26).

요일 4:5. 저희는 세상에 속한 고로 세상에 속한 말을 하매 세상이 저희 말을 듣느니라.

요한은 앞 절(4절)에서 수신자 성도들의 승리의 삶에 대해서 말했고, 이제 본 절에서는 영지주의자들의 저속함에 대해 언급한다. 요한은 "저희는 세상에 속한 고로 세상에 속한 말을 한다"고 말한다(요 3:31). "저희는 세상에 속했

---

18) 여기 "너희 안에 계신 이"라는 말은 성부도 되시고(3:20), 성자도 되시며(3:24; 요 14:20; 23), 성령도 되신다(2:27; 요 14:16-17; 16:13-15).

다"(ἐκ τοῦ κόσμου εἰσίν)는 말은 '세상의 마귀로부터 영을 받았다,' '마귀로 부터 출생했다'는 말이다. 영지주의자들은 세상에 속한 자들로서 "세상에 속한 말을 했다." 곧 '마귀에게 속한 말을 했다.' 그들은 마귀에게 속했기 때문에 마귀에게 속한 말을 할 수밖에 없다. 예수님께서도 바리새인들을 향하여 "너희 는 너희 아비 마귀에게서 났으니 너희 아비의 욕심을 너희도 행하고자 하느니라. 저는 처음부터 살인한 자요 진리가 그 속에 없으므로 진리에 서지 못하고 거짓을 말할 때마다 제 것으로 말하나니 이는 저가 거짓말쟁이요 거짓의 아비가 되었음이니라"고 말씀하신다(요 8:44). 마귀의 자녀는 모든 일을 마귀가 하는 대로 하게 된다는 말이다.

요한은 영지주의자들이 마귀에게서 받은 거짓말을 할 때 세상이 그들을 청종한다고 말한다. 요한은 "세상이 저희 말을 듣느니라"고 말한다(요 15:19; 17:14). 여기 "세상"이라는 말은 '하나님을 믿지 않는 불신 세상'을 지칭한다. 지금도 불신 세상은 마귀의 음성을 듣는다. 무신론자의 말을 듣고 공산주의자의 말도 듣는다.

요일 4:6. 우리는 하나님께 속했으니 하나님을 아는 자는 우리의 말을 듣고 하나님께 속하지 아니한 자는 우리의 말을 듣지 아니하나니 진리의 영과 미혹의 영을 이로써 아느니라.

본 절은 하나님을 아는 자와 하나님께 속하지 아니한 자의 차이를 말한다. "하나님을 아는 자는 우리의 말을 듣는다"(요 8:47; 10:27; 고전 14:37)는 것이다. "하나님을 아는 자"(ὁ γινώσκων)라는 말은 '하나님을 끊임없이 경험해 서 하나님을 아는 자를 지칭한다. 하나님을 경험적으로 아는 성도들은 하나님 의 말씀을 전하는 성도들이나 사도의 전도를 경청한다는 것이다. 그리고 "하나님께 속하지 아니한 자는 우리의 말을 듣지 아니한다"는 것이다. 곧 '하나님께로부터 나지 아니한 사람들은 성도들의 전도나 사도의 전도를 듣지 않는다'는 것이다. 복음을 듣지 않는 책임은 "우리"에게 있지 아니하고, "하나님께 속하지 아니한 자," '마귀에게 속한 자'에게 있는 것이다.

요한은 "진리의 영과 미혹의 영을 이로써 아느니라"고 말한다(요 14:17). "이로써," 곧 '복음을 듣는 것과 듣지 않는 것'으로써 성령 받은 자와 악령을 받은 자를 구별한다는 것이다. 전도자의 복음을 들으면 성령을 받은 자이고, 듣지 않으면 악령을 받은 자라는 것이다. 우리의 복음 전도도 세상의 모든 자에게 효력을 발휘하는 것은 아니다. 성령을 받은 자와 하나님의 택함을 받은 자에게만 효력이 있는 것이다.

XI. 반드시 사랑해야 한다 4:7-21

요한은 앞에서 진리의 영과 미혹의 영을 가진 사람들에 대해서 언급했다(1-6절). 이제 그는 본 단락에서 서로 사랑하라고 부탁한다(7-21절). 요한은 먼저 사랑하는 사람과 사랑치 않는 사람을 비교하고(7-8절), 하나님의 선수적 사랑 때문에 서로 사랑하라고 부탁하고(9-10절), 사랑을 실천하는 사람만이 하나님께 속한 사람임을 천명하며(11-16절), 사랑을 실천하는 사람은 심판 날에 두려움이 없음을 알려주고(17-18절), 마지막으로 사랑을 실천할 것을 권한다(19-21절).

1. 사랑하는 사람과 사랑하지 않는 사람의 차이 4:7-8

요일 4:7. 사랑하는 자들아 우리가 서로 사랑하자 사랑은 하나님께 속한 것이니
사랑하는 자마다 하나님께로 나서 하나님을 알고.

요한은 하나님의 구속의 사랑을 입은 성도들을 향하여 "사랑하는 자들아"라고
부르면서(1절, 11절; 2:7; 3:2, 21) "우리가 서로 사랑하자"(ἀγαπῶμεν ἀλλή-
λους)라고 부탁한다(3:10-11). 여기 "사랑하자"라는 말은 '희생적인 사랑을
가지자'는 말이다(3:11; 요 13:14-17, 34-35). 이 희생적인 사랑은 동족이기
때문에 사랑하는 사랑과도 다르고, 정욕적인 사랑과도 다르며, 형제자매이기
때문에 사랑하는 사랑과도 다르고, 오직 상대방을 귀중히 여기고 나 자신을
희생하는 사랑을 지칭한다. 우리는 상대방이 하나님의 형상대로 지음을 받았고
그리스도의 피로 구원받은 것을 알고 나 자신을 희생하되 "서로" 사랑해야
한다는 것이다. 짝 사랑은 끝나는 때가 있다.

이렇게 희생적인 사랑을 해야 하는 이유는, 이 사랑이야말로 "하나님께
속한 것이기"(ἐκ τοῦ θεοῦ ἐστιν) 때문이다. 다시 말해, 사랑은 '하나님으로부
터 왔기' 때문이다. 9절에서 요한은 사랑이 하나님으로부터 왔다고 말한다.
이 사랑은 세상에서 발원한 것이 아니라 하나님께서 자신을 희생하셔서 독생자
를 주심으로부터 시작한 것이다. 그러므로 우리도 그 사랑을 본받아 믿는
형제자매들을 사랑해야 한다.

그리고 요한은 "사랑하는 자마다"(πᾶς ὁ ἀγαπῶν), 곧 '형제자매들을
희생적으로 사랑하는 자마다' 두 가지로 드러나게 된다고 말한다. 첫째, "하나님
께로 난 것"이 드러난다는 것이다. 참으로 '실천적으로 자신을 희생하여 성도를
사랑하면 하나님께로부터 난 사실'이 세상에 드러난다는 것이다. 이 말은 우리

가 사랑함으로 하나님께로부터 중생한다는 말이 아니라, 사랑하면 하나님으로부터 중생한 사실이 드러난다는 말이다. 둘째, "하나님을 아는" 사람임이 드러나게 된다는 것이다. 다시 말해, 행동을 동반한 사랑, 희생적인 사랑을 하는 사람마다 과연 하나님을 체험적으로 아는 사람임이 세상에 드러나게 된다는 것이다.

우리는 형제자매를 사랑하지 못하고 있다. 그래서 우리는 하나님의 자녀인 것이 드러나지 않고, 하나님을 경험적으로 아는 사람으로 드러나지 않는다. 우리의 부패성이 깨어지고 녹아져서 남을 참으로 사랑하는 사람들이 되어야 한다.

요일 4:8. 사랑하지 아니하는 자는 하나님을 알지 못하나니 이는 하나님은 사랑이심이라.

요한은 "사랑하는 자마다 하나님을 안다"는 앞 절(7절)의 내용과 정반대되는 말, 곧 "사랑하지 아니하는 자는 하나님을 알지 못한다"고 본 절에서 말한다 (2:4; 3:6). 여기 "알지 못하나니"(οὐκ ἔγνω)라는 말은 단순(부정)과거로서 '안 적이 없다,' '경험한 적이 없다'는 뜻이다. 즉 사랑하지 아니하는 자는 한 번도 하나님을 안 적도 없고 경험해 본 적도 없다는 것이다. 왜냐하면 "하나님은 사랑이시기"(ὁ θεὸς ἀγάπη ἐστίν) 때문이다. 여기 "사랑"이라는 말에 관사가 없는 것은, 하나님 자신이 사랑 자체라는 것을 의미한다. 곧 하나님의 본성과 행위가 사랑임을 선언하는 말이다. "하나님을 사랑하지 아니하는 자는 하나님을 알지 못하나니 이는 하나님은 사랑이심이라"를 짧게 말하면 사랑하지 아니하는 자는 사랑의 하나님을 알지 못한다는 뜻이 된다. 다시 말해, 사랑해 보지 않은 사람은 사랑의 하나님을 한 번도 경험해 본 적이 없다는 말이다. 브루스(F. F. Bruce)는 "생활 속에서 사랑이 나타나지 않는 자들은 자신들이 어떤 형태의 주장을 펼지라도 하나님을 안 적이 없음을 그 사실을 통해 증명하고 있는 것이다. 사랑의 하나님을 안다는 것은 그의 사랑을 구현하는 것을 뜻한다"고 말한다.[19) 가인은 아벨을 사랑하지 않아서 그를 죽였는데, 그것은 그가 사랑의 하나님을 한 번도 경험하지 못해서 그런 것이다.

하나님은 사랑이시기 때문에 우주를 창조하셨고, 독생자를 보내셔서 십자가에서 피를 흘리게 하셨으며, 항상 우리의 영혼을 구원하시며 건강을 주시고, 범사를 잘 되게 하시고(요삼 1:2), 모든 것이 합력하여 우리의 영적인 유익이 되게 하신다(롬 8:28). 하나님은 영원히 우리를 사랑하신다.

2. 하나님의 선수적 사랑 때문에 서로 사랑해야 함 4:9-10

앞 절에서 요한은 "하나님은 사랑이심이라"고 선언했는데, 이제 그는 하나님이 사랑이시라는 사실을 두 가지로 설명한다(9-10절).

요일 4:9. 하나님의 사랑이 우리에게 이렇게 나타난바 되었으니 하나님이 자기의 독생자를 세상에 보내심은 저로 말미암아 우리를 살리려 하심이니라.
요한은 첫째로 하나님의 사랑이 "우리에게"(ἐν ἡμῖν), 곧 '우리 안에' 이렇게 나타난바 되었다고 말한다(3:16; 요 3:16; 롬 5:8; 8:32). 여기 "나타난바 되었으니"(ἐφανερώθη)라는 말은 단순(부정)과거 수동태로 하나님의 사랑이 역사상에 분명히 나타났었다는 것을 뜻한다(1:2; 3:5, 8; 요 21:1, 14). 요한은 하나님의 사랑이 우리 안에 이렇게 나타난 구체적인 실례로 "하나님이 자기의

---

19) F. F. Bruce, p. 138.

독생자를 세상에 보내셨다"고 말한다. 여기 "자기의 독생자"(τὸν υἱὸν αὐτου τὸν μονογενῆ)라는 말은 '하나님께서 특별하게 내신 유일하신 아들'이라는 뜻이다(요 1:14, 18; 3:16, 18). 또 "보내셨다"(ἀπέσταλκεν)는 말은 완료형으로 하나님께서 그리스도를 보내신 효력이 지금까지 계속하고 있음을 뜻한다.

하나님께서 자기의 독생자를 세상에 보내신 목적은 "저로 말미암아 우리를 살리려 하심이다(5:11)." 하나님께서는 "저로 말미암아," 곧 '그리스도의 성육신으로 말미암아, 그의 지상 사역으로 말미암아, 그리고 그의 대속의 죽음과 부활로 말미암아' 우리에게 새 생명을 주시기 원하셨다.

요일 4:10. 사랑은 여기 있으니 우리가 하나님을 사랑한 것이 아니요 오직 하나님이 우리를 사랑하사 우리 죄를 위하여 화목제로 그 아들을 보내셨음이니라.

앞에서 요한은 하나님의 사랑이 나타난 사실에 대해 말했는데(9절), 이제 둘째로 그는 하나님의 선수적 사랑에 대해 언급한다. 요한은 "사랑은 여기 있다"(ἐν τούτῳ ἐστὶν)고 말한다. 곧 '참 사랑은 인간의 사랑에 있지 않고 전절(9절)과 본 절에 나타난 대로 하나님의 사랑에 있다'는 것이다. 요한은 "우리가 하나님을 사랑한 것이 아니요 오직 하나님이 우리를 사랑하셨다"고 말한다(요 15:16; 롬 5:8, 10; 딛 3:4). 여기 "우리가 하나님을 사랑한 것이 아니요"(οὐχ ὅτι ἡμεῖς ἠγαπήκαμεν τὸν θεὸν)라는 말의 동사는 현재완료시상으로 우리가 과거에도 사랑한 적이 없었고 지금도 선수적으로 사랑하지 않는 것을 뜻하고, "하나님이 우리를 사랑하셨다"(αὐτος ἠγάπησεν ἡμᾶς)는 말의 동사는 단순(부정)과거시상으로 역사상에 하나님의 사랑이 나타났다는 것을 뜻한다. 이런 시상의 차이에 대해 스말리(Smalley)는 "사랑의 본질은 하나님을 향한 사람의 사랑이 아니라, (완료 시제의 강조는) 지속적으로 계속되는, 사람을 향한 하나님의 사랑이며, 이것은 역사의 한 특별한 순간에 예수 안에서 화육되었다(그래서 이런 미세한 부정과거가 사용되었다)"고 말한다.[20]

요한은 하나님께서 선수적인 사랑을 하셔서 "우리 죄를 위하여 화목제로 그 아들을 보내셨다"고 말한다(2:2). 여기 "보내셨음이니라"(ἀπέστειλεν)라는 말이 단순(부정)과거 시상으로 된 것은, 하나님께서 과거에 그 아들을 화목제로 보내신 것을 묘사하기 위한 것이다. 하나님은 우리 죄를 위하여 "화목제물"(ἱλασμὸν), 곧 '인간을 위한 속죄제물이시며 하나님과 인간간의 화목을 위한 제물'이 되신 그 아들을 보내셨다.

3. 사랑을 실천하는 사람은 하나님과의 영적 교제를 가지게 됨 4:11-16

요한은 사랑을 실천하는 사람만이 하나님께 속한 사람이라고 주장한다. 요한은 먼저 사랑은 하나님께로부터 온 것이므로 우리도 성도들을 사랑하는 것이 마땅한 것을 말하고(11절), 형제를 사랑하면 하나님과의 영적인 교제를 가지게 된다고 말한다(12-16절).

요일 4:11. 사랑하는 자들아 하나님이 이같이 우리를 사랑하셨은즉 우리도 서로 사랑하는 것이 마땅하도다.
하나님께서 선수적으로 나타내신 사랑에 대해 성도들도 반응해야 함을 말한다.

---

20) 스테펀 S. 스말리, *요한 1, 2, 3서*, Word Biblical Commentary, (Waco, TX: Word Books, Publisher, 1984), p. 420.

곧 "우리도 서로 사랑하는 것이 마땅하다"는 것이다. 이 말에 대해 우리가 무슨 피할 말이 있겠는가?

여기 "이같이"라는 말은 '9절과 10절 같이'라는 뜻이다. 다시 말해, '하나님께서 그리스도를 통하여 사랑을 보여주셨고(9절; 3:16; 마 18:33; 요 15:12-13) 또 선수적인 사랑을 하신 것같이(10절)'라는 말이다. 요한은 하나님께서 우리를 사랑하신 것같이 "우리도 서로 사랑하는 것이 마땅하다"(ὀφείλομεν)고 말한다. "마땅하다"는 말은 '책임이 있다,' '의무이다'는 뜻이다. 서로 사랑하는 것은 선택이 아니라 필수라는 것이다. 오늘 세상은 너무 불법이 심하고 우리의 심령이 사악하여 서로 사랑하기가 심히 어렵다. 그러나 우리는 이런 악조건을 제거하고, 다른 성도들을 향하여 나 자신을 희생하며 다른 사람을 귀하게 여겨야 할 것이다.

요일 4:12. 어느 때나 하나님을 본 사람이 없으되 만일 우리가 서로 사랑하면 하나님이 우리 안에 거하시고 그의 사랑이 우리 안에 온전히 이루느니라.
요한은 우리가 하나님을 우리 눈으로는 볼 수 없으되, 서로 사랑하면 하나님께서 우리 안에 내주(內住)하심을 알게 되고, 또 하나님께 대한 사랑을 온전히 이루게 된다고 말한다. 요한은 "어느 때나 하나님을 본 사람이 없다고" 말한다(20절; 요 1:18; 딤전 6:16). 우리의 육안으로는 볼 수 없다는 뜻이다(출 33:20, 23; 신 4:12). 요한이 이런 말을 한 이유는 영지주의자들이 하나님을 직접적으로 보고 하나님을 알 수 있다고 주장했기 때문이다. 요한은 이런 이단들의 주장을 반박하면서 우리는 직접 보지 못해도 서로 사랑할 때 하나님을 의식할 수 있게 된다고 말한다.

요한은 말하기를 "만일 우리가 서로 사랑하면 하나님이 우리 안에 거하시는 것"을 알게 된다고 한다. 여기 "거하시다"(μένει)라는 말은 현재동사로 하나님께서 영구적으로 내주하시는 것을 뜻한다. 성도가 서로 사랑하면 하나님께서 성도 안에 지속적으로 내주하시는 것을 알게 된다는 것이다. 하나님께서 성도 안에 내주하시는 것은 성도가 서로 사랑하기 때문에 되는 것은 아니다. 하나님께서 성도 안에 내주하시게 되는 것은 성령의 역사이며(13절), 예수 그리스도를 믿는 믿음에 의해서(14-15절) 이루어지는 현상이다. 그러나 중생한 성도가 하나님의 내주를 의식하게 되는 것은 서로 사랑할 때 되는 일이다.

그리고 요한은 성도가 서로 사랑하면 "그의 사랑이 우리 안에 온전히 이루느니라"고 말한다(18절; 2:5). 여기 "그의 사랑"(ἡ ἀγάπη αὐτοῦ)이라는 말이 성도에 대한 하나님의 사랑인가, 아니면 하나님께 대한 성도의 사랑인가 하는 문제가 있다. 문법적으로는 두 가지 해석이 다 가능하다. 그러나 문맥으로 보아 성도의 하나님께 대한 사랑으로 보아야 한다(16-18절; 2:5). 그리고 "온전히 이루느니라"(τετελειωμένη)는 말은 완료시상으로 이미 이루어졌고 앞으로도 지속적으로 이루어질 것임을 뜻한다. 우리가 서로 사랑할 때 하나님께 대한 사랑이 우리 안에 성취되는 것이다. 요한은 2:5에서 하나님의 계명을 지키는 것이 하나님께 대한 사랑을 완성하는 것이라고 했는데, 본 절에서는 성도가 서로 사랑할 때 하나님께 대한 사랑을 온전케 하는 것이라고 말한다. 우리는 형제들을 사랑함으로써 하나님께 대한 우리의 사랑을 완성해야 할 것이다(요 15:13).

요일 4:13. 그의 성령을 우리에게 주시므로 우리가 그 안에 거하고 그가 우리 안에 거하시는 줄을 아느니라.

요한은 "그의 성령을 우리에게 주셨으므로(ὅτι ἐκ τοῦ πνεύματος αὐτοῦ

δέδωκεν ἡμῖν-because he hath given us of his Spirit) 우리가 그 안에 거하고 그가 우리 안에 거하신다"고 말한다(3:24; 요 14:20). 곧 하나님께서 성령을 우리에게 주셨기 때문에 우리가 하나님 안에 내주하고 하나님께서 우리 안에 내주하시게 되었다는 것이다(요 15:3-7; 고전 12:3). 성령이 우리에게 오심과 동시에 예수 그리스도께서 우리 안에 들어오시고 내주가 시작된다.21) 결국 성령님이 우리 안에 오시면, 우리는 하나님과 상호 내주의 상태로 들어간다. 그리고 성령님이 오셨음으로 인해 우리와 하나님과의 상호 내주가 이루어진 줄을 알게 된다. 성령님의 오심, 그것은 놀라운 일이다. 연합을 이루시니 말이다.

요일 4:14-15. 아버지가 아들을 세상의 구주로 보내신 것을 우리가 보았고 또 증거하노니 누구든지 예수를 하나님의 아들이라 시인하면 하나님이 저 안에 거하시고 저도 하나님 안에 거하느니라.

사도들의 전도를 받아 예수님을 하나님의 아들로 믿는 사람은 하나님과의 상호 연합에 이른다. 요한을 비롯하여 전도자들은 "아버지가 아들을 세상의 구주로 보내신 것을(요 3:17) … 보았고 또 증거한다"고 말한다(1:1-2; 요 1:14). 여기 "보내신"(ἀπέσταλκεν)이라는 말은 완료시상으로 하나님께서 과거에 그리스도에게 육신을 입혀 세상에 보내신 사건과 또 그리스도의 구속 사건의 효력이 지금까지 계속되고 있음을 말한다. 또 우리가 "보았다"(τε-θεάμεθα)는 말도 완료시상으로 전도자들이 하나님께서 아들을 세상의 구주로 보내신 사실을 과거에 본 것이 현재까지도 계속해서 유효한 것을 뜻한다. "증거하노니"(μαρτυροῦμεν)라는 말은 현재시상으로 지속적으로 증거하고

---

21) 성령님이 우리에게 오심과 동시에 하나님께서 우리 안에 들어오시고 내주가 시작된다는 말이나, 예수 그리스도께서 우리 안에 들어오시고 내주가 시작된다는 말은 똑같은 말이다(요 10:30; 17:11, 22).

있다는 뜻이다.

이렇게 전도자들이 끊임없이 증거하고 있으므로 "누구든지 예수를 하나님의 아들이라 시인하면" 하나님과의 연합이 이루어진다는 것이다(5:1-2; 롬 10:9). 여기 "시인하면"(ὁμολογήσῃ)이라는 말은 단순(부정)과거 가정법으로 '공적으로 고백하기만 하면'이라는 뜻이다. 영지주의자들이 어떤 신비적인 지식을 가진 사람들만 구원을 얻는다고 주장한데 반해, 요한은 누구든지 차별 없이 예수님을 하나님의 아들이라고, 다시 말해, 구주라고 공적으로 고백하기만 하면 "하나님이 저 안에 거하시고 저도 하나님 안에 거하게 된다"고 말한다. 다시 말해, '상호 내주에 이르게 된다'는 말이다.

전도자의 전도를 들은 사람이 하나님과 연합되는 과정은 다음과 같다. 즉 먼저 성령께서 역사하시고(13절), 복음을 들은 자가 그리스도를 믿는 믿음에 이르게 되고, 그가 그 사실을 공적으로 고백하면, 하나님과의 연합, 곧 상호 내주가 이루어진다(14-15).[22]

요일 4:16. 하나님이 우리를 사랑하시는 사랑을 우리가 알고 믿었노니 하나님은 사랑이시라.

혹자는 본 절부터 새로운 단락이 시작한다고 주장한다. 그러나 본 절은 12-15절

---

22) 청교도신학자 Thomas Jacomb은 말하기를 "성령님은 그리스도를 우리에게 연합시키고 우리의 믿음은 우리를 그리스도에게 연합시킨다 … 믿음은 우리들 편의 끈이다." *Sermons on the Eighth Chapter of the Epistle to the Romans*(Carlisle, Pa.;Banner of Truth Trust, 1868), p. 38. Martin Lloyd-Jones는 "우리의 믿음은 연합에 있어서 중요한 것이다. 이것은 제일로 중요한 것은 아니라도 둘째로 중요한 것이라고 할 수 있다 … 우리의 믿음은 연합을 지탱하고 발전시키며 강화시키는 일을 돕는다"고 주장한다. *God the Holy Spirit*, (Wheaton, Ill. : Crossway Books, 1997), p.111. Berkhof도 역시 믿음을 연합의 매체라고 말한다. 그는 "신자는 믿음으로 자신을 그리스도에게 연합시키고 성령의 역사에 의하여 그리고 믿음을 끊임없이 행사함으로 연합을 지속시킨다"라고 말한다. *Systematic Theology* (Carlisle, Pa.: Banner of Truth Trust, 1958), p. 450.

에 이어 역시 하나님과의 상호 내주를 다루고 있다. 좀 더 상세히 말해, 본 절의 상반 절(16a)은 7-11절을 요약하고 있고, 하반 절(16b)은 12절의 "만일 우리가 서로 사랑하면 하나님이 우리 안에 거하신다"는 내용을 재론하고 있다.

먼저 요한은 "하나님이 우리를 사랑하는 사랑을 알고 믿었다"고 말한다. 여기 "우리"라는 말은 요한 자신과 수신자 성도들을 포함해서 모두를 지칭하는 말이다. 그리고 "우리를 사랑하는 사랑"(τὴν ἀγάπην ἣν ἔχει ὁ θεὸς ἐν ἡμῖν-the love that God hath to us)이라는 말은 '하나님께서 우리를 향하여 베푸시는 사랑'이라고 번역될 수 있다. 하나님은 독생자를 보내서서 우리를 대속하셨을 뿐 아니라 독생자께서 부활 승천하셔서 성령을 보내주심으로써 우리에게 사랑을 부어주셨다. 여기 또 "알고 믿었다"(ἐγνώκαμεν καὶ πεπισ-τεύκαμεν)는 말의 두 동사는 모두 완료형으로, 비록 '안 것'이나 '믿은 것'이나 모두 다 과거에 된 일이지만, 현재에도 여전히 하나님의 사랑을 알고 있고 또 믿고 있다는 것이다. 여기 아는 것과 믿는 것은 동시에 발생하는 일로서 시간적인 선후를 따질 수가 없다(요 6:69 참조). 경험적으로 알면 즉시 믿어지는 것이다. 또 거꾸로 말해서, 믿어지면 경험되니 즉시 알게 되는 것이다.

요한은 또 '하나님께서 우리를 향하여 베푸시는 사랑'이 대단한 것을 표현하기 위하여 "하나님은 사랑이시라"(ὁ θεὸς ἀγάπη ἐστίν)고 말한다(8절). 하나님의 본성은 사랑이시고 또 그의 행위전체도 사랑이시라는 뜻이다. 그런 하나님께서 우리를 향하여 베푸시는 사랑은 놀라운 것이다.

사랑 안에 거하는 자는 하나님 안에 거하고 하나님도 그 안에 거하시느니라.

하반 절은 12절을 재론하는 구절이다. 여기 "사랑 안에 거하는 자"라는 말은 '형제애를 실행하는 자'로 보아야 한다(Smalley, 박윤선). 혹자는 "사랑

안에 거하는 자"를 '하나님의 사랑 안에 거하는 자'로 해석하지만, 그것은
12절의 문맥과 맞지 않을 뿐 아니라 17-18절의 문맥과도 맞지 않는다. 형제애를
실행하는 자는 "하나님 안에 거하고 하나님도 그 안에 거하시게"된다는 것이다
(12절; 3:24). 형제를 사랑하는 것 자체가 하나님과의 영적인 교제의 조건이
되지는 않지만, 성령으로 거듭난 성도(13절), 곧 그리스도를 믿는 성도(14-15절)
가 형제를 사랑하면 하나님과의 상호 영적 교제가 견고하여지는 것은 사실이다.
성도들 중에서 형제와 반목하는 성도들은 하나님과 영적으로 교제를 못하고
고생하는 경우가 많다. 그들은 하나님의 말씀을 받아도 아무런 은혜를 받지
못하고, 기도를 해도 응답을 받지 못한다. 형제애를 실행하는 것은 생명같이
귀중하다.

4. 사랑을 실천하는 사람은 심판 날에 두려움이 없음 4:17-18

요한은 성도가 형제를 사랑하면 큰 보상이 따른다고 말한다. 곧 그리스도의
심판 날에 담대함을 가지게 된다는 것이다.

요일 4:17. 이로써 사랑이 우리에게 온전히 이룬 것은 우리로 심판 날에 담대함을
가지게 하려 함이니 주의 어떠하심과 같이 우리도 세상에서 그러하니라.
요한은, 우리가 사랑을 온전하게 이루면, 결과적으로 심판 날에 담대함을 얻게
된다고 말한다. 본문의 "이로써"(ἐν τούτῳ)라는 말은 앞 절(16절)의 내용을
받아 '형제애를 실행하는 자가 하나님과 영적 교제를 함으로써'(16절)라는
뜻이다. 요한은 형제애를 실천하는 자가 하나님과 영적 교제를 가짐으로써
"사랑이 우리에게 온전히 이룬 것은 우리로 심판 날에 담대함을 가지게 하려"하

기 위함이라고 말한다(2:28; 3:19, 21; 약 2:13). 여기 "사랑이 우리에게 온전히 이룬 것"(herein is our love made perfect)이라는 말은 '사랑이 우리에게 온전해지면'이라는 뜻이다. 곧 '사랑을 온전하게 실천하면'이라는 뜻이다. 그렇게 하면 "우리로 심판 날에 담대함을 가지게 한다"는 것이다. 여기 "심판 날"(τῇ ἡμέρα τῆς κρίσεως)이라는 말은 '그 심판의 그날'이라고 번역되기 때문에 그리스도가 재림하시는 심판 날을 지칭한다. 성도가 사랑을 실천하면 말세의 심판 날에 담대하게 된다는 것이다. 이유는 "주의 어떠하심과 같이 우리도 세상에서 그러하기" 때문이라는 것이다(3:2). 다시 말해, 우리가 '주님과 같이 되었기' 때문이라는 것이다. 우리는 모든 점에서 예수 그리스도처럼 될 수는 없다. 그러나 형제를 사랑하면 주님과 같이 될 수가 있다. 우리가 사랑을 완성하는 것, 곧 사랑을 실천하는 것은 주님과 같아지는 것이고 말세의 심판 날에 담대할 수 있는 비결이다.

사실 우리가 형제자매를 사랑치 못하고 오히려 비방하고 중상모략하고 등을 지게 되면 현세에서도 우리는 얼마나 비참한가? 그때 우리는 기도의 응답도 받지 못하고(막 11:11-25) 심판을 받으며(마 7:1-2) 많은 징계를 받는다 (히 12:4-10). 우리는 형제들과 등지고 불안하게 살 것이 아니라 사랑함으로 밝음 중에 기쁘고 담대하게 살아야 한다.

요일 4:18. 사랑 안에 두려움이 없고 온전한 사랑이 두려움을 내어 쫓나니 두려움에는 형벌이 있음이라. 두려워하는 자는 사랑 안에서 온전히 이루지 못했느니라.

요한은 "사랑 안에 두려움이 없다"고 말한다. 여기 "사랑"이 사람에 대한 하나님의 사랑인가, 아니면 하나님에 대한 사람의 사랑인가에 대한 논의가

계속되어 왔다. 문맥으로 보아(12절, 16-17절) 사람이 하나님을 사랑하는 사랑
으로 보아야 할 것이다. 그리고 "두려움"(φόβος)은 앞 절의 "담대함"과 반대되
는 것으로서 노예들이 가지는 두려움을 뜻한다(요 19:38; 20:19; 롬 8:15).
평소에 형제를 사랑하지 않고 미워하고 중상모략하며 나아가 등지는 삶을
살면 두려움을 가지게 된다. 그러나 평소에 형제를 사랑하면, 심판 날에 대한
두려움이 없게 된다. 요한은 똑같은 말을 한 번 더 말한다. 곧 "온전한 사랑이
두려움을 내어 쫓는다"고 한다. '하나님의 사랑을 받아 형제를 온전히 사랑하면
심판 날에 하나님 앞에서 두려워하지 않게 된다'는 것이다. 두려움이 있다는
것은 온전히 사랑하지 않았다는 증거이다.

요한은 "두려움에는 형벌이 있다"(ὁ φόβος κόλασιν ἔχει)고 말한다. 원문
을 직역하면 '두려움은 형벌을 가진다'(fear hath torment)가 된다. 곧 두려움은
형벌을 동반한다는 뜻이다. 두려움의 끝에는 형벌이 따라온다는 뜻이다. 곧
형제를 사랑하지 못하여 두려움을 해결하지 못하면 결국 형벌을 받게 된다는
것이다. 죄를 지은 결과 두려움이 따라오고, 두려움의 뒤에는 꼭 형벌이 따라온
다. 사실 현세에서 양심의 가책에도 형벌이 따라온다면, 양심의 가책보다도
더 심한 두려움 뒤에 형벌이 따라오는 것은 당연하다. 우리는 사랑을 온전히
실천함으로써 두려움을 몰아내야 한다.

요한은 분명히 말하기를 "두려워하는 자는 사랑 안에서 온전히 이루지
못했느니라"고 한다(12절). 아직도 두려워하며 산다면 그것은 곧 사랑을 온전히
실천하지 못했기 때문이라는 것이다. 우리에게 두려움이 있는가? 다른 이유
때문에 두려워할 수도 있으나, 사랑을 이루지 못했기 때문에 두려워하고 있는
것일 수도 있다. 그러므로 우리는 무엇보다도 사랑을 이루어야 한다.

5. 사랑을 실천하라 4:19-21

요일 4:19. 우리가 사랑함은 그가 먼저 우리를 사랑하셨음이라.

우리가 하나님을 사랑하고 또 하나님의 자녀들, 곧 우리의 형제들을 사랑하게 된 것은 우리의 사랑이 크기 때문이 아니라 하나님께서 먼저 우리를 사랑하셨기 때문이다(9-11절). "사랑하셨음이라"(ἠγάπησεν)는 말은 단순(부정)과거 시상으로 하나님께서 이미 우리를 사랑하셨음을 뜻하는 말이다. 하나님은 우리에게 독생자를 주셔서 대속의 죽음을 죽게 하셨을 뿐 아니라, 성령님을 주셔서 독생자의 대속의 죽음을 알게 하셨다. 우리는 하나님을 사랑할 수밖에 없게 되었고, 형제들을 사랑할 수밖에 없게 되었다. 우리에게는 다른 선택의 여지가 없다.

요일 4:20. 누구든지 하나님을 사랑하노라 하고 그 형제를 미워하면 이는 거짓말 하는 자니 보는 바 그 형제를 사랑치 아니하는 자가 보지 못하는바 하나님을 사랑할 수가 없느니라.

세상 사람 누구든지 "하나님을 사랑하노라 하고 그 형제를 미워하면 이는 거짓말 하는 자이다"(2:4; 3:17). 하나님을 사랑한다고 말은 하면서도 형제를 사랑치 못하고 오히려 미워하면 하나님을 사랑한다는 말이 거짓말이라는 것이다. 그 이유는 "보는 바 그 형제를 사랑치 아니하는 자가 보지 못하는바 하나님을 사랑할 수가 없기" 때문이다(12절). 곧 보이는 형제를 사랑치 아니하는 사람이 보이지 않는 하나님을 사랑할 수가 없기 때문이다. 하나님에 대한 성도의 사랑은 다른 형제에 대한 사랑을 통해 표현된다고 성경은 말씀하고 있다(12절; 마 25:40). 형제를 핍박하는 것은 곧 그리스도를 핍박하는 것이고(잠 14:31;

마 25:45; 행 9:4), 형제를 사랑하는 것은 곧 그리스도를 사랑하는 것이다(잠 19:17; 마 10:42; 막 9:41). 우리는 지금 우리 눈에 보이는 형제를 사랑하고 있는가?

요일 4:21. 우리가 이 계명을 주께 받았나니 하나님을 사랑하는 자는 또한 그 형제를 사랑할지니라.

요한은 "우리가 이 계명," 곧 "하나님을 사랑하는 자는 또한 그 형제를 사랑할지니라"는 계명을 주님으로부터 받았다고 말한다(3:23; 마 22:37, 39; 요 13:34; 15:12). "주께 받았나니"(ἔχομεν ἀπ' αὐτοῦ)라는 말은 '주님으로부터 받았다'는 말이다. 예수님의 제자들이 이 계명을 주님으로부터 받았다는 것은 성경이 증언하고 있다. 예수님께서 "네 마음을 다하고 목숨을 다하고 뜻을 다하여 주 너의 하나님을 사랑하라 … 네 이웃을 네 몸과 같이 사랑하라 하셨으니 이 두 계명이 온 율법과 선지자의 강령이니라"(마 22:37-40)고 말씀해 주셨다. 하나님을 사랑하는 자는 반드시 그 형제를 사랑해야 한다는 것은 사람에게서 나온 명령이 아니라 주님으로부터 온 명령이기 때문에 우리가 하나님을 믿고 사랑한다면 꼭 형제를 사랑해야 할 것이다.

제5장

그리스도인의 확신들

XII. 하나님께로서 난 자(거듭난 자)의 복 5:1-5

앞에서 요한은 서로 사랑하라고 권면했는데(4:7-21), 이제 그는 마지막 결론을 맺는다(1-21절). 요한은 먼저 하나님께로부터 난 자의 복에 대해 언급한다(1-5절). 요한은 거듭난 자는 그리스도를 믿게 되고 거듭나게 하신 하나님을 사랑할 뿐 아니라, 거듭난 다른 성도들을 사랑하게 된다고 말한다(1절). 그리고 요한은 하나님을 사랑하는 것은 하나님의 계명을 지킴으로 된다고 밝힌다(2-3절). 그리고 요한은 하나님께로부터 난 자(거듭난 자)는 세상을 이긴다고 말한다(4-5절).

1. 거듭 난 자는 그리스도를 믿게 되고 하나님과 형제를 사랑하게 됨 5:1

요일 5:1. 예수께서 그리스도이심을 믿는 자마다 하나님께로서 난 자니 또한 내신 이를 사랑하는 자마다 그에게서 난 자를 사랑하느니라.

요한은 "예수께서 그리스도이심을 믿는 자마다(2:22-23; 4:2, 15; 요 1:12) 하나님께로서 난 자"(요 1:13)라고 말한다. '예수님께서 그리스도이심을 믿는 사람은 예외 없이 하나님께로서 난 자'라는 뜻이다. 본문의 "믿는 자"(ὁ πιστεύων)라는 말은 현재형으로 지속적으로 믿는 것을 뜻한다. 그리고 "난 자"(γεγέννηται)라는 말은 완료형으로 이미 '과거에 거듭난 자'라는 말이다. 즉 하나님으로부터 거듭난 것이 먼저이고, 그 결과 현재 지속적으로 그리스도를 믿고 있다는 것이다. 누구든지 거듭나면 반드시 예수 그리스도에게 나아오게 되어 있다(요 6:45; 롬 8:9; 고전 12:3).

요한은 거듭난 사람은 "내신 이를 사랑하게" 되고, "그에게서 난 자를 사랑하게"된다고 말한다. 여기 "내신 이"(γεννήσαντα)라는 말은 단순(부정)과 거 분사형으로 '거듭나게 해주신 이,' 곧 '아버지'를 지칭하고 "그에게서 난 자"(τὸν γεγεννημένον)라는 말은 단수이지만 집합적인 의미의 하나님 자녀들을 지칭한다. 혹자는 여기 "그에게서 난 자"를 그리스도라고 주장하나, 문맥으로 보아 그리스도라고 보기는 어렵다. 바로 앞에 나오는 "내신 이"가 '하나님'이신데, 바로 뒤에 나오는 "그에게서 난 자"를 '그리스도'라고 해석하면, 거듭난 신자가 하나님을 사랑하고 또 그리스도를 사랑한다고 말하는 셈이 된다. 그리고 이것은 요한의 어법이 아니다. 요한은 하나님과 그리스도를 하나로 보고 있는데, 거듭난 신자가 하나님을 사랑하고 또 그리스도를 사랑한다고 말하는 것은 어색한 표현이다. 그러므로 여기 "그에게서 난 자"를 하나님의 자녀들로 보아야 한다. 중생한 신자들은 하나님 아버지를 사랑하고 또 하나님 아버지로부터 중생한 형제자매들을 사랑한다는 것이다. 하나님을 사랑하는 것과 형제를 사랑하는 것은 하나라고 성경은 말한다(4:20-21; 약 2:14-26). 우리는 하나님 사랑과 형제 사랑이 똑같은 사건임을 알아야 할 것이다. 그 둘을 분리하는 실수를 하지 말아야 한다.

2. 하나님을 사랑하는 것은 하나님의 계명을 지킴으로 됨 5:2-3

요일 5:2. 우리가 하나님을 사랑하고 그의 계명들을 지킬 때에 이로써 우리가 하나님의 자녀 사랑하는 줄을 아느니라.

본 절도 역시 하나님 사랑과 형제 사랑이 불가분리의 사건임을 말한다. 본 절의 "이로써"(ἐν τούτῳ)라는 말은 헬라어에서 문장 초두에 있기 때문에 바로 뒤따라오는 말, 곧 "우리가 하나님을 사랑하고 그의 계명들을 지킬 때에" (개역 성경에서는 본문처럼 앞에 나옴)라는 말과 연관된다. 다시 말해, "이로써," 곧 '우리가 하나님을 사랑하고 그의 입에서 나온 명령들을 지킴으로써' "우리가 하나님의 자녀 사랑하는 줄을 안다"는 것이다. 곧 우리는 하나님을 사랑하고 그의 계명들을 지켜야만 하나님의 자녀들을 사랑한다고 말할 수 있다는 것이다.

하나님을 사랑하는 것과 하나님의 계명을 지키는 것은 하나이다(요 14:21, 23-24). 좀 더 상세히 말해, 하나님을 사랑하는 자는 그 계명을 지키는 자이며, 그 계명을 지키는 자는 하나님을 사랑하는 자이다. 그리고 하나님의 계명은 하나님 사랑과 이웃 사랑을 포함하는 것이므로 하나님의 계명을 지키는 자가 하나님의 자녀를 사랑하는 것은 당연한 것이다(마 22:37-40; 요 13:34; 15:12). 따라서 하나님을 사랑하는 성도는 그 형제를 사랑하게 되고, 그 형제를 사랑하는 성도도 하나님을 사랑하게 된다. 요한은 본 절에서 하나님 사랑, 계명 지킴, 하나님의 자녀 사랑은 하나라고 말하고 있다. 우리는 하나님 사랑과 형제 사랑을 떼어놓지 말아야 한다. 우리가 지금 형제를 어느 정도 사랑하고 있는가.

요일 5:3. 하나님을 사랑하는 것은 이것이니 우리가 그의 계명들을 지키는 것이라 그의 계명들은 무거운 것이 아니로다.

요한은 본 절에서 하나님을 사랑한다는 것이 무엇인지를 정의하고 있다. 그는 하나님을 사랑한다는 것은 그의 명령들을 지키는 것이라고 분명하게 말한다(요 14:15, 21, 23; 15:10; 요이 1:6). 그는 하나님 사랑과 계명을 지키는 것을 분리하지 않는다.

또한 요한은 "그의 계명들은 무거운 것이 아니라"고 말한다(마 11:30). 하나님의 계명을 지키는 것이 힘든 일이 아니라는 것이다. 바리새인들이나 서기관들이 만들어낸 법은 무거운 것이었다(마 23:4; 눅 11:46). 그러나 예수님께서 주신 멍에는 쉽고 가벼운 것이다(마 11:28-30). 예수님께서 주신 계명이 쉽고 가벼운 이유는 첫째, 예수님을 사랑하는 마음으로 지키기 때문이며, 둘째, 예수님께서 우리에게 계명을 지킬 수 있는 힘을 공급하시기 때문이다(마 12:9-13). 그리고 셋째, 성도에게는 세상을 이기는 힘이 공급되기 때문이다(4-5절). 우리는 하나님의 명령을 에누리하거나 버리지 말고 단 마음으로 지켜야 할 것이다.

3. 하나님께로부터 난 자(거듭난 자)는 세상을 이김 5:4-5

요일 5:4. 대저 하나님께로서 난 자마다 세상을 이기느니라. 세상을 이긴 이김은 이것이니 우리의 믿음이니라.

요한은 본 절 초두에 "왜냐하면"(ὅτι)이라는 말을 사용하여 본 절이 앞 절의 이유임을 밝힌다. 요한은 앞 절에서 "계명들은 무거운 것이 아니라"고 했는데, 그 이유는 "하나님께로서 난 자마다 세상을 이기기" 때문이라는 것이다(3:9;

4:4; 요 16:33). '하나님께로서 난 자, 곧 거듭난 신자마다 예수 그리스도를 믿어(1절) 세상을 넉넉히 이기기' 때문에 계명 지키기가 힘들지 않다는 것이다. 여기 "세상을 이긴다"(νικᾷ τὸν κόσμον)는 말은 '마귀가 지배하는 세상을 지속적으로 이긴다'는 말이고, '성도의 마음속에 자리 잡고 있는 각종 욕망을 이긴다'는 말이다. 그리스도를 믿는 성도는 마귀가 지배하는 세상을 지속적으로 이기고 성도의 심령 속에 자리 잡고 있는 각종 욕망을 지속적으로 이김으로써 하나님의 계명을 지킬 수가 있다.

요한은 "세상을 이긴 이김은 이것이니 우리의 믿음이라"고 덧붙이고 있다. 여기 "이긴"(ἡ νικήσασα)이라는 말은 단순(부정)과거로서 그리스도께서 이미 세상 죄를 이기신 사실 때문에 성도들도 부전승으로 벌써 세상의 욕망을 이긴 것을 뜻한다. 예수님은 자신이 세상을 이기셨다고 선언하셨다(요 16:33). 우리 안에 계신 예수님은 세상에 있는 마귀보다 크시기 때문에(4:4) 우리는 우리의 힘으로 세상 죄를 이기는 것이 아니라 예수님께서 힘을 주셔서 이기는 것이다. 우리가 세상을 이기는 것은 아주 당연한 일이다. 우리는 승리자이다. 그리고 우리의 승리는 영원하다.

요일 5:5. 예수께서 하나님의 아들이심을 믿는 자가 아니면 세상을 이기는 자가 누구뇨.

요한은 앞 절의 말씀에 힘을 주기 위하여 본 절을 덧붙여 말한다. 본 절의 "이기는 자"(ὁ νικῶν)라는 말은 현재분사형으로 계속적으로 이겨나가고 있음을 뜻한다. 요한은 우리가 예수님을 구주로 지속적으로 믿으면 세상을 지속적으로 이기게 된다고 말한다(4:15; 고전 15:57). 요한은 예수님께서 하나님의 아들이심을 믿는 신자가 아니면 세상의 죄악을 이기는 사람이 누구냐고 반문한다.

오늘도 세상을 이기는 사람은 신자뿐이다. 세상의 호걸도 혹은 영웅도 세상 죄를 이기지 못한다. 오직 예수님을 하나님의 아들로 믿는 신자만이 세상의 욕망을 이긴다.

XIII. 그리스도에 대한 하나님의 증거 5:6-12

앞에서 요한은 거듭난 자의 복에 대해 언급했는데(1-5절), 이제 본 단락에서는 그리스도에 대한 하나님의 증거에 대해 말한다(6-12절). 요한은 먼저 성령과 물과 피가 그리스도를 증거하고 있음을 말한다(6-9절). 그런 다음 요한은 하나님의 증거를 받는 사람과 받지 않는 사람의 차이에 대해 언급한다(10-12절).

1. 성령과 물과 피가 그리스도를 증거한다 5:6-9

요한은 성령과 물과 피가 예수님이 바로 하나님의 아들이시요 인류의 구세주라는 사실을 증거한다고 말한다. 요한은 예수님이 그리스도라는 사실을 먼저 물과 피가 증거한다고 말하고(6절), 다음으로 성령께서 증거한다고 말하며(7절), 8절에서는 6-7절을 종합하여 성령과 물과 피가 일치하게 그 사실을 증거한다고 천명하며(8절), 따라서 우리는 하나님의 증거를 받아야 한다고 말한다(9절).

요일 5:6. 이는 물과 피로 임하신 자니 곧 예수 그리스도시라.
요한은 본 절에서 하나님의 아들이 물과 피로 임했다고 말한다. "이는"이라는 말은 '하나님의 아들'이라는 뜻이고, "물과 피로 임하신 자"라는 말은 '물과

피를 통하여 드러나신 자라는 뜻이다. 예수 그리스도께서 물과 피로 임하셨다
는 말에 대해서는 많은 해석이 가해졌다. 즉 물과 피가 의미하는 것은 1)
정결(purification)과 구원(redemption), 2) 세례식과 성찬식, 3) 예수 그리스도
께서 십자가에 달리셨을 때 예수님의 옆구리에서 나온 물과 피(요 19:34),
4) 그리스도가 받은 세례와 죽음 등으로 해석되어 왔다. 그러나 본문의 "임하신
자"(ὁ ἐλθών)라는 말이 단순(부정)과거로서 이미 과거에 일어난 사건을 지칭하
기 때문에 첫 번째 해석과 두 번째 해석은 적절치 못하다. 그렇다면 세 번째
해석과 마지막 네 번째 해석 중에 하나를 취해야 할 것이다. 그러나 세 번째
해석, 곧 '예수 그리스도께서 십자가에 달리셨을 때 예수님의 옆구리에서 나온
물과 피'라고 주장하는 해석은, 요한복음 19:34의 "피와 물이 나오더라"는
구절과 어순이 바뀌어 적절한 해석으로 받기가 어렵다. 다시 말해, 본문의
어순은 "물과 피"의 순서로 되어 있는데 비해, 요한복음 19:34의 어순은 반대로
되어 있다. 여기서 우리는 가장 합리적인 해석으로 마지막 해석을 택해야
할 것이다. 즉 우리는 본문의 "물과 피로 임하셨다"는 구절을 '예수 그리스도께
서 받으신 세례와 그가 십자가에서 흘리신 피 때문에 구주로 드러나셨다'고
해석하는 견해를 택해야 할 것이다. 예수님은 세례 요한에게 세례를 받으심으로
써 자신의 사역을 의(義)와 연결시키셨고(마 3:15), 세례를 받으실 때 구주로
드러나게 되셨다(요 1:30-34). 그리고 예수님은 십자가의 죽으심을 통해 세상
죄를 대신하심으로써 인류의 구주로 드러나시게 되었다(빌 2:6-11). 아무튼
예수님은 세례를 받으심으로써 최초로 세상의 구주이심이 드러났고, 십자가에
서 죽으심으로써 우리의 구주이심이 드러나시게 되었다.

물로만 아니요 물과 피로 임하셨고.

요한은 바로 앞에서 하나님의 아들이 "물과 피로 임하셨다"고 말했는데,

이제는 "물로만 아니요 물과 피로 임하셨다"고 강조해서 말한다. 요한이 이렇게 예수 그리스도께서 물로 임하시고 또 피로 임하셨다고 강조해서 말하게 된 이유는, 당시 퍼져 있던 영지주의 이단을 의식했기 때문일 것이다. "케린투스 (Cerinthus)에 따르면 예수는 요셉과 마리아의 아들로 보통 사람이었으며, 단지 훨씬 지혜롭고 의로웠다는 점에서 일반 사람들과 달랐을 뿐이다. 예수는 하나님을 선포하고 세상을 속박에서 풀어주기 위하여 지극히 높으신 하나님에게 선택된 사람이었다. 이런 사명을 위하여 예수가 세례를 받을 때에 하나님께서 보내신 그리스도께서 비둘기 형상으로 그에게 내려오셨다. 이 그리스도는 예수가 십자가에 달리기 전에 그에게서 떠났으며, 따라서 수난을 당하고 부활한 것은 오직 인간 예수이다."[23] 요한은, 영지주의 이단을 반박하기 위하여, 예수 그리스도는 세례 받으실 때 구주로 드러나셨고 십자가에서 대속의 죽음을 죽으심으로 피 범벅 속에서 인류의 구속 사역을 이루셨다고 말한다.

요일 5:7. 증거하는 이는 성령이시니 성령은 진리니라.

요한은 물과 피만 아니라 "증거하는 이는 성령이시라"고 말한다(요 14:17; 15:26; 16:13; 딤전 3:16). 곧 '성령도 예수 그리스도께서 하나님의 아들이라고 증거한다'는 말이다(요 15:26). 여기 "증거하는 이"(τò μαρτυροῦν)라는 말은 현재분사로서 성령님은 끊임없이 그리스도를 증거하는 분이라는 것을 의미한다 (2:27).

그리고 요한은 "성령은 진리니라"는 말을 덧붙인다. 곧 '성령은 진리를 가르치는 영이라'는 말이다(요 14:17, 26; 16:13). 그런데 "성령은 진리니라"는 말 앞에 있는 이유 접속사(ὅτι)가 있어서 이 말이 앞 말의 이유임을 나타낸다.

---

23) G. L. Carey, *교회사대사전 3*, 발행인, 강병도, (서울: 기독지혜사, 1994), p. 346-46.

곧 성령께서 진리이기 때문에 진리이신 그리스도를 증거한다는 것이다. 성령은 진리의 영이시다.

요일 5:8. 증거하는 이가 셋이니 성령과 물과 피라 또한 이 셋이 합하여 하나이니라.

여기 요한은 6-7절을 종합하여 말한다. 요한은 "증거하는 이가 셋이라"고 말한다. '증거하는 이가 물과 피와 성령, 이렇게 셋이라'는 말이다. 다시 말해, 예수 그리스도가 하나님의 아들이시요 인류의 메시야라고 증거하는 이가 물과 피와 성령이시라는 것이다. 요한은 "이 셋이 합하여 하나이니라"고 잘라 말한다. 곧 성령과 물과 피는 일치하게 예수님이 하나님의 아들이라고 증거한다는 말이다. 우리도 역시 성령님을 힘입어 그리스도를 증거하고 그리스도를 드러내는 삶을 살아야 한다.

요일 5:9. 만일 우리가 사람들의 증거를 받을진대 하나님의 증거는 더욱 크도다 하나님의 증거는 이것이니 그 아들에 관하여 증거하신 것이니라.

요한은 사람들이 그리스도를 증거해도 받아야 할 것인데(요 8:17-18), "하나님의 증거," 곧 '성령의 증거와 그리스도의 대속의 피와 또 그리스도의 세례 때 성령이 강림하신 일과(눅 3:22) 하나님의 음성이 들린 일(눅 3:22) 같은 증거들은 더욱 받아야 하는 것이 아니냐고 말한다. 요한은 또 "하나님의 증거는 이것이니 그 아들에 관하여 증거하신 것이니라"고 말한다(마 3:16-17; 17:5). '하나님의 증거는 다른 것이 아니라 이것이라'는 것이다. 즉 "그 아들에 관하여 증거하신 것"이라는 것이다. 하나님은 줄곧 그 아들에 관해서 증거하셨다는 것이다. 그 아들이 하나님의 아들이시고 또 인류의 메시아라고 증거하셨다는 것이다. 여기 "증거하신 것이니라"(μεμαρτύρηκεν)는 말은 완료형으로 과거에도 증거하셨고 그 증거하신 것이 지금도 여전히 유효하다는 것이다. 우리는 위에 나온 세 가지 증거만 아니라 성경의 증거 전체를 조건 없이 받아야 한다.

2. 하나님의 증거를 받는 사람과 받지 않는 사람의 차이 5:10-12

요한은 앞에서 성령과 물과 피가 예수님이 하나님의 아들이심을 증거한다고 말했고(6-9절), 이제는 성령님께서 성도의 심령 속에서 예수님이 하나님의 아들이심을 증거한다고 말하고(10절) 또 실제로 하나님께서 증거하신 내용이 무엇인가를 설명한다(11-12절).

요일 5:10. 하나님의 아들을 믿는 자는 자기 안에 증거가 있고.
요한은 예수님을 하나님의 아들로 믿는 성도들은 자기 안에 하나님의 증거를 소유하고 있다고 말한다. 다시 말해, 예수님을 믿는 성도들은 그 안에 성령님의 증거를 갖고 있다는 것이다(8절; 롬 8:16; 갈 4:6).

하나님을 믿지 아니하는 자는 하나님을 거짓말하는 자로 만드나니 이는 하나님께서 그 아들에 관하여 증거하신 증거를 믿지 아니했음이라.
"하나님을 믿지 아니하는 자," 곧 '아들에 대한 하나님의 삼중 증거(성령, 물, 피)를 믿지 않는 자'는 하나님이 하신 증거를 믿지 않는 자이다. 하나님의 삼중의 증거를 믿지 않는다면, 하나님을 거짓말쟁이로 만드는 것이다(요 3:33; 5:38). 여기 "만드나니"(πεποίηκεν)라는 말은 현재완료형으로 이미 만든 것을 지금도 여전히 취소하지 않고 만든 상태로 그냥 유지하고 있음을 뜻한다. 하나님의 증거를 믿지 않는 사람은 벌써 하나님을 거짓말쟁이로 만들었고,

현재도 역시 여전히 하나님을 거짓말쟁이로 만든다는 것이다. 예수님을 믿지 아니하는 사람이 하나님을 계속해서 거짓말쟁이로 만들고 있는 이유는, "하나님 께서 그 아들에 관하여 증거하신 증거를 믿지 아니했기" 때문이라는 것이다. 다시 말해, 하나님께서 그 아들에 관하여 삼중으로 첩첩히 증거하셨는데도 그 증거를 믿지 않았기 때문이라는 것이다. 여기 "믿지 아니했음이라"(οὐ πεπί- στευκεν)는 말 역시 현재완료형으로 이미 믿지 아니한 것을 그냥 계속해서 유지하고 있음을 뜻한다. 예수님을 믿지 아니하는 사람은 하나님의 증거를 지금도 계속해서 불신앙하고 있는 것이다. 아무튼 그리스도를 믿지 않는 사람들 은 그들의 불신앙에 대하여 핑계할 수 없다(롬 1:19-20).

요일 5:11-12. 또 증거는 이것이니 하나님이 우리에게 영생을 주신 것과 이 생명이 그의 아들 안에 있는 그것이니라. 아들이 있는 자에게는 생명이 있고 하나님의 아들이 없는 자에게는 생명이 없느니라.

요한은 이제 증거의 내용에 대해 언급한다. 그 증거의 내용은 다름 아니라 "하나님이 우리에게 영생을 주셨다"는 것이다(2:25). 여기 "주신"(ἔδωκεν)이 라는 말은 단순(부정)과거로 하나님께서 유일회적으로 이미 영생을 주신 것을 뜻한다. 영지주의 이단은 하나님의 아들을 통하여 영생이 주어지지 않았다고 주장했기에, 요한은 그들의 말을 반박하기 위해서 이렇게 강하게 대처했을 것이다.

그리고 요한은 증거의 내용 자체를 계속 언급한다. "이 생명이 그의 아들 안에 있는 그것이라"고 말한다(4:9; 요 1:4). 이단들은 하나님의 아들 예수님을 믿어도 생명을 얻을 수 없다고 주장했기 때문에 요한은 생명이 예수 그리스도 안에 있다고 강변한다. 요한은 생명이 그리스도 안에 있으므로 "아들이 있는 자에게는 생명이 있고 하나님의 아들이 없는 자에게는 생명이 없다"고 말한다 (요 3:36; 5:24). 곧 '이 영원한 생명이 아들 안에 있어서 아들을 소유한 사람은 생명이 있고 하나님의 아들을 소유하지 않은 자에게는 생명이 없다'고 주장한다. 여기 "있는 자"(ὁ ἔχων)라는 말은 현재분사로 현재 지속적으로 아들을 마음속에 모시고 있는 사람이라는 것을 뜻한다. 아들은 생명 자체이고 또 아들을 소유한 사람은 생명을 얻은 자이다(11절; 1:2; 요 11:25; 14:6). 우리는 하나님의 증거의 내용에 집착하여 예수 그리스도를 모시고 영생의 삶을 살아야 할 것이다.

XIV. 그리스도인이 가지는 확신들 5:13-21

요한은 앞에서 하나님께서 그리스도에 대하여 여러모로 증거하신 것을 말했는데(6-12절), 이제는 마지막으로 그리스도인이 반드시 가져야 할 확신들을 열거한다(13-21절). 첫째, 그리스도를 믿는 성도들이라면 이미 영생을 얻었다는 것을 알아야 하고(13절), 둘째, 기도는 헛되지 않다는 확신이 필요하며(14-17절), 셋째, 중생한 성도는 안전하다는 확신을 가져야 하고(18절), 넷째, 중생한 성도는 하나님께 속했다는 확신도 가져야 한다(19절). 다섯째, 중생한 성도는 그리스도께서 주신 영적인 통찰력으로 그리스도를 안 사실과 또 그리스도와 연합되었다는 사실을 확신하는 것이 필요하다(20절). 그리고 그리스도 이외에 다른 것을 바라는 우상을 멀리 하라고 권한다(21절).

1. 성도들은 이미 영생을 얻었음 5:13

요일 5:13. 내가 하나님의 아들의 이름을 믿는 너희에게 이것을 쓴 것은 너희로 하여금 너희에게 영생이 있음을 알게 하려 함이라.

요한은 자신이 그리스도를 믿는 성도들로 하여금 영생을 갖고 있음을 확신하도록 하기 위해 요한일서를 썼다고 말한다(요 20:31). 여기 "이것"(ταῦτα)이라는 말은 "이것들"이라고 번역되어야 하는 것으로 '요한일서 전체'를 지칭한다. 혹자는 "이것들"이 바로 앞에 나온 말, 즉 1-12절(영생이라는 한 가지 주제)만을 지칭한다고 주장하나, "이것들"이 복수인 점을 감안하면, 요한일서 전체를 언급하는 것이라고 보아야 할 것이다. 본 절은 요한복음 20:31절과 긴밀한 관계를 가진다고 할 수 있다. 요한복음 20:31도 요한복음의 기록 목적을 말했고, 본 절도 역시 요한일서의 기록 목적을 말하고 있다.

그리고 "쓴 것"(ἔγραψα)이라는 말은 단순(부정)과거인데, 요한이 이렇게 과거 동사를 쓰는 이유는 수신자 성도들이 이 서신을 받는 때를 표준하여 보면 요한이 서신을 쓰고 있는 때는 벌써 과거가 될 것이기 때문에 과거 동사를 채택했다.

요한이 요한일서를 쓴 목적은 성도들에게 "영생이 있음을(ζωὴν ἔχετε αἰώνιον) 알게 하려"는 것이었다(1:1-2). 바로 그들이 현재 영생을 소유하고 있음을 확신시켜 주기 원해서 글을 쓴다는 것이다. 요한은 누구든지 그리스도를 믿는 즉시 영생을 소유하게 된다고 강조하고 있다(요 3:36; 5:24). 우리가 예수님을 그리스도로 믿는다면 벌써 영생을 소유한 것으로 믿어야 한다.

2. 기도는 헛되지 않다 5:14-17

요일 5:14. 그를 향하여 우리의 가진바 담대한 것이 이것이니 그의 뜻대로 무엇을 구하면 들으심이라.

요한은 본 절부터 17절까지에서 수신자들에게 기도는 헛되지 않다는 확신을 넣어주기를 원한다. 요한은 "그," 곧 '하나님의 아들'(13절)을 향하여 "담대한 것"(παρρησία)이 있다고 말한다. 요한은 "담대한 것"이 있다는 것을 강조하기 위하여 "이것이니"(καὶ αὕτη ἐστὶν)라는 강조체를 사용한다(1:5; 2:25). 우리는 주님을 향하여 담대할 수 있다. 우리가 주님을 향하여 담대함을 가질 수 있는 이유는, "그의 뜻대로 무엇을 구하면 들으시기" 때문이다(3:21-22; 엡 3:12; 히 4:16). 주님은 우리가 주님의 뜻대로 무엇이든지 구하면 응답하신다(요 15:7). 주님의 "뜻"은 성경에 쓰여 있고 성경에 쓰여 있지 않은 것도 있는데, 그것은 성령에 의하여 깨달아진다. 가령 개인적으로 이루려고 하는 것들은 성경에 쓰여 있지 않은데 그런 것은 기도하는 중에 성령의 조명에 의하여 깨달아진다. 우리는 정욕으로 쓰려고 구하지 말고 그리스도의 뜻을 살펴서 기도함으로써 응답을 받아야 한다(약 4:3). 우리는 기도할 때만 아니라 주님의 심판 날에도 담대함을 가질 수 있으니 복된 사람들이 아닌가(2:28; 4:17)?

요일 5:15. 우리가 무엇이든지 구하는 바를 들으시는 줄을 안즉 우리가 그에게 구한 그것을 얻은 줄을 또한 아느니라.

요한은 우리가 무엇이든지 구하는 것이 주님의 뜻에 맞기만 하면 주님이 들으신다는 확신을 가져야 할 뿐 아니라, "우리가 그에게 구한 그것을 얻은 줄을 또한 알기"를 바라고 있다. 여기 "얻은"(ἔχομεν)이라는 말은 현재형으로 현재 응답 받는 줄을 알라는 것이다. 우리가 주님의 뜻대로 구하면, 실제로 응답받는 것은 미래의 일이라 할지라도, 기도하는 즉시 받은 줄로 알아야 한다(막 11:20-25).

요일 5:16. 누구든지 형제가 사망에 이르지 아니한 죄 범하는 것을 보거든 구하라 그러면 사망에 이르지 아니하는 범죄자들을 위하여 저에게 생명을 주시리라. 사망에 이르는 죄가 있으니 이에 대하여 나는 구하라 하지 않노라.
요한은 앞에서 기도가 헛되지 않다는 것을 말했는데(14-15절), 이제는 "형제가 사망에 이르지 아니한 죄"를 범하는 것을 볼 경우 기도하라고 말한다. 그러면 그 기도가 응답된다는 것이다(욥 42:8; 약 5:14-15). 여기 "사망에 이르지 아니한 죄"라는 "사망에 이르는 죄"를 제외한 '모든 죄들'을 지칭한다. 곧 살인죄 간음죄 등 수많은 죄들을 지칭한다. 성도들이 사망에 이르지 않는 죄를 짓는 사람들을 위하여 기도할 때, 하나님께서는 그 기도에 응답하셔서 그 형제에게 생명을 주신다.

그러나 요한은 "사망에 이르는 죄가 있으니 이에 대하여 나는 구하라 하지 않노라"고 말한다. "사망에 이르는 죄"($\dot{\alpha}\mu\alpha\rho\tau\acute{\iota}\alpha$ $\pi\rho\grave{o}\varsigma$ $\theta\acute{\alpha}\nu\alpha\tau\text{o}\nu$)라는 것은 하나님을 훼방하는 죄(민15:30-31) , 곧 성령을 훼방한 죄를 말한다(2:19; 마 12:31-32; 막 3:29; 눅 12:10; 히 6:4-6; 10:26-31). 성경은 성령 훼방죄를 범한 사람들을 위해서는 기도하지 말라고 말한다(렘 7:16; 14:11). 우리는 오늘날 성령 훼방죄를 짓는 이단자들을 위하여 기도할 필요가 없다.

요일 5:17. 모든 불의가 죄로되 사망에 이르지 아니하는 죄도 있도다.
요한은 앞 절에서 죄를 구분할 때 사망에 이르지 아니하는 죄와 사망에 이르는 죄로 구분했는데, 본 절에서는 "모든 불의가 죄"라고 못을 박는다(3:4). 여기 "불의"(ἀδικία)라는 말은 '불법'이라는 뜻이다. 요한은 3:4절에서 "죄는 불법"이라고 정의했는데, 이 두 구절을 종합하면 "불의"는 불법이라는 뜻이 된다. 다시 말해, "불의"는 하나님의 법을 어기는 것을 뜻한다.

요한은 "모든 불의가 죄"라고 규정하면서 그 중에 "사망에 이르지 않는 죄"가 있다고 설명한다. 요한이 이처럼 "모든 불의가 죄"라고 못을 박는 이유는 모든 불의한 것, 곧 불법한 것도 다 죄라고 말함으로써 성도들에게 죄에 대한 경각심을 불러일으키려는 것이다. 다시 말해, 요한은 성도들에게 하나님은 의로우신 분이므로 어떤 죄도 용납하시지 않는다는 사실을 알리고자 했던 것이다. 하나님은 이처럼 모든 불의하고 불법한 것을 죄로 정하셨지만, 성도들이 성령 훼방죄를 제외하고는 어떤 죄라도 하나님께 참 마음으로 고백하기만 하면 용서를 얻을 수 있고 따라서 사망에 이르지 아니한다는 것이다. 요한은 사망에 이르지 아니하는 죄를 범하는 사람들을 보면 대도(代禱)해 주라고 부탁한다.

3. 중생한 성도는 안전함 5:18

요일 5:18. 하나님께로서 난 자마다 범죄치 아니하는 줄을 우리가 아노라. 하나님께로서 나신 자가 저를 지키시매 악한 자가 저를 만지지도 못하느니라. 요한의 확신으로는, "하나님께로서 난 자마다," 곧 '중생한 성도마다' 지속적으로 범죄하는 일은 없다(3:9). 이유는 "하나님께로서 나신 자," 곧 '예수 그리스도께서' 성도들을 지키시기 때문에 "악한 자," 곧 '마귀'가 성도들을 해하지 못하기 때문이다(약 1:27). 혹자는 "범죄치 아니한다"(οὐχ ἁμαρτάνει)는 말을 앞 절에서 언급한 '사망에 이르는 죄를 짓지 아니한다'는 뜻으로 해석하기도 하나, 그것을 그렇게 한정할 이유는 없다. 왜냐하면 3:9절에서 "하나님께로서 난 자마다 범죄치 아니한다"는 말이 사망에 이르는 죄를 짓지 않는 것이라고 한정하지 않으므로 본 절에서도 역시 그렇게 한정할 필요가 없다. 그리고 혹자는 여기 "하나님께로서 나신 자"를 '중생한 성도'라고 주장한다. "하나님께로서 나신 자"라는 말을 '중생한 성도'라고 해석해야 하는 이유는, 요한은 그의 서신 어느 곳에서도 이 말을 결코 '그리스도'로 해석한 예가 없기 때문이라는 것이다. 그러면서 바로 뒤에 나오는 "저를"이라는 말을 "자기를"이라고 고쳐야 한다고 주장한다(그래야 문맥이 통하기 때문에). 그러나 "하나님께로서 나신 자"를 '그리스도'로 해석해야 하는 이유는 더 크다. 첫째, 만일 "하나님께로서 나신 자"를 '중생한 성도'로 해석한다면, 성도가 성도 자신을 지키는 힘이 마귀를 꼼짝 못하게 한다는 것이 성경의 사상에 맞지 않는다. 둘째, "나신 자"(ὁ γεννηθείς)라는 말은 단순(부정)과거로 예수 그리스도의 나심이 과거의 역사적인 사건을 지칭하는데 비해, "하나님께로서 난 자마다"(πᾶς ὁ γε-γεννημένος ἐκ τοῦ θεοῦ)라는 말은 현재완료분사로 성도가 중생하여 현재도 중생한 사람으로 존재한다는 것을 지칭한다. 예수 그리스도의 나심과 성도의 중생 사건은 현저히 다른 사건이라는 사실을 감안할 때, "나신 자"를 '예수 그리스도'로 해석해야 옳다.

4. 중생한 성도는 하나님께 속해 있음 5:19

요일 5:19. 또 아는 것은 우리는 하나님께 속하고 온 세상은 악한 자 안에 처한 것이며.

요한의 또 하나의 확신은 "우리," 곧 '하나님으로부터 중생한 성도'(18절)는 하나님께 속하여 예수 그리스도의 지키심을 받는다는 것이고, "온 세상," 곧 '하나님께 속하지 않은 사람들,' 예를 들어 영지주의자들 같은 사람들은 "악한 자," 곧 '마귀'에게 속해 있다는 것이다(갈 1:4). 우리는 지금도 하나님께 속하여 예수 그리스도의 보호를 받고 있어서 마귀로부터 안전하지만, 중생하지 않은 사람들은 마귀의 조종을 받으며 살아가고 있다.

5. 성도는 예수님을 알고 또 그와 연합되어 있다는 확신을 가지게 됨 5:20

요일 5:20. 또 아는 것은 하나님의 아들이 이르러 우리에게 지각을 주사 우리로 참된 자를 알게 하신 것과 또한 우리가 참된 자 곧 그의 아들 예수 그리스도 안에 있는 것이니 그는 참 하나님이시요 영생이시라.

요한의 또 다른 확신은 "하나님의 아들이 이르러 우리에게 지각을 주사 우리로 참 된 자를 알게 하신 것"이다. 여기 "하나님의 아들이 이르러"(1:1, 2)라는 말은 '예수 그리스도께서 세상에 오셨다는 것'을 지칭하고 우리에게 "지각"(δι-άνοιαν)을 주셨다는 말은 '영적인 통찰력,' '영적인 이해력'을 주셨다는 뜻이다 (눅 24:45; 요 14:18, 21, 23 ;16:22). 예수 그리스도께서는 성육신하셔서 사역하시다가 십자가에 달려서 대속의 고난을 받으시고 부활 승천하셔서 우리에게 성령을 주셨다. 다시 말해, 예수 그리스도께서는 성령을 통하여 사람들에게 영적인 통찰력, 영적인 이해력을 주셔서 "참된 자," 곧 '하나님'을 알게 해주셨다 (요 17:3).

요한의 또 한 가지 확신은 "우리가 참된 자 곧 예수 그리스도 안에 있게,"

곧 '예수 그리스도와 연합되게' 해주셨다는 것이다. 예수님은 부활 승천하신 후 우리에게 성령을 주셔서 하나님을 알게 해 주셨을 뿐 아니라, 예수님 자신과 연합하도록 만들어 주셨다. 즉 예수님은 우리 안에, 우리는 예수님 안에 있게 되는 상호 연합을 이루어 주신 것이다.

요한은 우리가 예수님과 연합되었다는 것을 말하고는, 그 예수님이야말로 "참 하나님이시요 영생이시라"고 말한다(사 9:6; 44:6; 54:5; 요 20:28; 롬 9:5; 딤전 3:16; 딛 2:13). 요한이 예수님을 "참 하나님"이라고 말한 것은, 영지주의자들을 반박하는 말로서 예수님이야말로 하나님 자신이라는 의미이다 (요 1:1, 14). 그리고 예수 그리스도께서 "영생"이시라는 말은, 그리스도 자신이 영생의 근원이시고 공급자이시라는 말이다(1:1, 2; 2:25; 5:11-13; 요 11:25; 14:6). 요한은 성도들이 이미 영생을 소유했음을 여러 차례 말했는데, 이것은 그 영생의 공급자가 예수 그리스도이심을 말하고 있는 것이다.

6. 우상으로부터 멀리하라 5:21

요일 5:21. 자녀들아 너희 자신을 지켜 우상에서 멀리하라.

요한은 마지막으로 수신자들을 "자녀들아"라고 부르면서 "너희 자신을 지켜 우상에서 멀리하라"고 부탁한다(고전 10:14). 곧 '영지주의자들의 주장을 따르는 것은 우상숭배이니 그들의 주장을 따르지 말라'는 것이다. 예수 그리스도께서만 "참 하나님이시요 영생이시고"(20절), 다른 생각들이나 주장들은 다 우상숭배라는 것이다. 그리스도 이외에 다른 것을 더 생각하거나 따르는 것은 우상숭배이다. 그리고 예수 그리스도 이외에 다른 것을 따름으로 복을 얻고 영생을 얻어 보려는 시도도 다 우상숭배이다. 우리는 현세에서도 보이는 우상,

눈에 보이지 않는 우상들을 배척해야 할 것이다. 탐욕이나 쾌락도 멀리 하고, 진화론이나 공산주의 사상도 멀리 하며, 온갖 우상을 멀리 해야 할 것이다. 오직 그리스도만 하나님이시며 영생으로 알고 따라야 할 것이다.

－요한일서 주해 끝

총론

저작자 본 서신의 저자는 요한일서의 저자와 동일한 요한 사도이다. 요한 사도가 본 서신의 저자라고 하는 것은 성경의 내적 증거로도 확실하고 외적 증거도 많이 있다.

1. 내증: 본 서신에는 요한 사도가 저작한 요한일서의 내용과 일치하는 구절들이 있다. 1:9의 내용이 요한일서 2:23의 내용과 비슷하고, 1:5, 6, 7의 내용이 요한일서 2:7; 3:11의 내용과 비슷하며, 1:7의 내용은 요한일서 2:22; 4:2의 내용과 유사하다. 아무튼 본 서신의 내용 중 "진리," "계명," "서로 사랑하자," "적그리스도"와 같은 용어들이 요한복음이나 요한일서에도 나오는 것은 본 서신의 저자가 요한 사도라는 것을 보여 주는 증거들임에 틀림없다.

본서 초두에 "장로"라는 말이 나오는 것은 크게 문제가 될 것은 없다(1:1). 이유는 베드로 사도도 역시 자신의 직임이 "장로"라고 말하고 있기 때문이다(벧전 5:1). 그러나 요한이나 베드로의 직임에 쓰인 장로라는 직분은 오늘날의 치리 장로가 아니라 목사에 해당하는 장로였다. 초대 교회 때는 가르치는 일을 전담하는 교무 장로(오늘날 목사)와 교회를 다스리는 일을 전담하는 치리

장로가 있었는데, 요한이나 베드로는 복음을 가르치는 일을 전무(專務)하던 교무장로였다(딤전 5:17). 요한 사도가 자신을 사도라고 밝히지 않고 "장로"라고만 표기한 것은 그렇게만 써도 본 서신의 수신자들이 편지를 쓰는 이가 누구인지를 잘 알 수 있으리라고 생각했기 때문이다. 그는 사도였고 또 유명한 장로였다.

2. 외증: 이레니우스(Irenaeus, A.D. 130-220)는 두 번이나 본 서신을 요한 사도의 저작으로 인용했으며, 클레멘트(Clement of Alexandria, A.D. 155년경-220년경)도 본 서신을 요한의 저작으로 인정했고, 무라토리 단편 (Muratorian Fragment, A.D. 200)도 본 서신을 요한의 저작으로 인정하고 있다.

기록한 장소 본 서신의 기록 장소는 요한 사도가 목회하고 있던 에베소 교회로 보인다.

기록한 때 본 서신은 요한일서를 기록했던 시대적 상황에서 기록되었다(요일 2:18-23; 4:1-6; 요이 1:7). 요한 사도는 요한복음을 기록한(A.D.85-90년) 후에 그리고 요한계시록을 기록하기(A.D. 95년) 전인 A. D. 90-95년경에 본 서신을 기록한 것으로 보인다.

편지를 쓴 이유 본 서신은 요한일서의 내용을 보충할 목적으로 기록되었다. 요한은 본 서신에서 사랑을 실천할 것과 교회 내에 침투한 이단을 경계할 것을 권하고자 했다. 당시 교회 내에 침투했던 이단은 요한일서의 경우와 마찬가지로 영지주의 이단이었다. 영지주의 이단은 예수 그리스도의 성육신을 부인하는 이단이었다. 그들은 육체적인 것은 악하기 때문에 그리스도께서 육체를 입고 이 세상에 오신다는 것을 이해할 수 없었다. 그들이 집요하게 교회를 어지럽히고 있었기 때문에 요한 사도는 요한일서와 본 서신에서 줄기차게 이단을 경계했다.

수신자 요한 사도가 본 서신을 써서 누구에게 보냈는가를 두고 크게 두 가지 주장이 있다. 혹자는 요한이 본 서신을 어떤 개인에게 보냈다고 주장하고(에클레테 부인, 성모 마리아), 다른 이는 요한이 본 서신을 어떤 특정한 교회에 보냈다고 주장한다. 문제가 된 구절은 "장로는 택하심을 입은 부녀와 그의 자녀에게 편지하노니"라는 문구인데(1:1), 여기 "부녀"(kuriva)라는 말은 '교회'를 의미한다(사 50:1; 마 9:15; 요 3:29). 이 "부녀"라는 말이 교회라는 단체를 의미한다고 보아야 할 이유는 서신 가운데 많이 보인다. 5절의 "서로 사랑하자"는 말과 1:8, 1:10, 1:12의 "너희"라는 말은 "부녀"라는 말이 어떤 개인이 아니라 단체인 교회를 지칭하고 있음을 보여 준다.

내용 분해 본 서신의 내용을 분해하면 다음과 같다.

    I. 머리말 1:1-3

    II. 서로 사랑하자 1:4-6

    III. 미혹하는 자들을 경계하라 1:7-11

    IV. 끝 맺음말 1:12-13

참고도서

1. 박윤선. 『공동서신』. 성경주석. 서울: 영음사, 1986.

2. 이상근. 『공동서신』. 신약주해. 대한예수교 장로회 총회교육부, 1970.

3. 라저 M. 레이머 외 3인. 『베드로전후서, 요한일·이·삼서, 유다서』 : The Bible Knowledge Commentary 29. 양용의 옮김. 서울: 도서출판 두란노. 1983.

4. 하지스, 제인 C. 『베드로전후서. 요한일·이·삼서, 유다서』. 양용의 옮김. 서울: 도서출판 두란노, 1983.

5. Barclay, William. 『요한, 유다서』. 성서주석시리즈 15. 박근용 역. 서울: 기독교문사, 1974.

6. Barnes, Albert. *James, Peter, John, and Jude*. Notes on the New Testament. Grand Rapids: Baker Book House, 1978.

7. Bengel, J. A. 『베드로전서·유다서』. 벵겔신약주석. 나용화, 김철해 공역. 서울:도서출판 로고스, 1992.

8. Berkhof, Louis. Systematic Theology. Carlisle, Pa.: Banner of Truth Trust, 1958.

9. Bruce, F. F. 『요한 1. 2. 3서』. 이상원 옮김. 서울 아가페출판사, 1986.

10. Grayston, K. *The Johannine Epistles*. The New Century Bible Commentary. Grand Rapids: Eerdmans, 1984.

11. Henry, Matthew. *Commentary on the Whole Bible*, New York: Fleming H. Revell, n.d.

12. Jacomb, Thomas. *Sermons on the Eighth Chapter of the Epistle to the Romans.* Carlisle. Pa.;Banner of Truth Trust, 1868.

13. Lloyd-Jones, Martin. *God the Holy Spirit.* Wheaton, Ⅲ. : Crossway Books, 1996.

14. McGee, J. V. *Second and Third John, Jude.* Thru the Bible Commentary Series. Nashville: Thomas Nelson Publishers 1991.

15. Morris, Leon. "1 John, 2John, 3John," *New Bible Commentary Revised,* ed. D. Guthrie. Grand Rapids: Eerdmans, 1970.

16. Marshall, I. Howard. *The Epistles of John.* Grand Rapids: William B. Eerdmans Publishing Company, 1984.

17. Ryrie, Charles C. "I, II, III John." *The Wycliffe Bible Commentary.* Chicago: Moody Press, 1981.

18. Smalley, Stephen S. *1, 2, 3 John.* Word Biblical Commentary. Waco, Texas: Word Books, Publisher, 1984.

제1장

사랑의 계명을 지키며 이단을 경계하라

I. 머리말 1:1-3

요한은 본 서신을 쓰면서, 요한일서를 쓸 때와는 달리, 수신자들에게 인사를 한다(1-3절). 요한은 자신이 수신자들을 사랑하는 이유는 "진리" 때문이라고 말하며(1-2절), 은혜와 긍휼과 평강이 "진리와 사랑" 가운데서 그들에게 임하기를 바라고 있다(3절).

요이 1:1. 장로는 택하심을 입은 부녀와 그의 자녀에게 편지하노니 내가 참으로 사랑하는 자요 나뿐 아니라 진리를 아는 모든 자도 그리하는 것은.

요한 사도는 교회의 "장로"(행 11:30; 14:23; 15:2; 딤전 5:17)로서 "택하심을 입은 부녀와 그의 자녀에게" 편지한다. "장로"(πρεσβύτερος)라는 말은 성경에서 '늙은 사람들'을 지칭하기도 하고(행 2:17; 딤전 5:1), '교회의 직분'을 지칭하기도 하는데(본서 '총론 저작자' 참조), 본문에서는 '교회의 직분'을 뜻한다. 요한은 교회의 교무 장로 입장에서(딤전 5:17) "택하심을 입은 부녀와 그의 자녀에게 편지한다." "택하심을 입은 부녀"라는 말은 '하나님으로부터 만세 전에(엡 1:4) 택함을 받은 교회'라는 뜻이다(본서 '총론 저작자' 참조). 혹자는 "택하심을 입은 부녀"(ἐκλεκτῇ κυρίᾳ)라는 말이 '에클레크테 부인'이나 '택하심을 입은 퀴리아'라고 주장하나, 문맥상 어떤 개인이라고 보기에는 무리가 있다. 5절의 "서로 사랑하자"는 말씀이나, 1:8, 1:10, 1:12의 "너희"라는 말은 "부녀"라는 말이 어떤 개인이 아니고 단체인 교회를 지칭하고 있음을 보여 준다. 따라서 "그의 자녀"라는 말은 '그 교회의 신자들'을 지칭한다.

요한 사도는 수신자를 묘사하는 데 있어서 "내가 참으로 사랑하는 자요 나뿐 아니라 진리를 아는 모든 자도 그리한다"고 말한다(요일 3:18; 요삼 1:1). 여기 "참으로"(ἐν ἀληθείᾳ)라는 말에 관사가 없는 점으로 미루어 볼 때, 이것은 '진실로'라는 뜻으로 볼 수 있다. 요한은 '그 교회와 성도들을 참으로 사랑한다'고 말한다. 또한 자신뿐 아니라 진리를 아는 모든 사람도 자신처럼 참으로 수신자를 사랑한다'고 말한다. 여기 "진리"(τὴν ἀλήθειαν)라는 말은 "그 진리"라는 말로서 '복음,' 곧 '예수 그리스도'를 지칭한다(요 8:32; 갈 2:5, 14; 5:7; 골 1:5; 살후 2:13; 딤전 2:4; 히 10:26). 예수 그리스도를 아는 사람들은 다른 성도들을 참으로 사랑하기에 이른다. 그리스도의 대속의 복음을 알고야 어찌 다른 성도들을 사랑치 않으랴.

요이 1:2. 우리 안에 거하여 영원히 우리와 함께 할 진리를 인함이로다.
요한은 자신이 진리를 아는 모든 자(1절)와 함께 수신자를 사랑하는 이유를 말한다. 그것은 "우리들," 곧 '요한 사도와 진리를 아는 모든 자' 안에 거하여 함께하시는 "진리(τὴν ἀλήθειαν)," 곧 '예수 그리스도' 때문이라는 것이다. 여기 "거하여"(τὴν μένουσαν)라는 말은 현재분사로서 진리, 곧 예수 그리스도

께서 지속적으로 함께 하시는 것을 뜻한다. 또한 "함께 할"(ἔσται)이라는
말은 미래형으로 예수 그리스도께서 영원히 함께 하실 것이라는 뜻이다. 요한과
예수 그리스도를 아는 모든 성도(1절)는 영원히 함께 하시는 그리스도 때문에
수신자 성도들을 사랑한다는 것이다. 그리스도의 대속의 사랑을 깨달은 성도는
다른 사람을 뜨겁게 사랑하기 마련이다. 사랑을 받았으니 사랑하지 않으랴!

요이 1:3. 은혜와 긍휼과 평강이 하나님 아버지와 아버지의 아들 예수 그리스도께
로부터 진리와 사랑 가운데서 우리와 함께 있으리라.
요한은 수신자 성도들에게 "은혜와 긍휼과 평강이 하나님 아버지와 아버지의
아들 예수 그리스도께로부터" 있으리라고 말한다(딤후 1:2). "은혜"라는 말은
'하나님께서 그리스도를 통하여 주시는 호의'를 지칭하고, "긍휼"은 '하나님께
서 죄인을 불쌍히 여기심'을 뜻하며, "평강"이라는 말은 은혜와 긍휼의 결과로
임하는 '마음의 안정 상태'를 의미한다. 이 세 가지, 곧 은혜와 긍휼과 평강은
하나님 아버지와 아버지의 아들 예수 그리스도로부터 임한다. 성부와 성자는
우리들의 복의 근원이시다.

그런데 요한은 이 세 가지가 "진리와 사랑 가운데서"(ἐν ἀληθείᾳ καὶ
ἀγάπῃ) 우리들에게 임한다고 말한다. 여기 "진리"라는 말은 '진실성,' 혹은
'성실성'을 뜻하고, "사랑"은 '하나님과 사람을 사랑하는 풍성한 사랑'을 뜻한
다. 다시 말해, 진실하게 행하는 문안자들과 수신자 성도들에게 하나님의 은혜와
긍휼과 평강이 있기를 바란다는 말이다. 그런데 혹자는 여기 "진리"라는 말이
'진리 되시는 그리스도를 믿는 믿음,' 혹은 '복음을 믿는 믿음'이라고 해석하나
문맥에 어울리지 않는다. 이유는 편지를 쓰는 사도는 문안자의 입장에서 이미
"진리"를 소유한 사람인데(2절), 다시금 "진리," 곧 '예수 그리스도' 안에서

세 가지 복을 받게 된다고 말하는 것은 어울리지 않는다. 이 세 가지 복, 곧 은혜와 긍휼과 평강은 문안자의 진실함과 풍성한 사랑, 그리고 수신자 성도들의 진실함과 사랑의 삶 속에 임한다고 해야 옳다.[1] 하나님께서 아무리 호의와 긍휼을 베풀고 싶어 하시고 평강을 주시기를 원하셔도, 문안자나 수신자 측에서 진실하지 않고 사랑을 베푸는 삶이 없으면, 하나님은 그것들을 주시지 않는다. 이 말은 하나님의 은혜가 사람 측의 조건이 갖추어 있을 때만 임한다는 뜻이 아니다. 그러나 성경은 사람 측의 조건이나 자세도 중요하다는 것을 말씀하고 있다. 복음서에 등장하는 죄인들도 그리스도 앞에 나와서 은혜를 받을 때는 진실하여 죄를 고백하는 심정이었다(마 8:1-4; 9:1-8; 18-22; 27:31). 우리는 진실한 사람이 되어야 한다.

II. 서로 사랑하자 1:4-6

요이 1:4. 너의 자녀 중에 우리가 아버지께 받은 계명대로 진리에 행하는 자를 내가 보니 심히 기쁘도다.

요한은 수신자 교회의 신자들 중에 몇몇 사람들, 곧 미혹하는 자의 미혹을 받지 않고(7-9절) "아버지께 받은 계명"대로 행하는 사람들을 보고 심히 기뻐한다. "아버지께 받은 계명"은 구약 시대에 하나님께로부터 받은 계명이 아니라 예수 그리스도를 통하여 받은 계명을 말한다. 예수님은 두 가지 계명을 주셨다. 하나는 예수님을 믿으라는 계명이고 또 하나는 성도들끼리 서로 사랑하라는

---

1) Matthew Henry, *베드로, 요한, 유다, 계시록*, 서기산 역, (서울: 기독교문사, 1982), p. 356.

계명이다(요 15:12; 요일 3:23). 예수님을 믿는 것과 성도들을 사랑하는 것이야
말로 사도를 기쁘게 하고 하나님을 기쁘시게 하는 것이다.

요한은 성도들이 그리스도로부터 받은 계명, 곧 믿으라는 명령과 사랑하라
는 명령대로 "진리에 행하는 자"를 보고 기뻐한다(요삼 1:3). 여기 "진리에($\dot{\epsilon}\nu$
$\dot{\alpha}\lambda\eta\theta\epsilon\dot{\iota}\alpha$) 행하는 자"라는 말은 '진실하게 행하는 자'라는 뜻이다(Barker,
Bruce). 브루스(F. F. Bruce)는 "진리라는 단어 앞에는 정관사가 없기 때문에
여기에 있는 '진리 안에서 행한다'는 말은 단순히 '지극히 성실하게 행한다'는
정도의 의미를 갖는다"고 주장한다.[2] 수신자 성도들은 이미 그리스도의 교훈을
믿는 사람들이었으므로(9절), 요한은 그들에게 복음을 믿으라고 강조하기보다
는 계명대로 진실하게 행하기를 강조했다. 요한은 하나님의 명령대로 진실하게
믿는 사람들에 대해서 듣고 심히 기뻐한다.

요이 1:5. 부녀여, 내가 이제 네게 구하노니 서로 사랑하자 이는 새 계명 같이
네게 쓰는 것이 아니요 오직 처음부터 우리가 가진 것이라.

요한은 교우들 전체를 "부녀여"라고 부르면서(1절), "내가 이제 네게 구하노니
서로 사랑하자"고 권한다(요 13:34; 15:12; 엡 5:2; 벧전 4:8; 요일 3:23).
요한은 교우들을 향하여 명령하지 않고 "구하고" 있다. 지도자는 이렇게 부드러
워야 한다. 여기 "서로 사랑하자"($\dot{\alpha}\gamma\alpha\pi\hat{\omega}\mu\epsilon\nu$ $\dot{\alpha}\lambda\lambda\dot{\eta}\lambda\text{ous}$)는 말은 현재시상으로

---

2) F. F. Bruce, *요한 1. 2. 3서*, 이상원 옮김, (서울: 아가페출판사, 1987), p. 181. F. F. Bruce는
덧붙여 말하기를 "그러나 정관사가 붙게 되면 그리스도 안에 구체화된 진리를 가리킨다. 그와 같은
구분이 과연 가능한지는 의문이다"고 했다. F. F. Bruce에게 답한다면 성경은 그런 구분을 정확하게
보여 주지는 않는다. 요한삼서 1:3-4에 보면 3절에 "진리 안에서"($\dot{\epsilon}\nu$ $\dot{\alpha}\lambda\eta\theta\epsilon\dot{\iota}\alpha$)라는 말이 나오고,
4절에 다시 "진리 안에서"($\dot{\epsilon}\nu$ $\tau\hat{\eta}$ $\dot{\alpha}\lambda\eta\theta\epsilon\dot{\iota}\alpha$)라는 말이 나오는데, 3절에는 관사가 없고 4절에는 관사가
있다. 똑같은 문맥 안에서 한곳에는 관사 없고 한곳에는 관사가 있다. 그러므로 관사가 없고 있는
것의 차이를 갖고 정확하게 뜻을 분별하기는 어렵다. 그러므로 우리는 문맥을 살피는 수밖에 없다.

서 지속적으로 사랑하자는 말이다. 하나님의 자녀들은 서로 간에 지속적으로 사랑해야 한다.

요한은 서로 사랑하자고 권면하면서 이 계명은 자신이 새로 명령하는 "계명"이 아니라 "처음부터 우리가 가진 것이라"고 말한다(요일 2:7-8; 3:11). 요한은 요한일서 2:7에서도 똑같은 말을 한다(요일 3:11-18, 23; 4:7, 11, 21). 수신자 성도들은 그리스도를 믿을 때부터 서로 사랑하자는 말씀을 들었다. 이제 그들에게는 실천만 남았을 뿐이다.

요이 1:6. 또 사랑은 이것이니 우리가 그 계명을 좇아 행하는 것이요 계명은 이것이니 너희가 처음부터 들은 바와 같이 그 가운데서 행하라 하심이라. 요한은 사람 사랑은 다름 아니라 "그 계명(τὰς ἐντολὰς)을 좇아 행하는 것이라"고 말한다(요 14:15, 21; 15:10; 요일 2:5; 5:3). "그 계명"을 좇아 행한다는 것은 '그 계명들'을 따라서 행한다는 말이다. 본 절에서 말하는 "사랑"이 사람에 대한 사랑이라고 할 수 있는 이유는 4-6절의 문맥 때문이다.[3]

요한은 상반 절의 "그 계명들"에 대해 다시 설명한다. 곧 "계명은 이것이니 너희가 처음부터 들은 바와 같이 그 가운데서 행하라 하심이라"고 말한다(요일 2:24; 3:23; 5:3). 요한이 "계명"(ἡ ἐντολη)이라는 말을 다시 단수로 표현한 이유는, 계명들은 결국 한 가지로 묶일 수 있기 때문이다. 곧 여러 계명들은 사랑 하나로 귀결될 수 있기 때문에 단수로 쓴 것이다. 계명은 수신자 성도들이 처음 믿을 때부터 들은 것으로서 "그 가운데서," 곧 '사랑 가운데서' 행하는 것이다.

---

3) 주의할 것은 요한은 사람 사랑과 하나님 사랑을 똑같은 것으로 말하고 있다는 점이다(요일 4:20).

III. 미혹하는 자들을 경계하라 1:7-11

요한은 앞에서는 성도 간에 서로 사랑하라고 권고했는데(4-6절), 이제는 수신자 교회에서 크게 문제가 되었던 영지주의 이단에 대해서 경계하라고 부탁한다(7-11절). 요한은 먼저 이단의 주장이 무엇인가를 말하며(7절), 그들을 삼가라고 부탁하고(8절), 그리스도의 교훈 안에 거하라고 말한다(9절). 그리고 그 이단들과는 상종하지 말라고 말한다(10-11절).

요이 1:7. 미혹하는 자가 많이 세상에 나왔나니 이는 예수 그리스도께서 육체로 임하심을 부인하는 자라 이것이 미혹하는 자요 적그리스도니.

요한은 본 절 초두에 "왜냐하면"(ὅτι)이라는 말을 두어(우리 성경에는 없음) 본 절이 앞엣 말(4-6절)의 이유임을 밝힌다. 곧 그리스도의 계명을 잘 지켜야 하는 이유는 이단이 많이 세상에 출현했기 때문이라는 것이다. 요한은 "미혹하는 자," 곧 '사람들로 하여금 잘못된 길로 가게 하는 영지주의 이단자들'이 세상에 많이 출현했다고 말한다(요일 4:1). 참 성도의 숫자가 적은 것에 비하여(4절) 이단들은 많이 나왔다는 것이다. 이렇게 많이 세상에 나왔으니 그리스도의 계명을 잘 지켜야 된다는 것이다. 오늘도 그리스도의 권위를 손상시키는 이단들이 세상에 많이 나와 있다. 지금 우리나라에 최소한 80여 가지의 큰 이단들이 있다. 우리는 이들을 대처하기 위하여 그리스도의 계명을 철저히 지켜야 한다.

영지주의 이단들은 "예수 그리스도께서 육체로 임하심을 부인하는 자"들이다(요일 4:2-3). 그런데 여기 "임하심"(ἐρχόμενον)이라는 말이 현재분사라는 것이 문제이다. 본문을 다시 풀어보면, 영지주의 이단은 "예수 그리스도께서 육체로 임하시고 계시는 것을 부인하는 자"들이다. 예수님께서 현재 계속해서 임하시고 계시다는 것이다. 요한은 요한일서 4:2에서는 완료분사를 사용하여 그리스도께서 육체로 "오신 것"(ἐληλυθότα)을 말했는데, 여기서는 지금도 예수 그리스도께서 끊임없이 임하고 계심을 말하는 동사를 사용하고 있다. 그것은 예수 그리스도의 초림이 초(超)시간적인 사건임을 드러내기 위함이다 (Barker, Marshall, Stott, Alford). 이렇게 현재분사로 쓴 것은 "예수 그리스도는 인간의 본성을 입고 계시며(임하시며) 그 본성을 계속해서 유지하고 계시기 때문이다."[4]

요한은 "이것이 미혹하는 자요 적그리스도"라고 말한다(요일 2:22; 4:3). 영지주의자들은 사람을 잘못된 데로 가게 하는, 미혹하는 자들이고 적그리스도 들이라는 말이다. 인류의 종말에 최후의 적그리스도(살후 2:8)가 출현하기 전까지 인류 역사상에는 수많은 적그리스도들이 나타날 것인데, 요한 사도 당시에도 벌써 많은 적그리스도들이 나타난 것이다. 지금은 더 많은 적그리스도 들이 우글거리고 있다.

요이 1:8. 너희는 너희를 삼가 우리의 일한 것을 잃지 말고 오직 온전한 상을 얻으라.

요한은 성도들을 향하여 "너희를 삼가라"(βλέπετε ἑαυτούς)고 부탁한다(막 13:9). 곧 '너희 자신들을 삼가라'는 말이다. 영지주의 이단에 미혹을 받지 않도록 조심하라는 말이다. 조심해야 할 이유는 첫째, "우리의 일한 것을 잃지 않기" 위해서이고, 둘째, "오직 온전한 상"을 얻기 위해서다(히 10:32, 35).

---

4) 제인 C. 하지스, *베드로전후서, 요한일 이, 삼서, 유다서*, 양용의 옮김, (서울: 도서출판두란노, 1983), p. 216.

한 마디로 '우리가 일한 열매를 잃지 않고 상을 얻기 위해서'라는 것이다.
요한은 수신자 성도들이 이단자들의 미혹에 이끌려 넘어가면 사도들이나 전도
자들이 전한 그리스도의 말씀을 잃게 되고 따라서 온전한 상, 곧 영생을 잃게
되기 때문에 조심하라고 부탁한다(벧전 1:9; 요일 4:14-16). 이단자 조심은
항상 필요하다. 방심해서 이단자에게 넘어가 그리스도의 말씀을 잃게 되며,
동시에 영생도 잃게 마련이다.

　본 절 읽기에는, 우리 한역과는 달리, 이류사본(KLP 등)의 글도 있다.
이류사본은 "너희는 우리의 일한 것을 우리가 잃지 않고 또 우리가 온전한
상을 얻게 하기 위하여 삼가라"(Look to yourselves, that we lose not those
things which we have wrought, but that we receive a full reward)고 되어
있다. 이 사본들의 읽기를 풀어쓰면 '우리, 곧 사도들과 전도자들이 일한 것들을
우리가 잃지 않게 하고 우리가 온전한 상을 얻도록 너희가 조심해 달라'고
번역된다. 다시 말해, 사도들이나 전도자들이 복음을 전하여 얻은 성도들을
잃지 않고 하나님으로부터 온전한 상급을 받도록, 수신자 성도들이 조심해서
이단자들한테 넘어가지 말라는 것이다. 사도들이나 전도자들이 얻고자 하는
상급은 다름 아니라 수신자 성도들 자체이다. 수신자 성도들이 조심하지 않으면
사도들이나 전도자들이 수신자 성도들을 잃을 위험이 있으므로 조심하라는
것이다. 사도들이 성도들을 잃는 것은 상급을 잃는 것이나 마찬가지였다. 바울은
자신이 복음을 전해서 얻은 성도들을 상급 자체라고 말한다(빌 4:1; 살전 2:20).

　그러면 어느 사본의 글이 바른 것인가? 일류 사본(ℵAB-우리 한역은 일류사
본의 읽기에 속함)의 글을 따르면 "온전한 상급"은 '영생'이고, 이류 사본(KLP)
의 글을 따르면 '수신자 성도들 자체'이다. 우리는 앞 뒤 문맥을 살필 때(7절,
9절) "온전한 상급"을 '영생'으로 보아야 한다. 우리가 "온전한 상급"을 '영생,'

'구원'으로 보아야 할 이유는, 7절과 9절이 아버지와 아들을 모시는 문제를 말하고 있으므로 8절 역시 '영생'이나 '구원'을 다루는 구절로 보아야 하기 때문이다. 그러므로 일류 사본의 글을 따르는 것이 옳을 것이다.

요이 1:9. 지내쳐 그리스도 교훈 안에 거하지 아니하는 자마다 하나님을 모시지 못하되 교훈 안에 거하는 이 사람이 아버지와 아들을 모시느니라.

영지주의 이단은 "지내쳐"(προάγων), 곧 '그리스도의 교훈보다 자기들이 앞선 듯이 여겨서' 그리스도 교훈 안에 거하지 아니하여 하나님을 모시지 못한다(요일 2:23). 영지주의 이단은 자기들의 가르침이 그리스도의 교훈보다 더 앞선 듯이 여김으로써 하나님을 모시지 못하게 되었다는 것이다. 여기 "그리스도의 교훈"(τῇ διδαχῇ τοῦ Χριστου)이라는 말은 문법적으로 두 가지 해석이 가능하다. 하나는 '그리스도에 관한 교훈'으로 해석할 수도 있고, 또 하나는 '그리스도께서 주신 교훈'으로 해석할 수도 있다. 혹자는 두 가지 해석 중에 하나를 택해야 한다고 주장한다. 그러나 우리가 그리스도에 관한 성경 저자들의 교훈을 심령 속에 받을 때 하나님을 모시게 되고, 또한 그리스도께서 직접 말씀해 주신 교훈을 심령 속에 받을 때 하나님을 모시게 되는 것을 감안한다면, 우리가 두 가지 해석 중에 꼭 하나를 택해야 한다는 주장은 합당하지 않다. 이단자들은 그리스도에 관한 교훈도 모시지 않고 그리스도께서 직접 주신 교훈도 마음에 모시지 않기 때문에 하나님을 모시지 못했다. 오늘도 자기가 그리스도보다 나은 줄 착각하고 그리스도의 교훈을 무시하는 사람들이 있다. 참으로 불행한 사람들이다.

요한은 "교훈 안에 거하는 이 사람이 아버지와 아들을 모시게 된다"고 말한다. "교훈 안에"(ἐν τῇ διδαχη)라는 말은 '그 교훈 안에'라는 말로써

'그리스도에 관한 교훈 안에'와 '그리스도께서 주신 교훈 안에'라는 뜻이다. 그리고 "거하는"(μένων)이라는 말은 현재분사로서 '지속적으로 거하는 것'을 뜻한다. 수신자 성도들은 그리스도의 교훈 안에 거함으로써 하나님을 모시고 살게 되었다. 오늘도 그리스도의 교훈을 그대로 받아 지속적으로 믿는 사람들이 그리스도와 하나님을 모시게 된다(요 15:1-7).

요이 1:10-11. 누구든지 이 교훈을 가지지 않고 너희에게 나아가거든 그를 집에 들이지도 말고 인사도 말라. 그에게 인사하는 자는 그 악한 일에 참예하는 자임이니라.

요한은 영지주의 이단에 대해서 엄격하게 경고한다. 요한은 "누구든지 이 교훈을 가지지 않고 너희에게 나아가거든 그를 집에 들이지도 말고 인사도 말라"고 부탁한다(롬 16:17; 고전 5:11; 16:22; 갈 1:8-9; 딤후 3:5; 딛 3:10). 여기 "이 교훈"이라는 말은 앞 절에서 언급한 '그리스도의 교훈'을 지칭한다. 요한은, 어떤 이가 그리스도의 교훈을 가지지 않고 영지주의 이단의 교훈을 갖고 나아가면, 그를 "집," 곧 '교회'(롬 16:5; 고전 16:19; 골 4:15; 몬 1:2) 에 들이지도 말고 인사도 말라고 말한다. 여기 우리는 요한이 아무리 사랑의 사도라고 하지만 이단에 대해서만큼은 놀라울 정도로 엄격했던 것을 볼 수 있다. 그러니 오늘 우리가 이단과 사이비를 우리의 교회에 들여서 환영해서야 되겠는가?

요한은 "그에게 인사하는 자는 그 악한 일에 참예하는 자라"고 말한다. 그런 이단들과 "인사," 곧 '교제하고 환영하는 것'은 그 악한 일에 동참하는 것이 된다는 것이다. 그에게 인사하는 것이 악한 일에 동참하는 일이 되는 이유는, 그렇게 함으로써 그 교리를 교회 공동체 안에 퍼뜨리게 되어 무수한 생명을 잃을 수 있기 때문이다. 그러므로 이단자에 대해서는 엄격히 다스려야 한다.

IV. 끝 맺음말 1:12-13

이제 요한은 이단자를 조심하라고 말하면서(7-11절) 서신을 끝맺는다
(12-13절). 요한은 먼저 편지를 쓰기보다는 친히 방문하여 말하기를 원한다고
말하고(12절), 다음으로는 자기 지역 교우들의 문안을 전하고 있다(13절).

요이 1:12. 내가 너희에게 쓸 것이 많으나 종이와 먹으로 쓰기를 원치 아니하고
오히려 너희에게 가서 면대하여 말하려 하니 이는 너희 기쁨을 충만케 하려
함이라.

요한은 이단들이 우글거리는 곳에서 신앙생활을 하는 수신자 성도들에게 쓸
것이 많지만 편지로 말하기보다는 직접 찾아가서 얼굴과 얼굴을 대하고 말하기
를 원한다(요삼 1:13). 요한은 편지를 보내기보다는 "면대하여"(στόμα πρὸς
στόμα), 곧 '입과 입을 대하여' 말하기를 원한다. 요한은 본문에서 "원치
아니하고"(οὐκ ἐβουλήθην)라는 말을 단순(부정)과거로 표현하고 있는데, 그
이유는 이 편지를 수신자들이 받는 시간을 표준해서 사도가 "원치 아니한"
시간은 이미 과거에 속한 시간이기 때문이다.

요한이 이렇게 면대하여 말하려고 하는 이유는 "너희 기쁨을 충만케 하려
함이기"(that our joy may be full) 때문이었다(요 17:13; 요일 1:4).[5] 곧
'수신자 성도들의 기쁨을 충만케 하려는 것'이었다. 요한 사도는, 자신이 그들에
게 복음의 말씀을 전할 때 성령이 역사하실 것이므로, 그들에게 성령으로

---

5) 요일 1:4에는 "우리의 기쁨이 충만케 하려 함이라"로 되어 있다. "너희의 기쁨"(본 절)이나
"우리의 기쁨"이나 내용은 똑같다. "너희 기쁨" 충만은 곧 "우리의 기쁨" 충만이기 때문이다.

인한 기쁨과 말씀을 듣는 기쁨이 충만하리라고 기대하고 있는 것이다. 우리는 남의 기쁨을 돕는 사람들이 될지언정 빼앗는 사람들이 되어서는 안 될 것이다.

요이 1:13. 택하심을 입은 네 자매의 자녀가 네게 문안하느니라.

요한은 마지막으로 택하심을 입은 교회의 성도들이 수신자 교회에 전하는 문안을 대신 전달한다(벧전 5:13). 1절의 "부녀"가 '교회'를 지칭하고 있는 것처럼, 본문의 "자매"도 역시 '교회'를 지칭한다. "네 자매"라는 말은 '부녀'의 (1절) 자매로서 '요한이 목회하고 있던 에베소 교회'를 지칭할 것이다. 그리고 "네 자매의 자녀"라는 말은 '요한이 목회하고 있던 교회의 성도들'을 지칭한다. 요한은 다른 곳에 있는 어떤 교회(1절)에 편지하면서 자기가 목회하고 있던 교회 성도들의 문안을 전하고 있는 것이다. 문안이 오고 가는 것은 성도의 교제에 필요하다.

요한은 양쪽 교회를 모두 "택하심을 입은" 교회라고 부르고 있다. 비록 수신자 교회가 영지주의자들의 교리 때문에 어지럽혀지고 어수선하다고 해도, 하나님께서 택하신 성도들로 구성되어 있는 것을 보고 택하심을 입은 교회라고 부르는 것이다. 오늘의 교회들도 점과 흠이 있고 약하다고 해도 역시 택하심을 입은 교회임에는 틀림없다.

- 요한이서 주해 끝

총론

요한삼서는 요한일서 및 요한이서와는 달리 개인 가이오라고 하는 사람에게 보낸 편지로 빌레몬서처럼 개인적인 편지이다. 요한은 본 서신에 순회 전도자들을 잘 대접해 달라는 내용을 담고 있다. 초대 교회 때는 순회 전도자들이 많았는데 이들을 잘 대접함으로 전도에 동참하기를 권하고 있다.

저작자 본 서신의 저자는 요한 "장로"이다. 본 서신의 저자는 요한일서와 요한이서의 저자와 동일한 요한 사도이다. 본 서신의 문체는 요한일서와 이서의 문체와 동일하여 세 서신 모두 한 저자에 의하여 기록되었다는 주장을 꺾을 수 없다. 본서에 "진리"라는 말이 6회나 사용되었고(1, 3a, 3b, 4, 8, 12절), 수신자에 대한 호칭을 요한일서나 요한이서와 마찬가지로 "사랑하는 자"(1, 2, 5, 11절)로 사용하는 점으로 보아, 본 서신의 저자는 요한일서 및 요한이서와 동일하게 요한 사도임을 알 수 있다.

기록한 때 요한 사도는 본 서신을 요한복음을 기록한 (A.D.85-90년) 뒤에 그리고 요한계시록을 기록하기(A.D.95년) 전, 즉 요한일서 및 이서를 기록한 비슷한 시기(A. D. 90-95년경)에 기록한 것으로 추정된다. 요한은 요한일서를 기록하고 이서를 기록한 다음에 삼서를 기록했다.

편지를 쓴 이유 요한 사도는 요한일서 및 이서와 마찬가지로 외부적으로는 로마 황제의 핍박(Domitianus A.D. 81-96)과 교회 내부적으로는 영지주의 이단의 침투로 어려움을 겪던 시기에 본 서신을 기록했다. 요한은 특별히 사례를 받지 않고 다니는 순회 전도자들을 잘 대접하라는 권고를 할 필요가 생겨 본 서신을 기록했다. 요한은 순회 전도자들을 잘 대접하는 가이오와 으뜸 되기를 좋아하는 디오드레베의 악행을 비교하여 목회적인 교훈을 주고 있다. 또한 요한은 편지를 전달하는 데메드리오를 잘 대접하라는 요청도 할 겸 본 서신을 기록했으며, 곁들여 자신의 방문 계획에 대해서 알릴 필요를 느꼈다.

내용 분해 본 서신의 내용을 분해하면 다음과 같다.

I. 머리말 1:1-4

II. 가이오에 대한 칭찬과 격려 1:5-8

III. 디오드레베에 대한 경계와 데메드리오를 위한 천거 1:9-12

IV. 끝맺는 인사 1:13-15

참고도서

1. 박윤선. 『공동서신』. 성경주석. 서울: 영음사, 1986.

2. 이상근. 『공동서신』. 신약주해. 대한예수교 장로회 총회교육부, 1970.

3. 라저 M. 레이머 외 3인. 『베드로전후서, 요한일·이·삼서, 유다서』 : The Bible Knowledge Commentary 29. 양용의 옮김. 서울: 도서출판 두란노, 1983.

4. Barclay, William. 『요한, 유다서』. 성서주석시리즈 15. 박근용 역. 서울: 기독교문 사, 1974.

5. Barnes, Albert. *James, Peter, John, and Jude.* Notes on the New Testament. Grand Rapids: Baker Book House, 1978.

6. Bengel, J. A. 『베드로전서·유다서』. 벵겔신약주석. 나용화, 김철해 공역. 서울:도 서출판로고스, 1992.

7. Bruce, F. F. 『요한 1. 2. 3서』. 이상원 옮김. 서울: 아가페출판사, 1986.

8. Grayston, K. *The Johannine Epistles.* The New Century Bible Commentary. Grand Rapids: Eerdmans, 1984.

9. Henry, Matthew. *Commentary on the Whole Bible.* New York: Fleming H. Revell, n.d.

10. Lloyd-Jones, Martin. *God the Holy Spirit.* Wheaton, III. : Crossway Books, 1996.

11. McGee, J. V. *Second and Third John, Jude.* Thru the Bible Commentary Series. Nashville: Thomas Nelson Publishers 1991.

12. Morris, Leon. "1 John, 2John, 3John," *New Bible Commentary Revised,* ed. D. Guthrie. Grand Rapids: Eerdmans, 1970.

13. Marshall, I. Howard. *The Epistles of John.* Grand Rapids: William B. Eerdmans Publishing Company, 1984.

14. Ryrie, Charles C. "I, II, III John." *The Wycliffe Bible Commentary.* Chicago: Moody Press, 1981.

15. Smalley, Stephen S. *1, 2, 3 John.* Word Biblical Commentary. Waco, Texas: Word Books, Publisher, 1984.

16. Stott, John. *The Epistles of John,* Tyndale New Testament Commentaries, ed. by R.V. G. Tasker. Grand Rapids: Eerdmans, 1983.

17. Tuck, Robert. 『요한 1. 2. 3서, 유다서, 요한계시록』. 베이커성경주석. 장기복 역. 서울: 기독교문사, 1988.

제1장

사랑의 사람 가이오에 대한 칭찬과 악행의 사람 디오드레베에 대한 경계

I. 머리말 1:1-4

요한은 가이오에게 편지하면서(1절) 가이오를 위하여 복을 빈다(2절). 그리고 가이오가 순회전도자들을 잘 대접한 일에 대해 칭찬한다(3-4절).

요삼 1:1. 장로는 사랑하는 가이오 곧 나의 참으로 사랑하는 자에게 편지하노라. 본 절의 "장로"는 요한 사도의 직분을 지칭하는 말이다. 자세한 것을 위해서는 요한이서 1:1절의 주해를 참조하라. 요한은 "사랑하는 가이오 곧 나의 참으로 사랑하는 자에게 편지"한다고 말한다(요이 1:1). 그는 가이오를 참으로 사랑하고 있었다. 지도자는 사람을 사랑해야 한다.

그런데 여기 "가이오"는 성경에 나오는 세 사람의 가이오 중에 어느 가이오인가? 데살로니가의 첫 감독이 되었다고 전해지는 고린도의 가이오인가(롬 16:23; 고전 1:14), 아니면 마게도냐의 가이오인가(행 19:29), 혹은 바울의 마지막 선교 여행에서 그리스로부터 마게도냐를 지나 드로아까지 동행한 더베

의 가이오인가?(행 20:4) 가이오라는 이름은 당시에 흔했던 이름이기에 이름만
으로 그가 누구인지 단정하기는 어렵다. 그러나 다만 강하게 추정할 수 있는
것은, 4세기경의 소위 사도적 관행(Apostolical Constitutions, viI. 46. 9)에
의해 더베의 가이오로 볼 수 있을 것이다. 더베의 가이오가 훗날 요한 사도에
의해 버가모의 첫 감독으로 임명된 것으로 보아, 이 가이오가 본 서신의 수신자
로 추정된다.[1]

요한은 사랑의 사도로서 가이오를 "참으로"(ἐν ἀληθείᾳ) 사랑하고 있었다.
여기 "참으로"라는 말은 '진심으로'라는 뜻이다. 지도자는 자신이 쓰는 사람을
살 깊이 사랑해야 한다.

요삼 1:2. 사랑하는 자여 네 영혼이 잘 됨같이 네가 범사에 잘되고 강건하기를
내가 간구하노라.

요한은 가이오를 "사랑하는 자여"라고 부른다. 요한은 이 칭호를 본 서신에서
두 번 더 사용한다(5절, 11절). 요한은 가이오에게 편지하면서 "네 영혼이
잘 됨같이 네가 범사에 잘되고 강건하기를" 기원한다. 가이오는 영혼이 잘
되고 있었다. 여기 "잘 됨"(εὐοδοῦταί)이라는 말은 현재수동태로 '좋은 여행을
하다,' '성공하다'라는 뜻이다. 가이오는 순회 전도자를 잘 대접하는 것으로
보아 영혼이 아름다운 사람이었다. 우리는 우리의 영혼이 잘 되기를 소원해야
한다(마 5:3-12). 영혼이 잘 되지 않으면 다른 복을 기대할 수가 없다.

요한은 가이오의 영혼이 잘 됨같이 "범사가 잘 되기"를 기원한다. 곧 여기
"잘 되고"(εὐοδοῦσθαι)라는 말은 현재수동태 부정법(infinitive)으로 '좋은 여

---

1) Robert Tuck, *요한 1. 2. 3서, 유다서, 요한계시록*, 베이커성경주석, 장기복 역, (서울: 기독교문사,
1988), p. 251. John Stott, *The Epistles of John*, Tyndale New Testament Commentaries, ed.
by R.V. G. Tasker, (Grand Rapids: Eerdmans, 1983), p.216.

행을 하다,' '성공하다'라는 뜻이다. 즉 "범사가 잘 된다"는 말은 모든 일에 있어서 번영한다는 뜻이다. 요한은 가이오의 영혼이 아름다운 것처럼 모든 일이 잘 되기를 기원한다. 그리고 요한은 가이오의 육체가 "강건하기를" 기원한다. 여기 "강건하기를"(ὑγιαίνειν)이라는 말은 '건강한,' '건전한'이라는 뜻이다. 요한은 가이오의 영혼이 진리 안에서 움직이는 것을 보고 가이오의 범사가 잘 진행되기를 소원했고 육체가 건강하기를 기원했다. 범사가 잘 돌아가고 육체가 강건한 것은 좋은 일이다. 문제는 세상 복만을 소원하고 그것만을 위하여 기도하는 것이다. 그런 신앙은 기복 신앙이다. 기복 신앙인에게는 윤리가 없다. 그저 복만 받으려고 한다. 우리는 먼저 영혼이 잘 되어야 한다.

요삼 1:3. 형제들이 와서 네게 있는 진리를 증거하되 네가 진리 안에서 행한다 하니 내가 심히 기뻐하노라.

요한은 "형제들이 와서," 곧 '순회 전도자들이 돌아와서' 가이오가 진리대로 행한다는 보고를 전해 주는 것을 듣고 심히 기뻐한다. 여기 "네게 있는 진리를 증거했다"는 말은 '가이오가 진리대로 행하고 있는 것을 증거했다'는 뜻이다(요이 1:4). 가이오는 순회 전도자들을 잘 대접했고 사랑을 베풀었으며 합당하게 전송했다(5-7절). 가이오는 영지주의자들의 압력과 디오드레베의 저항(1:9-10)이 있었음에도 불구하고 순회 교사들을 잘 대접했다는 점에서 진리대로 행하는 사람이었다. 어려운 환경 중에서 복음의 진리대로 행한다는 것은 쉬운 일이 아니다. 우리는 누가 보아도 복음의 진리대로 행하는 사람으로 인정받아야 할 것이다.

요삼 1:4. 내가 내 자녀들이 진리 안에서 행한다 함을 듣는 것보다 더 즐거움이 없도다.

요한은 자신이 전하는 복음을 받아 잘 신앙하는 자녀들이 "진리 안에서 행한다 함," 곧 '복음의 말씀대로 행한다는' 말을 듣는 것보다 더 즐거움이 없다고 말한다. 요한은 가이오가 복음의 말씀대로 순회 전도자들에게 사랑을 베푼다는 소식을 전해 듣고 기쁨을 감추지 못했다.

II. 가이오에 대한 칭찬과 격려 1:5-8

앞에서 요한은 가이오를 위해 축복하고 그가 진리 안에서 행한다는 소식을 듣고 크게 고무되었다고 말했는데(2-4절), 이제는 그를 구체적으로 칭찬하고 격려한다(5-8절). 요한은 먼저 가이오를 칭찬하고(5-6a), 앞으로 선행을 계속하라고 격려한다(6b-8).

요삼 1:5. 사랑하는 자여 네가 무엇이든지 형제 곧 나그네 된 자들에게 행하는 것이 신실한 일이니.

요한은 가이오를 칭찬하기 전에 "사랑하는 자여"라고 부른다. 요한은 가이오가 나그네 된 자들에게 사랑으로 행한 일이 "신실한 일(πιστὸν ποιεῖς)," 곧 '착실하게 행한 일'이라고 칭찬한다. 다시 말해, 복음에 합당하게 행한 일이라고 칭찬한다(롬 12:13; 히 13:2). 우리는 전도자들과 선교사들에게 착실하게 행해야 할 것이다. 혹시 우리는 전도자들과 선교사들을 가볍게 여기지는 않는지 돌아보아야 할 것이다.

요삼 1:6a. 저희가 교회 앞에서 너의 사랑을 증거하였느니라.

요한은 순회 전도자들이(3절) 돌아와서 교회 앞에서 공개적으로 가이오의 진심 어린 사랑을 증거했다고 말한다. 여기 "교회"는 요한 사도가 시무하던 에베소 교회를 지칭할 것이다. 가이오는 순회 전도자들에게 물질을 제공하면서 사랑의 대접을 했다. 박윤선 목사는 사랑으로 행치 않는 경우를 세 가지를 들어 설명한다. "(1) 마지못하여 하는 경우, (2) 명예를 위하여 하는 경우, (3)자기 개인의 어떤 이득을 위하여 하는 경우 등이다."[2]

요삼 1:6b. 네가 하나님께 합당하게 저희를 전송하면 가하리로다.

요한은 가이오의 행위를 칭찬하고는(5-6a), 앞으로도 계속 선행을 하라고 격려한다(6b-8절). 요한은 가이오에게 앞으로도 계속해서 "하나님께 합당하게 저희를 전송하"는 것이 옳은 일이라고 말한다. 곧 물질로 잘 대접해서 보내는 것이 합당한 일이라는 것이다. 순회 전도자들을 물질로 대접하여 전송하는 것이 어떻게 "하나님께 합당한" 대접인가? 그것은 순회 전도자들이 복음을 전하는 동안에는 하나님을 대리하여 전하는 것이므로 그들을 물질로 잘 대접하는 것이 하나님께 합당하기 때문이다. 우리는 전도자들을 마치 하나님을 대접하듯 해야 한다(마 10:41).

요삼 1:7. 이는 저희가 주의 이름을 위하여 나가서 이방인에게 아무 것도 받지 아니함이라.

본 절은 앞 절에 말한 바 나그네 교사들을 잘 대접해야 하는 이유를 말한다. 그 이유는 "저희가 주의 이름을 위하여 나가서 이방인에게 아무 것도 받지

---

2) 박윤선, 『히브리서, 공동서신』. 성경주석, p. 558.

아니하기" 때문이다(행 15:40-41; 고전 9:12, 15). 나그네 전도자들은 주님의 이름을 전하기 위하여 순회하는 중에 이방인들에게 아무 것도 받지 않고 무보수로 전도하기 때문에, 가이오가 교회의 지도급에 있는 사람으로서 그들을 물질적으로 잘 대접하는 것이 옳다는 것이다. 성경은 전도자를 사랑으로 대접하는 것은 참으로 중요한 일이라고 말씀한다(고전 9:12, 14; 빌 4:10-18).

요삼 1:8. 이러므로 우리가 이 같은 자들을 영접하는 것이 마땅하니 이는 우리로 진리를 위하여 함께 수고하는 자가 되게 하려 함이니라.

요한은 가이오에게 "이 같은 자들을 영접하는 것이 마땅하다"고 말한다. 곧 순회 전도자들을 물질적으로 잘 대접하는 것이 마땅하다는 말이다. 이유는 "우리로 진리를 위하여 함께 수고하는 자가 되게 하려 함이기" 때문이다. 다시 말해, 순회 전도자들을 잘 대접하는 것은 복음을 위하여 함께 수고하는 사람이 되는 것이기 때문이다. 즉 복음을 직접 전하는 전도자나 물질로 대접하는 사람이나 복음을 위하여 수고하는 점에서는 똑같다는 것이다. 우리는 직접 전도도 해야 하고 또 전도자들을 잘 대접하기도 해야 한다.

III. 디오드레베에 대한 경계와 데메드리오를 위한 천거 1:9-12

앞에서 요한은 나그네 전도자들이 순회전도를 하고 돌아와서 교회 앞에서 공개적으로 가이오가 베푼 사랑을 증거하는 것을 들은 후 그를 칭찬하면서 앞으로도 계속해서 순회 전도자들을 잘 대접하라고 격려했다(5-8절). 이어서 수신자에게 교만하고 잔인한 디오드레베를 본받지 말라고 말하고(9-11a), 앞으

로 계속해서 전도자들을 잘 대접하라고 부탁하며(11b), 특히 데메드리오를
잘 대하라고 권한다(12절).

요삼 1:9. 내가 두어 자를 교회에게 썼으나 저희 중에 으뜸되기를 좋아하는
디오드레베가 우리를 접대하지 아니하니.

요한은 순회 전도자들을 잘 대접하도록 "두어 자를 교회에게 썼었다." 여기
"두어 자"(τι)를 교회에게 썼다는 말은 본 서신 이전에 교회에 무엇인가를
써서 보냈다는 것을 뜻한다. 혹자는 이 "두어 자" 편지를 '요한이서'라고 주장한
다. 또 어떤 이는 이 편지를 '본 서신보다 먼저 보낸 편지'로서 분실된 것으로
추정하기도 한다. 또 다른 이는 이 편지를 '순회 전도자들을 잘 대접하라는
말을 쓴 소개장'으로 보기도 한다(박윤선). 이 몇 가지 견해 중에 '요한이서'의
가능성은 희박한 것으로 보인다. 이유는 요한이서에 전도자들을 잘 대접하라는
메시지가 없기 때문이다. 그리고 두 번째 견해, 곧 본서보다 먼저 보냈으나
분실된 편지로 보는 견해는 우리로서 동의하기가 어렵다. 이유는 요한이 두어
자를 써서 보낸 것이 분명히 하나님의 말씀이라면, 하나님께서 그것을 보전하셨
을 것이기 때문이다(God's preservation). 구약성경은 사무엘의 말이 하나님의
말씀이기 때문에 그 말이 하나도 땅에 떨어지지 않았다고 말씀하고 있다.
사무엘상 3:19은 "사무엘이 자라매 여호와께서 그와 함께 계셔서 그 말로
하나도 땅에 떨어지지 않게 하셨다"고 말씀한다. 하나님께서 사무엘과 함께
계셨기 때문에 사무엘을 통하여 하신 하나님의 말씀이 모두 성취되었다는
것이다. 하나님은 또 세례 요한을 통하여 하신 말씀도 다 성취하셨다(요
10:41-42). 만일 요한 사도가 보낸 "두어 자" 편지가 하나님의 말씀이었다면
하나님께서 보전하셨을 것이다. 따라서 디오드레베가 찢어버려서 분실되었을

것이라고 보는 것은 하나님의 섭리에 어긋나는 주장이다. 그러므로 세 번째의
견해 곧 순회 전도자를 잘 대하도록 보낸 '소개장'으로 보는 것이 옳을 것이다.
사실은 '소개장'이라기보다는, 요한이 순회 전도자들을 잘 대접해 달라는 '쪽지
편지'를 썼다고 보는 것이 더 나을 것이다.

　　그런데 요한이 이렇게 두어 자를 교회에 썼지만, 교인들 중에서 "으뜸
되기를 좋아하는 디오드레베가 우리를 접대하지 아니했다"는 것이다. 교만한
사람은 항상 자기만 생각하고 남을 배려하지 않는다. 그런데 디오드레베는
그 교만이 남보다 우승하여 아마도 교회의 장로(감독)가 되기를 바랐던 같다.
그의 교만은 전 교회에 영향을 끼쳤고 요한의 마음까지 흔들어 놓았다. 요한은
주장하기를, "디오드레베가 우리를 접대하지 아니했다"고 한다. 곧 사도의
쪽지 편지를 우습게 알고 전도자들을 접대하지 않았다는 것이다.

요삼 1:10. 이러므로 내가 가면 그 행한 일을 잊지 아니하리라 저가 악한 말로
우리를 망령되이 펌론하고도 유위부족하여 형제들을 접대치도 아니하고 접대하
고자 하는 자를 금하여 교회에서 내어 쫓는도다.

요한은 말하기를, "이러므로 내가 가면 그 행한 일을 잊지 아니하리라"고
한다. 자신이 가이오가 속해 있는 교회에 가는 날 디오드레베가 행한 일을
생각나게 하겠다는 것이다. 다시 말해, 꾸짖겠다는 것이다. 디오드레베가 잘
못한 것은 세 가지이다. 첫째, "저가 악한 말로 우리(사도)를 망령되이 펌론한"
것이다. 여기 "펌론했다"(φλυαρῶν)는 말은 '어떤 사람을 대항하여 수다 떨다,'
'어떤 사람을 대항하여 중상모략하다'는 뜻이다. 디오드레베는 계속해서 요한
사도를 중상모략했다. 둘째, 펌론한 것으로도 만족하지 않고 "형제들을 접대치
도 아니했다." 곧 순회전도자들을 접대하지 않았다. 셋째, "접대하고자 하는

자를 금하여 교회에서 내어 쫓아" 버렸다. 다른 사람들이 순회 전도자들을 대접하려고 할 때 그들을 금지했고 또 교회에서 쫓아내기까지 했다는 것이다. 여기 "금하여"(κωλύει)라는 말은 현재동사로 '계속해서 금한 것'을 지칭한다. 그리고 "내어 쫓는도다"(ἐκβάλλει)라는 말은 '내던져버리다'는 뜻으로 순회 전도자들을 대접하려는 교인들을 교회 밖으로 쫓아냈다는 것이다(마 18:17; 눅 6:22; 요 9:34-35; 고전 5:2). 디오드레베는 으뜸되기를 좋아한 점에서 교만했고, 순회 전도자들을 접대하지 않은 점에서 잔인한 사람이었다. 오늘도 이런 사람들이 교회에 많이 있다. 교만이 하늘을 찔러 그 누구도 인정하지 않고, 교인들에게 상처를 주어 교회 밖으로 쫓아내는 사람들이 많이 있다.

요삼 1:11. 사랑하는 자여 악한 것을 본받지 말고 선한 것을 본받으라. 선을 행하는 자는 하나님께 속하고 악을 행하는 자는 하나님을 뵈옵지 못했느니라. 요한은 가이오를 향해 다시 한번 "사랑하는 자여"라고 부르고는 "악한 것을 본받지 말고 선한 것을 본받으라"고 권한다(시 37:27; 사 1:16-17; 벧전 3:11). 디오드레베의 악한 행위를 본받지 말고 "선한 것," 곧 '데메드리오의 선행'(다음 절)을 본받으라는 말이다. 가이오는 비록 그 동안 선하게 행동해 왔지만 주위 환경으로 말미암아 나쁜 쪽으로 돌아설 수도 있으므로, 요한은 그에게 선한 것을 본받으라고 부탁한다.

　요한이 이렇게 가이오에게 부탁하는 이유는 "선을 행하는 자는 하나님께 속하고 악을 행하는 자는 하나님을 뵈옵지 못했기" 때문이라는 것이다(요일 2:29; 3:6, 9). 선을 행하는 사람은 하나님께 속한 것이 분명하고 악을 행하는 사람은 하나님을 영적으로 뵈옵지 못한 것이 분명하다는 것이다. 그러므로 요한은 가이오에게 계속해서 선을 행해서 하나님께 속한 사람의 특징을 보이라는 것이다. 여기서 주의할 것은, 선을 행함으로 하나님께 속한 사람이 되는 것은 아니라는 점이다. 하나님께 속한 사람이 되는 것은 예수님을 믿음으로 되는 것이다. 그러므로 요한의 부탁은 선을 행함으로 하나님께 속한 사람의 특징을 보여 주라는 것이다. 반면에 요한은 악을 행하는 디오드레베 같은 사람은 하나님을 경험한 적이 없는 사람이므로 순간이라도 그를 본받지 말라고 권한다.

요삼 1:12. 데메드리오는 뭇사람에게도, 진리에게도 증거를 받았으매 우리도 증거하노니 너는 우리의 증거가 참된 줄을 아느니라.
데메드리오는 아마도 본 서신의 전달자로 가이오의 교회에 간 것으로 보인다. 요한은 편지를 들고 간 데메드리오를 교회의 성도들에게 천거하면서 잘 대접할 것을 부탁한다. 데메드리오는 삼중(三重)으로 인정받는 사람이라고 말한다. 첫째, "데메드리오는 뭇사람에게도" 인정받는 사람이었다(딤전 3:7). 곧 요한이 시무하는 에베소 교인들에게 인정받는 사람이었다는 것이다. 둘째, "진리에게도 증거를 받았다." 곧 '예수님의 말씀에 비추어 보아도 손색이 없는 사람'이라는 것이다. 셋째, "우리도 증거한다"는 것이다. 다시 말해, 사도들도 데메드리오의 신앙과 인격을 인정한다는 것이다. 그래서 요한은 "너는 우리의 증거가 참된 줄을 알아 달라"고 말한다(요 21:24). 곧 우리가 인정한 사람을 잘 알아주고 대접해 달라는 것이다. 오늘 우리 역시 삼중으로 인정을 받아야 할 것이다. 예수님으로부터 인정받고, 교회의 성도들로부터 인정받고, 교회의 지도자로부터 인정을 받아야 할 것이다.

IV. 끝맺는 인사 1:13-15

요삼 1:13-14. 내가 네게 쓸 것이 많으나 먹과 붓으로 쓰기를 원치 아니하고 속히 보기를 바라노니 또한 우리가 면대하여 말하리라.

요한은 자신이 가이오에게 할 말이 많으나, 먹과 붓으로 써서 보내기를 원치 않고, 속히 보고 얼굴과 얼굴을 대하여 말하기를 원한다고 말한다. 본 절의 내용은 요한이서 1:12의 내용과 유사하다. 요한은 인격적인 만남을 갖고 말하기를 원했다. 요한은 가이오와 인격적인 만남을 갖고 말함으로써 가이오뿐 아니라 디오드레베 때문에 마음에 상처를 입은 성도들을 위로할 생각도 가졌을 것이다.

요삼 1:15. 평강이 네게 있을지어다. 여러 친구가 네게 문안하느니라. 너는 각 친구 명하에 문안하라.

요한은 본 절에서 가이오에게 "평강이 있기를" 기원한다(갈 6:16; 벧전 5:14). 성도의 마음은 항상 안정 상태에 놓여 있어야 하기 때문에 평강이 있기를 기원하는 것이다. 또한 요한은 "여러 친구가 네게 문안하느니라"고 말한다. 곧 에베소 교회의 여러 교우들이 가이오에게 문안 인사한다는 소식을 전해 준다. 요한은 에베소 교인들도 가이오가 바르게 행한 것을 인정한다는 뜻으로 이렇게 이런 인사를 전한다. 그리고 요한은 "각 친구 명하에 문안하라"고 부탁한다. 요한은 가이오의 친구 "명하(名下)에," 곧 '이름을 따라,' '한 사람 한 사람에게' 문안 인사를 해달라는 것이다. 요한은 가이오에게 단체로 인사해 달라는 부탁을 하지 않고 한 사람 한 사람에게 인사해 달라고 부탁한다. 이것은 요한이 얼마나 자상한 사도인지를 보여 주는 것이다.

- 요한삼서 주해 끝

유다서 주해

Jude

총론

저작자 1:1절에 기록된 대로 "예수 그리스도의 종이요 야고보의 형제인 유다"
가 본 서신을 기록했다. 저자 유다는 자신을 예수 그리스도의 종이라고 소개했
고, 또한 야고보, 곧 예수님의 동생이며 예루살렘 교계에서 기둥같이 사역했던
"야고보(행 15:13; 갈 2:9)의 형제"라고 밝히고 있다. 자신의 정체가 더욱
분명해지도록 하기 위해 당시에 유명했던 형제 야고보의 이름을 자기 이름과
연계해서 말한 듯이 보인다.

유다서가 예수님의 동생 유다가 기록했다는 외증(外證)도 많이 있다. 교부
터툴리안(Tertullian, A.D. 160/170년경-215/220년경), 알렉산드리아의 클레
멘트(Clement of Alexandria, A.D. 155년경-220년경), 오리겐(Origen, A.D.
185년경-254년경) 등은 본 서신을 예수님의 동생 유다의 저작으로 인정했으며,
무라토리 정경(Muratorian Canon, A.D. 170)도 본 서신을 예수님의 동생
유다의 저작으로 인정했다.

기록한 장소 본 서신의 저작 장소는 유다가 주로 활동했던 예루살렘으로

추정된다.

기록한 때 본 서신에 예루살렘 멸망에 대한 예언적인 언급이 없는 점을 감안할 때 A.D. 70년 이후에 기록된 것으로 보이며, 영지주의(gnosticism)에 대한 경계를 많이 언급했다는 점을 감안할 때 1세기 후반부에 기록되었을 것으로 추정되고, 또한 유다가 A.D. 70-80년에 순교했을 것으로 생각할 때 A. D. 70-80년에 기록되었을 것으로 보인다.

편지를 쓴 이유 유다는 처음에는 수신자들을 향하여 "일반으로 얻은 구원"(1:3), 곧 '기독교의 구원론'을 쓰려고 했었으나, 생각밖에 몰래 잠입한 이단자들에 대한 소식을 듣고 "믿음의 도를 위하여 힘써 싸우라"(1:3)는 편지를 쓰게 되었다. 유다는 먼저 이단자들의 정체를 폭로할 뿐 아니라, 이단자들은 하나님의 심판을 피할 수 없다는 것을 역사의 실례를 들어 역설하고 있다. 또한 유다는 수신자들을 향하여 이단자들의 유혹에 빠진 성도들을 구출하고 그들을 불쌍히 여길 것을 주문하고 있다. 그리고 마지막으로 성도들을 능히 지켜주실 하나님을 찬양하면서 글을 마감한다.

내용 분해 본 서신의 내용을 분해하면 다음과 같다.

 I. 머리말 1:1-4
　1. 문안 1:1-2
　2. 유다서를 기록한 동기 1:3-4
 II. 거짓 교사들이 멸망할 수밖에 없는 과거의 실례들 1:5-7

참고도서

1. 박윤선. 「히브리서, 공동서신」. 성경주석. 서울: 영음사, 1986.

2. 이상근. 「공동서신」. 신약성서주해. 서울: 대한예수교장로회총회교육부, 1970.

3. 「요한일서-요한계시록」 호크마종합주석 9. 강병도 편. 서울: 기독지혜사, 1993.

4. Barclay, William. 「요한, 유다서」. 성서주석시리즈 15. 박근용 역. 서울: 기독교문사, 1974.

5. Barnes, Albert. James, *Peter, John, and Jude*. Notes on the New Testament. Grand Rapids: Baker Book House, 1978.

6. Bauckham, Richard J. *Jude, 2 Peter*. Word Biblical Commentary. Waco, TX: Word Books, 1983.

7. Bengel, J. A. 「베드로전서-유다서」. 벵겔신약주석. 나용화, 김철해 공역. 서울:도서출판로고스, 1992.

8. Bigg, Charles. *A Critical and Exegetical Commentary on the Epistles St. Peter and St. Jude*. Edinburgh: T. & T., 1975.

9. Blum, Edwin A. "1, 2 Peter, Jude." *The Expositor's Bible Commentary*. Grand Rapids: Zondervan, 1981.

10. Calvin, John. *Commentaries on the General Epistles*. Grand Rapids: Eerdmans, 1948.

11. Green, Michael. "유다서주석." 「베드로전서, 베드로후서, 유다서」. 틴델주석. 권성수 역. 서울: 기독교문서선교회, 1980.

12. Kelly, J. N. D. 「베드로전후서, 유다서」. J. N. D. 켈리성경주석. 김유배

옮김. 서울: 아가페출판사, 1986.

13. Kistemaker, Simon J. *Peter and Jude*. Grand Rapids: Baker Book House, 1987.

14. Lenski, R. C. H. 『베드로전후서, 요한, 유다서』. 성경주석. 배영철 역. 서울: 백합출판사, 1973.

15. Luther, Martin. *English Commentary on the Epistles of Peter and Jude*. Grand Rapids: Kregel, 1982.

16. Mayor J. B. *The Epistle of St. Jude and The Epistles of St. Peter*. Grand Rapids: Baker Book House, 1965.

17. McGee, J. V. *Second and Third John, Jude*. Thru the Bible Commentary Series. Nashville: Thomas Nelson Publishers 1991.

18. Pentecost, Edward C. "Jude," *The Bible Knowledge Commentary*. ed. John F. Walvoord and Roy B. Zuck. Wheaton, Ill: Victor Books, 1986.

19. Sidebottom, E. M. *James, Jude, 2 Peter*. New Century Bible Commentary, Grand Rapids: Eerdmans, 1982.

20. Wallace, David H. "Jude," *The Wycliffe Bible Commentary*, Ed. by Everett F. Harrison, Chicago: Moody Press, 1981.

제1장

유다서 주해

유 1:1. 예수 그리스도의 종이요 야고보의 형제인 유다는 부르심을 입은 자 곧 … 그리스도를 위하여 지키심을 입은 자들에게 편지하노라.

본 서신의 저자 유다는 자기 자신을 "예수 그리스도의 종이요 야고보의 형제"라고 소개한다. "종"(δοῦλος)은 '노예'라는 뜻으로 자신이 온전히 예수 그리스도에게 속해 있고 그분에게 순종한다는 것을 보여 주기 위한 표현이다. 우리도 역시 예수 그리스도에게 속해 있을 뿐 아니라 전적으로 순종하는 삶을 살아야 한다. 유다는 또 자신을 "야고보의 형제"라고 소개한다. 유다는 자신을 예수님의 동생이며(막 6:3) 예루살렘 총회의 의장이었고 당시 교계에 널리 알려져 있던 야고보의 형제로 소개함으로써 자신의 정체를 밝히고 있다. 유다는 특히 이단자들을 집중 공격하는 입장에서 자신의 정체를 명백히 밝히기를 원했을 것이다.

유다는 이 편지를 받는 수신자들을 향하여 "부르심을 입은 자 곧 하나님 아버지 안에서 사랑을 얻고 예수 그리스도를 위하여 지키심을 입은 자들"이라고 말한다. 유다는 수신자들을 세 가지로 표현한다. 첫째, 그들은 "부르심을 입은 자"(κλητοῖς)들이다. 수신자들은 하나님의 부르심, 곧 하나님의 백성이 되도록

부르심을 받은 사람들이며 하나님 나라로 부르심을 받은 사람들이라는 뜻이다
(롬 1:7; 고전 1:2; 벧전 1:15; 벧후 1:10; 계 17:14). 둘째, 그들은 "하나님
아버지 안에서 사랑을 얻은 자들"(τοῖς ἐν θεῷ πατρὶ ἠγαπημένοις)이다.[1]
곧 '하나님에 의해 사랑을 받은 자들'이라는 뜻이다. 그들은 과거에 이미 하나님
의 사랑을 입은 자녀들이고 지금도 여전히 하나님의 사랑을 입은 자녀들이라는
뜻이다. 셋째, 그들은 "예수 그리스도를 위하여 지키심을 입은 자들"(Ἰησοῦ
Χριστῷ τετηρημένοις)이다. "지키심을 입은 자들"(τετηρημένοις)이라는
말은 완료시상으로 '이미 하나님의 보호하심을 입은 자들이고 또 지금도 지키심
을 입고 있는 자들'이라는 뜻이다(요 17:11, 15; 살전 5:23; 벧전 1:4-5).
유다는 수신자들이 비록 이단자들한테 유혹을 받고 있지만 궁극적으로는 하나
님에 의해서 계속해서 보호를 받을 것을 확신하고 있다. 성도들이 하나님에
의해 보호하심을 입은 이유는 "예수 그리스도를 위하여"라는 것이다. 곧 '예수
님의 영광을 찬송하기 위하여라는 것이다. 우리는 우리가 부르심을 받고 사랑
을 받고 보호를 받는 것은 그리스도를 찬양하기 위함이라는 것을 알고 계속해서
그리스도를 찬양하며 살아야 할 것이다.

오늘 우리도 하나님의 부르심을 받았고 또 하나님의 놀라운 사랑을 입었으
며 또 보호를 받고 있다. 하지만 그럼에도 불구하고 우리는 세상의 모든 불신
사상과 이단 사상을 경계해야 한다. 만약 우리가 잠시라도 그들에게 유혹을
받아 곁길로 간다면, 우리는 그만큼 손해를 입을 수밖에 없다. 우리는 하나님의
부르심과 사랑과 보호를 받으면서 사는 중에 그리스도를 찬송해야 할 것이다.

---

1) Trinitarian Bible Society에서 발행한 *The Greek Text Underlying the English Authorized Version of 1911*에는 "하나님 아버지에 의하여 거룩하여 진 사람들"이라고 표현되어 있다. 우리 한역과 달리 번역된 것은 사본의 차이에서 온 것인데 King James Version의 것은 바티칸 사본(B), 시내산 사본, 알렉산드리아 사본(A)을 채택하지 않은 까닭이다.

유 1:2. 긍휼과 평강과 사랑이 너희에게 더욱 많을지어다.

유다는 수신자들을 향하여 "긍휼과 평강과 사랑이 너희에게 더욱 많기를" 기원한다(벧전 1:2; 벧후 1:2). "긍휼"은 내적인 '동정'을 뜻하고, "평강"은 '하나님과의 화목에서 오는 마음의 평안'을 지칭하고, "사랑"은 그리스도를 통하여 주시는 '하나님의 호의'(好意)를 말한다. 유다는 수신자 성도들에게 이미 긍휼과 평강과 사랑의 은혜가 있는 중에 이제 더욱 많기를 기원하고 있다. 우리는 언제든지 은혜 위에 은혜를 받으면서 살아야 하고, 다른 사람들에게도 은혜 위에 은혜가 임하도록 기원해야 한다. 다른 사람이 은혜를 많이 받으면, 나 자신도 풍성해지게 마련이다.

2. 유다서를 기록한 동기 1:3-4

유 1:3. 사랑하는 자들아 내가 우리의 일반으로 얻은 구원을 들어 너희에게 편지하려는 뜻이 간절하던 차에 성도에게 단번에 주신 믿음의 도를 위하여 힘써 싸우라는 편지로 너희를 권하여야 할 필요를 느꼈노니.

유다는 "사랑하는 자들아"라고 애칭으로 부르면서 자신이 그들에게 "구원"에 대하여 편지를 쓰고 싶은 마음이 간절했으나, 수신자들 틈에 갑자기 침입한 이단자들 때문에 "믿음의 도," 곧 '믿음의 내용 혹은 믿음의 메시지'를 지키기 위하여 힘써 싸우라는 편지를 쓰게 되었다고 말한다.

유다는 "일반으로 얻은 구원을 들어 편지하려는 뜻이 간절했다." 곧 '유대인이나 이방인이나 노예나 자유인이나 빈부의 차별 없이 하나님의 택함 받은 자라면 예수님을 믿어 똑같이 공통적으로 얻은 구원에 대해서 체계적으로 글을 써서 편지하려던 마음이 간절했다'는 것이다(딛 1:4). 유다가 기독교의 구원에 대해서 편지하려고 하던 차에 "성도에게 단번에 주신 믿음의 도를 위하여 힘써 싸우라는 편지로 권하여야 할 필요를 느꼈다"(빌 1:27; 딤전 1:18; 6:12; 딤후 4:7). 유다는 자신이 수신자들 틈에 이단자들이 잠입한 것을 보고 하나님께서 단번에 주신 복음의 진리 혹은 복음의 메시지가 왜곡될 가능성이 있어서 하나님께서 성도들에게 단번에 주신 믿음의 도, 곧 복음 진리를 수호해야 한다는 생각 때문에 편지를 쓰지 않을 수 없었다고 말한다.

유다는 성도들을 향하여 편지하면서 하나님께서 단번에 주신 믿음의 도, 곧 복음 진리를 위하여 "힘써 싸우라"고 부탁한다. 여기 "힘써 싸우라"($\epsilon\pi\alpha\gamma\omega$-$\nu\iota\zeta\epsilon\sigma\theta\alpha\iota$)는 말은 '강하게 싸우라'는 말이다. 씨름 선수가 이기기 위해서 싸우는 것처럼 있는 힘을 다해서 싸우라는 것이다. "여기에서 '단번'이라는 말($\ddot{\alpha}\pi\alpha\xi$)은 영구(永久)한 효과를 가지는 '단회적(單回的) 행동'을 의미한다. 기독교의 복음은 그리스도로 말미암아 유일회(唯一回)의 계시로 나타나 영원히 유효(有效)한 것이다. 이와 같이 귀한 복음을 위하여 신자는 일생 동안 생명을 걸고 선한 싸움을 싸울만하다."[2] 오늘 우리는 복음 진리를 위하여 생명을 내놓고 싸우고 있는가? 우리는 환난과 핍박을 각오하고 이 복음 진리를 수호해야 할 것이다.

유 1:4. 이는 가만히 들어온 사람 몇이 있음이라. 저희는 옛적부터 이 판결을 받기로 미리 기록된 자니 경건치 아니하여 우리 하나님의 은혜를 도리어 색욕거리로 바꾸고 홀로 하나이신 주재 곧 우리 주 예수 그리스도를 부인하는 자니라. 유다는 자신이 성도들에게 전투하라고 편지하는 이유를 말하고, 그 이단자들은 마땅히 심판을 받아야 마땅한 사람들임을 말하며, 이어서 그들의 정체를 드러낸

---

2) 박윤선, 『히브리서, 공동서신』. 성경주석 (서울: 영음사, 1987), p. 569.

다. 유다는 "가만히 들어온 사람 몇이 있어서" 편지하게 되었다고 말한다(갈2:4; 벧후 2:1). 여기 "가만히 들어온 사람 몇이 있다"는 말씀 중에 "몇이 있다"는 말씀은 성도들도 분명히 '알고 있는 몇 사람'이 교회 안으로 잠입했다는 뜻이다 (롬 3:8; 고전 4:18; 15:34; 고후 3:1; 10:12; 갈 1:7; 딤전 1:3; 벧후 3:9). 바울은 그 이단자들의 이름은 드러내지 않고 성도들로 하여금 교회 안으로 잠입한 몇몇 이단자들을 조심하라고 경고하고 있다.

그리고 유다는 그 이단자들을 "옛적부터 이 판결을 받기로 미리 기록된 자들"이라고 부른다(롬 9:21-22; 벧전 2:8). 곧 이단자들은 '옛적 구약의 예언서에 이 판결을 받기로 기록된 자들'이라는 것이다. 거짓 교사들은, 우리의 본문 5-7절이 보여 주는 대로 또한 에녹서(14-15절)가 보여 주는 대로, 심판을 받기로 되어 있다. 거짓 교사들은 "이 판결," 곧 5-7절과 15절이 보여주는 대로 '하나님의 최후의 심판'을 받기로 이미 구약의 예언서에 기록되었다는 것이다. 유다가 이 편지를 쓰던 당시의 거짓 교사들은, 구약 시대 광야의 불순종 자들이 멸망을 받은 것처럼(5절), 그리고 자기 지위를 지키지 않은 천사들이 흑암에 갇힌 것처럼(6절), 그리고 소돔과 고모라 사람들이 영원한 불의 형벌을 받은 것처럼(7절), 별 수 없이 최후적인 심판을 받도록 되어 있다는 것이다. 오늘 신약 시대에 활동하는 이단자들도 구약의 예언서에 기록된 대로 또한 예수님께서 말씀하신대로(마 7:15-23) 최후적인 심판을 받을 것이다.

거짓 교사들이 하나님의 최후적인 심판을 받을 수밖에 없는 이유는, 그들이 "경건치 아니하여 우리 하나님의 은혜를 도리어 색욕거리로 바꾸고 홀로 하나이신 주재 곧 우리 주 예수 그리스도를 부인" 하기 때문이다. 그들은 "경건치 않은" 사람들이다. "경건치 않은"($\dot{\alpha}\sigma\epsilon\beta\epsilon\hat{\imath}\varsigma$)이라는 말은 '죄 많은,' '사악한'이라는 뜻이니, 이는 곧 이단자들은 불신앙함으로써 죄를 많이 지은 사람들이고

인간관계에 있어서는 사악한 사람들이라는 뜻이다. 경건치 않은 이단자들에
대하여 유다는 두 가지로 설명하고 있다. 첫째, 그들은 "우리 하나님의 은혜를
도리어 색욕거리로 바꾸는" 사람들이다(딛 2:11; 히 12:15). 여기 "색욕거
리"(ἀσέλγεια)라는 말은 '방종,' '방탕,' '무절제'라는 뜻이다. 이단자들은
'하나님께서 주시는 은혜를 받은 후 바르게 살아가는 것이 아니라, 은혜를
받은 사람들은 아무렇게나 살아도 된다고 생각하여 음란하게 살아가는 사람들'
이 되었던 것이다(롬 13:13; 고후 12:21; 벧후 2:2, 7, 18). 아무튼 이단자들은
하나님의 은혜로 구원을 받았으니 그리스도의 법을 무시하고 자유롭게 살아도
된다고 생각해 성적인 방종뿐 아니라 모든 윤리적인 측면에서도 방종하게
살아간다는 것이다. 둘째, 그들은 "홀로 하나이신 주재 곧 우리 주 예수 그리스도
(the only Lord God, and our Lord Jesus Christ)를 부인하는" 자들이다(딛
1:16; 벧후 2:1; 요일 2:22). 이단자들은 방종하게 살아가기 때문에 결국은
모든 것을 부인하는 결과를 초래한다. 방종하게 살아가면 성령의 역사를 부인하
게 되어 결국은 예수님을 부인하기에 이른다. 곧 그들은 예수님이 하나님의
아들이심을 부인하고(벧후 1:17), 육체를 입고 오신 사실을 부인하며(요일 4:3),
예수님께서 십자가를 지셔서 우리를 구원하신 사실을 부인하기에 이른다. 이단
자들은 방종하게 살 뿐 아니라 또한 교만한 사람들이어서 예수 그리스도를
부인하기에 이른다. 오늘도 하나님께서 주시는 은혜를 받고 교만해져서 자유분
방하게 살아가는 사람들은 성삼위 하나님을 부인하는 자리로 떨어진다. 우리는
은혜를 받고 두려워 떠는 사람들이 되어야 한다(빌 2:12).

II. 거짓 교사들이 멸망할 수밖에 없는 과거의 실례들 1:5-7

유다는 교회에 잠입한 거짓 교사들이 망할 수밖에 없는 불가피성에 대해 말하면서 과거의 몇 가지 실례들을 든다. 첫째, 이스라엘이 출애굽이라는 엄청난 은혜를 받았지만 광야에서 불순종함으로 벌을 받은 것처럼, 거짓 교사들도 망할 수밖에 없다고 말한다. 둘째, 하나님께서 만드신 천사라도 자기의 주제를 파악하지 못하고 자기의 지위를 떠났을 때 흑암에 갇혔던 것처럼, 거짓 교사들도 망할 수밖에 없다는 것이다. 셋째, 소돔과 고모라 사람들이 범죄 했을 때 불심판을 받은 것처럼, 거짓 교사들도 그렇게 되리라는 것이다.

유 1:5. 너희가 본래 범사를 알았으나 내가 너희로 다시 생각나게 하고자 하노라 주께서 백성을 애굽에서 구원하여 내시고 후에 믿지 아니하는 자들을 멸하셨으며.

유다는 이제 거짓 교사들이 망할 수밖에 없다는 것을 증명하기 위하여 옛날의 역사적인 실례를 들어 설명한다. 그러면서 유다는 성도들이 이런 실례들을 모르는 바는 아니지만 다시 생각나게 하려고 편지를 쓴다고 말한다. 유다는 편지를 받는 성도들이 "범사," 곧 '모든 것'을 아는 전자(全知)한 사람들이라고 추켜세우는 것은 아니고, 그저 구원을 얻는 데 필요한 모든 지식을 받았을 뿐만 아니라 은혜를 받은 후에 방종하면 징벌을 받는다는 역사적인 실례들을 다 알고 있다고 말할 뿐이다. 유다가 다시 생각나게 하고자 하는 역사적인 실례들 중에 첫째는 "주께서 백성을 애굽에서 구원하여 내시고 후에 믿지 아니하는 자들을 멸하신" 사실이다(민 14:29, 37; 26:64; 시 106:26; 고전 10:9; 히 3:17, 19). 주님께서 이스라엘 민족을 애굽에서 나오게 하시고 광야에서 은혜를 베푸셨으나, 이스라엘 민족은 그 광야에서 계속해서 하나님을 불신앙하고 불순종함으로써 여호수아와 갈렙을 제외하고는 모두 다 멸망을 당했다(민 14:11; 신 1:31-32). 하나님께서 이단자들에게 처음에는 은혜를 베푸셨으나 그 사람들이 물질을 탐하고 색을 탐하며 주님을 부인하는 자리로 가게 되었기 때문에 멸망을 받을 수밖에 없게 되었다는 것이다.

2. 범죄한 천사들의 실례 1:6

유 1:6. 또 자기 지위를 지키지 아니하고 자기 처소를 떠난 천사들을 큰 날의 심판까지 영원한 결박으로 흑암에 가두셨으며.

과거의 역사적인 실례들 중에 두 번째는 "자기 지위를 지키지 아니하고 자기 처소를 떠난 천사들을 큰 날의 심판까지 영원한 결박으로 흑암에 가두신" 사건이다(요 8:44). 천사들이 "자기 지위를 지키지 아니하고 자기의 처소를 떠났다"는 말씀은 '자신의 직무를 잊어버리고 하나님께 반역하여 자기의 영역을 떠났다'는 말이다. 사탄과 천사들은 하나님께 반역했기에 하나님의 마지막 심판 때까지 영원한 결박에 묶여 지옥에 던져지게 되었는데, 거짓 교사들도 멸망 받을 수밖에 없다는 것이다(사 14:12; 24:21-22; 벧후 2:4; 계 20:10).

혹자들은 천사들의 교만만이 문제가 되는 것이 아니라 그들의 음란한 행위도 문제가 되어 자기 지위를 지키지 못했다고 해석한다. 다시 말해, 천사들이 음란해서 아름다운 여자들과 결혼을 했다는 것이다. 창세기 6:1-4에 보면 "하나님의 아들들이 사람의 딸들의 아름다움을 보고 자기들의 좋아하는 모든 자로 아내를 삼았다"고 말씀하는데, 여기 "하나님의 아들들," 곧 '천사들'이 사람의 딸들의 아름다움을 보고 아내를 삼았다는 것이다. 그러나 천사들이 세상의 아름다운 여자들과 결혼했다는 주장은 성립될 수 없는 학설이다. "만일 '하나님의 아들'이라는 말을 '천사'로 해석한다면 성경에 위배된다. 그 이유는 예수님의 말씀에 천사들은 혼인하는 일이 없다고 하셨기 때문이다(마 22:30)."[3]

3. 소돔과 고모라의 실례 1:7

유 1:7. 소돔과 고모라와 그 이웃 도시들도 저희와 같은 모양으로 간음을 행하며 다른 색을 따라 가다가 영원한 불의 형벌을 받음으로 거울이 되었느니라.

유다가 꼽은 세 번째 실례는 소돔과 고모라와 그 이웃 도시들의 멸망이다(창 19:24; 신 29:23; 32:32; 사 1:9; 13:19; 렘 23:14; 49:18; 50:40; 호 11:8; 암 4:11; 습 2:9; 벧후 2:6). 여기 그 "이웃 도시들"은 '스보임과 아드마'를 말한다(신 29:23; 호 11:8). 그런데 "저희와 같은 모양으로 간음을 행했다"는 말씀이 무엇을 지칭하는 것이냐가 문제이다. 이에 대해서는 서너 가지 해석이 가해지고 있다. 첫째, "저희와 같은 모양으로"라는 말을 '소돔과 고모라와 같은 모양으로' 그 이웃 도시들이 간음을 행했다는 것으로 해석하는 것이다. 그러나 이 학설은 성립되기 어렵다. 이유는 "저희"는 남성이니 앞에 있는 여성명사 도시들, 곧 "소돔과 고모라"를 받을 수가 없기 때문이다. 둘째, "저희"를 바로 앞 절(6절)에 나오는 '천사들'로 보는 것이다. 즉 소돔과 고모라와 그 이웃 도시들도 천사와 같은 모양으로 간음을 행했다는 것이다. 이 학설을 주장하는 학자들은 천사들이 "사람의 딸들의 아름다움을 보고 자기들의 좋아하는 모든 자로 아내를 삼았다"는 내용에 근거하여 소돔과 고모라와 그 이웃 도시들도 천사들과 같은 모양으로 간음을 행했다는 것으로 해석한다(창 6:1-4).

---

3) 박윤선, 『히브리서, 공동서신』. 성경주석, P. 571.

그러나 이 학설도 성립되기 어렵다. 이유는 천사들이 세상 여자들과 결혼했다는 학설은 예수님의 말씀에 정면으로 배치되기 때문이다(마 22:30). 셋째, "저희"를 '형벌 아래에 있는 불경건한 자들'로 보는 것이다(Bengel). 이렇게 해석하는 것이 성경의 문맥에 맞는다. 다시 말해, 유다 시대의 거짓 교사들로 보는 것이 합당하다.

유다 시대의 이단자 거짓 교사들은 "간음을 행하며 다른 색을 따라 가다가 영원한 불의 형벌을 받음으로 거울이 되었다." 거짓 교사들은 간음을 행하며 "다른 색," 곧 '다른 육체'를 따라가서 남색죄(男色罪)를 범함으로써 불의 형벌을 받아서 역사의 실례가 되었고 영원히 멸망자의 본보기가 되었다. 그리고 소돔과 고모라와 그 이웃 도시들은 인류의 마지막 때에 하나님의 심판이 있을 것을 보여주는 실례가 되었다. 오늘의 이단자들도 회개하지 않으면 별 수 없이 소돔과 고모라를 뒤따라 하나님의 심판을 받을 수밖에 없다.

III. 거짓 교사들의 죄악들 1:8-16

앞에서 유다는 과거의 실례들을 열거했는데(5-7절), 이제는 거짓 스승들의 죄악상을 폭로하고(8-13절), 그들이 벌 받을 것이 확실하다고 말한다(14-16절).

1. 거짓 교사들의 죄악상 1:8-13

유 1:8. 그러한데 꿈꾸는 이 사람들도 그와 같이 육체를 더럽히며 권위를 업신여기며 영광을 훼방하는도다.

유다는 당시의 거짓 스승들을 "꿈꾸는 사람들"이라고 부른다(벧후 2:10). 그 거짓 스승들은 자신들이 무슨 꿈을 꾼 듯이, 하늘로부터 무슨 계시나 받은 듯이 꿈 이야기를 많이 했다. 거짓 스승들은 이처럼 언제나 자신들에게 무엇이나 있는 듯이 행동했다.

거짓 스승들은 "그와 같이," 곧 '5-7절에 기록된 출애굽 세대의 반역자들과 같이, 타락한 천사들과 같이 그리고 소돔과 고모라와 그 이웃 도시 사람들과 같이' 여러 가지 범죄를 저질렀다. 다시 말해, 거짓 스승들은 옛날의 조상들처럼 많은 죄를 지었다는 것이다. 사람들은 옛날이나 지금이나 많은 죄를 짓고 있다.

거짓 스승들은 "육체를 더럽혔다." 조상들과 같이 추악하게 음행했다는 것이다. 그들은 간음을 행하며 다른 색을 따라가서 추악한 죄를 저질렀다. 그리고 그들은 "권위를 업신여겼다"(출 22:28). 그들은, 4절에 기록된 대로, 예수님이 하나님의 아들이심을 부인하고(벧후 1:17), 육체로 오신 사실을 부인하고(요일 4:3), 예수님께서 십자가를 지셔서 우리를 구원하신 사실을 부인했다. 그리고 거짓 스승들은 "영광을 훼방했다." "영광"은 '하나님과 그리스도, 천사 및 진실한 신자들'을 지칭한다(벧후 2:10; Greijdanus). 거짓 스승들은 하나님까지 훼방하는 사람들이니 그 외에 다른 것들을 훼방하지 못하랴!

유 1:9. 천사장 미가엘이 모세의 시체에 대하여 마귀와 다투어 변론할 때에 감히 훼방하는 판결을 쓰지 못하고 다만 말하되 주께서 너를 꾸짖으시기를 원하노라 했거늘.

유다는, 천사장 미가엘이 모세의 시체(屍體)처리 문제를 놓고 마귀와 다툼이 일어났을 때 감히 마귀를 훼방하지 못하고 하나님께서 마귀를 심판해주시기를 원했는데, 거짓 스승들은 함부로 모든 권위들을 훼방한다고 탄식한다(벧후 2:11). 천사장 미가엘은 훗날 성도들이 모세를 우상시 할까 두려워 모세의 시체를 감추려 했을 것이고, 마귀는 훗날의 성도들이 모세를 우상시해서 범죄하게 하려고 감추지 못하게 했을 것이다. 천사장 미가엘은 모세의 시체를 감추지 못하게 하려는 마귀에 대한 심판을 하나님께 맡겼고 마귀를 훼방하지는 아니했다. 그런데도 거짓 스승들은 함부로 권위들을 훼방한다는 것이다.

혹자는 천사장 미가엘(단 10:13, 21; 12:1; 계 12:7)이 모세의 시체 때문에 마귀와 다툰 문제를 두고 유다가 그의 서신을 쓰면서 「모세의 승천」(*Testament of Moses or Assumption of Moses*)이라는 가경에서 인용했다고 주장하나, 유다가 성령의 감화로 이것을 기록했다고 보는 것이 옳다(벧후 1:21).

유 1:10. 이 사람들은 무엇이든지 그 알지 못하는 것을 훼방하는도다. 또 저희는 이성 없는 짐승 같이 본능으로 아는 그것으로 멸망하느니라.

유다는 거짓 스승들이 무엇이든지 "그 알지 못하는 것," 곧 '하나님, 그리스도, 천사와 및 하나님께서 세우신 교회의 권위들'을 계속해서 비방하고 있다고 말한다(벧후 2:12). 또 그 거짓 스승들은 이성 없는 짐승처럼 본능을 따라가다가 멸망에 이른다는 것이다. 다시 말해, 그들은 짐승이나 마찬가지로 탐욕하고 음란하며 권위를 부인하다가 결국 멸망에 이르고 만다는 것이다. 이단자들은 무엇인가 많이 아는 것처럼 떠들지만, 실제로 그들은 짐승이나 마찬가지로 아는 것이 없고 겨우 인간의 본능을 좇아가다가 망하고 말 뿐이라는 것이다. 누구든지 성령을 받지 못하면 결국은 아무 것도 알지 못하고 망할 수밖에 없는 것이다.

유 1:11. 화 있을진저 이 사람들이여, 가인의 길에 행했으며 삯을 위하여 발람의 어그러진 길로 몰려갔으며 고라의 패역을 좇아 멸망을 받았도다.

유다는 거짓 스승들에게 "화 있을진저"라고 선언한다(마 23:13, 15, 16, 23, 25, 27, 29). 거짓 스승들이 화를 받게 된 첫 번째 이유는, 그들이 "가인의 길에 행했기" 때문이다(창 4:5; 요일 3:12). 그들은 가인이 자기 아우 아벨을 미워하고 죽인 것처럼 성도들을 정신적으로, 그리고 영적으로 죽이고 있기 때문에 화를 받게 되었다는 것이다. 거짓 스승들이 화를 받게 된 두 번째 이유는, 그들이 "삯을 위하여 발람의 어그러진 길로 몰려갔기" 때문이다(민 22:7, 21; 31:16-19; 벤후 2:15). 거짓 스승들은 거짓 선지자 발람이 자신의 탐욕을 채우기 위하여 발락의 요구에 응하여 이스라엘로 하여금 우상숭배와 음란에 빠지도록 이끈 것처럼 탐욕의 사람들이기 때문에 화를 받게 되었다는 것이다. 거짓 스승들이 화를 받게 된 세 번째 이유는, 그들이 "고라의 패역을 좇았기" 때문이다(민 16:1-36). 고라가 광야에서 다단과 아비람과 함께 당을 짓고 이스라엘의 회중 250명을 선동하여 모세와 아론을 대적하다가 결국 망하게 된 것처럼(민 16:1-35; 26:9-10; 시 106:16-18), 거짓 스승들도 하나님과 그리스도, 그리고 하나님께서 세우신 교회의 권위들을 대적하기 때문에 화를 당하게 되었다는 것이다. 유다는 그들이 앞으로 멸망 받을 것이 너무 확실하기 때문에 "멸망을 받았도다"(ἀπώλοντο)라는 단순과거(aorist)형을 사용한다. 지금도 이단자들은 주님께서 피로 값 주고 사신 교회를 생각지 아니하고 자기의 유익만을 생각하기 때문에 우리는 그들을 이미 멸망을 받은 것으로 표현해도 되는 것이다.

유 1:12. 저희는 기탄없이 너희와 함께 먹으니 너희 애찬의 암초요 자기 몸만 기르는 목자요 바람에 불려가는 물 없는 구름이요 죽고 또 죽어 뿌리까지 뽑힌 열매 없는 가을 나무요.

여기 거짓 스승들의 죄가 또 무더기로 나온다. 거짓 스승들은 "기탄없이"(ἀ-φόβως), 곧 '두려움 없이' 성도들과 함께 먹기 때문에 "애찬의 암초"라는 것이다(고전 11:21; 벧후 2:13). 그들은 뻔뻔스럽게도 성도들의 집회에 참석하고 함께 먹고 함께 활동하기 때문에 성도들에게 암초 역할을 한다는 것이다. 다시 말해, 성도들의 믿음을 좌초시키고 성도들의 형제애를 손상시킨다는 것이다. 그들은 암초가 배를 부수고 손상시키듯이 성도들의 단체에 끼어들어서 믿음을 싸늘하게 식혀버리고 성도들의 사랑의 교제에 찬물을 끼얹었다. 오늘도 이단자들은 교계에 암적인 존재들이다. 거짓 스승들은 또 "자기 몸만 기르는 목자"들이다. 그들은 자기 자신만을 생각하는 이기적인 목자들이다(겔 34:8; 행 20:29-30). 그들은 이기심으로 충만한 목자들이다. 그들은 무엇인가 교인들을 가르친다고 덤비지만 실제로는 반(反)복음, 반 율법, 반 도덕을 가르치는 사람들이다. 그들은 자기들의 이익을 위해서 이렇게 교인들에게 붙어서 활동한다.

거짓 스승들은 또 "바람에 불려가는 물 없는 구름"이다(잠 25:14; 벧후 2:17). 그들은 세상이나 바라보고 물질이나 생각하기 때문에 바람에 불려가는 가벼운 사람들이라고 할 수 있다. 그리고 그들은 물 없는 구름 같은 사람들이다. 그들은 사람들에게 기대 심리를 갖게 하지만 실제로는 아무 것도 주지 못하는 허깨비 인생들이다. 이단자들이야 말로 교계와 인간 사회에 해를 끼치는, 물을 싣고 가지 않는 구름 같은 인생들이다. 그리고 그들은 "죽고 또 죽어 뿌리까지 뽑힌 열매 없는 가을 나무"같은 사람들이다(마 15:13). 혹자는 여기 "죽고 또 죽어," 곧 '두 번 죽어'(twice dead)라는 말에 대해서 해석하기를 '육체의 죽음과 영적인 죽음'을 지칭한다고 하기도 하고, 혹자는 '인류 최후의 심판 때에 있을 둘째 사망'을 의미한다고 말하기도 한다. 그러나 우리는 두 번 죽었다는 말씀을 "뿌리까지 뽑힌 열매 없는 가을 나무"를 사실적으로 묘사하는 말로 보아야 할 것이다. 다시 말해, 뿌리까지 뽑힌 열매 없는 가을 나무는 우선 나무가 죽어서 열매가 없는데다가 또 뿌리까지 뽑혔으니 전혀 열매 맺을 소망이 없는 나무로서 죽고 또 죽어버린 나무와 같다는 것이다. 이단자들은 성령으로 거듭나지 않은 사람들인데다가 주님까지 부인하고 나서니 성령의 열매를 맺을 가능성이 전혀 없는 사람들이다. 그들이야말로 죽고 또 죽은 사람들이다.

유 1:13. 자기의 수치의 거품을 뿜는 바다의 거친 물결이요 영원히 예비된 캄캄한 흑암에 돌아갈 유리하는 별들이라.

유다는 계속해서 거짓 스승들의 정체를 드러내고 있다. 그들은 "수치의 거품을 뿜는 바다의 거친 물결"과 같은 사람들이다(사 57:20). 바다가 출렁이면서 거품과 함께 온갖 오물을 바닷가에 뿜어놓듯이, 거짓 스승들은 온갖 수치스러운 언어를 입에서 뿜어내며 수치스러운 행위를 연출하고 있다는 것이다(빌 3:19). 그들은 속에 그것밖에 없기 때문에 속에 있는 대로 밖으로 뿜어내는 것이다. 그리고 그들은 "영원히 예비된 캄캄한 흑암에 돌아갈 유리하는 별들"과 같은 사람들이다(벧후 2:17). "유리하는 별들"은 '유성, 별똥별, 혹성, 혜성 등'을 가리키는 말로서(Blum) 궤도를 이탈한 이단자들을 가리킨다. 이단자들은 주님 없이 자기들만의 논리를 갖고 유리방황하는 사람들이다. 그들은 머지않아 영원히 예비된 캄캄한 흑암 속으로 돌아갈 불행한 사람들이다(벧후 2:4). 이단자들이야말로 인류의 미아(迷兒)로서 현세에서는 영적으로 불행을 경험해야 하는 사람들이고 내세에서는 영원한 사망과 파멸로 들어갈 사람들이다.

2. 거짓 교사들에 대한 심판의 확실성 1:14-16

앞에서 유다는 거짓 스승들의 정체성에 대해서 말했는데(8-13절), 이제는 그들이 분명히 심판을 받을 수밖에 없다는 것을 말하고 있다.

유 1:14. 아담의 칠세 손 에녹이 사람들에게 대하여도 예언하여 이르되 보라 주께서 그 수만의 거룩한 자와 함께 임하셨나니.
유다는 에녹의 예언을 들어 거짓 스승들이 심판을 받을 것을 증거한다. 유다는 "아담의 칠세 손 에녹이 사람들에게 대하여도 예언했다"고 말한다(창 5:18). 다시 말해, 에녹의 칠세 손 에녹이 "사람들에게 대하여도," 곧 '거짓 스승들에게 대해하여도' 예언한 것이 있다는 것이다. 에녹이 예언한 내용은 "보라 주께서 그 수만의 거룩한 자와 함께 임하셨다"는 것이다. 즉 '주께서 수많은 천사들과 함께 심판하기 위하여 임할 것이라'는 말이다(신 33:2; 단 7:10; 슥 14:5; 마 16:27; 25:31; 살후 1:7; 계 1:7). 여기 "임하셨다"고 과거 동사로 표현한 것은 주께서 임하실 것이 너무 확실하기 때문이다. 에녹의 이런 예언은 유대인 사회에 구전으로 내려 온 것을 유다가 성령의 감동으로 기록한 것으로 보아야 할 것이다(벧후 :1:21).

유 1:15. 이는 뭇 사람을 심판하사 모든 경건치 않은 자의 경건치 않게 행한 모든 경건치 않은 일과 또 경건치 않은 죄인의 주께 거슬러 한 모든 강퍅한 말을 인하여 저희를 정죄하려 하심이라 했느니라.

예수 그리스도께서 무수한 천사들과 함께 앞으로 임하실 이유는, 모든 경건치 않은 사람을 심판하셔서 두 가지 죄, 곧 경건치 않은 사람들의 경건치 않게 행한 모든 경건치 않은 일과 또 경건치 않게 그리스도께 거슬러 행한 모든 강퍅한 말을 정죄하시기 위함이다(삼상 2:3; 시 31:18; 94:4; 말 3:13). 예수님은 거짓 스승들의 행위와 말을 심판하시고 불경한 사람들의 행위와 말을 심판하시기 위해 무수한 천사들과 함께 재림하신다는 것이다.

유 1:16. 이 사람들은 원망하는 자며 불만을 토하는 자며 그 정욕대로 행하는 자라 그 입으로 자랑하는 말을 내며 이를 위하여 아첨하느니라.

유다는 앞 절에서 말한 거짓 스승의 "모든 강퍅한 말"에 대하여 조금 더 구체적으로 정의한다. 거짓 스승들은 "원망하는 자며 불만을 토하"였다는 것이다. 원망하는 것이나 불만을 토하는 것이나 비슷한 내용이지만, 원망은 마음으로 하는 것이고, 불만을 토하는 것은 원망이 입 밖으로 나온 것을 뜻한다. 거짓 스승들은, 옛날 이스라엘 민족이 광야에서 하나님을 원망하고 지도자를 원망했던 것처럼, 주님을 부인하고 하나님께서 세우신 교회의 권위들을 순종하지 않을 뿐 아니라 원망했다(출 15:24; 16:7-12; 민 14:2, 27-29, 36; 16:11; 17:5; 신 1:27; 시 106:25; 고전 10:10). 그리고 그들은 마음에 있는 원망을 입 밖으로 표출했다. 그리고 거짓 스승들은 "그 정욕대로 행하는 자"였다. 마음에서 일어나는 욕심을 따라 행동했다. 그들은 탐욕을 품었으며 호색했으며 주님을 부인했다. 그들은 주님을 따르지 아니했으며 주님의 말씀대로 행하지 아니했다. 그리고 "그 입으로 자랑하는 말을 내며 이를 위하여 아첨"했다(벧후 2:18). 거짓 스승들은 그 입으로 주님을 대적하여 떠들었고, 교회의 권위들을 향하여 대적하고 호언장담했다. 또한 그들은 "이"(利, advantage)를 위하여 사람들에게 아부했다(잠 28:21; 약 2:1, 9). 그들은 권위에 대하여는 자랑하는 말을 내었고 물질적인 유익을 위해서 사람들에게 아첨하는 비루한 인생들이었다.

IV. 이단자들을 경계하라 1:17-23

앞에서 유다는 거짓 스승들이 확실히 심판 받을 것을 말했는데(14-16절), 이제는 성도들에게 이단자들을 엄하게 경계하라고 말한다(17-23절). 특별히 유다는 이단자들을 경계하기 위해 영적인 성숙에 힘쓸 것을 주문하는 한편, 그들을 불쌍히 여길 것을 부탁한다.

1. 이단자들을 엄히 경계하라 1:17-19

유 1:17-18. … 그리스도의 사도들의 미리 한 말을 기억하라 … 마지막 때에 자기의 경건치 않은 정욕대로 행하며 기롱하는 자들이 있으리라 했나니. 사도들은 "마지막 때에 자기들의 경건치 않은 정욕대로 행하며 기롱하는 자들이 있으리라"고 예언했는데, 과연 사도들의 예언대로 "마지막 때," 곧 '예수님의 초림부터 재림하실 때까지의 기간에 자기들의 경건치 않은 정욕을 따라 행하며 "기롱하는 자들," 즉 '신앙과 도덕을 멸시하는 자들'이 나타났다는 것이다(시 1:1; 잠 1:22; 9:7-8; 13:1; 딤전 4:1; 딤후 3:1; 4:3; 벧후 2:1; 3:3).

유 1:19. 이 사람들은 당을 짓는 자며 육에 속한 자며 성령은 없는 자니라.

유다는 12절과 16절에 이어 다시 한 번 거짓 스승들의 정체를 두 가지로 말한다. 첫째, 거짓 스승들은 "당을 짓는 자들"이다(잠 18:1; 겔 14:7; 히 10:25). 거짓 스승들은 교회 안에서 자기들만이 영적인 지식을 많이 가진 사람들인 듯이 착각하며 파벌을 만들어 교회를 어지럽혔다. 둘째, 거짓 스승들은 "육에 속한 자며 성령은 없는 자"들이다(고전 2:14; 약 3:15). 이단자들은 자신들이야말로 영에 속한 사람이라고 주장했으나, 실제로 그들은 육적인 사람들이었으며 성령을 받지 못한 자들이었다. 그러기에 그들은 물질을 탐했고 음란했으며 주님을 부인했다.

2. 이단자들을 멀리 하기 위해 영적 성숙에 힘쓸 것 1:20-21

유다는 성도들이 이단자들을 멀리하기 위해서는 지극히 거룩한 믿음 위에 자기를 건축해야 하고(20절), 또 성령의 인도를 따라 기도해야 하며(20절), 하나님의 사랑 안에서 자기를 지켜야 하고(21절), 예수 그리스도의 긍휼을 기다려야 한다고 권면한다(21절).

유 1:20. 너희는 너희의 지극히 거룩한 믿음 위에 자기를 건축하며 성령으로 기도하며.

유다는 성도들을 향하여 이단자들을 퇴치하기 위해 영적 성숙에 힘쓸 것을 몇 가지로 권한다. 첫째, 유다는 편지를 받는 성도들이 "지극히 거룩한 믿음 위에 자기를 건축할 것"을 권장한다(골 2:7; 딤전 1:4). 당시 성행했던 영지주의, 곧 영(靈)은 선하고 육(肉)은 악하다는 교리에 미혹되어 도덕을 폐기하고 아무렇게나 살지 말고 "지극히 거룩한 믿음," 곧 '그리스도를 믿는 믿음' 위에 자기를 건축해야 한다는 것이다. 즉 그리스도를 믿는 믿음을 바탕으로 삼아 그 위에 자기의 인격을 건설하라는 것이다. 당시의 성도들은 하나님께서 과거에 "단번에 주신" 믿음을 받은 바 있다(1:3). 성도들은 그 믿음 위에 자신들을 건설해서 그리스도에게까지 성장해야 한다.

그런데 유다는 그리스도를 믿는 신앙이 "지극히 거룩하다"고 말하고 있다. 그리스도를 믿는 믿음은 하나님께서 주셨기 때문에 지극히 거룩한 것이다. 이 믿음은 지극히 보배롭기도 하고(벧전 1:7), 세상의 그 어느 다른 것들로부터 구별되었다는 뜻에서 거룩한 것이다. 우리는 예수님 위에 우리 자신을 건설하여 점점 쌓아올려서 그리스도에게까지 성장해야 한다(엡 4:15). 우리는 오늘날 세상의 여러 가지 사상 위에 자신을 쌓아올려서는 안 된다. 소위 종교다원주의, 세상의 도덕, 세상 철학, 진화론, 뉴에이지운동(new age movement), 공산주의, 무신론 사상 위에 우리를 건설해서는 안 된다. 우리의 터가 그리스도라는 사실은 얼마나 복된 것인지 형언할 길이 없다.

둘째, 유다는 수신자들에게 "성령으로 기도하라"고 말한다(롬 8:26; 엡 6:18). '성령의 주장과 인도를 따라 기도하라'는 말이다(마 22:43; 막 12:36; 눅 2:27; 4:1; 롬 8:9; 계 1:10; 4:2). 우리는 성령께서 주장하시는 대로 그리고 성령께서 인도하시는 대로 기도해야 한다. 우리의 소원대로 기도하면, 기도가 진행되지도 않을 뿐 아니라 그 기도가 응답되지도 않는다. 우리가 성령으로 기도하려면, 항상 성령의 주장과 인도를 받아야 한다. 다시 말해, 성령으로 충만해 있어야 한다(엡 5:18). 우리는 한 생애 동안 성령의 주장하심과 인도하심을 따라 살아야 하고, 기도 생활도 성령을 따라서 해야 한다(롬 8:26-27; 갈 4:6; 엡 6:18). 그래서 이단자들을 물리쳐야 한다.

유 1:21. 하나님의 사랑 안에서 자기를 지키며 영생에 이르도록 우리 주 예수 그리스도의 긍휼을 기다리라.

셋째, 유다는 "하나님의 사랑 안에서 자기를 지키라"(Keep yourselves in the love of God)고 말한다. 여기 "하나님의 사랑 안에서"(ἐν ἀγάπῃ θεοῦ)라는 말은 '성도에 대한 하나님의 사랑 안에서'라는 뜻이다. 성도에 대한 하나님의 사랑 안에서 "자기를 지키라"는 말은 하나님의 사랑으로부터 이탈하지 말고 계속해서 하나님의 사랑을 받으라는 것이다(요 15:9). 성도에 대한 하나님의 사랑은 무한한데(롬 8:31-39) 그 사랑을 계속해서 받는 비결은 하나님의 뜻과 계명을 순종하는 것이다(요 14:23; 요일 2:24). 우리는 하나님의 사랑을 계속해서 받기 위하여 하나님의 뜻에 순종해야 할 것이고, 하나님의 사랑의 계명, 곧 다른 사람을 사랑하라고 하시는 하나님의 명령을 지켜야 할 것이다.

넷째, 유다는 성도들에게 "영생에 이르도록 우리 주 예수 그리스도의 긍휼을 기다리라"(looking for the mercy of our Lord Jesus Christ unto eternal life)고 주문한다(딛 2:13; 벧후 3:12). 수신자 성도들은 이미 구원을 받았지만(1:3), 구원이 완성되는 날까지 여전히 그리스도의 긍휼이 필요한 사람들이다(마 5:7; 딤후 1:18). 그러므로 그리스도인들은 그리스도의 재림의 때를 기다리며 그리스도의 긍휼을 기다려야 한다. 오늘도 우리는 계속해서 그리스도의 긍휼을 바라고 재림의 때에도 그리스도의 긍휼이 임하기를 기대해야 한다.

3. 이단자들을 바로 인도하는 방법 1:22-23

유 1:22. 어떤 의심하는 자들을 긍휼히 여기라.

유다는 기독교 진리에 대해서 의심하는 이단자들을 바로 인도하는 방법으로

"긍휼히 여기라"(καὶ οὓς μὲν ἐλεᾶτε διακρινομένους)고 말한다. 이단자들
의 미혹에 이끌려 기독교 신앙에 대해서 '의심하는 사람들을 불쌍히 여기라'는
것이다. "우리가 진정한 안목으로 볼 때에 그런 사람들은 그 영혼에 질환(疾患)
이 있는 자니 도리어 불쌍히 여겨 도와주어야 한다."4)

유 1:23. 또 어떤 자를 불에서 끌어내어 구원하라 또 어떤 자를 그 육체로
더럽힌 옷이라도 싫어하여 두려움으로 긍휼히 여기라.
유다는 심판의 길에 들어선 이단자들을 바로 인도하기 위해 "또 어떤 자를
불에서 끌어내어 구원하라"고 말한다(암 4:11; 슥 3:2; 롬 11:14; 고전 3:15;
딤전 4:16). 아주 훨훨 타는 불 가운데 들어간 것이나 다름없는 사람들을
그냥 두어서는 안 되고 황급하게 끌어내야 한다는 것이다. 그들을 위해서
기도하고 책망하고 회개하도록 권유해서 빠져나올 수 있게 해야 한다는 것이다
(마 18:15-17; 눅 17:3; 갈 6:1; 딤전 5:20; 딛 3:10; 약 5:19-20). 우리는
기도하는 중에 최선을 다해서 이단자들을 구원해야 할 것이다.

유다는 거짓 스승들에게 깊이 빠져 죄를 지은 사람들을 구원하되, 첫째,
"그 육체로 더럽힌 옷이라도 싫어하라"는 것이고, 둘째, 그런 죄를 지을까보아
"두려워하라"는 것이며, 셋째, 그 죄인을 "긍휼히 여기라"는 것이다(슥 3:4-5;
계 3:4). 거짓 스승들의 도덕 폐기론의 유혹에 빠져 세상에서 아무렇게나 살다가
'그 육체의 향락으로 인하여 더럽혀진 옷이라도 싫어하라'는 것이다. 다시
말해, 그들이 지은 죄를 혐오해야 한다는 것이다. 그리고 성도들도 혹시 그런
죄를 지을까보아 두려워해야 하는 것이다. 그러나 그런 죄를 지은 죄인에
대해서는 불쌍히 여기는 마음으로 대해야 하는 것이다. 소위 세상에 많이

4) 박윤선, 『히브리서, 공동서신』, 성경주석, p. 578.

퍼져 있는 말로 '죄는 미워하되 죄인은 불쌍히 여기라'는 것이다. 우리는 사람을 구원하면서 살아야 한다.

여기서 조심할 것은, 이단자들을 대하는 태도에 있어서 유다와 요한 사도의 교훈이 다른 듯이 보인다는 점이다. 요한은 이단자들을 "교회에 들이지도 말고 인사도 말라"고 말한다(요이 1:10). 요한은 영지주의 이단을 교회에 들여놓거나 교제하다가 신앙에 손상을 입을 것을 예상하고 엄격하게 말한 것이고, 유다는 성도들이 믿음으로 그들을 구원할 수 있다면 불쌍히 여기라고 말한 것이다.

V. 맺음말 1:24-25

앞에서 유다는 이단자들에 대한 하나님의 심판이 확실함을 논증했고(5-7절), 그들의 죄악상을 세밀하게 말했으며(8-16절), 거짓 스승들을 경계할 것을 말했다(17-23절). 이제 그는 마지막으로 그런 이단으로부터 성도들을 능히 보호하실 하나님께 그리스도를 통하여 영광스러운 찬송을 드린다(24-25).

유 1:24-25. 능히 너희를 보호하사 거침이 없게 하시고 너희로 그 영광 앞에 흠이 없이 즐거움으로 서게 하실 자 곧 우리 구주 홀로 하나이신 하나님께 우리 주 예수 그리스도로 말미암아 영광과 위엄과 권력과 권세가 만고 전부터 이제와 세세에 있을지어다. 아멘.
유다는 짧은 편지 뒤에 긴 축도를 쓰고 있다. 유다는 성도들을 이단자들로부터 구원하실 수 있으신 속성을 가지신 하나님이 어떤 분이심을 세 가지로 말한다. 첫째, 하나님은 "능히 너희를 보호하사 거침이 없게 하시"는 분이라는 것이다

(요 17:11; 롬 16:26; 엡 3:20; 살후 3:3; 계 3:10). 능히 성도들을 이단으로부터 보호하셔서 "거침이 없게 하시는," 곧 '사단의 유혹이 많아도 걸려 넘어지지 않게 하시는' 하나님이라는 것이다. 비록 인간적으로 보기에는 이단으로 넘어갈 수 있는 소지(素地)가 있는 사람들이지만, 하나님께서 얼마든지 보호하사 걸려 넘어가지 않게 하신다는 것이다. 하나님은 성도들을 현세의 위험으로부터 항상 보호하신다(벧전 1:5).

둘째, 하나님은 성도들을 "그 영광 앞에 흠이 없이 즐거움으로 서게 하실 자"라는 것이다(골 1:22). 곧 '재림하시는 주님의 영광 앞에 성도들로 하여금 흠이 없이 즐거움으로 서게 하실 하나님'이라는 것이다. 현세에서 항상 보호하시는 하나님은 재림하시는 예수님 앞에 성도들로 하여금 흠이 없이 온전한 성도로 서게 하신다는 것이다(살전 3:13).

셋째, 하나님은 "우리 구주 홀로 하나이신 하나님"이라는 것이다(눅 1:47; 딤전 1:1, 17; 2:3; 4:10; 딛 1:3; 2:10; 3:4). 곧 하나님은 구주시라는 것이다. 하나님은 우리를 구원하시되 그 아들 예수님을 보내 십자가에서 대속의 죽음을 죽게 하심으로써 구원하셨고, 성도들에게 성령을 보내심으로써 그리스도를 믿게 해주셨다. 하나님은 우리를 구원하시되 예수님을 통하여 구원하신다.

그러므로 이제 유다는 예수 그리스도를 통하여 하나님께 송영을 드린다. 그 송영의 내용은 "영광과 위엄과 권력과 권세가 만고 전부터 이제와 세세에 있을지어다"라는 것이다. 여기 "영광"은 하나님의 본질적인 속성으로서 '하나님의 놀라운 성결과 눈부신 광채'를 지칭하고(계 5:12), "위엄"은 하나님의 본질적인 속성으로 '하나님의 경외스러운 초월성'을 지칭하며, "권력"은 '하나님의 놀라운 승리의 힘'을 지칭한다(욥 12:16; 사 40:26; 눅 12:5; 행 1:7; 롬 9:21; 딤전 6:16; 벧전 4:11; 5:11; 계 1:6; 5:13). 하나님은 이 권력을 가지시고 성도들을 보호하신다. 그리고 "권세"는 '하나님의 통치를 위한 주권적인 권위'를 말한다(마 28:18; 막 6:7; 11:28; 엡 6:12). 하나님은 그의 권세를 가지시고 세상을 지배하시며 이단자들을 막아주신다.

유다는 위의 4가지의 하나님의 속성이 "만고 전부터 이제와 세세에 있기를" 바란다. 곧 영광, 위엄, 권력, 권세가 영원히 변치 않아서 하나님의 계획이 반드시 실현되고, 따라서 성도들이 하나님 안에서 누리게 될 복이 영원하기를 바란다. 그리고 유다는 본 서신을 "아멘"으로 끝맺는다. 곧 하나님의 속성들이 그대로 '진실로 이루어질지어다'라고 간곡히 소원하고 있다. 오늘 우리도 하나님의 계획들이 그대로 실현되기를 고대해야 할 것이다.

- 유다서 주해 끝

공동서신 주해
- 야고보서, 베드로전 후서, 요한일 이 삼서, 유다서

2006년 9월 15일   1판 1쇄 발행 (기독교연합신문사)
2024년 8월 30일   2판 1쇄 발행

지은이 | 김수홍
발행인 | 박순자
펴낸곳 | 도서출판 언약
주 소 | 수원시 영통구 중부대로 271번길 27-9, 102동 1303호
전 화 | 031-212-9727
E-mail | kidoeuisaram@naver.com
등록번호 | 제374-2014-000006호

　정가 23,000원

ISBN : 979-11-89277-00-0 (94230)(세트)
ISBN : 979-11-89277-26-0 (94230)